"十二五"国家重点图书出版规划项目

中国社会科学院创新工程学术出版资助项目

新版《列国志》编辑委员会

列国志

GUIDE TO
THE WORLD
NATIONS

新版

焦震衡

编著

VENEZUELA

委内瑞拉

社会科学文献出版社
SOCIAL SCIENCES ACADEMIC PRESS (CHINA)

委内瑞拉国旗

委内瑞拉国徽

国会大楼

伟人祠

纪念西蒙·玻利瓦尔的邮票

委内瑞拉硬币

西蒙·玻利瓦尔塑像

加拉加斯法兰西广场

炼油厂

科罗圣弗朗西斯科教堂

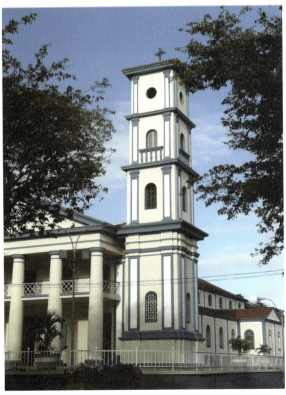

库马纳大教堂

世界上落差最大的瀑布——安赫尔瀑布

梅里达雪山

特色小镇

卡贝略玻利瓦尔大街

玛格丽塔岛上的古炮台

加拉加斯全景（焦灏　摄）

2014 年 6 月 28 日
委内瑞拉艺术团演员
与中国演员及作者（左
二）合影

出版说明

　　《列国志》编撰出版工作自 1999 年正式启动，截至目前，已出版 144 卷，涵盖世界五大洲 163 个国家和国际组织，成为中国出版史上第一套百科全书式的大型国际知识参考书。该套丛书自出版以来，受到社会各界的广泛好评，被誉为"21 世纪的《海国图志》"，中国人了解外部世界的全景式"窗口"。

　　这项凝聚着近千学人、出版人心血与期盼的工程，前后历时十多年，作为此项工作的组织实施者，我们为这皇皇 144 卷《列国志》的出版深感欣慰。与此同时，我们也深刻认识到当今国际形势风云变幻，国家发展日新月异，人们了解世界各国最新动态的需要也更为迫切。鉴于此，为使《列国志》丛书能够不断补充最新资料，更好地服务于社会各界，我们决定启动新版《列国志》编撰出版工作。

　　与已出版的 144 卷《列国志》相比，新版《列国志》无论是形式还是内容都有新的调整。国际组织卷次将单独作为一个系列编撰出版，原来合并出版的国家将独立成书，而之前尚未出版的国家都将增补齐全。新版《列国志》的封面设计、版面设计更加新颖，力求带给读者更好的阅读享受。内容上的调整主要体现在数据的更新、最新情况的增补以及章节设置的变化等方面，目的在于进一步加强该套丛书将基础研究和应用对策研究相结合，将基础研究成果应用于实践的特色。例如，增加了各国有关资源开发、环境治理的内容；特设"社会"一章，介绍各国的国民生活情况、社会管理经验以及存在的社会问题，等等；增设"大事纪年"，方便读者在短时间内熟悉各国的发展线索；增设"索引"，便于读者根据人名、地名、关键词查找所需相关信息。

顺应时代发展的要求，新版《列国志》将以纸质书为基础，全面整合国别国际问题研究资源，构建列国志数据库。这是《列国志》在新时期发展的一个重大突破，由此形成的国别国际问题研究与知识服务平台，必将更好地服务于中央和地方政府部门应对日益繁杂的国际事务的决策需要，促进国别国际问题研究领域的学术交流，拓宽中国民众的国际视野。

新版《列国志》的编撰出版工作得到了各方的支持：国家主管部门高度重视，将其列入"'十二五'国家重点图书出版规划项目"；中国社会科学院将其列为创新工程学术出版资助项目，王伟光院长亲自担任编辑委员会主任，指导相关工作的开展；国内各高校和研究机构鼎力相助，国别国际问题研究领域的知名学者相继加入编辑委员会，提供优质的学术咨询与指导。相信在各方的通力合作之下，新版《列国志》必将更上一层楼，以崭新的面貌呈现给读者，在中国改革开放的新征程中更好地发挥其作为"知识向导""资政参考"和"文化桥梁"的作用！

新版《列国志》编辑委员会
2013 年 9 月

前　言

　　自 1840 年前后中国被迫开关、步入世界以来，对外国舆地政情的了解即应时而起。还在第一次鸦片战争期间，受林则徐之托，1842 年魏源编辑刊刻了近代中国首部介绍当时世界主要国家舆地政情的大型志书《海国图志》。林、魏之目的是为长期生活在闭关锁国之中、对外部世界知之甚少的国人"睁眼看世界"，提供一部基本的参考资料，尤其是让当时中国的各级统治者知道"天朝上国"之外的天地，学习西方的科学技术，"师夷之长技以制夷"。这部著作，在当时乃至其后相当长一段时间内，产生过巨大影响，对国人了解外部世界起到了积极的作用。

　　自那时起中国认识世界、融入世界的步伐就再也没有停止过。中华人民共和国成立以后，尤其是 1978 年改革开放以来，中国更以主动的自信自强的积极姿态，加速融入世界的步伐。与之相适应，不同时期先后出版过相当数量的不同层次的有关国际问题、列国政情、异域风俗等方面的著作，数量之多，可谓汗牛充栋。它们对时人了解外部世界起到了积极的作用。

　　当今世界，资本与现代科技正以前所未有的速度与广度在国际间流动和传播，"全球化"浪潮席卷世界各地，极大地影响着世界历史进程，对中国的发展也产生极其深刻的影响。面临不同以往的"大变局"，中国已经并将继续以更开放的姿态、更快的步伐全面步入世界，迎接时代的挑战。不同的是，我们所

面临的已不是林则徐、魏源时代要不要"睁眼看世界"、要不要"开放"问题，而是在新的历史条件下，在新的世界发展大势下，如何更好地步入世界，如何在融入世界的进程中更好地维护民族国家的主权与独立，积极参与国际事务，为维护世界和平，促进世界与人类共同发展做出贡献。这就要求我们对外部世界有比以往更深切、全面的了解，我们只有更全面、更深入地了解世界，才能在更高的层次上融入世界，也才能在融入世界的进程中不迷失方向，保持自我。

与此时代要求相比，已有的种种有关介绍、论述各国史地政情的著述，无论就规模还是内容来看，已远远不能适应我们了解外部世界的要求。人们期盼有更新、更系统、更权威的著作问世。

中国社会科学院作为国家哲学社会科学的最高研究机构和国际问题综合研究中心，有11个专门研究国际问题和外国问题的研究所，学科门类齐全，研究力量雄厚，有能力也有责任担当这一重任。早在20世纪90年代初，中国社会科学院的领导和中国社会科学出版社就提出编撰"简明国际百科全书"的设想。1993年3月11日，时任中国社会科学院院长的胡绳先生在科研局的一份报告上批示："我想，国际片各所可考虑出一套列国志，体例类似几年前出的《简明中国百科全书》，以一国（美、日、英、法等）或几个国家（北欧各国、印支各国）为一册，请考虑可行否。"

中国社会科学院科研局根据胡绳院长的批示，在调查研究的基础上，于1994年2月28日发出《关于编纂〈简明国际百科全书〉和〈列国志〉立项的通报》。《列国志》和《简明国际百科全书》一起被列为中国社会科学院重点项目。按照当时的计划，首先编写《简明国际百科全书》，待这一项目完成后，再着手编写《列国志》。

1998 年，率先完成《简明国际百科全书》有关卷编写任务的研究所开始了《列国志》的编写工作。随后，其他研究所也陆续启动这一项目。为了保证《列国志》这套大型丛书的高质量，科研局和社会科学文献出版社于 1999 年 1 月 27 日召开国际学科片各研究所及世界历史研究所负责人会议，讨论了这套大型丛书的编写大纲及基本要求。根据会议精神，科研局随后印发了《关于〈列国志〉编写工作有关事项的通知》，陆续为启动项目拨付研究经费。

为了加强对《列国志》项目编撰出版工作的组织协调，根据时任中国社会科学院院长李铁映同志的提议，2002 年 8 月，成立了由分管国际学科片的陈佳贵副院长为主任的《列国志》编辑委员会。编委会成员包括国际片各研究所、科研局、研究生院及社会科学文献出版社等部门的主要领导及有关同志。科研局和社会科学文献出版社组成《列国志》项目工作组，社会科学文献出版社成立了《列国志》工作室。同年，《列国志》项目被批准为中国社会科学院重大课题，新闻出版总署将《列国志》项目列入国家重点图书出版计划。

在《列国志》编辑委员会的领导下，《列国志》各承担单位尤其是各位学者加快了编撰进度。作为一项大型研究项目和大型丛书，编委会对《列国志》提出的基本要求是：资料翔实、准确、最新，文笔流畅，学术性和可读性兼备。《列国志》之所以强调学术性，是因为这套丛书不是一般的"手册""概览"，而是在尽可能吸收前人成果的基础上，体现专家学者们的研究所得和个人见解。正因为如此，《列国志》在强调基本要求的同

时，本着文责自负的原则，没有对各卷的具体内容及学术观点强行统一。应当指出，参加这一浩繁工程的，除了中国社会科学院的专业科研人员以外，还有院外的一些在该领域颇有研究的专家学者。

现在凝聚着数百位专家学者心血，共计141卷，涵盖了当今世界151个国家和地区以及数十个主要国际组织的《列国志》丛书，将陆续出版与广大读者见面。我们希望这样一套大型丛书，能为各级干部了解、认识当代世界各国及主要国际组织的情况，了解世界发展趋势，把握时代发展脉络，提供有益的帮助；希望它能成为我国外交外事工作者、国际经贸企业及日渐增多的广大出国公民和旅游者走向世界的忠实"向导"，引领其步入更广阔的世界；希望它在帮助中国人民认识世界的同时，也能够架起世界各国人民认识中国的一座"桥梁"，一座中国走向世界、世界走向中国的"桥梁"。

《列国志》编辑委员会
2003 年 6 月

CONTENTS

目 录

CONTENTS

目 录

CONTENTS
目　录

CONTENTS

目 录

CONTENTS

目　录

CONTENTS

目　录

CONTENTS

目 录

CONTENTS
目 录

著者的话

就领土面积和人口数量而言，委内瑞拉不过是世界上一个中等国家。然而，对我国读者来说，委内瑞拉的名字并不陌生。这不仅因为委内瑞拉风光秀丽、景色独特，是世界上生态环境最为多样、复杂的国家之一；也不仅因为她曾是"拉美革命的摇篮"和独立运动著名领袖西蒙·玻利瓦尔的故乡；更重要的是，这个因盛产石油而被誉为"石油之国"的国家，在国际石油事务中发挥着越来越大的作用。

委内瑞拉位于南美洲北部。陡峭险峻的安第斯山脉；一望无垠的奥里诺科平原；遮天蔽日的亚马孙热带雨林；奔腾不息的南美洲第三大河奥里诺科河；油井架林立的南美洲最大湖泊马拉开波湖；动物、植物种类繁多的43处国家公园；深藏在圭亚那高原上飞泻千米的安赫尔瀑布；珍珠般点缀在加勒比海域的72岛……构成了一处处美妙、奇特的自然景观，令人心驰神往、流连忘返。委内瑞拉是个美丽的国家，又是自然资源丰富的国家。石油储量达2965亿桶，高居世界第一位。此外，还有大量铁、铝、金、煤等矿藏。丰富的矿藏、肥美的土地、勤劳的人民，为委内瑞拉的发展提供了优越的条件。如同其他拉美国家一样，委内瑞拉的最早居民是印第安人。由于历史的原因，委内瑞拉成为混血种人最多的拉美国家之一。不同种族、多种肤色的人共同生活在一起，形成了委内瑞拉独具特色的文化。

委内瑞拉人具有光荣的革命传统，与西班牙殖民者进行了300多年英勇斗争。1806年2月，拉美独立运动的"先驱者"弗朗西斯科·德·米兰达率领由200多名志愿军组成的船队从美国抵达委内瑞拉，打响了南美洲独立运动的第一枪。1810年4月，委内瑞拉人民驱逐了西班牙殖民官吏，建立了新生革命政权，成为南美洲最早赢得独立的国家。委内瑞拉共和国灭亡后，被誉为拉美"解放者"的西蒙·玻利瓦尔挺身而出，肩负起领导委内瑞拉和南美洲革命的重任。十几年间，他身骑骏马、手持利剑，带领爱国军与西班牙殖民军进行了千百次浴血战斗，先后解放了委内瑞拉、哥伦比亚、厄瓜多尔、秘鲁和玻利维亚5个国家，在民族解放运动史上写下了光辉的篇章。1830年委内瑞拉脱离大哥伦比亚共和国独立后，经历了百年之久的考迪罗军事独裁统治。1958年1月，委内瑞拉人民推翻佩雷斯·希门尼斯独裁政权后，资产阶级民主政体在委内瑞拉真正确立。此后的40年间，尽管委内瑞拉在现代化进程中取得了一定的成就，但民主行动党和基督教社会党两大传统政党长期把持政权，导致政治腐败、经济停滞、人民生活水平下降。在广大人民迫切要求变革的呼声中，"爱国中心"总统候选人乌戈·查韦斯·弗里亚斯在大选中获胜，并于1999年1月上台执政，改变了两大传统政党轮流坐庄的历史。查韦斯修改了宪法，大刀阔斧地进行了政治和经济的改革。他的激进改革触犯了传统势力的利益，他维护国家主权、奉行独立自主的外交方针也引起美国的不满。在内外势力的夹击下，很长一段时间内，委内瑞拉政局持续动荡。2002年4月发生的未遂政变、当年12月反对派发动的持续两个月的大罢工和有关公民投票的斗争，使委内瑞拉成为世界关注的焦点。而后数年，尽管保查派和反查派斗争依旧，但查韦斯逐渐稳住阵脚，政局也趋于稳定。

　　中国和委内瑞拉虽远隔千山万水，但友好关系源远流长。早在 1836 年华人已开始在委内瑞拉定居，为发展两国关系做出了重要贡献。1974 年中国和委内瑞拉建立外交关系后，两国关系不断发展，高层互访频繁，经贸关系不断扩大。查韦斯执政后，两国关系发展迅速。2001 年 4 月，江泽民主席对委进行国事访问，两国元首确立了中委在新世纪的"共同发展的战略伙伴关系"。2009 年 2 月，习近平副主席对委内瑞拉进行正式访问，加深了两国各领域的交流与合作。查韦斯总统执政期间，先后六次访问中国，进一步加强了双方的合作。马杜罗继任总统后于 2013 年 9 月访问中国，与习近平主席就加强中委共同发展的战略伙伴关系及有关国际和地区问题深入交换意见，达成广泛共识。

　　随着中国和委内瑞拉关系的不断加强，委内瑞拉各方面的情况越来越引起中国读者的关注。本人曾出访过这个美丽国家，走访过委内瑞拉大部分国土。委内瑞拉秀丽的山川和勤劳、朴实的人民给我留下了极其深刻的印象。为了实现写一本比较全面地介绍委内瑞拉的书籍的愿望，为了帮助读者认识、了解这个国家，本人根据自己的所见所闻和几年来搜集的大量外文、中文资料，经过相当长时间的努力，终于将此书奉献给广大读者。值得一提的是，在本书撰写过程中，中国社会科学院拉丁美洲研究所江时学、宋晓平、徐世澄、张宝宇和吴国平等研究员提出了很多宝贵意见，委内瑞拉驻华使馆文化专员维尔弗莱多·加利萨雷斯（Wilfredo Carrizales）提供了很多图书和资料。在此，对他们的慷慨帮助表示衷心的感谢。

焦震衡

2014 年 4 月

第一章

概　览

第一节　国土与人口

一　地理位置

委内瑞拉位于南美洲大陆北部，西经 59°47′50″ ~ 73°22′38″、北纬 0°38′53″ ~ 12°12′0″之间。最东端是巴里马河与穆鲁鲁马河的交汇处，最西端是苏利亚州因特梅迪奥河源头，最北端是法尔孔州帕拉瓜纳半岛圣罗曼角，最南端是亚马孙州南部阿拉里河源头。委内瑞拉西邻哥伦比亚，南接巴西，东与圭亚那接壤，北濒加勒比海和大西洋。根据委内瑞拉总统府网站公布的数据，该国面积为 916445 平方公里。① 最大的岛玛格丽塔岛面积为 1070 平方公里，位于阿拉亚半岛以北 19 公里处的加勒比海，属新埃斯帕塔州。海岸线长 2813 公里。

1811 年 7 月 5 日委内瑞拉宣布独立。1819 ~ 1829 年同哥伦比亚、巴拿马和厄瓜多尔组成"大哥伦比亚共和国"，1829 年退出。1830 年建立委内瑞拉联邦共和国。1864 年改称委内瑞拉合众国。1953 年易名为委内瑞拉共和国。根据 1999 年 12 月生效的宪法，国名改为委内瑞拉玻利瓦尔共和国。

过去一般认为，委内瑞拉（Venezuela）的国名是西班牙探险家阿隆索·德·奥赫达（Alonso de Ojeda）命名的。1499 年，奥赫达带领一批殖

---

① http：//www. presidencia. gob. ve/venezuela_ datos_ o. html.

民者，乘船从加勒比海出发向南驶去，抵达委内瑞拉境内的马拉开波湖。很早以前，勤劳的印第安人就在湖区繁衍生息，形成了自己的文化。奥赫达登岸之后，一派旖旎的景色出现在他的眼前。马拉开波湖波光粼粼，印第安人的舟筏穿梭于湖面上，岸边绿树成荫，青草茸茸。四周沃野千里，印第安人的住宅建在露出水面的木桩上，星星点点，别有情趣。见此情景，奥赫达不由想起意大利举世闻名的水城威尼斯，那个城市被 77 条河流分割成 118 个小岛，居民的房屋多采用吊楼的形式建在水上。奥赫达觉得这一地方与威尼斯是那么相像，于是就把它称为"Venezuela"，意即"小威尼斯"。从此，委内瑞拉的名字也就流传开来，成为这个国家的正式国名。

然而，近年来，一些学者通过研究 1519 年马丁·费尔南德斯·德·恩西索（Martín Fernandez de Enciso）在西班牙塞维利亚出版的《世界各地区及行省特别是西印度群岛地理概要》（*Suma de Geografía que trata de todas las partes y provincias del mundo，en especial de las Indias*）和 1629 年安东尼奥·巴斯克斯·德·埃斯皮诺萨（Antonio Vázquez de Espinosa）撰写的《西印度群岛扫描》（*Compendio y descripción de las Indias Occidentales*）得出结论，委内瑞拉不是来自西班牙语，而是地道的土著语。他们认为"委内瑞拉"是一个印第安村落的名字，意为"大水"，因为这个村落紧靠马拉开波湖。

二 行政区划

全国分为 23 个州、1 个首都区和由 311 个岛屿组成的联邦属地。在 23 个州中，亚马孙州和阿马库罗三角洲州原为边疆区，1999 年升格为州。首都加拉加斯。州下共设 191 个专区、736 个市。各州的简单情况如表 1-1 所示。

表 1-1　委内瑞拉各州人口、人口增长率、首府和其他重要城市

地区	人口（人）	2001～2011 年人口增长率(%)	首府	其他城市
亚马孙州	146480	7.6	阿亚库乔港	—
安索阿特吉州	1469747	1.9	巴塞罗那	拉克鲁斯港，埃尔蒂格雷
阿普雷州	459025	2.0	圣费尔南多	瓜斯杜阿里托

续表

地区	人口（人）	2001~2011年人口增长率(%)	首府	其他城市
阿拉瓜州	1630308	1.2	马拉凯	图尔梅罗,拉维多利亚
巴里纳斯州	816264	2.7	巴里纳斯	巴里尼塔斯
玻利瓦尔州	1410964	1.5	玻利瓦尔城	圭亚那城,乌帕塔
卡拉沃沃州	2245744	1.5	巴伦西亚	卡贝略港,瓜卡拉
科赫德斯州	323165	2.5	圣卡洛斯	蒂纳基略
阿马库罗三角洲州	167676	5.5	图库皮塔	—
首都区	1943901	0.6	加拉加斯	—
法尔孔州	902847	1.7	科罗	蓬托菲霍,卡尔东角
瓜里科州	747739	1.8	圣胡安－德洛斯莫罗斯	卡拉沃索,帕斯夸谷镇
拉腊州	1774867	1.3	巴基西梅托	卡洛拉,卡布达雷
梅里达州	828592	1.5	梅里达	埃尔维贾,埃希多
米兰达州	2675165	1.4	洛斯特克斯	圣特雷沙德尔图伊
莫纳加斯州	905443	2.4	马图林	卡里皮托,马塔角
新埃斯帕塔州	491610	2.8	亚松森	波尔拉马尔
波图格萨州	876496	1.9	瓜纳雷	阿卡里瓜,比亚布鲁苏阿尔
苏克雷州	896291	1.3	库马纳	卡鲁帕诺,圭里亚
塔奇拉州	1168908	1.6	圣克里斯托瓦尔	鲁维奥,圣安东尼奥
特鲁希略州	686396	1.2	特鲁希略	巴莱拉,博科诺
巴尔加斯州	352920	1.7	拉瓜伊拉	卡蒂亚拉马尔,马库托,奈瓜塔

续表

地区	人口 （人）	2001～2011年 人口增长率（%）	首府	其他城市
亚拉奎州	600852	1.9	圣费利佩	亚里塔瓜，奇瓦科阿
苏利亚州	3704404	2.2	马拉开波	卡维马斯，奥赫达城
联邦属地	2155	2.7	—	大罗克

资料来源：《2011 年统计：委内瑞拉人口有 28946101 人》，委内瑞拉《奥里诺科邮报》（*Correo del Orinoco*）2013 年 5 月 12 日。

三　地形与气候

（一）地形

委内瑞拉的地形多种多样，既有广阔的平原和低地，又有高峻的山脉和高原。全境大致分为 4 个自然地理区。

1. 马拉开波低地

位于委内瑞拉西北部佩里哈山脉与梅里达山脉之间，马拉开波湖占据了很大一部分。马拉开波湖是个断层湖，湖盆与委内瑞拉湾相通。湖区覆盖着第三纪和第四纪沉积物，石油资源丰富，并伴有天然气。许多河流汇入马拉开波湖，形成了一些沼泽地。

2. 安第斯山区

位于委内瑞拉东北部。安第斯山脉的东部东科迪勒拉山脉从哥伦比亚伸入委内瑞拉后，分为佩里哈山脉和梅里达山脉两支。佩里哈山脉从南向西北延伸至加勒比海沿岸。安第斯山脉伸向东北，它西高东低，是委内瑞拉境内最大的山脉。玻利瓦尔峰海拔 5007 米，为全国最高点。其他还有洪堡峰（4942 米）、拉孔查峰（4922 米）、博恩兰德峰（4883 米）、西利亚德尔托罗峰（4775 米）和莱昂峰（4740 米）。

3. 奥里诺科平原

位于委内瑞拉中部。又称亚诺斯平原，约占全国面积的 25%。由奥里诺科河及其众多支流冲积而成，并被奥里诺科河一分为二。奥里诺科平原地势平坦，海拔为 50～200 米。奥里诺科河口三角洲地区地势低平，多岛洲和沼泽，定期泛滥。奥里诺科平原特别是其中西部地区水源充沛、土地肥沃、牧草茂盛，适宜发展农牧业。奥里诺科平原还覆盖着厚厚的沉积物，拥有丰富的石油资源特别是重油资源。

4. 圭亚那高原

位于委内瑞拉东南部，是古老的结晶岩高原，约占全国面积的 45%。地势由南向北缓倾，海拔为 300～1500 米。基底岩系主要是太古代花岗岩、片麻岩和片岩，经过长期侵蚀，一般表现为高 300～400 米的丘陵状高原。圭亚那高原上的最高峰罗赖马山海拔 2772 米。这里多激流、瀑布，位于丘伦河上的安赫尔瀑布落差 979 米，是世界上最高、落差最大的瀑布。这里地广人稀，矿产、水力和森林资源丰富。

（二）河流、湖泊和海湾

委内瑞拉河流众多，共有 1059 条，其中最著名的是奥里诺科河。奥里诺科河是南美洲第三大河，源于亚马孙州与巴西交界处的德尔加多－查尔沃德山，全长 2740 公里，注入大西洋。流域总面积为 94.4 万平方公里。河流从源头先往西流，河上游长 240 公里，难通航。河流在山间穿行，多瀑布，最高的瀑布是 17 公里宽、落差 17 米的解放者瀑布。奥里诺科河流经茂密的热带雨林后，与其第一条支流乌格托河交汇，河面加宽至51 米，河床深达 4 米以上。河中游段约长 750 公里。在河左岸与支流马瓦卡河相交后，从向西改为向北流，吸纳支流奥卡莫河后，河面宽达 400米，水流量达 2500 立方米/秒。随后通过卡西基亚雷河同亚马孙河左岸支流内格罗河相连。河流转为向西流，与库努库努马河、本图亚里河、阿塔瓦波河、瓜维亚雷河、伊里尼达河汇合。河流在费尔南多改为向北流，接受了来自哥伦比亚的支流比查达河和托莫河。河下游段长约 950 公里。与支流埃尔梅塔河交汇后河面宽达 5 公里。在向东北方向流去时，接受了支流锡纳鲁科河、卡帕纳帕罗河与阿普雷河。在向东流时，与来自圭亚那的萨普亚雷河汇合。在下游的末段，吸纳了来自北部的河流曼萨纳雷斯河、伊瓜纳河、帕奥河与卡里斯河，同时接受了来自南部的卡罗尼河、考拉

河、阿罗河与库奇韦罗河。奥里诺科河及其支流带来大量泥沙，冲积而成奥里诺科河三角洲，面积约3万平方公里，并仍在扩展。奥里诺科河主流在此形成17股水道流向大西洋。河口年平均流量为14000立方米/秒，洪水期为25000立方米/秒，枯水期为7000立方米/秒。

其他河流大都汇入奥里诺科河，重要的河流有以下几条。

阿普雷河是奥里诺科河左岸支流，流经委内瑞拉西部地区。它发源于梅里达山脉，由乌里班特河和萨拉雷河汇合而成。全长820公里，穿过委内瑞拉最重要牧业区奥里诺科平原的中部，渔产丰富，可通航。主要支流有波图格萨河和瓜里科河。

考拉河为奥里诺科河右岸支流，流经委内瑞拉东南部地区。全长570公里，流域面积为5万平方公里。它发源于帕卡赖马山脉，向北经圭亚那高原，流入平原。多瀑布和急流，下游因沙洲较多难以通航。

卡罗尼河也是奥里诺科河支流，流经委内瑞拉玻利瓦尔州南部地区。它发源于委内瑞拉、巴西和圭亚那三国交界的帕卡赖马山脉罗赖马山麓。从圭亚那高原和委内瑞拉东南部穿过，在圭亚那城附近的圣费利克斯注入奥里诺科河。全长925公里，流域面积为9.5万平方公里。水量丰富，多急流和瀑布。中下游建有古里和马卡瓜水电站。古里水电站第一期工程于1968年完成，在圭亚那城、卡罗尼河和奥里诺科河汇合处以南截住水流。坝高106米，顶部长690.5米。1986年古里水电站投入运营，成为全国最大的电力供应来源。

卡西基亚雷河是委内瑞拉南部奥里诺科河上游的天然分洪道。长约400公里，宽200米，深10～15米，全河总落差约20米。卡西基亚雷河流向西南，与瓜伊尼亚河汇成内格罗河。可通航。

委内瑞拉的湖泊遍布全国，马拉开波湖和巴伦西亚湖是两个最大的湖。位于委内瑞拉西北部的马拉开波湖，在马拉开波低地的中心。面积为1.34万平方公里，是委内瑞拉也是南美洲最大的湖泊。在世界大湖中，居第23位。通过一条长35公里、宽3～12公里、最深处为35米的水道与委内瑞拉湾相连。马拉开波湖系安第斯山脉北段一断层陷落形成的构造湖。口窄内宽，南北长190公里、东西宽115公里，湖岸线长约1000公里。北浅南深，容积为 2.8 亿立方米。含盐度为 15‰～38‰。四周环绕着莫蒂洛内斯－佩里哈山、安第斯山和科里亚诺山。众多河流流入该湖，最重要的河流是卡塔图姆博河。除北部委内瑞拉湾沿岸气候干燥、年降水量不足 500 毫米外，湖区大部分地方高温多雨，年平均气温达 28℃，年降水量在 1500 毫米以上，为南美洲最湿热的地区之一。石油资源丰富，并伴有天然气，有"石油湖"之称，油田集中于东北岸和西北岸，拥有4000 多口油井。1917 年打出第一口生产井，1922 年开始大规模开采，使委内瑞拉成为世界重要的石油生产国和出口国之一。水道经过疏浚，湖内可通大型海轮和油轮。全国第二大城市马拉开波城坐落在湖的西端。1962年湖上建成 8678 米长的拉斐尔·乌达内塔将军大桥，把苏利亚州的西部同东部以及委内瑞拉其他地区连接起来。建桥历时 5 年，耗资 3.5 亿玻利瓦尔（委币）。湖上有水上房屋，如圣罗莎水上房屋。湖畔种植可可、椰子树、甘蔗和咖啡。周围城市有马拉开波城、卡维马斯城和奥赫达城。

委内瑞拉第二大湖巴伦西亚湖位于巴伦西亚城东 3 公里，面积 440 平方公里，湖内有 22 个小岛，是著名旅游胜地，该湖附近是富饶的农业区。

委内瑞拉海岸线长且曲折，拥有优良海湾。加勒比海东南端的海湾帕里亚湾，在特立尼达岛和委内瑞拉西海岸之间。东西长 160 公里，南北宽64 公里。北至帕里亚半岛，与加勒比海相连，南端与大西洋相通。东部沿岸大陆架储藏有丰富的石油和天然气。帕里亚湾主要港口有特立尼达和多巴哥的西班牙港和圣费尔南多港等、委内瑞拉的吉里亚·伊拉帕港和佩德纳莱斯港等，主要运输石油、铁矿石、铝矾土、农产品和木材等。委内瑞拉北部的海湾委内瑞拉湾，西与瓜希拉半岛和哥伦比亚相接，东与委内瑞拉的帕拉瓜纳半岛为邻，南部与马拉开波湖连接在一起。南北长约 120公里，东西最宽为 240 公里，深 14～40 米。湾内水产丰富，这里是马拉开波湖地区石油海运的重要通道。

（三）气候

委内瑞拉虽地处热带，但因地形复杂，故气候多种多样。委内瑞拉境内除山地和热带雨林地区外大多属于热带草原气候。主要气候类型有以下几种。

1. 热带雨林多雨气候

终年高温，最冷月平均气温不低于18℃。降水丰富，年降水量一般在1500毫米以上。没有明显的旱季。这种气候主要分布在圭亚那南部地区和亚马孙地区。北纬5°以南的帕里亚湾、巴洛文托低地、奥里诺科河三角洲等地均属此种气候。

2. 热带草原气候

终年高温，最冷月平均气温在18℃以上。有旱季和雨季之分。这种气候的特点是气候随降水量和地势变化，而不随季节变化。热带草原气候主要分布在亚诺斯地区、圭亚那地区的北部、北部山区的大部以及安第斯山区地势最低的部分。首都加拉加斯以及马拉凯、圣费尔南多－阿普雷、瓜纳雷和圣克里斯托瓦尔等地均属此种气候。

3. 热带高地温和气候

全年至少有一个月平均气温低于18℃，有旱季。这种气候主要分布在北部山区地势最高的地区（如托瓦尔殖民点）和安第斯山区中等高度地区（如梅里达、穆库奇埃斯）。

4. 冻原气候

最热月平均气温在0℃以上、10℃以下。这种气候分布在海拔3000米以上的安第斯高寒地区，面积仅950平方公里。

5. 极地气候

年平均气温低于0℃。海拔4700米以上的山峰属极地气候，如玻利瓦尔峰、洪堡峰等。

6. 半干旱气候

气候的特点是降雨少。主要分布在从拉瓜希拉半岛至帕里亚半岛干旱的沿海地区、拉腊低地和安第斯山地势低的谷地。巴基西梅托、卡罗拉、马拉开波和波拉马尔属这种气候。

7. 沙漠气候

气候干燥，降雨稀少，温差大。这种气候分布在沙洲地峡及其周围地区。

四　人口、民族、语言

1. 人口

同拉美其他国家一样，委内瑞拉最早的居民是土著印第安人。西班牙殖民者侵入委内瑞拉，特别是 16 世纪以后，出现了以西班牙人为主的欧洲移民和来自非洲的黑人奴隶与土著印第安人相互混血的过程，逐渐形成了委内瑞拉民族。20 世纪中期，委内瑞拉吸纳了大量意大利、葡萄牙、德国和西班牙移民。20 世纪 60 年代以来，拉美国家特别是哥伦比亚移民大批进入委内瑞拉，成为委内瑞拉人口迅速增长的重要原因之一。与此同时，国内长期保持高出生率，医疗条件的改善、传染病的减少、生活水平的提高又使死亡率不断下降，由此造成人口净增长，并使委内瑞拉成为南美洲人口增长较快的国家之一，1997 年委内瑞拉人口已达 2278 万人。但从 20 世纪 90 年代后期开始，委内瑞拉人口增长速度趋缓，由 1990～1995 年的年均增长 2.3% 降至 1996～2000 年的年均增长 2%，但仍大大高于拉美年均 1.6% 的人口增长率。2001 年委内瑞拉人口为 2463 万人。根据委内瑞拉国家统计局 2011 年 9～12 月的统计数字，2011 年委内瑞拉全国人口已达 2890 万人，人口年均增长率为 1.5%。人均预期寿命为 75 岁。全国共有 715 万个家庭，平均每个家庭人口数为 4 人。委内瑞拉人口平均年龄为 26 岁。在委内瑞拉人口的年龄构成中，0～14 岁占总人口的 27.6%，15～64 岁占 66.6%，65 岁以上占 5.8%。男性占总人口的 49.7%，女性占 50.3%。人口数量最多的州是苏利亚州，达 370.4 万人；其次是米兰达州，人口为 267.5 万人；居第三位的是卡拉沃沃州，人口为 224.5 万人。15 岁以下人口明显减少，64 岁以上人口增多。15～19 岁青少年占全国人口的比重从 2001 年的 9.8% 降至 2011 年的 9.5%。同期，65～69 岁人口占全国人口的比重从 2001 年的 1.6% 提高至 2011 年的 2.0%。

由于城市生活水平和就业机会远高于农村，医疗、教育以及其他服务设施也比农村完善，所以农村人口不断向城市流动。首都区是吸引农村人口的中心，其次是靠近首都的工业迅速发展的米兰达州和玻利瓦尔州，此外还有农业和制造业较为发达的阿拉瓜州、卡拉沃沃州、巴里纳斯州、波

图格萨州、苏利亚州和拉腊州。城市化速度加快,1941年城市人口只占全国人口的约1/3,1950年上升到占53%,1975年占82%。到1997年,委内瑞拉城市人口已达1962万人,农村人口只有316万人。2001年城市人口占87.1%,农村人口占12.9%,40%以上人口集中在8个大城市。人口在5万人以下的城市有234座,人口在5万~10万人的城市有46座,人口在10万~50万人的城市有50座,人口在50万人以上的城市有6座。根据委内瑞拉国家统计局2011年统计,城市人口已占全国人口的88.8%,农村人口占全国人口的11.2%。人口在5万人以下的城市减少到213座,人口在5万~10万人的城市增加到53座,人口在10万~50万人的城市增加到63座,人口在50万人以上的城市变为7座。据2009年统计,首都加拉加斯人口为305.1万人,马拉开波为215.3万人,巴伦西亚为173.8万人,巴基西梅托为115.9万人,马拉凯为104万人。

1873年委内瑞拉人口密度为每平方公里1.7人,2011年已达每平方公里29.7人,但仍是西半球人口密度较低的国家之一。它的人口分布不均衡,80%的人口居住在沿海和谷地,14%的人口生活于亚诺斯地区,约6%的人口居住在圭亚那高原地区。商业和工业发达的首都区、阿拉瓜州、米兰达州和新埃斯帕塔州的人口密度最高。人口分布不均主要是历史形成的。从殖民地时代起,委内瑞拉的北部沿海和谷地就是大城市的所在地,是全国行政、政治的中心,目前在全国23个州中有14个州的首府在这些地区。国家的经济命脉石油工业的管理、开发和资本化都在这些地区进行。再者,沿海和谷地的气候、生活、地形、交通、服务等条件相对优越。近年来,圭亚那地区的工业发展很快,使人口比过去有所增加。

2. 民族

委内瑞拉是混血种人较多的拉美国家之一。根据2011年的统计,在委内瑞拉人口构成中,印欧混血种人和黑白混血种人占49.9%、白人占42.2%、黑人占3.5%、印第安人占2.7%,其他人种占1.7%。黑人和穆拉托人(黑白混血种人)大都居住在沿海地区和山间谷地。印第安人分散居住在马拉开波低地的偏远地区、奥里诺科河三角洲、亚马孙地区。印欧混血种人(梅斯蒂索人)则大都生活在安第斯山区、马拉开波低地、亚诺斯地区和玛格丽塔岛。

印第安人是委内瑞拉最早的居民。哥伦布发现美洲之前，在委内瑞拉散布着阿拉瓦克人（Arawak）、阿哈关人（Ajaguan）、库马纳戈托人（Cumanagoto）、阿亚曼人（Ayaman）以及其他加勒比部族，他们主要从事农业和渔业。瓜希罗人（Guajiro）生活在如今苏利亚州地区，而且一直到现在，有一些瓜希罗人生活在亚马孙雨林地区。蒂莫托－库伊卡人（Timoto-Cuica）在今塔奇拉州、梅里达州和拉腊州地区居住。大多生活在现今法尔孔州的卡克蒂奥人，创造了可能是当时委内瑞拉最高的印第安文明。一些印第安部落像瓜希罗人一样栖居于亚马孙雨林。与其他拉美国家相比，委内瑞拉的印第安人口并不多。西班牙殖民者入侵委内瑞拉后，印第安人又大量减少。主要原因一是他们遭到殖民者的屠杀，二是西班牙人带来的各种传染病使许多没有免疫力的印第安人死于非命。蜂拥而来的西班牙人和其他欧洲国家殖民者在委内瑞拉定居以后，同当地印第安人通婚，形成了最初的混血种人，即梅斯蒂索人。梅斯蒂索人已经失去了印第安人原有的特征，沿袭了西班牙人的宗教信仰和习俗。

根据委内瑞拉国家统计局 2011 年的统计，该国共有 725128 名印第安人，其中男性 365920 人（占 50.46%），女性 359208 人（占 49.54%）。在苏利亚州居住的印第安人最多，占印第安人总数的 61%；其次是亚马孙州，占 10%；再次是玻利瓦尔州，占 8%。此外，阿马库罗三角洲州、安索阿特吉州、苏克雷州、莫纳加斯州、阿普雷州分别占 6%、5%、3%、2% 和 2%。在委内瑞拉印第安部族中，人数最多的是瓦尤人（Wayúu），占印第安人口总数的 58%。瓦劳人（Warao）和卡里尼亚人（Kariña）分居第二和第三位。

现今在委内瑞拉亚马孙地区生活的印第安部族中，人们了解最多的大概是雅诺马米人（Yanomami）。委内瑞拉的雅诺马米人约有 1.4 万人，生活在奥里诺科－马瓦卡地区。还有一些雅诺马米人在巴西居住。在印第安语中，雅诺马米意为"人""人们""人类"。雅诺马米人把不属于他们的人，不管是印第安人，还是白人或混血种人，统统称作纳佩（Nape），即"陌生人、应该小心的人、危险的人"。从 1758 年开始，雅诺马米人

同外界的接触逐渐增多。委内瑞拉的雅诺马米人大多生活在帕里亚山脉和奥里诺科河之间,特别是在奥卡莫河、马纳维切河与马瓦卡河流域。其他雅诺马米人则栖居于委内瑞拉和巴西的边界地区。他们主要以农业为生,种植香蕉、芭蕉、苦木薯、甜木薯和烟草。与此同时,他们也从树上采集果实、昆虫和其他食物。有时,他们要去狩猎和捕鱼。雅诺马米人的狩猎分为"拉米"和"埃尼约莫"两种形式。"拉米"是指维持日常生活的狩猎,"埃尼约莫"则指为举行盛大活动而进行的狩猎。

马基里塔里人(Maquiritari)在委内瑞拉约有 5000 人,生活在玻利瓦尔州和亚马孙州,靠近玻利维亚边界的地方。马基里塔里人又被称为耶夸纳人(Ye'kuana),在 18 世纪末才被西班牙殖民者发现。在印第安语中,耶夸纳意即"划小船的人们"。其中,Ye 意为"木头",ku 意为"水",ana 意为"人们"。他们高超的航行本领,使他们能长期生活在 3 万平方公里的水乡泽国。他们从事捕鱼、种植木薯、狩猎等活动,他们还会编织精美的筐。

巴尼瓦人(Baniwa)居住在委内瑞拉亚马孙州卡西基亚雷地区,人数只有 400 多人。现在,他们传统的与世隔绝、自给自足的生活方式已经有了很大的改变,越来越依赖于工业品,他们的孩子也到学校读书。不过,他们仍从事狩猎、采集果实和捕鱼等活动。他们制作吹箭筒、弓和箭,用来捕捉猴和鸟,使用弓和箭以及鱼笼捕鱼。

瓦劳人在委内瑞拉约有 1.8 万人,他们生活于奥里诺科河三角洲和阿马库罗三角洲州地区。

皮亚罗亚人(Piaroa)在委内瑞拉约有 1.2 万人,他们生活于奥里诺科河的南岸地区,以及帕瓜萨等地。

加勒比人(Caribe)在委内瑞拉约有 5000 人,大部分人栖居于莫纳加斯州和安索阿特吉州,小部分人生活在玻利瓦尔州奥里诺科河以南的地区。

曼达瓦卡人(Mandahuaca)在委内瑞拉约有 3000 人,他们生活在委内瑞拉亚马孙州的西南端,靠近哥伦比亚边界的地方。

亚鲁罗人(Yaruro)在委内瑞拉约有 3000 人,栖居于亚马孙州和阿普雷州，他们自称为"普梅"（Pume）。

在西班牙征服委内瑞拉的过程中，随着印第安人口的不断下降，为了解决劳动力短缺问题，西班牙殖民当局从非洲贩运来大量黑人奴隶，17世纪起他们成为沿海种植园的主要劳动力，在炎热、艰苦的条件下从事繁重的体力劳动。白人和黑人通婚，产生了黑白混血种人，即穆拉托人。根据 2011 年委内瑞拉国家统计局的统计，该国非洲黑人后裔共有 181157人。黑人数量最多的州是米兰达州，共有 42264 人；其次是卡拉沃沃州，共有 21281 人；再次是阿拉瓜州，共有 19874 人。

为了繁荣石油经济，1936 年委内瑞拉政府颁布《移民法》，1948 年政府颁布鼓励技术移民的政策。这样，第二次世界大战后的 5 年间，委内瑞拉出现了移民潮。1948～1958 年年底委内瑞拉的移民达 100 万人，其中多数是西班牙、意大利和葡萄牙移民，也包括一些哥伦比亚人，他们参与委内瑞拉许多大的工程项目的建设。后来，来委的哥伦比亚人逐渐增多，约占外国移民的 30%。此外，还有不少阿根廷、智利、乌拉圭、厄瓜多尔、秘鲁、古巴和中东国家的移民来到委内瑞拉，估计约有 200 万人。他们之中有些是来政治避难，有些是寻求工资高、待遇好的工作。许多哥伦比亚和巴西非法移民进入委内瑞拉，一些人在收获季节来做短工，一些人在工厂或农村做时间长一点的工作，这两种人都会返回自己的国家。其他非法移民在委内瑞拉长期定居下来，特别是在西北部的塔奇拉州和苏利亚州，不少人深入到马拉开波、加拉加斯等大城市，在石油开采、建筑等行业找到工作。80 年代以后，由于委内瑞拉经济不景气，转往其他国家的人增多，外国非法移民的人数大减。

中国人移居委内瑞拉的时间，大约是从 1836 年开始的。20 世纪初，一批华侨从哥伦比亚辗转来到委内瑞拉，在矿区从事繁重的体力劳动。20年代委内瑞拉石油工业繁荣以后，前往委内瑞拉的华侨日渐增多，40 年代中期已有 3000 多人。80 年代初，据中国有关方面统计，旅委华人华侨约有 1.2 万人，其中 80% 加入了委内瑞拉国籍。90 年代后，又出现华人移民潮。目前在委华人和华侨估计有 20 多万人。居住在首都加拉加斯的华人和华侨大多是广东恩平人，生活在马拉开波的华人和华侨则主要是广

东中山人。华人和华侨人数较多的城市还有巴基西梅托、巴伦西亚、马拉凯、圣费尔南多等。华人和华侨中的一些人经营大小超市、小店铺、餐馆、咖啡馆，一些初来乍到的人以打工为生。也有个别人在学术研究方面取得成功，譬如早年来委的安徽华侨陈其仪曾任委内瑞拉著名大学安德烈斯·贝略天主教大学经济系主任和委总统经济顾问，他曾访问过中国社会科学院拉丁美洲研究所。

3. 语言

1999 年宪法第 9 条规定，委内瑞拉官方语言是西班牙语。与此同时还规定，印第安语也是印第安人使用的正式语言，印第安语应该在全国受到尊重。委内瑞拉曾是西班牙的殖民地，绝大多数委内瑞拉人操西班牙语。西班牙语优美动听，被誉为"与上帝对话的语言"。西班牙语是联合国 6 种工作语言之一，全世界约有 4 亿人使用西班牙语。然而，委内瑞拉人所讲的西班牙语已与西班牙本土正统的西班牙语在发音、构词、语法等方面有很大的差异。只学过正统西班牙语的人到了委内瑞拉，开始会感到不太适应，特别是在社会下层活动时，更觉得不太习惯。因为委内瑞拉人所说的话包含有很多土语，而且有吃音现象，就是说，一些委内瑞拉人在讲话时，习惯把单词中的个别字母的发音省略掉。只有在听了一段时间后，才会慢慢习惯。

委内瑞拉西班牙语中以 "s" 结尾的音节读成送气音，如 "adios" 读成 "adioh"，"casas" 读成 "casah"。两个元音中的 "d" 不发音，如 "melado" 读成 "melao"，"pedo" 读成 "peo"。后缀 "ado" "edo" 和 "ido" 也相应读成 "ao" "eo" 和 "io"。与哥伦比亚、哥斯达黎加和古巴相似，委内瑞拉西班牙语中用后缀 "ico" 或 "ica" 连接以 "t" 为词根的名词，成为其缩小词，如 "gato"（猫）变成 "gatico"，"rato"（瞬间）变成 "ratico"，"momento"（片刻）变成 "momentico"。委内瑞拉农村地区，"madre"（母亲）和 "papá"（爸爸）分别变成 "mai" 和 "pai"。

随着以西班牙人为主的欧洲白人与当地印第安人和来自非洲的黑人通婚混居，委内瑞拉的西班牙语受到非洲语言、印第安语以及意大利语、葡萄牙语和法语的深刻影响，吸纳了这些语言的大量词汇。如，源于非洲语言的"chévere"替代了"agradable"（令人高兴的）；受法语影响的"petit pois"替代了"guisante"（豌豆）；源于意大利语的"école cua"代替了"acá está"（在这儿）。委内瑞拉西班牙语还引入了大量英语词汇，如"happy hour""watchman""lifting""celebrity"等。有些单词在委内瑞拉西班牙语中改变了含义。源于"burdo"（粗糙的，粗野的）的"burda"用来做"muy"或"mucho"（很，非常）的同义词。如"La fiesta está burda de buena"等同于"La fiesta está muy buena"（节日非常好）。

委内瑞拉各地区西班牙语也不尽相同。加拉加斯、苏利亚、安第斯和玛格丽塔岛4个地区所操西班牙语各有特色。加拉加斯西班牙语是委内瑞拉中部语言，用来进行全国性交流。苏利亚是唯一用"vos"代替"tú"（你）的地区。安第斯地区使用"usted"（您），不用"vos"。

委内瑞拉宪法第9条承认土著语具有合法地位，并应在共和国各地受到尊重。目前，委内瑞拉主要有阿拉瓦克语（arauaco）、加勒比语（caribe）、瓜希罗语（guajiro）、瓦拉奥语（warao）、奇布查语（chibcha）、图皮语（tupi）、佩蒙语（pemón）、雅诺马米语、尤科帕语（yucpa）、巴里语（bari）、瓦尤语（wayuu）和阿努语（anu）等20多种土著语言，它们是印第安人的官方语言。此外，靠近巴西边境地区的居民多讲葡萄牙语，靠近圭亚那地区的居民多讲英语。科洛尼亚托瓦尔（Colonia Tovar）是德国移民的聚集地，故那里的居民多讲德语。

尽管委内瑞拉的印第安人并不太多，但他们操20多种语言，其中使用最多的是加勒比语、阿拉瓦克语和奇布查语。此外，还有雅诺马米语、皮亚罗亚语等。与此同时，印第安人还有150多种方言。随着时间的流逝，一些印第安方言已经消失，如巴尼瓦语和亚维特罗语等。在委内瑞拉，一些受教育程度较高的人懂得英语。

五 国家象征

国旗 委内瑞拉国旗由大小相同的黄、蓝、红三色横条彩带组成。旗的上方为黄色，代表国家的丰富资源（一说表示南美洲的土地）；中间为蓝色，代表广阔的海洋（一说表示人民事业的崇高目标），上有8颗呈弧

形排列的白色五角星，象征8个省；下方为红色，代表烈士们为独立洒下
的鲜血。国旗长与宽的比例为3∶2。关于国旗的颜色，还有一个趣闻。历
史学家弗朗西斯科·埃雷拉·卢克（Francisco Herrera Luque）曾说：米兰
达出访欧洲时，为寻求俄国对委内瑞拉独立运动的支持而拜会俄国女皇。
女皇询问他新国家国旗的式样，米兰达没有准备，信口回答：“黄色，像
你的头发；蓝色，像你的眼睛；红色，像你的嘴唇。”

　　三色旗是委内瑞拉人民争取独立和自由的象征。1806年2月，委内
瑞拉革命的"先驱者"弗朗西斯科·德·米兰达（Francisco de Miranda）
率领"利安德号"军舰，从纽约向委内瑞拉进发，三色旗在船上高高飘
扬。这次远征不幸失败。同年7月，他又率领船队从西班牙港出发，8月
3日在委内瑞拉科罗城附近登陆，4日占领这座城市后，在政府大厦升起
了鲜艳的三色旗。1811年7月5日委内瑞拉宣布独立，指定一个委员会
负责选定国旗。7月7日，议会正式通过米兰达在1806年远征时使用的
三色旗为委内瑞拉国旗。7月14日，委内瑞拉国旗正式在加拉加斯圣卡
洛斯军营升起，之后又在马约尔广场（今玻利瓦尔广场）上空飘扬。
1817年5月17日，委内瑞拉国会下令修改国旗，在旗上方黄色带上增添
7颗蓝星，代表1811年宣告独立的加拉加斯、库马纳、巴里纳斯、梅里
达和特鲁希略等7个省。大哥伦比亚共和国解体后，1859年委内瑞拉宣
布重新采用1817年开始使用的国旗。1863年，对国旗做了修改，7颗星
改为白色，放在中间蓝色带上。6颗星在蓝色带中央围成圆形，中心有1
颗白星。1930年7月15日再次修改国旗，7颗星改为呈弧形排列。1954
年2月，在国旗黄色带上增添了委内瑞拉国徽。2006年3月7日，全国
代表大会根据1817年11月20日玻利瓦尔提出的主张，通过修改国旗的
决议，决定在国旗中增添第8颗星，新增加的一颗星代表1817年摆脱西
班牙统治、并入委内瑞拉的圭亚那省。该法令于2006年3月9日第38394
号公报颁布后开始生效。1963年7月3日，罗慕洛·贝坦科尔特
（Rómulo Betacourt）总统下令将每年3月12日定为委内瑞拉"国旗日"，
以纪念米兰达将军1806年3月12日在海地Jacmel湾第一次升起委内瑞拉
国旗。2006年8月3日，委内瑞拉总统乌戈·查韦斯·弗里亚斯（Hugo

Chávez Frias）对"国旗日"的日期做了修改，下令每年 8 月 3 日为委内瑞拉"国旗日"，以纪念米兰达将军 1806 年 8 月 3 日在委内瑞拉科罗的拉贝拉（La Vela de Coro）第一次升起国旗。

国徽 1954 年 2 月 17 日，委内瑞拉国会以法律形式确定了国徽的样式。2006 年 3 月 7 日，全国代表大会通过《国旗、国徽法修改法》，2006 年 3 月 9 日第 38394 号公报颁布后开始生效。

委内瑞拉国徽主体图案是个长方形盾牌，盾牌图案上方分成两部分。左部红底中镶嵌着一捆 24 穗麦穗，象征现今共和国 24 个行政单位（23 个州和首都区）的团结和国家的丰饶。右部黄底的中间是交叉在一起的古兵器，其中有剑、长矛、弓、箭囊中的箭和一把砍刀，象征着力量和胜利；左右各有两面委内瑞拉国旗，由月桂冠系结。图案下方蓝底色中绘有一匹向左奔跑的白色骏马，象征着独立和自由。盾形主体图案的上端是两支交叉在一起的丰饶角，角下饰有绿叶和水果。盾形主体图案两侧有橄榄枝和棕榈叶环绕，下面有黄、蓝、红三色带，左边色带用阿拉伯数字和西班牙文写有"1810 年 4 月 19 日"（19 DE ABRIL DE 1810）、"独立"（INDEPENDENCIA）的金字。1810 年 4 月 19 日是成立"洪达"（执政委员会）和从殖民当局手中夺取政权的日子，宣布独立是在 1811 年 7 月 5 日。右边色带写有"1859 年 2 月 20 日"（20 DE FEBRERO DE 1859）、"联邦"（FEDERACION）的金字，以纪念委内瑞拉联邦革命开始的日子。中间色带写有"委内瑞拉玻利瓦尔共和国"，表示团结、光荣和功勋。

2006 年 3 月国徽修改前，国徽左上部绘有 20 穗麦穗，代表委内瑞拉的 20 个州。2006 年修改后的国徽增加的 4 穗代表阿马库罗三角洲州（Delta Amacuro）、亚马孙州（Amazonas）、巴尔加斯州（Vargas）和首都区（Distrito Capital），右上部除保留了宝剑和长矛外，增添的弓和箭是印第安人武器的象征，增添的砍刀则代表农民。国徽下部的马原来头朝右奔跑，2006 年改为头朝左奔跑。

总统绶带 委内瑞拉总统绶带是在伊萨亚斯·梅迪纳·安加里塔（Isaías Medina Angarita）执政时设立的，此后每届总统都拥有自己的绶带。1942 年 12 月 15 日，委内瑞拉政府颁布有关总统绶带的样式和大小的法令。

委内瑞拉总统绶带由黄、蓝、红三色纵列构成，每条色带宽幅相等，中间的国徽图案跨黄、蓝、红三色。委内瑞拉的总统绶带是国家权力的象征，只有佩戴绶带的总统才是宪法总统，才真正代表着国家的尊严和权威。

总统旗 委内瑞拉总统旗为正方形，旗地为黄色，旗地中心为委内瑞拉国徽。舰船悬挂的海上总统旗旗地为蓝色，旗地中心为委内瑞拉国徽，四角各有一颗白色五角星，长与宽比例为3：2。委内瑞拉总统乘坐汽车时悬挂的总统旗旗地为浅黄色，旗地中心为委内瑞拉国徽，长与宽比例为3：2。

国歌 《光荣属于英雄的人民》（*Gloria al Bravo Pueblo*）。词作者是维森特·萨利亚斯（Vicente Salias），曲作者是胡安·何塞·兰达埃塔（Juan José Landaeta）。

萨利亚斯和兰达埃塔是委内瑞拉的爱国志士，都曾积极投入反抗西班牙殖民统治和争取独立的斗争。在火热的斗争中，诗人萨利亚斯饱含爱国热情，于1810年写下了一首激动人心的爱国诗歌。同年，音乐家兰达埃塔为萨利亚斯的诗歌配曲。他们所创作的爱国歌曲开始叫《加拉加斯之歌》，后改为现名《光荣属于英雄的人民》。歌曲一经问世，立即为人们所传唱，并鼓舞人们起来进行争取独立和自由的斗争。这首歌曲后经几次修改，其中包括1881年爱德华多·卡尔卡尼奥（Eduardo Calcaño）、1911年萨尔瓦多·利亚莫萨斯（Salvador Llamozas）和1947年胡安·包蒂斯塔·普拉萨（Juan Bautista Plaza）所做的修改。从19世纪40年代初开始，委内瑞拉人民已经把《光荣属于英雄的人民》这首爱国歌曲誉为"委内瑞拉马赛曲"。1881年5月25日，安东尼奥·古斯曼·布兰科（Antonio Guzmán Blanco）总统宣布《光荣属于英雄的人民》为国歌，并于同日在加拉加斯联邦宫签字生效。2006年3月颁布的《委内瑞拉玻利瓦尔共和国国旗、国徽和国歌法》规定了演唱国歌的场合及违反规定的处罚条例。2007年5月25日，委内瑞拉总统查韦斯下令5月25日为"国歌日"，并宣布从2008年5月25日起，每年都要庆祝"国歌日"。

委内瑞拉国歌词作者维森特·萨利亚斯1776年3月23日出生于加拉加斯。青年时期在加拉加斯皇家和大主教大学学习哲学，1798年毕业并获学士学位，1799年又获医学学士学位。1810年4月19日，加拉加斯爱国者发动起义，推翻西班牙殖民政府，成立"洪达"。维森特·萨利亚斯和他的几位兄弟积极投身于这场运动。他受"洪达"派遣作为外交官前往库拉索和牙买加，通知它们委内瑞拉成立新政府，并促进同这两个岛的贸易关系。维森特·萨利亚斯是加拉加斯爱国社的成员和领导人之一。1811 年 9 月被西班牙殖民军逮捕，先后被关押在拉瓜伊拉、卡贝略港和巴伦西亚。1813 年被特赦释放，同年加入玻利瓦尔军队，并成为《加拉加斯公报》（*Gaceta de Caracas*）的编辑。1814 年 7 月 8 日乘船前往库拉索时，被西班牙海盗巴连特·博韦斯（Valiente Boves）扣押。先被带往卡贝略港，后被关押在圣费利佩堡。同年 9 月 17 日被胡安·曼努埃尔·卡西加尔（Juan Manuel Cajigal）处死。据说在刑场上，他英勇不屈，高喊道："上帝，如果你在天上接受西班牙人，我就抛弃你！"

委内瑞拉国歌曲作者胡安·何塞·兰达埃塔 1770 年 3 月 10 日出生于加拉加斯，从小进入索霍神父的音乐学校，师从胡安·曼努埃尔·奥利瓦雷斯（Juan Manuel Olivares），后在加拉加斯几个教堂乐队做过小提琴手和指挥，1811 年创办音乐会社。兰达埃塔曾积极参加委内瑞拉争取独立的运动，1812 年 3 月 26 日在地震中不幸遇难。

关于委内瑞拉国歌词曲作者存在着争议。一些历史学家认为词作者是安德烈斯·贝略（Andrés Bello），曲作者是利诺·加利亚多（Lino Gallardo），但上述说法还未能得到证实，也未得到认可。

国花 五月兰（Flor de Mayo）。因 19 世纪庆祝传统节日"五月十字架节"（Cruz de Mayo）时使用此花而得名，另一说因其五月开花，故称"五月兰"，学名 Cattleya mossiae。1818 年威廉·卡特利（Willian Cattley）在英国种植了从巴西运来的第一批五月兰鳞茎，后来植物学家约翰·林德利（John Lindley）便以他的姓氏为这种花命名。1839 年委内瑞拉种植了该花。兰花是世界名花之一，素有"天下第一香"的美称。委内瑞拉地处热带，兰花漫山遍野生长。花开时节，芳香四溢，清雅媚人。委内瑞拉共有 3 万多种兰花，5 万多种杂交兰花。在委内瑞拉各种兰花中，五月兰尤受人们喜爱。五月兰是附生植物，带有高 15～20 厘米的假鳞茎。五月兰种类很多，花色各异。花直径为 20～25 厘米。有一些花为纯白色，有

一些花的唇瓣和边上的萼片是白色的，有一些花白色中带有深紫色斑点，有一些花是橙色的，有一些花的唇瓣是深紫色的。根据委内瑞拉自然科学学会长期的研究，1951 年 5 月 23 日委内瑞拉教育部和农业畜牧业部发布联合公报，宣布五月兰为国花。

国树 美丽黄钟花树（Araguaney）。其名源于加勒比语 Aravenei，学名为 Tabebui chrysanta。Tabebui 源于土著语。Chrysanta 则派生于希腊语的两个词，意为"金花"，因花的颜色为黄色。美丽黄钟花树还被称为 Acapro，Curarí，Araguán 或 Cañada，Flor Amarilla 和 Puy。美丽黄钟花树属紫葳科植物，是委内瑞拉本地树木，生长于海拔 400～1300 米的地区。它耐干旱，根深，树干笔直，呈圆柱形，直径约为 60 厘米，树高 6～12 米。生长缓慢，但生长时间长。这种树几近常绿，但每年 2～4 月花开时节，美丽黄钟花树则呈一片黄色，染黄了平原、山谷和山丘。它的木质致密、坚实，比重为 1.25～1.5。在潮湿地区保存完好，露天下不会出现裂纹，可做铁轨枕木、房柱、建筑材料和家具。1660 年建立圣米格尔－德阿拉韦内耶南镇（San Miguel de Araveneyenan）时，首次提及这种树，其镇名就是为纪念美丽黄钟花树。1905 年 4 月 10 日，西普里亚诺·卡斯特罗政府下令规定每年的 5 月 23 日为"国树日"。1909 年改为 5 月 15 日。1948 年 5 月 29 日，委内瑞拉教育部和农业畜牧业部发布联合公报，宣布美丽黄钟花树为国树，每年的这一天为"国树日"（Día del Arbol）。但 1951 年 5 月 19 日委内瑞拉教育部又规定 5 月最后一个星期日为"国树日"，并延续下来。

国鸟 拟椋鸟（Turpial）。学名为 Icterus icterus。它是美洲特有的一种中型鸣禽，身长 17～54 厘米。筑巢于树上，其巢似囊状吊巢，故有"吊巢鸟"的别称。拟椋鸟除头部和双翼为黑白色外，全身为黄色或橙色，眼周围有浓密的蓝色小斑点。以果实和昆虫为食，喜独居或成双居。生活于热带地区的平原、草木丛、落叶林和河边树林，从帕拉瓜纳半岛至瓜希拉半岛，以及加勒比沿海地区、平原地区和奥里诺科河流域，都可见到它的身影。委内瑞拉人民喜爱这种歌声婉转动听的鸣鸟，1957 年，在委内瑞拉自然科学学会主办的"竞选"中被选为国鸟。1958 年 5 月 23 日，委内瑞拉教育部和农业畜牧业部发布联合公报，正式宣布拟椋鸟为国鸟。

国舞 霍罗波舞（Joropo）。源于西班牙安达卢西亚地区流行的方丹戈舞（Fandango）和阿拉伯短歌音乐。方丹戈舞起源于西非几内亚，带有浓郁的非洲特色。17 世纪初，方丹戈舞传入委内瑞拉加拉加斯后，与印第安舞蹈和音乐相融合，使用印第安传统乐器响葫芦伴奏，逐渐形成具有委内瑞拉特色的舞蹈，舞名也改称霍罗波舞。"霍罗波"一词来自阿拉伯语"Xaropo"，意为"糖浆"。委内瑞拉奴隶、混血种人和下层人民常聚在一起，在音乐声中，跳起霍罗波舞。1749 年西班牙殖民当局下令禁止跳霍罗波舞，舞者被判刑两年，观者也被监禁两个月。但霍罗波舞并未消失，顽强地在委内瑞拉留存下来，成为该国的象征之一。霍罗波舞的伴奏乐器主要有四弦琴、平原曼陀林、响葫芦和竖琴，主要舞步有华尔兹舞步、踢踏舞步和萨帕蒂奥舞步。在乐曲伴奏声中，舞者做出踢踏、快速旋转等各种复杂动作。委内瑞拉各地区表演的霍罗波舞各具特色，乐器使用上也有所不同。主要有平原地区霍罗波舞、中部地区霍罗波舞、东部地区霍罗波舞、圭亚那地区霍罗波舞、中西部地区霍罗波舞和安第斯地区霍罗波舞。平原地区霍罗波舞的伴奏乐器为尼龙弦竖琴、四弦琴和响葫芦，但竖琴常被平原曼陀林取代。中部霍罗波舞使用金属弦竖琴、响葫芦和一种叫"布切"（Buche）的乐器，有时竖琴被八弦曼陀林取代。沿海地区受非洲舞蹈的影响，还使用鼓等源于非洲的乐器。东部地区霍罗波舞又称"戈尔佩舞"（Golpe），使用吉他、曼陀林、四弦琴，有时使用手风琴，有时使用一种类似小手风琴的名叫"奎雷塔"（Cuereta）的乐器。

国食 梅查达肉（Carne Mechada）是具有委内瑞拉特色的佳肴。原料有牛肉、玉米油、英国酱油、蒜瓣、盐、黑胡椒、磨碎的欧莳萝子、洋葱、辣椒和西红柿。制作方法如下：首先，洗净牛肉，用刀把肉切成约 2 厘米厚的肉块备用。其次，准备调味品，把玉米油、英国酱油、洋葱、蒜瓣、盐、黑胡椒和磨碎的欧莳萝子混合在一起，将其涂在牛肉上，并腌渍一个半小时。然后，把肉放在金属盘上置入火炉中烤，每面都烤约 10 分钟。加热煎锅，把肉两面炸至金黄色。肉变凉后用槌敲打，再把肉切成片。最后，在锅里倒入玉米油加热，把洋葱放入油中煎 3~4 分钟至变黄。加入辣椒和西红柿，炒约 5 分钟，再加盐和黑胡椒，和做好的肉放在一起便可以吃了。

第二节 民俗与宗教

一 民俗

见面礼 委内瑞拉人性格活泼，热情好客，待人诚恳、友善。人们第一次相见，相互握手，都要说"认识您很高兴""我很荣幸与您认识"等客套话。亲戚、朋友见面，男士们握手后要相互拥抱，互拍几下后背，女士之间还要亲吻面颊。关系密切的异性朋友见面，也是拥抱和亲吻面颊。分别时，互致"再见""祝您好运""祝您幸福"等祝福语。委内瑞拉人爱帮助人，尽其所能满足别人的要求。委内瑞拉人一般只邀请特别亲近的朋友到家里做客，客人习惯给女主人送上鲜花或糖果。他们从不以刀剑作为礼品，认为它意味着友谊的割断。委内瑞拉人忌讳"13"和星期五，认为是不祥的数字和日子。他们讨厌孔雀，认为其会给人们带来灾难。

服饰 委内瑞拉地处热带，一年到头气温都比较高，不需要穿很多衣服。但委内瑞拉人大都注意穿着，尽管炎热，人们仍习惯穿各式各样的长衫长裤，很少有人穿短裤。特别是在政府机关、教育机构、文化场馆，男士们总是西装革履。相对而言，女士穿着倒比较随便，一般穿连衣裙和短裙。青年和学生朝气蓬勃，喜欢穿牛仔上衣和牛仔裤。老年妇女喜欢打扮，爱穿颜色鲜艳一些的衣服，为的是显得年轻一些。不少年轻姑娘穿低腰牛仔裤，上衣很短，上衣与下装之间常露出一段腰身和肚脐。在正式场合，不管天气冷热，男士一定要穿西服、系领带、着皮鞋。人们一般穿三件套的深色西装，内穿白色衬衣。女士也穿合体的西装，内配各种衬衣，她们很注意套裙或套装与衬衣的颜色相协调。委内瑞拉人喜欢黄色，并把它作为医务标志。

印第安人有自己的穿衣习惯，他们不喜欢穿西服。沿海的加勒比人穿短上衣、长裤，喜欢戴草帽。圭亚那高原的印第安人脸上涂抹各种颜色，男人留短发，女人留披肩发或将头发编在头顶上，用茜草油染发，并在耳垂和鼻翼上戴木环，在下唇穿上针状物，戴珍珠项链，爱扎饰有珍珠和硬币的腰带。偏远地区的印第安人仍几乎全裸，身上只有一小块遮羞布。雅诺马米人不论男女都把头发剪成圆形，用从胭脂树上获得的各种染料涂身。男人佩戴用鹦鹉、雀鹰等鸟类的各色羽毛制成的手镯，耳垂上穿孔插进木杆、羽毛和鲜花，鼻和唇上穿孔插上精致的竹棍。妇女的耳饰更为讲究，耳垂插入一圆筒，筒内放上海枣树梢、花朵或香叶。耶夸纳人用竹刀刮去眉毛、睫毛、腋毛、汗毛和胡须。男人戴用美洲野猪牙制成的项圈，圈上挂着刻有圣物蝙蝠的木柄。妇女耳上戴金属耳环和带有彩色羽毛的竹饰物。委内瑞拉人的国服有男女之别：称为利基－利基（Liqui-Liqui）的男服为立领长衫和长裤，女服为白色短衫和绣有彩色花的长裙，颈部饰有彩带。男女均穿露脚趾和脚后跟的皮底布面凉鞋。

饮食　委内瑞拉人的饮食丰富多彩，在拉丁美洲乃至世界都享有盛名。委内瑞拉人的饮食同其历史密切相关，既有土著印第安人的特色，又融合了世界许多国家饮食的风格，形成了独特的委内瑞拉饮食文化。委内瑞拉人自豪地说，他们国家的每种食物和每道菜都有一段感人肺腑的历史。

委内瑞拉人的肉食以牛肉为主，一些地区的人则爱吃羊肉。猪肉主要是在圣诞节吃。主食是玉米、大米、面粉和木薯。城乡居民都爱吃玉米饼。委内瑞拉人早餐吃一种叫卡查帕（Cachapa）的玉米饼，通常就着圭亚那奶酪片一起吃。吃时使用刀叉，或用手指拿取送入口中。快餐店供应名叫阿雷帕（Arepa）的加馅玉米饼，服务员把烤好的玉米饼用小刀切开（饼不分开），挖掉一些玉米面，然后根据顾客的口味，分别加上鸡肉与色拉调味酱汁、牛肉丝、金枪鱼沙拉、猪肉、鸡蛋、鹌鹑蛋、各式蔬菜等，做法有点类似老北京小吃烧饼夹果子（油鬼）。这种小吃香喷可口，物美价廉，很受当地人和外国人欢迎。炸鸡店供应的套餐，炸鸡与用荷叶包裹的木薯卷配套，吃起来别有滋味。城市街头常卖一种叫恩帕纳达（Empanada）的半圆形馅饼，委内瑞拉人都爱吃它。这种馅饼是在油锅里炸至焦黄，然后捞出来，有点类似北京的小吃炸糕，但馅饼是用玉米面做的，而不是黏面。饼里的馅也有所不同。北京的炸糕是豆沙馅或糖馅，而委内瑞拉的则是肉馅、鱼肉馅或奶酪。一种叫特克尼奥

（Tequeno）的油炸面食，其做法是把鸡蛋油酥面裹上干酪，卷成棒形，小如烟卷，大如黄瓜，然后过油炸即成。其名来自洛斯特克城（Los Teques），委内瑞拉人把它作为餐前小吃或随时吃的点心。还有一种叫布牛埃洛（Bunuelo）的面食是用热油炸的木薯饼，这种木薯饼外焦里软，在粗糖、桂皮、干石竹花苞等调料合成的汁中浸湿后食用。委内瑞拉的面食还有很多，如嫩玉米饼（Torta de Jojoto）、无奶面饼、菠萝饼、奶酪饼、甜饼、布雷拉饼（Torta Burrera）、巧克力加橘子饼等。城市的街头还有许多推小车卖热狗的摊贩。小车擦得锃光瓦亮，看上去十分整洁。有食客购买时，小贩就把热腾腾的长面包放在餐巾纸上，用刀把面包剖开，夹上香肠、卷心菜末和各种调料，然后小心地递给食客。热狗物美价廉，一般人都愿意吃。委内瑞拉的米饭同我国的做法有所不同。中国人吃的米饭一般都是白米饭，不掺其他东西，而委内瑞拉人所做的米饭里则有菜豆、胡萝卜等。

委内瑞拉饭店和餐馆的饭菜比较讲究，而且品种多样。在具有委内瑞拉特色的凉菜中，有尼沙沙拉、节日沙拉、椰子鸡肉沙拉、虾和橘子沙拉、通心粉菠萝沙拉、紫卷心菜菠萝沙拉、白菜玉米菠萝沙拉、乳酪生菜沙拉、茄子沙拉、果冻沙拉、太阳沙拉、东方沙拉、西式沙拉等。西式沙拉的做法很简单，把生菜、切好的油梨片和甜瓜放入碗中，加上一些调料即可。

一般餐馆都供应一种叫帕韦利翁克里奥略（Pabellón Criollo）的热菜，又称委内瑞拉帕韦利翁（Pabellón Venezolano），它是委内瑞拉的国菜。这种菜是委内瑞拉有代表性的菜肴之一，产生的确切日期已无从可考，但19世纪末它在加拉加斯已被普遍承认为国菜。主要原料有大米、牛肉、黑豆和香蕉。做法分为五步：第一步煮熟大米，熟米带有甜辣椒、蒜和洋葱的香味；第二步是煮黑豆，黑豆是从国外进口，主要是从智利进口，将黑豆放入沸水中煮，水中有香料、欧芹萝子和略煎过的蒜、洋葱、甜辣椒、盐等调料，直至将黑豆煮得软烂；第三步是煎肉，牛肉用的是肋缘肉，煎肉前，先在热油中煎一下捣碎的蒜、洋葱、甜辣椒，然后用慢火煎牛肉，直至肉变得火红，在肉中塞入肥肉火腿，加上切成块的无皮无子的西红柿、盐和胡椒；第四步是煎切成片的香蕉；第五步是把米饭、黑豆和煎肉分别放在盘中，再将油煎香蕉片置于四周。菜码好后，颜色非常好看，白的是米饭，黑的是黑豆，红的是牛肉，金黄的是香蕉片。味道鲜美，而且非常香。在委内瑞拉，黑豆有三种吃法：油煎；蘸调味汁；蘸糖。

餐馆供应的鲜鱼炖菜、牛肉炖菜、鸡肉炖菜、内格罗烤肉、椰子肉饭和茴芹甜饼、玉米面茶也很有特色。酒类以红、白葡萄酒和啤酒为主，如该国产的果汁甜酒（Ponche Crema）、大米奇查酒（Chicha de Arroz）和委内瑞拉葡萄烧酒（De los Licores Venezolanos），也有威士忌等较为烈性的酒。委内瑞拉人饭后吃甜食、水果、冰激凌，喝椰子羹、咖啡等。

咖啡是委内瑞拉人非常钟爱的饮料，招待客人时都要端上香喷喷的热咖啡。街上许多店铺供应咖啡，在口渴或疲倦时喝上一小杯，妙不可言，十分惬意。

委内瑞拉水果丰富，盛产香蕉、杧果、椰子、橙、橘、白兰瓜、菠萝、石榴、木瓜、鳄梨、荔枝等水果，人们常喝橙、橘、菠萝等水果榨成的汁。有些委内瑞拉人则把葡萄酒当饮料，一杯接着一杯喝个不停，直至醉意蒙眬。

乡居的印第安人保留了很多传统的饮食习惯，例如瓜西沃人、奇里科亚人和亚鲁罗人爱吃鳄鱼肉、鱼肉和其他动物肉，也吃采集来的植物和贝类。居住在亚马孙地区的耶夸纳人的基本食物是苦木薯。他们用礤子去掉木薯皮，在箩里压榨木薯肉，挤出毒汁，用筛子筛木薯粉，然后放在火上烘烤。雅诺马米人从耶夸纳人那里交换来礤子和箩，用同样的方法制作木薯粉。

在加拉加斯等大城市，可以品尝到世界各地不同风味的饮食。在加拉加斯许多大超市里，都设有云集各国饮食的大厅，中餐也包括在内。中餐的快餐有炒饭、炒面、春卷等。

居住 委内瑞拉人的房屋多为西班牙风格，这是同它的历史紧密相连的。委内瑞拉原为西班牙的殖民地，因而保留有大量殖民地时期西班牙风格的建筑。如法尔孔州首府科罗保留有包括委内瑞拉最古老的大教堂——

科罗大教堂在内的 602 幢殖民地时期建筑，1993 年科罗被联合国教科文组织宣布为"人类文化遗产"。委内瑞拉的城市布局基本上是西班牙式的（有些城市后经改造，融入了其他国家的风格，如加拉加斯从 1870 年起进行城市改建，许多殖民地时期的建筑被法国风格建筑取代），几乎所有老区都有一个中心广场（很多广场都叫玻利瓦尔广场，以纪念民族英雄玻利瓦尔），周围是市政厅、大教堂、机关、警察局和店铺。古老的街道用鹅卵石铺路，两边是红顶白墙的古色古香的住宅，门前竖立着西班牙式的街灯。房屋的造型和外观虽同我国的住宅有很大差异，但院落有点类似北京的老宅院。20 世纪 30 年代以后，受益于石油经济的繁荣，委内瑞拉各城市的新区建有大量风格迥异的高楼大厦，配有水、电、天然气等现代化设施。委内瑞拉人特别喜欢花草，住宅阳台上花团锦簇，郁郁葱葱，令人赏心悦目。

委内瑞拉居民住房差别很大。首都加拉加斯西区为富人区，东区为贫民区，四周的山上则是贫民窟，缺水、缺电，条件很差。许多农村的住房为铁皮房屋，非常简陋。印第安人的房屋同城市建筑完全不同。马拉开波湖区的印第安人居住在水上房屋中，别有一番情趣。在圭亚那高原生活的印第安人的房屋呈四角形，房顶用棕榈叶铺成，屋内有吊床、木凳、陶器和葫芦瓢等。生活在委内瑞拉南部的印第安雅诺马米人的房屋呈圆形，用树干、树枝和树叶建成，全村的房屋都建在一个圆周内，有一个共同的大屋顶，村子中心的空地作为村民集会之用。耶夸纳人的房屋被称为阿塔（Atta），同雅诺马米人的房屋类似，也呈圆形，房顶为锥形，从远处看像是一个装满棕榈叶的大篮子。每座阿塔的中央有一块空地和一个朝东的门。建造房屋使用的木料为 Dahaak 木，耶夸纳人认为它是圣木。

婚丧 委内瑞拉人性格开放，青年男女在交友和婚姻上享有充分自由。许多人通过跳舞、旅行、体育等活动相识，逐渐发展成恋人关系。有些人是青梅竹马，相伴一生。有一些人是同学或同事，共同的爱好和兴趣使他们结合到一起。当然，也有一部分人是通过朋友、同事和亲戚的介绍才认识，经过一段时间的了解而结婚。不过，现在委内瑞拉青年的婚姻观已发生很大变化，他们宁愿恋爱很长时间或同居很长时间，也绝不草率结婚。不少人已经做了爸爸和妈妈，但他们还没有正式结婚。同居多年后分手的大有人在，非婚生子女和单亲家庭不断增多。当然，天主教不主张离婚，也是许多委内瑞拉人晚婚的原因之一。按照天主教的习惯，委内瑞拉人的婚礼要在附近教堂举行，由教堂的神父主持，教堂里坐满男女双方的亲朋好友。婚礼开始时，头戴白纱、身穿白色婚礼服的新娘由其父或其他男性亲属陪同，在《结婚进行曲》中步入教堂，与在圣坛前等候的新郎站在一起。神父向双方询问是否愿意同他（她）结为夫妻，二人各做肯定的回答后，便交换戒指，拥抱亲吻，教堂内再次响起《结婚进行曲》，新娘挽着新郎的右臂步出教堂，婚礼仪式即告结束。委内瑞拉偏远地区的印第安人的婚姻仍保持古老的传统。南部的雅诺马米人中男尊女卑的观念很浓，男人为一家的主宰，可娶多位妻子，女人则是男人的附属品。男人选择妻子考虑的主要是自己的地位能否得到加强，女方则愿意找个勇敢的人为夫。雅诺马米女孩自幼订婚，7 岁时便到夫家做童养媳，待月经来潮时搬回娘家，须独处一间茅屋，不和任何人接触。居住一个月后，丈夫同她去森林散步、下河沐浴或去山中狩猎，等于举行了婚礼。这时，新娘才可以开口说话，同丈夫一起回到新房，成为正式夫妻。

同其他拉美国家一样，委内瑞拉处理丧事与欧美国家相仿。一般先在教堂举行悼念活动，然后将亡者送往墓地安葬。然而，印第安人的丧事却有独特的习俗。雅诺马米人把死者放入一个用树枝编成的笼中，然后将笼子吊在野外的大树上，任凭兀鹰啄食。20 天后，笼中只剩下白骨。雅诺马米人把骨头烧成灰，掺和在木薯、甘蔗的汁液中制成饮料。他们认为人死后可以转世，在喝了饮料的人中获得新生。假如雅诺马米人认为死者是因"黑魔"或瘟疫而死亡，他们就用树叶将尸体裹好，放到森林中任其腐烂。等到他们认为邪气已消失时，再取回火化。因为他们认为，如果立即将死者火化，邪气就会从死者身上窜出，附在另一村民身上。火化尸体时，他们尽量远离烟雾，并在火化仪式结束后立即淋浴。雅诺马米人把火化后的骨灰碾成粉，搅拌在沸腾的芭蕉汤内，随后举行一个被称为"黑胡"的仪式，亲戚朋友们要把死者的骨灰汤全部喝掉。这种丧葬习俗与雅诺马米人的灵魂观念有关。他们认为，人的灵魂中只有一部分可以升

天，行善和宽宏大量的人死后在天上过着与活着时相同的生活。这部分灵魂不是先天就有的，而是在后天生活中产生的，它体现了一个人的性格。灵魂的另一部分则永远徘徊在森林中，并用其"火眼"吓唬人。亲戚朋友们喝掉死者的骨灰汤，可以使死者的一部分灵魂升华为云，升上九霄，生者死后能与死者在另一世界相聚，过美好幸福的生活。这种灵魂观，反映了雅诺马米人的美好愿望。如果逝者是死于敌人之手，那么，雅诺马米人则宣誓要为亲人报仇。平时，雅诺马米人在接待来访的客人时，也要举行喝死去亲友骨灰汤的仪式。他们把骨灰搅拌在用车前草泡过的水里，盛在葫芦瓢内，大家传着喝。一年服丧期间，雅诺马米妇女脸上不再涂红色，而是在颧骨上涂上黑色。

称谓 委内瑞拉大部分人是混血种人，并有相当一部分人是西班牙人的后裔，因此他们的称谓同西班牙有着密不可分的关系。他们的姓名与中国人的姓名在排列上完全不同。中国人的姓排在前面，名在姓的后面。委内瑞拉人正好相反，名在前，姓在后，这同欧美人的习惯一样。而且，他们的姓分为父姓和母姓，父姓在前，母姓在后。这样，委内瑞拉人姓名的构成就是本名＋父姓＋母姓。也有一些人的本名有两个或两个以上，人们一般只使用复名中的第一个名字，其余的名字只写第一个字母。在委内瑞拉人的30个大姓中，冈萨雷斯为第一大姓，每1000人中，就有26人使用此姓。罗德里格斯为第二大姓，每1000人中有25人用这个姓。其他使用较多的姓有佩雷斯、洛佩斯、桑切斯、马丁内斯、埃尔南德斯、加西亚和迪亚斯等。委内瑞拉人的姓氏来源很有意思，有些姓来自作物，如奥利沃，意为油橄榄树；有些姓与职业有关，如埃雷拉，意为铁匠；有些姓与个人情况联系在一起，如阿马多，意为被爱的人；有些姓则来自历史著名人物，如拉美"解放者"玻利瓦尔、独立运动的著名将领苏克雷等，他们的姓一直延续下来。在委内瑞拉人的名字中，男人叫胡安、路易斯、何塞、佩德罗、卡洛斯，女人叫玛丽亚、安娜、路易莎、胡安娜的人很多。例如，以何塞做第一名字的人占男性的6%，以玛丽亚做第一名字的女性占5%。委内瑞拉人见面称呼对方时，一般在男士的姓之前加上先生，在未婚女士姓之前加上小姐，在已婚女士姓之前加上太太。在不了解所会见的女士是否已婚的情况下，则称呼她为小姐，否则会引起她的反感。在委内瑞拉，朋友或熟悉的人之间相互称呼对方的名字。

二　节　日

委内瑞拉是节假日众多的国家之一。全国性的节日主要有元旦（1月1日）、狂欢节、圣周、宣布独立日（4月19日）、劳动节（5月1日）、卡拉沃沃战役纪念日（6月24日）、独立日（7月5日）、玻利瓦尔诞辰（7月24日）、发现美洲日（10月12日）和圣诞节（12月25日）。除此之外，委内瑞拉还有众多地方性的宗教节日。几乎每个城市都有自己的保护神，也就是说，每个城市都有庆祝自己保护神的节日。例如，圣克里斯托瓦尔的圣塞瓦斯蒂安节（1月20日）；亚里塔瓜和库马纳的圣卢西亚节（1月21日）；拜拉多雷斯和帕斯夸古镇的圣烛节（2月2日）；梅里达的太阳节（2月17日）；圣费利佩的庇护神节（5月1日）；圣安东尼奥节（6月13日）；拉亚松森和卡鲁帕诺的圣母升天节（8月15日）；马拉开波和奥纳托的施恩节（9月24日）；圣特雷莎德尔图伊的圣特雷莎节（10月15日）；马图林的圣拉斐尔节（10月24日）；奥库马雷德尔图伊的圣迭戈节（11月13日）；鲁维奥和托库约的圣母受孕节（12月8日）；拉维多利亚的维多利亚节（12月12日）；等等。下面介绍委内瑞拉的一些主要节日。

宣布独立日（4月19日，Declaración de la Independencia）　官方纪念日。委内瑞拉人民为争取独立与殖民当局进行了长期斗争。1810年4月19日，加拉加斯市政会在爱国群众强烈要求下召开了会议，宣布成立由23人组成的执政委员会，驱逐西班牙督军和其他殖民统治机构的官吏，改组司法机关。由此，委内瑞拉新的革命政权宣告诞生。委内瑞拉独立后，4月19日成为委内瑞拉人民的节日。

卡拉沃沃战役纪念日（6月24日，Batalla de Carabobo）　官方纪念日。1821年6月初，玻利瓦尔在圣卡洛斯城集结了6500名爱国军，准备歼灭西班牙殖民军首领拉托雷率领的5000多名殖民军。6月24日清晨，爱国军在卡拉沃沃包围了殖民军，从三个方向向敌人展开进攻。经过几个

小时的激战，爱国军歼灭了殖民军主力，西班牙残军逃往卡贝略港。7
月，玻利瓦尔和他的军队重新进入加拉加斯，消灭敌军 3500 多人。拉托
雷的殖民军完全丧失了战斗力，他率残军撤往卡贝略港。这次战役为委内
瑞拉摆脱西班牙殖民统治获得独立奠定了基础。

独立日（7 月 5 日，Día de la Independencia）　官方纪念日。1811
年 6 月底加拉加斯国会召开会议，7 月 5 日国会宣布委内瑞拉完全独立。
消息传出后，全国一片欢腾。加拉加斯人民兴高采烈地走上街头，举行盛
大游行。7 月 14 日，《委内瑞拉独立宣言》正式公布，黄、蓝、红三色国
旗第一次飘扬在加拉加斯上空，标志着委内瑞拉第一共和国的正式诞生。
后来，7 月 5 日被定为独立日。每到这一天，在首都加拉加斯的洛斯普罗
塞雷斯大道举行盛大的阅兵式和群众游行。阅兵式和群众游行过后，人们
携家带口纷纷前往海滩过节。

玻利瓦尔诞辰（7 月 24 日，Natalicio de Simón Bolívar）　官方纪念
日。1783 年 7 月 24 日，玻利瓦尔出生于加拉加斯一个地位显赫的土生白
人贵族家庭。玻利瓦尔是委内瑞拉民族英雄，他为委内瑞拉和拉丁美洲国
家的独立奋斗终生，率领爱国军先后解放了委内瑞拉、哥伦比亚、厄瓜多
尔、秘鲁和玻利维亚 5 国，被誉为拉丁美洲的"解放者"。1830 年 12 月
17 日，玻利瓦尔因病在哥伦比亚的圣马尔塔去世。1842 年，玻利瓦尔的
遗体被移葬至加拉加斯的伟人祠。委内瑞拉独立后，玻利瓦尔的生日被定
为纪念日。

发现美洲日（10 月 12 日，Descubrimiento de América）　官方纪念
日。1492 年 8 月，著名航海家哥伦布率领舰队横渡大西洋，寻找通往东
方的新航路。经过两个多月的艰苦航行，终于在当年 10 月 12 日发现美
洲。此后，哥伦布又对美洲进行了三次远航。哥伦布在 1498 年第三次远
航美洲时，发现了委内瑞拉。

狂欢节（Carnaval）　尽管委内瑞拉狂欢节同巴西狂欢节在规模上
不能相提并论，但它也是全国盛大的节日之一。各地人民纷纷举行庆祝活
动，在欢快的音乐的伴奏下翩翩起舞，气氛非常热烈。委内瑞拉各城市的
狂欢节活动各具特色，以卡鲁帕诺城狂欢节最为有名。卡鲁帕诺是委内瑞

拉东部沿海的一座美丽城市。狂欢节期间，全城举行通宵达旦的化装游行，欢乐的人们载歌载舞，在行进中表演各种神话故事和传说，场面十分壮观，吸引了来自国内外的众多游客。

圣诞节（12月25日，Navidad） 根据《圣经》记载，迫于罗马教皇要求臣民都要到原籍登记的旨意，耶稣的父亲约瑟和母亲玛利亚离开拿萨勒城返回老家伯利恒。因无处安身，只好住在一个马棚里。12月25日，耶稣诞生于马棚，并被放入一个马槽中。公元354年，罗马天主教会规定耶稣诞生的日子为圣诞节。从此，这个节日便一直延续至今。同世界许多国家一样，委内瑞拉人民把圣诞节视为一年中的一个非常重大的节日。节日前夕，广场、街道张灯结彩，一片喜庆气氛。教堂、公共场所和许多家庭布置了挂满彩灯的圣诞树，有人还制作了"圣诞马槽"。在委内瑞拉，一种专门用作圣诞节装饰的花叫"波伊森蒂亚"，许多人干脆称它为圣诞花。这种花有红色和白色两种，非常好看。12月24日晚，委内瑞拉人习惯合家团聚，共度圣诞之夜。家人们举杯祝福，互赠圣诞礼品，共同品尝精心制作的各种美味佳肴。与此同时，教堂里聚集了许多虔诚的教徒，在圣诞颂歌中举行盛大的弥撒。首都加拉加斯和其他大城市还燃放焰火，更增添了节日的气氛。

五月十字节（5月3日至月底，Cruz de Mayo） 这个天主教节日的由来可溯至殖民地初期。据说，16世纪初方济各会修道士抵达库马纳时，奇奇里维切和圣菲的多明我会修道士带来十字架，后来这次活动便成为当地的天主教节日。节日期间，教堂、重要的公共场所和城市周围的私营俱乐部均设立圣坛，圣坛四周有椰子树叶和鲜花点缀。圣坛不用电灯照明，而是在竹管里插上蜡烛。圣坛至少有7个不同的高度，代表基督的遇难处。通过抽签决定哪些人扮演教父和教母。男人要向圣坛捐钱，女人则须献花。扮演教父和教母的人负责把十字架放在圣坛上。竖立十字架的仪式在伴随着圣歌的天主教祈祷中举行。人们跳起霍罗波舞，用委内瑞拉特有的响葫芦（土著人的一种简单乐器，在葫芦里面加上玉米粒或小石子制成）、曼陀林、吉他和四弦琴进行伴奏。5月底庆祝活动结束时，人们拆掉圣坛，待来年节日再重新搭建。

圣胡安节（6月22～24日，Fiesta de San Juan） 委内瑞拉沿海城市的重要天主教节日。在6月雨季来临的时候，委内瑞拉沿海地区人民欢庆圣胡安节。圣胡安节既是天主教节日，又融合了黑人从非洲带来的习俗。节日持续三天，非洲鼓声阵阵，使节日气氛非常热烈。击鼓者均为健壮的男性，他们赤裸上身，裤脚挽至膝盖，用手或木槌不停地敲击着中空的木鼓，连续数小时不停。他们的技艺纯熟，世代相传。女人不参加击鼓，但经常做舞蹈和音乐的指挥。跳舞时，人们围成圈，一对舞伴进入圈中，女舞者疯狂地扭动身躯并旋转，直至另一女舞者进入圈中，用力推她的臀部，把她赶出圈外。男舞者的轮换较为温和，没有那么激烈的动作。其他在圈外等待跳舞的人喝着朗姆酒，以激发自己的情绪。6月24日是一年中白日最长的一天，也是节日达到高潮的一天。鼓声震天响，参加跳舞的人数倍增。到了晚间，在激越的鼓声中，人们从教堂抬出圣胡安像，行进在城市的街道上。队伍行进中，许多身着代表保护神的红色服装的村民在人群中传递着朗姆酒，将一些酒洒向圣像。那些没有酒的人手举鲜花或手擎蜡烛，边舞边唱。游行结束时，人们把圣像临时放在一个搭起的圣坛上，将更多的酒洒向圣像。与此同时，男女老少通宵达旦疯狂起舞。第二天清晨，人们才恋恋不舍地返回自己的家。

三 宗教

1999年宪法第59条规定国家保证宗教和信仰的自由。每个人有信仰自己的宗教的权利，而且，只要不违反道德、不有悖于好的习惯、不破坏公共秩序，每个人都有权通过教学或其他活动宣传其宗教信仰。国家保障宗教信仰的自由和教会的自治权。父母有权让其子女接受宗教教育。

在委内瑞拉各宗教中，天主教占压倒性优势，全国绝大多数人信奉天主教。大多数印第安人特别是在马拉开波低地居住的印第安瓜希罗人也早已皈依天主教。据1998年12月31日的统计，委内瑞拉天主教徒约有2190万人，占总人口的93%。委内瑞拉现有9个大主教管区、21个主教管区。

大多数委内瑞拉人信奉的天主教又称罗马公教，是基督教的一个分支，与东正教、新教并称为基督教三大教派。设在梵蒂冈的罗马教廷是天主教的中央机关。天主教的最高首领是罗马教皇，由红衣主教选举产生，终身任职。教皇的咨询机构为红衣主教团。委内瑞拉天主教会受罗马教廷管辖，其主教也由罗马教皇任命。委内瑞拉天主教有红衣主教 1 人、主教 36 人、神父 2000 多人。委内瑞拉天主教会的最高权力机构是全国主教会议。

天主教是伴随西班牙殖民者一起进入委内瑞拉的，至今已有近 500 年的历史。在西班牙殖民者武力征服委内瑞拉的同时，方济各会等教会的传教士纷纷来到委内瑞拉，他们在各地建立教堂，积极从事传教活动。早在 1515 年方济各会传教士便在库马纳建立起一所修道院，后被起义军摧毁。16 世纪天主教会在委内瑞拉修建的科罗大教堂是委内瑞拉最古老的教堂，其他著名教堂还有皮里图的教堂、帕拉瓜纳的圣安纳教堂、巴伦西亚大教堂和梅里达大教堂等。传教士较殖民者捷足先登，到达了亚诺斯平原与奥里诺科河南岸的广大地区。他们在各地建立教会区，设立教会村。他们利用所谓基督的说教，麻痹印第安人的斗志，瓦解印第安人的抵抗，改变印第安人的信仰，并使印第安人皈依天主教。他们以恐怖手段维持自身的特权，设立宗教裁判所，残酷迫害"异端"；他们霸占大量土地，对人民横征暴敛、巧取豪夺，积累了巨额财富；他们控制教育，变学校为宣传天主教教义的场所；他们到处修建教堂，扩大教会的影响。

1531 年 7 月 21 日，天主教教皇克雷芒七世下令在委内瑞拉科罗建立主教管区，首任主教为罗德里戈·德·巴斯蒂达斯（Rodrigo de Bastidas）。1561 年 6 月 27 日，第三任科罗主教、多明我会传教士佩德罗·德·阿格雷达（Pedro de Agreda）召开第一届委内瑞拉宗教会议。1634 年胡安·洛佩斯·德·阿古尔托（Juan López de Agurto）被任命为委内瑞拉主教，1637 年他把科罗主教管区迁往加拉加斯。西班牙国王费利佩四世下令在新的加拉加斯主教管区的 1641 年损毁的一座教堂废墟上建立大教堂。1666 年，加拉加斯大教堂建成。17 世纪和 18 世纪，方济各会和多明我会传教士在委内瑞拉各地积极活动，使大批土著人皈依天主教。根据教皇庇护七世 1803 年 11 月 24 日训令，加拉加斯主教管区升格为大

主教管区。1803 年，梅里达、圭亚那成立主教管区。后来，巴基西梅托、卡拉沃沃和苏利亚等主教管区也先后建立起来。天主教势力不断壮大，天主教会成为殖民统治的重要支柱。

委内瑞拉独立以后，同罗马教廷的关系一度紧张。委内瑞拉方面认为，1818 年教皇发表的攻击委内瑞拉解放事业的文件，是西班牙王室和罗马教廷勾结的产物。1830 年委内瑞拉脱离大哥伦比亚共和国成立独立国家后，国家长期处于混乱局面。政府采取的一些取消天主教特权的措施，引起教会的反抗。1830 年委内瑞拉宪法没有明确承认天主教为国教，但宣布国王的教职人选推荐权行之有效。1834 年，委内瑞拉颁布宗教信仰自由法。加拉加斯大主教拉蒙·伊格纳西奥·门德斯（Ramón Ignacio Méndez）因反对宪法而被驱逐，支持他的一些主教被流放，一年半后他们才返回委内瑞拉。门德斯因再次抗议委内瑞拉政府取消什一税，被永久驱逐出委内瑞拉。1870 年自由党人安东尼奥·古斯曼·布兰科执政后，进行社会改革，取消了教会的许多特权，没收了教会的大量财产，关闭了不少修道院和教会办的学校，废除了教会对墓地的控制，允许非宗教结婚，并试图使委内瑞拉天主教会脱离罗马教廷。布兰科驱逐了反对政府的大主教西尔韦斯特雷·格瓦拉－利拉（Silvestre Guevara y Lira），还逮捕了一些教士。1898 年西普里亚诺·卡斯特罗执政后，离婚法付诸实施。

20 世纪以来，天主教在委内瑞拉的势力进一步被削弱。1961 年 1 月 23 日委内瑞拉颁布宪法，规定政教分离。天主教的影响不断下降，教区数量从 1960 年的 233 个降到 1990 年的 217 个。

虽然绝大多数委内瑞拉人信仰天主教，但不像邻国哥伦比亚人那样与教会的关系密切，参加教会活动比较自由。委内瑞拉人不太愿意当教士，因此，委内瑞拉的教士一般都是外国人。与此同时，新教迅速崛起，不断发展壮大。为了与新教竞争，天主教会加强对教育的控制。教会学校千方百计地招收更多社会下层子弟，扩大奖学金的范围，并增加收费少或免费的学校。20 世纪 70 年代，委内瑞拉已有 2/3 的教会学校实行免费教育或部分收费。天主教还向偏远地区渗透。20 世纪 20 年代和 30 年代，委内瑞拉几届政府与天主教达成一系列协议，把奥里诺科河上游、苏利亚州西部、卡罗尼河与图库皮塔河流域等地区划给方济各会、多明我会等天主教教派进行传教。这样，此后几十年间，这些地区的许多印第安人皈依了天主教。天主教对委内瑞拉政治的影响仍然相当大，并与政府保持着密切关系。1946 年成立的基督教社会党就是由天主教世俗领导人建立起来的，并曾两次执政，现在仍是委内瑞拉的大党之一。1968 年和 1979 年卡尔德拉和路易斯·埃雷拉·坎平斯领导的基督教社会党和 1994 年卡尔德拉领导的全国会合组织执政期间，天主教与政府关系特别密切，政府通过司法部的一个部门承担教会很大部分的日常开支，有时政府还要负担教会的设备、建筑修缮和主教提出的其他项目的费用。

1999 年乌戈·查韦斯·弗里亚斯上台执政后，由于代表传统势力利益的天主教会支持上层权贵的"倒查"活动，因此双方关系一直不睦。委内瑞拉主教会议（CEV）主席巴尔塔萨·波拉斯（Baltazar Porras）不仅参加反对派策划政变的所有会议，而且逼迫查韦斯辞职，并提议把查韦斯逐往波多黎各。2002 年 4 月 12 日反对派发动政变后，红衣主教伊格纳西奥·卡德纳尔·贝拉斯科表示支持，并在卡莫纳临时政府发布的解散国民议会、撤销最高法院所有法官和总检察长职务等内容的法令上，代表天主教教会签了字。政变被粉碎后，教会继续支持反政府活动，2003 年 2 月，委内瑞拉主教会议主席波拉斯公开反对逮捕反对派领导人卡洛斯·费尔南德斯（Carlos Fernandez）。教会坚持与查韦斯政府作对，成为委内瑞拉政局动荡的重要因素之一。

2000 年 3 月 24 日委内瑞拉颁布的宪法重申政教分离，第 59 条规定教会享有自主权和宗教信仰自由。现在，委内瑞拉天主教会有 5 个省教区（大主教管区）、1 个高级教士管区和 4 个代理主教管区。5 个省教区分别是：加拉加斯大主教管区（下辖巴伦西亚、马拉凯、卡拉伯索、洛斯特克斯、拉瓜伊拉和圣卡洛斯 6 个主教管区）、玻利瓦尔城大主教管区（下辖库马纳、巴塞罗那、玛格丽塔和马图林主教管区）、梅里达大主教管区（下辖圣克里斯托瓦尔、特鲁希略和巴里纳斯主教管区）、马拉开波大主教管区（下辖科罗和卡维马斯主教管区）和巴基西梅托大主教管区（下辖瓜纳雷和圣费利佩主教管区）。加拉加斯大主教为豪尔赫·利韦拉托·

乌罗萨·萨维诺（Jorge Liberato Urosa Savino），他还是红衣主教和委内瑞拉主教会议名誉主席。2005年他被任命为加拉加斯大主教，第二年成为红衣主教。委内瑞拉主教会议主席为库马纳大主教迭戈·帕德龙（Diego Padrón），他于2012年1月9日当选为2012～2015年主教会议主席，接替前任主席、马拉开波大主教乌瓦尔多·桑塔纳（Ubaldo Santana）。苏利亚州圣卡洛斯主教何塞·路易斯·阿苏亚赫（José Luis Azuaje）和圣克里斯托瓦尔主教马里奥·德尔巴列·莫龙塔（Mario del Valle Moronta）分别当选为主教会议第一副主席和第二副主席。加拉加斯助理主教赫苏斯·冈萨雷斯·德·萨拉特（Jesús González de Zárate）当选为主教会议总书记。

委内瑞拉的新教分属友爱会、福音联合会、路德福音会、浸礼会、长老会、英国国教会和加拿大福音会。近些年来，新教在委内瑞拉发展很快，从天主教徒中挖走了不少人。目前，新教教徒约有5万人。根据2001年的调查，天主教徒占全国人口的66.5%，新教教徒占5.5%，其他宗教占1.6%，不信教或不明确者占26.4%。据同年委内瑞拉政府的统计数字，天主教徒占全国人口的70%，新教徒占29%，其他教徒占1%。

委内瑞拉偏远地区，主要是圭亚那高原地区的印第安人仍信守其传统宗教。西北地区一些委内瑞拉人信仰泛神论教派，如崇拜玛丽亚·利翁莎（María Lionza）。在委内瑞拉，玛丽亚是个家喻户晓的人物。有人认为玛丽亚·利翁莎是个虚幻人物，根本不存在；有人说她是一个蓝眼睛的印第安公主；也有人说她的父亲是印第安人，母亲是西班牙人。母亲从进攻印第安部落的殖民者军队中逃走，勇敢地同印第安人结合在一起，从而受到委内瑞拉人的尊敬。许多人把玛丽亚·利翁莎和她的两个护卫视为天国法庭的化身，能主断善良与邪恶。在首都加拉加斯主要公路的中心，至今矗立着一座英姿飒爽、坐在貘上的玛丽亚·利翁莎的雕像，许多地方还有专门纪念她的节日。生活在卡罗尼河上游的印第安人崇拜自然力量，认为世上存在名叫"卡奇马纳"的好神和促进庄稼生长的名叫"马尼图"的神，也有一个叫"霍莱克亚莫"的坏神，认为好神和坏神主宰世界的一切。皮亚罗亚人崇拜的是太阳，认为太阳造福于人类，所以习惯于聚会至太阳升起。亚马孙地区的巴尼瓦人和其他一些阿拉瓦克部族人崇信被称为纳皮鲁利的神，特萨塞人、瓦雷凯纳人、瓦奎纳伊人和巴雷人同巴尼瓦人的信仰相同。在委内瑞拉沿海地区，一些黑人仍信奉非洲原始宗教——付都教。此外，还有一些世界其他地区的外来移民信仰犹太教、伊斯兰教、佛教等。

委内瑞拉信仰的保护神是科罗莫托圣母（Coromoto）。在委内瑞拉民间流传着关于科罗莫托圣母的传说：1591 年兴建瓜纳雷城时，当地印第安科斯佩人逃往城北的热带雨林。1651 年的一天，印第安科罗莫托酋长和妻子前往山上开垦耕地。他们来到一条溪流前，忽然一个美丽无比的夫人踏在清澈的溪流中出现在他们面前。夫人向他们微笑，用印第安语向酋长提议到有白人的地方，接受洒向头上的水，这样就能去往天国。恰巧一个名叫胡安·桑切斯（Juan Sánchez）的西班牙人路过那里，科罗莫托酋长向他讲述了刚发生的事。桑切斯带领科罗莫托酋长和其部落来到瓜纳雷河与图库皮多河之间的地区，分给他们土地，并向他们讲解教义。一些印第安人接受了洗礼，皈依了天主教。科罗莫托酋长怀念雨林，不愿意接受洗礼，想逃回雨林。1652 年 9 月 8 日，科罗莫托酋长和妻子以及小姨子和外甥在茅屋时，圣母突然显灵。科罗莫托酋长用箭射向圣母，圣母消失得无影无踪，而酋长的手上却留下绘有圣母像的羊皮纸。外甥把桑切斯召来，桑切斯收起珍贵的圣物，转交给地方和宗教当局。1654 年，圣母像在瓜纳雷被保存起来。西班牙人利用这个传说，使众多印第安人皈依天主教。1942 年 5 月 1 日，委内瑞拉主教宣布科罗莫托圣母为委内瑞拉保护神。1944 年 10 月 7 日，教皇庇护十二世宣布科罗莫托圣母为整个委内瑞拉的保护神。1952 年举行了为科罗莫托圣母像加冕的仪式。

第三节　特色资源

一　著名城市

加拉加斯（Caracas）　委内瑞拉首都，全国最大的城市和经济、金融、文化、教育和医疗中心，也是南美洲著名旅游城市。位于中北部阿维

拉山南麓的狭长谷地，北距加勒比海 11 公里。全市面积为 1900 平方公里（包括郊区），市区人口为 305.1 万人（2009），连同郊区在内，则超过 500 万人。城市四周环山，海拔 922 米。气候温和，平均气温为 22℃～27℃。年平均降水量为 810 毫米，有"春城"之称。加拉加斯与北京的时差原为 12 小时，自 2007 年 9 月起，委内瑞拉把本国所在的时区从此前的西 4 区调整至西 4.5 区，时间调后 30 分钟，这样两地时差变为 12.5 小时。加拉加斯是南美洲古城之一，至今已有 400 多年的历史。古时候，印第安加拉加斯族人就在这个地方繁衍生息，建立了居民点，以本氏族名"加拉加斯"为该地命名。"加拉加斯"的名称一说意为"伤害"，因该部族剽悍好战而得名；另一说其为当地一种棕色的加拉加斯草的名称，是富含蛋白质的药用植物，后该部族以此为名。16 世纪中叶，西班牙殖民者入侵这里，印第安人在首领瓜伊卡普罗率领下展开了英勇斗争。残忍的殖民者对印第安人进行血腥镇压，大批印第安人惨遭杀戮。西班牙人用火与剑确立了他们的殖民统治。1567 年 7 月 25 日西班牙保护神圣地亚哥（即圣雅各，耶稣十二门徒之一）祭日那一天，西班牙殖民者迭戈·德·洛萨达（Diego de Losada）在当地开始建立一座城市。根据西班牙新建城市要加圣徒名字的习惯，城名在加拉加斯的基础上，加上了保护神圣地亚哥的名字。为了表示对委内瑞拉都督佩德罗·庞塞·德·莱昂（Pedro Ponce de León）的敬意（曾授予洛萨达开拓疆土的权力），又加上了德·莱昂之名，这样城市全称为"圣地亚哥·德·莱昂·德·加拉加斯"（Santiago de León de Caracas）。但另有一说，"圣地亚哥·德·莱昂"是为纪念西班牙古王国莱昂王国的圣地亚哥·德·莱昂骑士团。由于这座城市的名字太长，人们习惯把它简称为"加拉加斯"。

以后的几百年中，这座小城慢慢发展起来。1577 年加拉加斯成为委内瑞拉省首府，1777 年升格为委内瑞拉都督区首府。加拉加斯是拉美独立运动的摇篮，是拉美"解放者"西蒙·玻利瓦尔和"先驱"弗朗西斯科·德·米兰达的出生地。1810 年 4 月加拉加斯人民首先发动反对西班牙殖民统治的起义，并在此召开第一次国民议会，宣布委内瑞拉独立。1830 年定为共和国首都。建城最初的 300 多年中，加拉加斯只是一座东西长 25 公里、南北宽 4 公里的山谷小城。1870 年起城市改建，许多西班牙殖民时期建筑被法国风格建筑取代。市内道路被拓宽，并向周围地区扩展。20 世纪 20 年代随着石油业的发展，城市规模迅速扩大。1950 年原城市郊区和附近的 5 座城镇划入加拉加斯，形成大加拉加斯都市区。随着城市的扩大和经济的发展，人口不断增加。1800 年人口仅为 4 万人，1953 年上升到 100 万人，曾因此在西蒙·玻利瓦尔广场建立了一座巨大的纪念碑。1991 年人口增至 300 万人，2001 年再增至 460 万人。居民有印欧混血种人、白人、黑人和印第安人。加拉加斯是全国最大的经济中心，拥有全国工业的 50%，以食品、纺织等轻工业为主，还有汽车装配、化工、建筑、制药等工业。金融业和商业繁荣，中央银行、其他国内银行、外国银行分行和证券交易所均设于此。外贸兴盛，其外港拉瓜伊拉集中了全国对外贸易总额的一半。加拉加斯交通发达，向北有高速公路直达外港拉瓜伊拉，向西有铁路和泛美公路直抵巴基西梅托，向东有亚诺斯等公路通往东部、南部各城市。现代化隧道公路通达海滨浴场旅游区。加拉加斯设有国际机场。

加拉加斯市区分新、老两个城区。老城区以玻利瓦尔广场为中心，广场中央矗立着西蒙·玻利瓦尔的青铜像。玻利瓦尔广场曾被称为"兵器广场"和"集市广场"。1833 年，委内瑞拉政府为纪念玻利瓦尔 100 周年诞辰，将该广场改名为"玻利瓦尔广场"。广场上的玻利瓦尔跃马扬威的青铜像，是秘鲁利马玻利瓦尔广场意大利雕刻家阿达莫·塔多利尼（Adamo Tadolini）设计的玻利瓦尔铜像的复制品，1874 年安东尼奥·古斯曼·布兰科执政时下令竖立。铜像的大理石底座上刻有"委内瑞拉人民谨以此纪念解放者"的字样。1959 年这座铜像被命名为"纪念文物"。玻利瓦尔广场四周多古迹，有大教堂、萨科罗博物馆、大主教宫、市政宫等建筑。靠近广场的议会大厦，是布兰科执政时期的建筑，从 1877 年起，成为行政、立法和司法机构所在地，1961 年才单纯作为议会大厦。议会大厦为圆顶建筑，内有黄厅、蓝厅、红厅、国会厅和三联厅。厅内藏有国家公墓内玻利瓦尔石棺的金钥匙及许多珍贵历史名画。新城区多高层建筑，有横跨两个街区的宏伟的中央公园建筑群。玻利瓦尔大道上的玻利瓦尔中心为两座 32 层高的大厦，上层为政府机构，底层及其周围是繁忙的

现代商业区。加拉加斯教育发达，有委内瑞拉中央大学、安德烈斯·贝略天主教大学、西蒙·玻利瓦尔大学等著名高等学府。加拉加斯也是全国的文化中心，有国家艺术馆、美术博物馆、索菲娅·因贝尔现代艺术博物馆、特雷萨·卡雷尼奥剧院、国家图书馆等。城北辟有阿维拉国家公园，林木葱郁，风景秀丽，有电缆车通往顶峰，为旅游胜地。

在加拉加斯古建筑中，委内瑞拉总统府米拉弗洛雷斯宫最具代表性。在西班牙语中，米拉弗洛雷斯宫意为"观花宫"，位于加拉加斯西部，是委内瑞拉政府所在地和国家权力的中心，也是委内瑞拉的象征之一。观花宫是一座新巴洛克式风格的二层楼建筑，是委内瑞拉第一批抗震建筑之一。观花宫富丽堂皇、装饰豪华。一层为总统办公室，并有部长委员会大厅、会议大厅、博卡亚大厅、潘塔诺·德巴尔加斯大厅、华金·克雷斯波大厅和阿亚库乔大厅等大厅。内有 18～19 世纪名贵家具和阿图罗·米切莱纳（Arturo Michelena）、西里洛·阿尔梅达（Cirilo Almeida）等画家的著名画作。二层为总统居室、健身房和小剧场。天井式庭院里有花园、回廊玉柱、雕像和大理石喷泉，还设有总统直升机停机坪。

观花宫是华金·克雷斯波（Joaquín Crespo）总统执政时开始兴建的。1884 年他买下了被称为"拉特里利亚"（La Trilla）的房产，准备推倒旧房建设新居。他委托意大利伯爵朱塞皮·奥尔西·德·蒙贝洛（Giussepi Orsi de Mombello）负责兴建新居，后因政局有变工程被迫中断。1887 年克雷斯波离开委内瑞拉，前往西班牙巴塞罗那。1892 年他返回委内瑞拉时，带来了加泰罗尼亚建筑师胡安·鲍迪斯塔·萨莱斯（Juan Bautista Sales）、画家胡利安·奥尼亚特（Julián Oñate）以及一批工匠、雕刻匠、瓦匠，重新建设观花宫。1898 年 4 月克雷斯波阵亡，未能入住已竣工的观花宫。1900 年西普里亚诺·卡斯特罗（Cipriano Castro）执政时，观花宫成为总统府。1923 年委内瑞拉独裁者胡安·维森特·戈麦斯（Juan Vicente Gómez）的弟弟克里索斯托莫·戈麦斯（Crisóstomo Gómez）在观花宫内被杀，观花宫被关闭。1935 年埃莱亚萨·洛佩斯·孔特雷拉斯（Eleazar López Contreras）执政时，观花宫才作为总统府重新开放。

总统官邸拉卡索纳宫（La Casona） 西邻弗朗西斯科·德·米兰达

大元帅公园（即东方公园），靠近弗朗西斯科·德·米兰达大元帅机场。拉卡索纳宫原来是一个甘蔗庄园，被称为"拉·帕斯托拉"（La Pastora）。殖民地时期，庄园主人埃莉萨·鲁伊斯·米兰达（Elisa Rúiz Miranda）委托建筑师安德烈斯·恩里克·贝坦考特（Andrés Enrique Betancourt）把原来不大的房屋改建为豪宅，但保留了殖民地时期风格以及院子和喷泉。1964年起，拉卡索纳宫成为委内瑞拉总统官邸。

　　拉卡索纳宫主要由总统办公室、第一夫人办公室、几个会议室和接待大厅组成。总统办公室是总统处理国事的地方，室内陈设简朴，摆放着文艺复兴时期风格的桃花心木雕花写字台和座椅。写字台后墙上悬挂着19世纪末20世纪初委内瑞拉画家安东尼奥·埃雷拉·托罗（Antonio Herrera Toro）创作的基督画像。厅内还有一幅智利总统赠送的画家阿尔弗雷多·阿拉亚·戈麦斯（Alfredo Araya Goméz）创作的"解放者"西蒙·玻利瓦尔跃马杀敌的画像。图书室藏有西蒙·玻利瓦尔的传记和文件、历届总统的法令和著作。

　　召见厅（Sala Mayor de Audiencia）　总统召见官员和其他人的场所，厅内引人注目的摆设是14世纪风格的家具、3米高的大钟以及画家佩德罗·森特诺·巴列尼利亚送给拉斐尔·卡尔德拉（Rafael Caldera）总统的西蒙·玻利瓦尔画像。

　　部长会议厅（Sala Consejo de Ministros）　总统召集内阁开会的大厅。厅内摆有一张18世纪法国风格的长桌，藏有拉斐尔·卡尔德拉总统委托画家蒂托·萨拉斯创作的19世纪总统画集。

　　安德烈斯·贝略厅（Sala Andrés Bello）　一般会议厅，数把座椅呈半圆形围着一张木桌。厅内悬挂着智利大学校长安德烈斯·贝略像的复制品。

　　西蒙·玻利瓦尔大厅（Salón Simón Bolívar）　最重要的招待大厅，厅中有全国重要的艺术品之一——胡安·洛韦拉（Juan Lovera）所画的西蒙·玻利瓦尔像。厅内铺着西班牙塔皮塞斯皇家工厂制作的地毯，厅内摆设有路易十六时期风格的家具。此外还有法国画家卡米耶·皮萨罗（Camille Pissarro，1830 – 1903）的作品《马约尔广场》（*Plaza Mayor*）。

　　拉迪亚纳·卡萨多拉大厅（Salón de la Diana Casadora）　因藏有阿图

罗·米切莱纳（Arturo Michelena）的名著《迪亚纳·卡萨多拉》（*Diana Casadora*）而得名。厅内铺着法国地毯，陈设着伊萨贝尔女王时期风格的绿色木制家具和拿破仑三世时期制作的 Boulle 风格家具。

大使大厅（Salón de los Embajadores）　最小的招待厅。厅内陈列着路易十六时期风格的家具、19 世纪的法国钟表，其中一个钟表原属于拿破仑，后送给其弟赫罗尼诺，最后被带到玻利瓦尔城。厅内还藏有委内瑞拉印象派画家埃米利奥·博焦（Emilio Boggio，1857—1920）、著名画家阿尔曼多·雷韦龙（Armando Reverón，1889—1954）和著名画家埃克托尔·波莱奥（Héctor Poleo，1918—1989）的油画。

马拉开波（Maracaibo）　委内瑞拉第二大城市，世界著名石油输出港，苏利亚州首府。位于连接马拉开波湖和委内瑞拉湾水道的西岸，加拉加斯以西约 500 公里处。人口为 215.3 万人（2009）。一说马拉开波之名来自印第安人酋长马拉。他曾英勇抗击入侵的德国殖民者。据说，印第安人看到自己的酋长牺牲，高喊："马拉倒下了。"另一说马拉开波源自印第安语"Maaraiwo"，意为"蛇多的地方"。马拉开波曾三次建城。德国人安布罗修斯·埃因格于 1529 年第一次建城，取名新尼贝格（Neu-Nümberg）。1535 年该城居民被迁往科罗附近的维拉角。后由西班牙殖民者阿隆索·帕切科第二次建城，取城名为"马拉开波"，但失败。1573 年都督迭戈·德马萨格委托佩德罗·马尔多纳多再次建城，取名新萨莫拉·德·马拉开波，以纪念其西班牙故乡萨莫拉城。17 世纪，城市逐渐繁荣，成为梅里达山区咖啡输出港。由于多次遭海盗袭击，城市衰落。1811 年 7 月 5 日摆脱西班牙殖民统治获得解放。自 1917 年以来，因马拉开波地区油田被开发，成为世界著名的石油产业中心和石油输出港之一，人口逐渐增多。马拉开波原油输出量占全国一半，还出口咖啡、可可和硬木等；有石油化工、食品、纺织、制革等工业；城市附近为奶牛养殖区。城北港口为旧城区，保留有殖民地时期建筑，并有军事史博物馆；新城区为现代商业中心。马拉开波有不少著名景点，其中之一是马拉开波湖上的拉斐尔·乌达内塔将军大桥。这座以独立战争中著名英雄命名的大桥，长 8740 米，宽 18 米，是世界上预应力混凝土墩距较长的大桥之一。市内的圣阿纳教堂和圣卢西亚地区殖民地时期风格的建筑，吸引众多外来游客。

巴伦西亚（Valencia） 委内瑞拉西北部工业城市，卡拉沃沃州首府，位于巴伦西亚谷地卡布里亚莱斯河畔，东临巴伦西亚湖，北距卡贝略港 55 公里。海拔 490 米。年平均气温 26℃，年降水量 900 多毫米。由西班牙殖民者阿隆索·迪亚斯·莫雷诺建于 1555 年，以西班牙港口城市巴伦西亚命名。1821 年，委内瑞拉军队与西班牙殖民军在距城 32 公里的卡拉沃沃展开激战并取得胜利，建有卡拉沃沃战役纪念碑。曾于 1812 年、1830 年和 1858 年三次成为首都，是南美洲较早有电力照明的城市之一。20 世纪 50 年代起工业得到迅速发展，60 年代建立了全国最大的工业城，现为全国两大工业中心之一，工业产值占全国的 20%。工业有乳制品生产、纺织、榨油、卷烟、制糖、制药、造纸、水泥生产、肥料生产、化工、木材加工和汽车装配等。地处富饶农业区，种植棉花、甘蔗等经济作物，盛产水果。巴伦西亚仍保留着大量殖民地时期的建筑，如大教堂、历史博物馆等。大教堂位于市中心，建于 1580 年，1767 年重建，1818 年进行了改造。建筑师安东尼奥·马洛塞纳受到巴黎歌剧院的启发，19 世纪末兴建了巴伦西亚市立歌剧院，成为该城标志性建筑物之一。巴伦西亚郊外的野生动物园占地宽广，游客可乘坐观景车参观，在动物散放区可观赏美洲狮等多种凶猛动物和珍稀动物。巴伦西亚斗牛场是南美洲最大的斗牛场，经常举行斗牛表演。城东 3 公里的巴伦西亚湖，东西长 29 公里，宽 16 公里，面积为 464 平方公里，是委内瑞拉第二大天然湖和旅游胜地。卡拉沃沃大学是委内瑞拉著名大学之一。巴伦西亚人口约 172.5 万人（2003）。交通发达，有铁路、高速公路与加拉加斯、卡贝略港相连，并建有机场。

梅里达（Mérida） 委内瑞拉西部城市，梅里达州首府。全称圣地亚哥·德·洛斯卡瓦列罗·德·梅里达。委内瑞拉旅游中心之一。位于梅里达山脉北坡查马河畔，海拔 1641 米，为委内瑞拉海拔最高的城市。市区长 1.5 公里，宽 2.5 公里。人口为 28.18 万人（2003）。西班牙殖民者胡安·罗德里格斯·苏亚雷斯建于 1558 年，取名梅里达是为纪念其西班牙故土。1812 年和 1894 年遭到地震破坏。梅里达是西部地区的公路交通枢纽和工商业中心，有纺织、制糖、烟草加工等工业。周围地区生产马铃

薯、蔬菜、咖啡、木薯和香蕉等，其特产是蜜汁水果和印第安斗篷。梅里达城市风光优美，有 21 处公园。在著名的"五国公园"矗立着 1842 年铸造的世界第一座玻利瓦尔半身铜像，草坪上撒有玻利瓦尔解放过的 5 个共和国的土壤。市中心保留着大量殖民地时期的建筑，其中有古老的大教堂、修道院、政府宫和 1785 年建的安第斯大学等。艺术博物馆藏有 16 世纪和 17 世纪的绘画、家具和黄金、白银制品。有国内外著名的科学、教育和研究机构以及负责保护古代文化遗产的机构。梅里达附近有多座海拔 4600 米以上的雪峰，是滑雪、登山运动的好去处。有据称世界上最长、最高的缆车通向高达 4765 米的镜峰（埃斯佩霍峰），峰顶有一座"白雪圣母"大理石雕像。

玻利瓦尔城（Ciudad Bolívar） 委内瑞拉东部城市，玻利瓦尔州首府。位于奥里诺科河南岸，与索莱达隔河相望。海拔 26～75 米。年平均气温 29℃。人口为 37.24 万人（2003）。委内瑞拉古城之一，建于 1764 年，原名为"圣托马斯·德拉·新圭亚那"，但通称"安戈斯图拉"，意为"狭窄"，因奥里诺科河在此变得狭窄而得名。拉美独立运动期间，此处进行过多次战役，是较早摆脱西班牙殖民统治的城市之一。1818 年拉美民族英雄玻利瓦尔宣布其为共和国临时首都，1819 年 2 月 15 日在此发表《安戈斯图拉宣言》。1846 年为纪念玻利瓦尔改为现名。坐落在奥里诺科河上的安戈斯图拉大桥为南美洲最大的吊桥。玻利瓦尔城保留着大量殖民地时期的建筑、街道和广场。圣伊西德罗府邸是该城著名古迹之一，玻利瓦尔曾在此准备《安戈斯图拉宣言》，后辟为博物馆。另一古迹是奥里诺科邮报馆，在此出版了委内瑞拉第一份报纸《奥里诺科邮报》，现为玻利瓦尔博物馆。卡洛斯·劳尔·比利亚努埃瓦设计和建造的赫苏斯·索托现代艺术博物馆是玻利瓦尔城著名景点之一，收藏有在该城出生的国际著名动力学艺术家、雕刻家、画家赫苏斯·索托 70 多件作品。

巴塞罗那（Barcelona） 委内瑞拉东北部城市，安索阿特吉州首府，人口为 36.18 万人（2003）。位于内维里河畔，北距加勒比海 5 公里。1671 年来自加泰罗尼亚的西班牙殖民者先后合并了克里斯托瓦尔·德库马纳戈托（1594）和新山（1638）两座小镇，取名巴塞罗那·德尔杜尔塞·德耶稣，意为耶稣美妙之名巴塞罗那。巴塞罗那为重要牲畜转运站和咖啡、石油输出港，并作为巴塞罗那－关塔－拉克鲁斯港工业联合体的组成部分而逐渐繁荣。保留大量殖民地时期建筑，如大教堂、埃尔卡门教堂等；要塞宫为国家文物，原为圣弗朗西斯科修道院，1811 年民族英雄玻利瓦尔把其作为抵抗殖民军队的要塞。1817 年被毁，只留残垣断壁。

科罗（Coro） 委内瑞拉西北部城市，法尔孔州首府。位于梅达诺斯地峡南端。人口为 15.34 万人（2003）。委内瑞拉最古老的城市之一，由西班牙殖民者胡安·德阿姆皮埃斯建于 1527 年，取名"圣安娜·德·科罗"，是殖民者征服其他地区的出发地。1567 年和 1595 年曾分别遭到法国和英国海盗破坏。1659 年再次遭受英国人的洗劫和大风暴的袭击。科罗从殖民地时期起即为重要宗教中心之一。18 世纪初以后，成为走私贸易的中心，城市规模扩大。建于 1583 年的科罗大教堂是委内瑞拉最古老的教堂，也是美洲最古老的教堂之一。这座教堂历经 50 年的建设，才最后完工。教堂外墙为白色，显得美观、简朴。圣克莱门特教堂也是委内瑞拉三座最古老教堂之一，教堂内天花板上悬吊一锚，因为圣徒克莱门特将锚系在绳子上，然后将锚抛入大海，于是锚十字就成为他的标志。阿尔韦托·恩里克斯艺术博物馆、科罗艺术博物馆和卢卡斯·吉列尔莫·卡斯蒂略教区博物馆也是科罗的著名景点。1993 年科罗被联合国教科文组织宣布为"人类文化遗产"。科罗附近的科罗角矗立着国旗纪念碑，以纪念 1806 年 8 月 2 日民族英雄米兰达在此第一次举起黄、蓝、红三色国旗，进行反对西班牙殖民统治的斗争。

二 游览胜地

安赫尔瀑布（Salto Angel） 委内瑞拉玻利瓦尔州卡奈马国家公园中的瀑布，也称"丘伦梅鲁瀑布"。位于委内瑞拉东南部卡罗尼河支流丘伦河上。此河上游为地下河，在圭亚那高原的奥扬特普伊山顶部东缘，河水从地面以下 60 多米的砂岩层中流出，沿着陡峻的崖壁跌落下来，落差高达 979 米，为世界最高的瀑布。瀑布分两级，第一级落差 807 米，第二级落差 172 米。1933 年美国密苏里州飞行员吉米·安赫尔（1899～1956）

同麦克拉肯为寻找传说中的金矿，驾驶单翼飞机首次从空中发现该瀑布。1935 年西班牙人卡多纳也发现了该瀑布。1937 年安赫尔同其妻再次对瀑布进行空中考察，该瀑布遂以他的名字命名。安赫尔的单翼飞机现存放在马拉凯航空博物馆。瀑布为群山环抱，密林遮掩，陆路难以进入，只能乘小飞机或船从空中观赏或从水路靠近。12 月至次年 1 月是乘船探险的最佳时期。瀑布周围地区生活着卡马拉塔斯族印第安人。距瀑布 10 公里处有乌鲁叶族印第安人的居民点。现为旅游探险地。

古里水电站（Represa Guri） 即劳尔·莱昂尼水电站。位于奥里诺科河支流卡罗尼河上，距河口 100 公里。在圭亚那城附近的卡罗尼河和奥里诺科河汇合处以南建坝截流，利用两河河水发电。古里水电站混凝土坝高 162 米，坝长 1300 米，装机容量为 1000 万千瓦，是仅次于巴西伊泰普水电站的南美洲第二大水电站。工程始建于 1963 年，一期工程于 1978 年完工，二期工程于 1986 年完工，前后共用了 23 年，是委内瑞拉目前最大的电力供应来源；形成的人工湖面积为 3919 平方公里，仅次于马拉开波湖，成为委内瑞拉第二大湖。大坝前建有美丽的太阳和月亮广场。每天有 4 次游览班车往返于城市与水库之间。

玛格丽塔岛（Margarita） 又称珍珠岛。位于阿拉亚半岛北 19 公里处的加勒比海中，属新埃斯帕塔州，有"加勒比海的珍珠"之称，是渔业和旅游业中心。岛上最大的城市为首府波拉马尔，最大港口为潘帕塔尔。面积为 1070 平方公里，是新埃斯帕塔州最大的岛屿。1498 年哥伦布发现该岛，1816 年委内瑞拉民族英雄西蒙·玻利瓦尔以该岛为基地从事反对西班牙殖民统治、争取独立的斗争。海岸线长 168 公里。岛上有 27 处知名的美丽海滩，如长 4 公里的阿瓜海滩。旅游业发达，被辟为自由港，故吸引众多游客前来购物。

帕拉瓜纳半岛（Peninsula de Paraguana） 位于法尔孔州的半岛。地处委内瑞拉湾外，实为一圆形岛，仅以洛斯玛塔诺斯地峡与南美大陆相连接。气候干燥，时有凉风，温度宜人，是旅游中心之一。西海岸蓬托菲霍城旁有由阿穆艾炼油厂和卡东炼油厂组成的世界最大的炼油中心。有以珍禽异兽闻名的古斯塔沃·里韦拉动物园、洛斯塔克斯海滩和皮科海滩。圣安纳山在半岛中部，从山顶可俯视整个半岛，眺望科罗山脉和阿鲁巴岛。东海岸的阿迪科拉、埃尔苏皮、蒂拉亚和拉斯库马拉瓜斯等海滩景色迷人。半岛顶端的圣罗曼角是南美洲大陆的最北角，1499 年 8 月 9 日被西班牙航海家阿隆索·德·奥赫达发现。

三 国家公园

委内瑞拉是建有自然保护区较多的国家之一。为了保护珍稀的动植物，委内瑞拉先后建立起 43 个国家公园，占地 1400 万公顷，相当于国土面积的 15%。委内瑞拉学者还在 1999 年专门出版《委内瑞拉动物红皮书》，呼吁人们保护动物。

亨利·皮蒂耶国家公园是委内瑞拉的第一个国家公园，占地 10.78 万公顷，位于阿拉瓜州和卡拉沃沃州，在加勒比海和巴伦西亚湖之间。这个国家公园的建立得益于瑞士生物学家亨利·皮蒂耶，是他把委内瑞拉的 3 万种植物进行了分类，并最先呼吁保护委内瑞拉的生态环境。在他的努力下，1937 年 2 月 13 日委内瑞拉政府宣布该公园为国家公园，称兰乔格兰德国家公园。1953 年改名为亨利·皮蒂耶国家公园，以纪念为保护委内瑞拉生态环境做出巨大贡献的瑞士生物学家。公园内遍布茂密的落叶林和热带林，植物种类繁多，有蕨和凤梨科植物等，根乃拉草科植物尤为珍稀。动物种类丰富，有美洲狮、美洲豹猫、水獭、鹿、貘、南美浣熊、豪猪、小蜥蜴、鬣蜥和多种蛇。随着候鸟的增多，公园内的鸟多达 550 种以上，占委内瑞拉鸟种类的 40% 以上。主要的鸟类有黄鹂、雕鸮、大杜鹃、鹦鹉、木工鸟、饶舌鸟、钟鸟等。园内的兰乔格兰德生物研究站设有动物博物馆，接待游人。

卡奈马国家公园位于玻利瓦尔州，靠近圭亚那和巴西边界。1962 年 6 月 12 日委内瑞拉政府下令建立卡奈马国家公园，当时占地约 100 万公顷，到 1975 年 10 月 10 日面积已达 300 万公顷，成为世界第六大国家公园，1994 年被联合国教科文组织命名为"世界自然遗产"。园内有卡奈马湖、卡拉奥河河谷、莱马山脉、大萨瓦纳瀑布和安赫尔瀑布等。地势变化很大，海拔 400~2400 米。平均气温 10℃~21℃。1~3 月为旱季。因地形

复杂和气候潮湿，植物多种多样，仅兰花就有 500 多种。有 550 多种珍稀鸟类，如红绿色金刚鹦鹉、巨嘴鸟和黑顶鹦鹉等。委内瑞拉的卡罗尼河发源于卡奈马国家公园内的帕卡赖马山脉罗赖马山麓。

委内瑞拉的安第斯地区共有 8 个国家公园，占地近 100 万公顷，最有名的是内瓦达山脉国家公园和库拉塔山脉国家公园。内瓦达山脉国家公园位于委内瑞拉西北部梅里达州和巴里纳斯州境内，建于 1952 年 5 月 2 日，占地 27.6 万公顷，内有海拔 5007 米的全国最高峰玻利瓦尔峰、4942 米的洪堡峰、4922 米的拉孔查峰和 4765 米的镜峰（埃斯佩霍峰）。镜峰上有世界最高和最长的缆车。峰顶终年积雪，上有冰湖和高山植物，地势低的山坡则森林茂密。有鹿、熊和飞禽等动物。库拉塔山脉国家公园位于梅里达州和特鲁希略州，占地 20 万公顷。安第斯地区 8 个国家公园地处山区，海拔 150 ~ 5000 米。地势的差异，茂密的森林，造成动物和植物的种类多种多样。哺乳动物有美洲豹、美洲狮、山猫、美洲豹猫、赤狐、水豚、吼猴和眼镜熊等。河流中多河鳟和鲑鱼。鸟的种类也非常多，如兀鹫、鹦鹉、蜂鸟、格查尔鸟、雕鸮、阿伦白鹇鸽、安第斯秃鹰等。植物多达数千种，有各种果树、蕨、兰、凤梨科植物和地衣等。大花高山菊是委内瑞拉安第斯地区特有的植物，有 40 多个品种。9 ~ 12 月开花，花呈浅咖啡色，叶子很大。

帕里马 - 塔皮拉佩科国家公园和拉内夫利纳山地国家公园位于亚马孙州。帕里马 - 塔皮拉佩科国家公园占地 390 万公顷，为世界第五大国家公园。帕里马山坐落在此公园内，几乎委内瑞拉所有印第安雅诺马米人都在此生活，故进入该公园受限制。拉内夫利纳山地国家公园占地 136 万公顷，是委内瑞拉第三大国家公园，园内有高 3040 米的拉内夫利纳峰，是除安第斯山脉以外的拉美最高峰。这两个国家公园同为奥里诺科河上游卡西基亚雷河生物圈保留地的一部分。

洛斯罗克斯群岛国家公园是委内瑞拉最大的国家海洋公园，面积为 22.6 万公顷。洛斯罗克斯群岛位于加拉加斯以北 170 公里，有 42 个岛和 300 个时隐时现的小岛。罗克岛是群岛中最大的岛，约有 1000 个居民。由于拥有种类繁多的海洋生物，该国家公园以海洋生物著称，如巴拉库达鱼

（一种硬鳍类鱼）、佩格罗鱼（一种棘鬣鱼）、海豚、鲨鱼、章鱼、龙虾、绿龟和濒临灭绝的冠螺。在多斯莫斯基塞岛上设有洛斯罗克斯基金会，它是保护绿龟的生物研究站。公园内有 90 多种鸟，如银鸥、军舰鸟、白鹈鹕、草鹭和猩红色的彩鹳等。爬行动物有鬣蜥蜴、蝾螈等。这里没有哺乳动物，但罗克岛引进了狗和山羊。假日期间，一些加拉加斯人到罗克岛的邻岛拉斯基岛和马德里斯基岛度假，但吸引游客最多的是弗朗西斯基岛。

埃尔瓜查罗国家公园、拉克夫拉达德尔托罗洞国家公园、哈瓦 – 萨里萨里尼亚马国家公园和圣路易斯山脉国家公园均以溶洞著称。埃尔瓜查罗国家公园位于莫纳加斯州和苏克雷州，占地 8.3 万公顷，它有委内瑞拉最大的溶洞，洞长 10.5 公里。1799 年德国科学家亚历山大·洪堡在当地发现了一种叫作瓜查罗的特有的蟾蜍，溶洞随之被发现。这种蟾蜍约有 1.8 万只，喜欢吃水果，夜间从洞中出来觅食。洞中还有老鼠、蟋蟀和蟹。拉克夫拉达德尔托罗洞国家公园是委内瑞拉最小的国家公园，占地仅 4885 公顷，其长 1200 米的岩洞以结构复杂和漂亮的钟乳石和石笋闻名，有蟾蜍和多种蝙蝠。洞中有暗河，游客可乘船参观。哈瓦 – 萨里萨里尼亚马国家公园位于玻利瓦尔州，占地 33 万公顷，园内有 3 个可能是南美大陆最古老的岩洞，洞内都有地下河流过，景象万千。园区森林覆盖，植物种类众多。目前，只允许科研人员进入园区。圣路易斯山脉国家公园位于法尔孔州，占地 2 万公顷，园内有多处岩洞和水流，其中阿卡里特岩洞有全国最大的地下湖。

莫洛科伊国家公园、科罗沙洲国家公园位于法尔孔州。莫洛科伊国家公园地处委内瑞拉东部沿海，在法尔孔州的奇奇里维切城和图卡卡城之间，占地 3.2 万公顷，主要保护那里的美洲红树、海鸟群栖息地和珊瑚礁。这个公园有 30 个珊瑚礁岛，岛上有珍贵的美洲红树和棕榈树林，并有白色的沙滩。莫洛科伊国家公园与毗邻的瓜雷野生动物园为世界最大的鸟类保护地之一，委内瑞拉水鸟的 80% 和候鸟的 70% 都在这两处园区栖息。珍稀的鸟有筑巢于美洲红树上的军舰鸟、猩红色的鹳、粉红色的火烈鸟、带冠毛的苍鹭，还有草鹭、白鹈鹕、鹰和蜂鸟等。科罗沙洲国家公园位于法尔孔州沙洲地峡、沙漠和海岸地区，共占地 9 万公顷。这里有委内瑞拉唯一的沙漠。在委内瑞拉印第安阿拉瓦克语中，科罗意为"风"。正是阵阵东风使土壤风化，形成了一条长 28 公里的沙带。沙丘随大风变化形态和高度，最高可达 40 米。因天旱少雨，主要生长金合欢等 60 多种旱生植物。动物只有小蜥蜴、兔、蚁熊、赤狐和鸽子。

玛格丽塔岛上有两个国家公园，一是拉雷斯廷加湖国家公园，占地1.8 万公顷；另一个是塞罗埃尔科佩国家公园，占地 7130 公顷，公园中栖息着许多珍稀飞禽，如火烈鸟、白鹈鹕、猩红色的鹦等。拉雷斯廷加湖边有茂盛的丛莽。

埃尔阿维拉国家公园和马卡拉奥国家公园位于首都区和米兰达州。埃尔阿维拉国家公园在首都加拉加斯和加勒比海之间，占地 8.5 万公顷，园内沿海地区有高 2765 米的奈瓜塔峰和高 2640 米的西利亚峰。这里气候温和，水清沙软，岸边棕榈婆娑。年平均气温为 27℃，肆虐加勒比海的飓风不经过此地。山坡密林间有多种动物。马卡拉奥国家公园位于首都区和米兰达州之间，占地 1.5 万公顷，主要保护首都地区的水文地理资源。山区的热带森林有多种兰和蕨。动物有鹿、鼬、吼猴、美洲野猪、兔、浣熊、三指树懒、瓜科鸟和鸽子等。

谢纳加斯德尔卡塔图姆博国家公园和佩里哈国家公园位于苏利亚州。谢纳加斯德尔卡塔图姆博国家公园地处马拉开波湖西南岸，在卡塔图姆博河与圣安娜河之间，占地 22.6 万公顷。为保护沼泽地和当地的珍禽异兽，1992 年 10 月 7 日被宣布为国家公园。鸟类有草鹭、苍鹭和白鹳等，哺乳动物包括浣熊、一种叫作卡尔平乔的水豚和甜水海豚等。佩里哈国家公园占地 29.5 万公顷，这里地形复杂，马拉开波低地上陡然出现 3500 米高的特塔里峰。植物多种多样，有热带雨林、云林和高山植物。动物有眼镜熊、卷尾猴和吼猴等。

图鲁埃帕诺国家公园位于苏克雷州，占地 7 万公顷（帕里亚湾的图鲁埃帕诺岛包括在内），是委内瑞拉受到保护的最大的沼泽地。草地、湖泊、丛莽、沼泽雨林和泥炭田利于多种动植物的生长。植物有蕨和甜棕榈等，动物有鼹鼠、貘、赤狐、鳄鱼和多种水鸟。印第安瓦拉奥人在此地生活。

主要国家公园的简况见表 1-2。

表 1 – 2　委内瑞拉 43 个国家公园一览

名　　称	所属州或地区	成立日期	面积（公顷）
阿瓜罗－瓜里基托	瓜里科	1974.3.11	585760
洛斯罗克斯群岛	洛斯罗克斯	1972.8.18	221120
卡奈马	玻利瓦尔	1962.6.13	3000000
塞罗埃尔科佩	新埃斯帕塔	1974.3.2	7130
塞罗萨罗切	拉腊	1990.9.3	32294
谢纳加斯德尔卡塔图姆博	苏利亚	1992.10.7	226130
西纳鲁科－卡帕纳帕罗	阿普拉	1988.5.4	584368
拉克夫拉达德尔托罗	法尔孔	1969.5.28	4885
乔洛埃尔因迪奥	塔奇拉	1990.1.25	16000
迪尼拉	拉腊,特鲁希略,波图格萨	1988.12.22	45320
杜伊达－马拉瓦卡	亚马孙	1979.3.7	373740
埃尔阿维拉	首都区,米兰达	1958.12.18	85192
埃尔瓜查罗	莫纳加斯,苏克雷	1975.5.28	82700
埃尔瓜切	拉腊,波图格萨	1993.3.28	12500
埃尔塔马	塔奇拉,阿普雷	1979.3.7	139000
瓜拉马卡尔	特鲁希略,波图格萨	1988.5.30	21491
瓜托波	米兰达,瓜里科	1958.3.31	122464
亨利·皮蒂耶	阿拉瓜,卡拉沃沃	1937.2.13	107800
哈瓦－萨里萨里尼亚马	玻利瓦尔	1979.3.7	330000
拉雷斯廷加湖	新埃斯帕塔	1974.2.8	18700
塔卡里瓜湖	米兰达	1974.2.22	39100
马卡拉奥	首都区,米兰达	1973.12.12	15000
马里乌萨	阿马库罗三角洲	1992.7.7	331000
科罗沙洲	法尔孔	1974.2.6	91280
莫奇马	安索阿特吉,苏克雷	1973.12.20	94935
莫罗科伊	法尔孔	1974.5.27	32090
帕拉莫斯巴塔利翁伊拉内格拉	梅里达,塔奇拉	1989.1.31	95200
帕里马－塔皮拉佩科	亚马孙	1991.8.1	3900000
帕里亚半岛	苏克雷	1979.3.7	37500
佩里哈	苏利亚	1979.3.7	295288
别霍河	阿普雷	1993.7.1	80000
圣埃斯特万	卡拉沃沃	1987.2.2	44050

续表

名　称	所属州或地区	成立日期	面积（公顷）
拉内夫利纳山地	亚马孙	1979.3.7	1360000
库拉塔山脉	梅里达,特鲁希略	1990.3.29	200400
内瓦达山脉	梅里达,巴里纳斯	1952.5.2	276446
圣路易斯山	法尔孔	1987.12.5	20000
塔波－卡帕罗	梅里达,塔奇拉,巴里纳斯	1993.3.26	205000
特雷派马	拉腊,波图格萨	1976.6.10	18650
蒂尔瓜	科赫德斯,亚拉奎	1993.3.26	91000
图鲁埃帕诺	苏克雷	1992.6.17	70000
亚坎布	拉腊	1962.6.13	14584
亚帕卡纳	亚马孙	1979.3.7	320000
尤鲁维	亚拉奎	1960.3.18	23670

第二章

历　史

第一节　委内瑞拉的发现和西班牙的殖民统治

一　哥伦布发现美洲前的委内瑞拉

在意大利航海家哥伦布（Christopher Columbus）发现美洲前，委内瑞拉同美洲其他地区一样，其最早的土著居民是印第安人。印第安人的名称为哥伦布所创立。他在 1492 年第一次航行至美洲时，以为到了梦寐以求的印度附近，遂以印第安人来称呼当地的居民。此后，印第安人的名称一直沿用至今。

根据人类学和考古学的材料，学者一般认为，包括委内瑞拉在内的美洲印第安人的远古祖先是亚洲蒙古利亚人种的一支。在距今大约 2 万多年前，由东北亚经白令海峡迁移到了北美洲。有些学者认为，古时亚洲和美洲曾连接在一起，相交的地方成为人类沟通的桥梁，是当时的路桥之一。一些学者则认为，亚洲人移入美洲时，两大洲陆地的接连处已断，他们大都是踏冰而过，或者航海抵达。那时从亚洲进入美洲并非难事，因为白令海峡只有 60 海里宽，中间又有一岛，而且距最后冰期不远，或者冰川时期还未结束。这些抵达美洲的亚洲移民，以小部落群体的形式从北美洲继续南下，穿过中美地峡，大约在 1 万多年前来到委内瑞拉和南美洲其他地区。在委内瑞拉停留下来的一部分亚洲移民，成为当地最早的居民。他们以狩猎和采集野果为生，其文化类似于欧亚旧石器文化。因此，史学家把这个时期的委内瑞拉印第安文化称为"旧印第安文化"。一些考古学家在法尔孔州的埃尔霍博,发现了与乳齿象骨在一起的有 1 万多年历史的石箭头,从而为委内瑞拉"旧印第安文化"提供了实物证据。

大约从公元前 5000 年开始,居住在委内瑞拉的印第安人渐渐改变了自己的生活方式,他们在奥里诺科河等河流的河畔和东北部沿海地区定居下来,建立了比较稳定的村落,逐渐形成"中印第安文化"。他们主要以捕鱼为生,渔业成为当时经济的基础。"中印第安文化"时期一直持续到公元前 1000 年。考古学家在法尔孔州伊瓜纳山的图卡卡斯地区发现了许多具有"中印第安文化"特征的遗物。经碳 14 测定,它们是属公元前3800 ~ 前 3400 年的遗物。考古学家还在库瓦山和玛格丽塔岛发掘出古印第安人从事捕鱼和采集谷物使用的工具。考古发现表明,"中印第安文化"时期委内瑞拉印第安人已经把采集到的谷物作为食物,但还没有证据表明他们已经种植玉米和木薯。

从公元前 1000 年至哥伦布发现美洲,委内瑞拉处于"新印第安文化"时期,即"新石器文化"时期。在这个时期,农业在经济中占有绝对重要的地位。委内瑞拉东部地区的印第安人种植木薯,西部地区的印第安人种植玉米,安第斯地区的印第安人还种植其他谷物和马铃薯。一些考古学家通过考古发现认为,木薯最早是由委内瑞拉印第安人种植的,玉米则是从中美洲经哥伦比亚传入委内瑞拉。现今委内瑞拉人的饮食习惯还保留着古老的传统。在东部地区,被称为卡萨韦(Casabe)的木薯饼依然是人们日常生活的主食;在西部地区,被称为阿雷帕(Arepa)的玉米饼为人们不可缺少的食物;而在两种文化交融的中部地区,人们既以玉米饼为食,又同样吃木薯饼。除农业外,"新印第安文化"时期的印第安人的经济活动还包括捕鱼、狩猎和采集野果等,他们已开始制作和使用陶器。在这个时期,委内瑞拉印第安人大多已过上定居生活,永久性的村落不断增加,并开展各种各样的礼仪活动。

委内瑞拉的"新印第安文化"时期分为下列几个阶段:大约公元前1000 年,奥里诺科河下游地区出现了萨拉德罗(Saladero)文化。那里的印第安人已经种植木薯,还能制作陶器。公元前 900 年左右,巴兰卡斯

（Barrancas）文化取代了萨拉德罗文化。这种文化与哥伦比亚马格达莱纳河流域的马兰博（Maranbo）文化颇为相似，印第安人已能制作比较精美的陶器。有些考古学家推测来自马格达莱纳河流域的印第安移民带来了他们的文化。与此同时，萨拉德罗人迁徙到东部沿海地区，他们的文化同样影响了当地的渔民文化，并使那里的渔民学会了农业技术。

公元 400 年左右，阿劳卡（Arauca）文化在亚诺斯地区渐渐兴盛起来，巴兰卡斯文化则趋于衰落。阿劳卡文化是以玉米种植为基础的文化，同时还有纺纱、织布和编制篮筐等生产活动。在委内瑞拉西部地区，公元前 200 年出现的托库亚纳文化比东部地区的萨拉德罗文化整整晚了 800 年。托库亚纳人种植玉米和马铃薯，不种植木薯。考古学家在拉腊州的基博尔挖掘出了属于托库亚纳文化的陶器。

在委内瑞拉"新印第安文化"时期，当地印第安人制作的陶器和礼仪物品，外形美观，很受欢迎。然而，在这个时期，委内瑞拉地区没有出现城市，没有雄伟壮观的建筑，没有文字，也没有精美的织物，因而没有能达到当时墨西哥和秘鲁所出现的印第安文明的水平。

15 世纪末，哥伦布"发现"美洲前，委内瑞拉土著印第安人仍然处于原始公社阶段，农业比较发达的安第斯地区则出现了向阶级社会过渡的迹象。安第斯地区的蒂莫特人和奎卡人，在自己修筑的山坡梯田上种植玉米、木薯、马铃薯、棉花等作物，同其他地区的人进行交易，并出现了买卖奴隶的现象。马拉开波湖周围的阿拉瓦人和加勒比人大多以捕鱼为生，并用鱼换取玉米、木薯等食物。北部沿海地区的卡克蒂奥人、希拉哈拉人除种植玉米外，还栽培果树。奥里诺科河流域的奥托马科人、瓜伊克里亚人和阿查瓜人则从事捕鱼、狩猎和采集。

二　委内瑞拉沦为西班牙殖民地

15 世纪开始后，欧洲一些主要国家先后出现了资本主义生产关系，社会经济得到迅速发展，迫切要求向海外特别是东方进行殖民扩张。然而，当时奥斯曼帝国控制了东西方陆路贸易的通道，阿拉伯人又操纵了经地中海、红海、印度洋通往亚洲的航道。在这种情况下，欧洲国家渴望找到一条直达东方的新航路，以掠夺东方的财富和黄金，寻找海外市场和原料供应地。

1492 年 8 月，西班牙派遣意大利人哥伦布率领一支舰队横渡大西洋，寻找通往东方的新航路。经过两个多月的艰苦航行，终于在当年 10 月 12 日到达美洲。此后，哥伦布又对美洲进行了三次远航。哥伦布在第三次航行美洲时，发现了委内瑞拉。1498 年 7 月 31 日，哥伦布率舰队沿特立尼达岛海岸航行时，在船上看到了委内瑞拉的帕里亚半岛。8 月 1 日，哥伦布成为踏上南美大陆的第一个欧洲人。由于当时条件所限，哥伦布还不知道他已发现广阔无垠的南美洲，而把登陆的地方命名为加西亚岛。哥伦布花了近两周的时间对奥里诺科河三角洲进行了考察，他对河口水流澎湃的气势、印第安人佩戴的金光闪闪的黄金饰物惊愕万分，以为已经到了梦寐以求的伊甸园。

1499 年，西班牙探险家阿隆索·德·奥赫达和意大利佛罗伦萨航海家阿梅里戈·韦斯普奇（Amerigo Vespucci）率领一支西班牙船队沿委内瑞拉海岸向西航行。当船队行进到马拉开波湖时，建在湖面木桩上的一幢幢别致的印第安房屋呈现在他们面前，水面上有许多用蒲草制成的小筏随波荡漾，他们觉得旖旎的水乡画面犹如意大利的"水上城市"威尼斯。探险队员们情不自禁地呼喊："Venezuela!"意思是"小威尼斯"。委内瑞拉的国名也由此而来。

16 世纪初，西班牙殖民者为了获取珍珠和寻找传说中的黄金国，开始对委内瑞拉进行征服。1500 年，他们在库瓦瓜岛上建了一个村镇，把它命名为新加的斯。1523 年，西班牙殖民者在委内瑞拉建立起第一个永久性的殖民点新托莱多（1569 年改称库马纳）。1527 年，他们又兴建了科罗城。随后，西班牙殖民者迭戈·德·奥尔达斯（Diego de Ordaz）率领 600 名殖民军深入奥里诺科河流域探险。一路上，西班牙殖民者烧杀抢掠，无恶不作。他们把印第安阿鲁阿克人（Aruak）的渔村夷为平地，把数百名手无寸铁的阿鲁阿克人斩首。然而，炎热潮湿的气候、热带疾病和食品的缺乏，使许多殖民者死于非命，甚至连奥尔达斯本人也未能幸免。最后，殖民军在返回西班牙时，只剩下 200 余人。但有关在委内瑞拉发现大量黄金和存在一个"黄金国"的传说却不胫而走，传遍欧洲，吸引了一个又一个探险队来到委内瑞拉，从事冒险活动。

1528 年，西班牙国王卡洛斯一世（Carlos I）因欠德国银行家韦尔泽（Welser）家族数千达卡（中世纪流通于欧洲各国的金币）的债务，而把开拓委内瑞拉的特许权给予以韦尔泽家族为首的金融财团。韦尔泽派布匹富商安布罗休斯·达尔芬格（Ambrosius Dalfinger）带领几百名精兵两次开赴马拉开波湖周围地区。他的第一次探险，未能发现黄金，人员还损失了 1/3。第二次探险虽找到了一些黄金矿，但全部探险队员都死于探险途中。另一个德国殖民者尼古拉斯·费德曼（Nicolaus Federmann）在征伐委内瑞拉时，对印第安人的凶残程度远远超过西班牙人。他指挥德国骑兵向聚集在一起的印第安瓜伊卡里人冲去，残忍地把倒在地上的印第安人一个个砍死，被屠杀的人有 500 名之多。

德国殖民者在委内瑞拉进行了 20 年的探险活动，然而，西班牙王室一直念念不忘传说中的"黄金国"。1556 年，德国在委内瑞拉的特许权到期时，卡洛斯五世（Carlos V）收回了特许权，任命胡安·佩雷斯·德·托洛萨（Juan Pérez de Tolosa）为委内瑞拉省督。托洛萨率兵征讨委内瑞拉，陆续建立起几块殖民地。

在卡洛斯五世收回特许权之前，一些西班牙殖民者已经在委内瑞拉进行扩张活动。他们从托库约向东发展，1555 年建立了巴伦西亚。1567 年，西班牙殖民者迭戈·德·洛萨达（Diego de Losada）在与印第安人血腥战斗 10 多年后，建立了圣地亚哥·德·莱昂·德·加拉加斯城，即加拉加斯。西班牙在征服委内瑞拉的过程中，大肆屠杀印第安人。殖民者带来的传染病，使众多毫无免疫力的印第安人死于非命。仅 1580 年发生在加拉加斯谷地的突如其来的天花，就夺走了 2/3 当地土著居民的生命。

西班牙殖民者虽然在委内瑞拉没有找到"黄金国"，也没有发现其他贵重金属，但当地印第安人却成为他们在多米尼加等加勒比岛屿殖民地所需劳动力的来源。委内瑞拉漫长的海岸线，也为游弋在加勒比海的西班牙船只提供了保护。

从 16 世纪后半期开始，英国、荷兰和法国的海盗船在加勒比海岸不

断拦截满载黄金的西班牙货船，同时袭击委内瑞拉新建的城镇。1595 年，英国海盗弗朗西斯·德雷克（Francis Drake）带领 500 名海盗在委内瑞拉海岸登陆。他们穿过丛山扑向加拉加斯，把城市洗劫一空，又放火将其夷为平地。

西班牙殖民统治初期，委内瑞拉归西班牙在圣多明各城的检审庭管辖。1550 年，划归圣菲·德·波哥大（现波哥大）的检审庭统治。1718 年，委内瑞拉、哥伦比亚和厄瓜多尔组成新格拉纳达总督辖区，委内瑞拉是该辖区的一部分。当时，委内瑞拉由加拉加斯、库马纳、梅里达·德·马拉开波、巴里纳斯和圭亚那五省组成，各省有一定程度的地方自治权。1777 年 9 月 8 日，西班牙国王敕旨设立委内瑞拉都督区。委内瑞拉都督区虽不属于新格拉纳达总督辖区，但在某些方面受总督控制。西班牙设在委内瑞拉的行政体系，完全是为宗主国的绝对统治服务，尽可能多地搜刮殖民地的财富。殖民当局的残酷统治，给委内瑞拉人民带来了巨大灾难。

三 殖民统治时期的经济

西班牙殖民者抢占印第安人的土地，并把西班牙的封建农奴制度带到委内瑞拉，强制印第安人从事农奴式的采矿和农业劳动。西班牙在委内瑞拉早期实行的委托监护制（或称大授地制）是殖民者和印第安人之间土地关系的主要形式。这种土地制是从西班牙移植过来的。土地的所有权属于西班牙国王，委托监护主负责监护和管理印第安人。印第安人虽拥有名义上的自由，并分得一小块土地，但必须永久居住在委托监护区域之内，每年必须为委托监护主提供一定时长的无偿劳动，或者交付代役租。印第安人在委托监护制的重压下受尽剥削，生活苦不堪言。他们不仅要向西班牙国王缴纳赋税，向委托监护主提供无偿劳动，而且还要向收税官纳税、供养自己的酋长。

1720 年，委托监护制被废除，取而代之的是大地产制。在这种土地制度下，大庄园主其实就是原来的委托监护主，他们不仅继续占有原来的土地，而且还把印第安人的份地和公有土地也据为己有。印第安人的生活境遇没有任何改善，为了耕种一小块土地，不得不向大庄园主提供劳力或缴纳实物，不少人因而成为雇农。

　　西班牙殖民者的武力征服、残酷剥削和传染病的流行，导致委内瑞拉印第安人口大量减少。西班牙殖民当局为了弥补委内瑞拉劳动力的严重不足，从1528年开始，从非洲贩运来大批黑人奴隶，为委内瑞拉社会增添了新的种族成分。1700年，黑奴已占委内瑞拉人口的15%，与当时印第安人所占比例相同。黑奴逐渐成为委内瑞拉种植园的重要劳动力，为殖民当局创造了大量财富。欧洲取消奴隶制后，奴隶制在委内瑞拉仍然保留了很长时间。直至1840年，委内瑞拉的各城镇中还都有奴隶市场。

　　16世纪后期至18世纪初，农业是委内瑞拉经济的基础。安第斯地区、亚诺斯平原和加拉加斯谷地等，种植小麦、玉米、木薯、烟草、棉花和蓝靛等作物。1607年，委内瑞拉农产品的出口总值约8.4万里尔（1里尔等于0.25西班牙比塞塔），其中烟草出口值占43%，即3.6万里尔。委内瑞拉农产品主要出口英国、法国和荷兰。

　　从17世纪20年代开始，可可成为此后200年委内瑞拉主要的出口产品。可可是委内瑞拉的本地作物，种植于沿海地区。可可豆用来加工成巧克力。种植可可的巨大利润吸引了西班牙众多移民来到委内瑞拉，其中包括许多西非加那利群岛的移民。17世纪和18世纪初，殖民当局输入大批非洲黑奴，以满足可可种植园劳动力需求的增加。委内瑞拉的可可生产发展很快，年产量从1730年前的8.6万法内格（1法内格等于55.5升）增至18世纪末期的19.3万法内格，增长了一倍还多。委内瑞拉生产的可可国内消费仅占25%，其余全部供出口。在初期，可可出口完全被荷兰与英国商人垄断。他们用从非洲贩来的黑奴交换委内瑞拉的可可，再把可可运往韦拉克鲁斯，供新西班牙（墨西哥）人消费，从中赚取巨额利润。1728年，西班牙王室为了阻止殖民地之间的贸易，将委内瑞拉的专有贸易权授予巴斯克—皇家加拉加斯吉普斯夸公司，简称加拉加斯公司。此后，西班牙便控制了委内瑞拉可可的贸易，加拉加斯成为可可贸易的中心。加拉加斯公司成立后，由于制止了欧洲列强的走私贸易，委内瑞拉可可的生产量和出口量都有显著增加。然而，随着时间的推移，加拉加斯公司与可可种植园主之间的矛盾渐渐尖锐起来。加拉加斯公司垄断了委内瑞拉可可的出口，尽

量压低可可的收购价格，引起了可可种植园主的强烈不满。

1749 年，来自加那利群岛的种植园主胡安·德·莱昂（Juan de León）揭竿而起。大批劳动者加入了起义队伍，并得到包括加拉加斯上层人士在内的各阶层人士的广泛支持。起义迅速发展，危及了西班牙的殖民统治。西班牙王室急派陆军准将费利佩·里卡多斯（Felipe Ricardos）率西班牙和圣多明各的军队赶往委内瑞拉镇压起义。1751 年，莱昂领导的起义失败，里卡多斯被任命为加拉加斯都督。

畜牧业在殖民地时期也占有重要地位。在西班牙王室的殖民计划中，委内瑞拉的农地被一分为二：一半是种植园，一半是牧场。殖民者在征服委内瑞拉的过程中，引进了大量牲畜，使畜牧业很快发展起来。到 18 世纪末，加拉加斯、巴塞罗那、圭亚那和马拉开波地区饲养牛的总数已超过100 万头。除牛以外，有一些地区还饲养猪、羊等。

采矿业在殖民地时期没有得到大规模发展。这是因为西班牙殖民者没有发现传说中的"黄金国"，因而对委内瑞拉采矿业兴趣不大，只是在圣彼得罗和拉格里塔等地有些小规模的采金和采铜活动。

第二节　委内瑞拉的独立和考迪罗的军事独裁

一　委内瑞拉人民坚持反殖民统治斗争

在长达 300 年的西班牙殖民统治中，委内瑞拉人民从未停止过抵抗和斗争。早在 1539 年，居住在沿海尼尔瓜地区的印第安人就奋起反抗西班牙殖民者的入侵。尽管起义遭到殖民者的残酷镇压，但斗争一直持续了93 年。1552 年，在委内瑞拉西北部巴基西梅托附近布里亚河淘金的黑人奴隶为抗议西班牙矿主的虐待和摧残，在领袖米格尔的领导下发动起义。起义迅速发展，参加人数越来越多。起义奴隶选举米格尔为国王，并建立起根据地，准备进攻巴基西梅托。起义军对巴基西梅托发动突然袭击，他们在"米格尔万岁"的口号声中攻入这座城市，沉重打击了西班牙殖民当局和矿主的气焰。后来，由于敌军增援部队到达，起义遭到镇压，米格尔也在战斗中英勇牺牲。1603 年，玛格丽塔岛采集珍珠的奴隶，不堪忍受奴隶主的剥削和压迫，与奴隶主进行了英勇斗争。1684 年，居住在奥里诺科地区的印第安人袭击天主教堂，赶走了西班牙传教士。

1728 年，西班牙利用在委内瑞拉成立的加拉加斯公司，控制了委内瑞拉的经济大权。1749 年委内瑞拉帕纳基雷官员、土生白人莱昂带头反对加拉加斯公司。1749 年省督将莱昂解职，并派加拉加斯公司的人接替他。莱昂拒绝卸任，组织一支 800 人的大军向加拉加斯进军。起义军顺利开进加拉加斯，要求关闭加拉加斯公司。省督假装同意起义军的要求，莱昂上当受骗，解散了人数已发展到 8000 人的队伍。1751 年，新任省督公开支持加拉加斯公司，派兵残酷镇压起义军，莱昂领导的起义以失败告终。莱昂和他的儿子遭到西班牙法庭的审判。1730 年和 1749 年，委内瑞拉种植可可的农民也先后发动两次武装起义，反对加拉加斯公司对可可出口的垄断和对他们的残酷剥削。

1795 年，科罗地区爆发大规模黑人奴隶起义。起义军宣布废除奴隶制度，成立"法国体制"式的共和国。起义力量不断壮大，许多自由黑人、印欧混血种人、黑白混血种人以及一部分土生白人也加入了起义军。尽管西班牙派重兵镇压了这次起义并屠杀了大批起义参加者，但西班牙的暴行未能吓倒委内瑞拉革命志士。1797 年年初，委内瑞拉爱国者聚集在一起，准备发动新的起义。他们大量散发法国资产阶级革命的《人权宣言》的译文传单，号召人民起来推翻西班牙殖民统治。7 月，以萨穆埃尔·古瓦尔（Samuel Guval）和何塞·马里亚·埃斯帕尼亚（José María España）为首的拉瓜伊拉爱国组织，制定了 44 条革命政治纲领，提出"建立共和国，废除奴隶制，实行种族平等"的政治主张，号召委内瑞拉人民团结起来，共同推翻西班牙的殖民统治。不幸的是，殖民当局镇压了这个秘密组织，逮捕了 80 多名爱国者，并把一些革命领导人施以车裂的酷刑。然而，爱国者的鲜血并没有白流，成千上万委内瑞拉人踏着烈士的血迹，前仆后继，为争取祖国的解放同西班牙殖民当局展开英勇的斗争。后来，拉瓜伊拉爱国组织的革命纲领成为 1811 年委内瑞拉革命政府颁布的宪法的蓝本。

二　米兰达打响独立运动第一枪

18 世纪以后，欧洲的启蒙运动、北美独立战争以及法国大革命，对委内瑞拉人民产生了重大影响。在欧洲接受过教育的一批委内瑞拉知识分子，深受启蒙思想家的学说和著作的熏陶，在委内瑞拉宣传和散发法国革命的《人权宣言》、美国的《独立宣言》等小册子，积极传播资产阶级革命思想，为独立战争的爆发奠定了思想基础。

18 世纪末，西班牙卷入了法国和英国之间的战争。1805 年 10 月特拉法加海战中，西班牙舰队被英国彻底歼灭。西班牙逐渐失去了对拉丁美洲的控制，英国舰队则横行于拉美沿海。1807 年西班牙加入法国对英国的"大陆封锁"后，英国加强了对它的封锁，使它与其拉美殖民地的交通运输完全中断。西班牙对拉美殖民地控制的削弱，客观上促进了委内瑞拉和其他拉美地区独立运动的发展。

在欧洲和北美资产阶级革命的影响和推动下，争取民族独立的运动席卷整个拉丁美洲。继海地革命后，委内瑞拉首先爆发革命，革命的最早推动者和领导者是被誉为"先驱者"的弗朗西斯科·德·米兰达。

1750 年 3 月 28 日，米兰达出生于加拉加斯一个富商家庭。为了摆脱土生白人受歧视的地位，1771 年 1 月，米兰达乘船前往西班牙。同年 12 月，米兰达加入西班牙"公主"步兵团，曾参加在摩洛哥和阿尔及利亚的战斗。因他具有自由主义思想，又是一个殖民地的土生白人，故未得到器重和升迁。1776 年，米兰达返回西班牙。他大量阅读欧洲启蒙主义者的重要著作，为他以后从事解放斗争奠定了思想基础。北美人民争取独立的斗争和《独立宣言》的发表，也给予米兰达巨大的鼓舞。米兰达越来越痛恨西班牙腐朽的专制制度，这也使他不断遭到迫害。

1780 年 7 月，米兰达随西班牙的北美远征军开赴古巴。1781 年 4 月，米兰达从古巴前往西班牙在北美的占领地路易斯安那，米兰达率军将彭萨科拉城团团围住，并攻破该城。在美国独立战争的最后阶段，米兰达协助法国舰队奇袭切萨皮克湾，一举击溃英国舰队，迫使约克郡的英军主力向乔治·华盛顿（George Washington）统率的美军缴械投降。

1781 年 8 月，已升为上校的米兰达从古巴港口巴塔瓦诺前往牙买加，同英军交换战俘，向英商购买船只，同时伺机侦察英军的军事设施。米兰达维护西班牙利益的行动，不但没有得到西班牙王室的表彰，反而被控与英商合伙走私，还被控泄露军事机密而被扣押。为避免遭到进一步迫害，他离开古巴前往美国。同年 12 月 23 日，西班牙法官在哈瓦那缺席判处米兰达在北非奥兰的西班牙监狱服刑 8 年，并处以巨额罚款。

西班牙法庭的判决宣布后，米兰达对宗主国西班牙的幻想彻底破灭，决心投身于拉丁美洲的民族解放事业。在美国，他会见了华盛顿等参加过独立战争的领袖，同他们谈论拉丁美洲未来的解放事业，恳求美国予以援助。米兰达在美国逗留一年半之后前往英国。为争取欧洲国家对美洲解放运动的支持，从 1785 年 8 月开始他进行了长达近 4 年的欧洲旅行。米兰达的欧洲之行虽没有获得具体支持，但他开阔了眼界，了解了各国的情况，坚定了解放拉丁美洲的决心。

1789 年 6 月，米兰达返回伦敦。同年 7 月，法国资产阶级革命爆发，起义群众攻陷巴士底狱。法国革命给了米兰达巨大的精神力量。1792 年 3 月，米兰达离开伦敦前往法国，加入了法国军队，亲赴前线，投入保卫法国的战斗。为了表彰米兰达对法兰西共和国做出的杰出贡献，法国人民把他的名字刻在巴黎凯旋门纪念碑上。米兰达离开法国军队后，他在巴黎的住所成为许多有志于拉美解放事业的人士聚会的中心。他广泛接触法国各界人士，争取他们支持拉美解放事业。

1798 年 1 月，米兰达来到英国，多次要求英国支持他解放美洲的计划，但遭到英国政府的拒绝。于是，米兰达决定去美国发展。1805 年 11 月 9 日，他抵达纽约。12 月，米兰达拜会了美国总统托马斯·杰斐逊（Thomas Jefferson）和国务卿詹姆斯·麦迪逊（James Madison），受到他们的热情接待。

1806 年 1 月，米兰达在纽约紧张筹备远征南美洲的工作。他一边加强同美国领导人的联系，一边招募志愿军，购买船只，准备远征委内瑞拉。2 月 2 日，米兰达率领 260 名志愿军，乘载重 160 吨的"利安德号"军舰，驶向海地的雅克梅尔港。在该港停留期间，米兰达补充了一些新

兵，租用"比号"和"巴克斯号"纵帆复桅舰，组成了远征舰队。与此同时，他还印制大批宣传独立和解放的传单。3月28日，米兰达率领的远征舰队从雅克梅尔港出发，驶向委内瑞拉。然而，米兰达的行动一直受到西班牙政府的监视。米兰达还在纽约期间，西驻美公使卡萨·伊鲁霍（Casa Irujo）就命西驻纽约领事监视米兰达。该领事向公使汇报了米兰达远征的消息，这使委内瑞拉殖民当局早就有所准备。打入远征军内部的西班牙密探也将情报通知了委内瑞拉总督格瓦拉-巴斯孔赛洛斯（Guevara y Vasconcelos），使他得以调兵遣将进行防御。殖民当局到处张贴布告或散发传单，声称米兰达是西班牙的叛徒，是英国的宠儿，说米兰达在圣多明各岛招募大批黑人来夺占委内瑞拉，等等，以此蛊惑人心，企图使米兰达孤立无援。

米兰达远征船队驶往委内瑞拉途中，得知拉瓜伊拉港已被封锁，进攻卡贝略港又太危险，遂决定在奥库马雷海岸登陆。4月27日，远征舰队靠近奥库马雷海岸。由于夜色漆黑，船队迷失了方向。28日清晨，海面上突然出现两艘西班牙军舰，一艘是装有20门大炮的"阿尔戈斯号"军舰，另一艘是配有18门大炮的"赛洛索号"军舰。在敌舰强大炮火的攻击下，毫无战斗力的"比号"舰和"巴克斯号"舰向敌人投降。"利安德号"舰舰长刘易斯（Lewis）为保护自己的军舰，不听米兰达的命令，不参加战斗便掉头逃跑。

米兰达的这次远征，有58人被俘，还损失了大批武器、弹药和宣传材料等。委内瑞拉总督格瓦拉-巴斯孔赛洛斯残酷镇压被俘的起义军，在卡贝略港绞死了10人，并把许多俘虏投入卡塔赫纳、波多黎各和洪都拉斯的监狱。他悬赏3万比索捉拿米兰达，在加拉加斯大广场上焚毁米兰达的画像及其宣传材料。与此同时，他采取更加森严的防范措施。他下令武装设防整个加勒比海岸，组建一支3.5万人的军队，并要求瓜达卢佩岛总督派200名士兵来支援委内瑞拉。米兰达远征失败后，只得返回特立尼达岛。

1806年7月25日，米兰达率300多名志愿军第二次远征委内瑞拉。远征舰队中，除"利安德号"舰外，还有装备14门大炮的"阿滕蒂维号"

舰、12 门大炮的"埃克斯普雷斯号"舰、10 门大炮的"普罗沃斯特号"舰、"布尔多格号"炮艇、"德斯帕克号"炮艇，以及"特里默号"和"海军准将号"商船。8 月 3 日，在炮火掩护下，米兰达率领远征军在拉维拉海滩强行登陆。他们迅速击溃守卫海岸的殖民军，占领了要塞。米兰达在自己祖国的土地上第一次升起了红、蓝、白三色的哥伦比亚国旗。远征军四处张贴布告和散发传单，号召委内瑞拉人民推翻西班牙殖民统治，要求 16～55 岁的男子加入爱国军。次日，米兰达马不停蹄，带领远征军扑向科罗城。在激烈的战斗中，远征军不怕牺牲，奋勇杀敌，占领了市政厅、监狱等要害部门。殖民军丢盔弃甲，逃离科罗城。

米兰达在科罗建立起临时权力机构，但面临的困难越来越多。在殖民当局的欺骗宣传下，大批居民离开科罗。殖民当局在城市外围重新集结军队，马拉开波、巴基西梅托和加拉加斯的殖民军也赶来支援。殖民军切断科罗的水源，拦截起义军的粮草。在严重缺粮缺水的情况下，起义军被迫从科罗城撤退到拉维拉。殖民军紧追不舍，控制了拉维拉的制高点。8 月 13 日，米兰达看到再坚持下去已毫无意义，于是下令上船撤往阿鲁巴岛。这样，米兰达第二次远征委内瑞拉又以失败告终。

1807 年 11 月 16 日，米兰达再次前往英国。旅居英国期间，米兰达开始把主要精力用于鼓励拉美人民进行反对殖民统治的宣传工作上，并继续争取英国支持他的解放南美洲的计划。

三　委内瑞拉的独立和第一共和国的覆亡

1808 年拿破仑军队入侵西班牙，俘房了西班牙国王费尔南多七世（Fernando Ⅶ），并逼其退位，由拿破仑之兄约瑟夫·波拿巴（Joseph Bonaparte）继任国王。西班牙王室的垮台，为委内瑞拉独立运动的爆发创造了有利的条件。

1810 年春，法国军队几乎占领了整个西班牙。这个消息传到委内瑞拉后，委内瑞拉爱国者决定利用这个时机发动推翻西班牙殖民统治的起义。4 月 19 日，在爱国群众强烈要求下，加拉加斯市政会召开了会议。爱国群众在马约尔广场截住正前往大教堂参加濯足节仪式的委内瑞拉督军

维森特·恩帕兰（Vicente Emparan），把他拉到市政会。与会者坚决要求罢免恩帕兰。恩帕兰走到阳台上，向聚集在外的市民发问："你们愿意我统治吗？"群众高呼："我们不愿意，我们不愿意！"恩帕兰见大势已去，灰溜溜地说："那么，我也不想再统治下去了。"在爱国群众一致要求下，市政会宣布成立由23人组成的"洪达"（执政委员会），驱逐西班牙督军和其他殖民统治机构的官吏，改组司法机关。由此，委内瑞拉新的革命政权宣告诞生。

执政委员会成立后，下令实行自由贸易，禁止买卖奴隶，派代表到其他城市寻求支持。继加拉加斯之后，库马纳、巴塞罗那、特鲁希略和梅里达也先后成立了执政委员会。为了取得外国的承认和购买武器，执政委员会派遣西蒙·玻利瓦尔（Simon Bolívar）、路易斯·洛佩斯·门德斯（Luis López Méndez）和秘书安德烈斯·贝略（Anderes Bello）前往英国，并派另一代表团前往美国。当时，委内瑞拉执政委员会的领导人并未邀请米兰达返回委内瑞拉，因为他们认为米兰达是西班牙悬赏捉拿的要犯，不宜公开与米兰达站在一起。但玻利瓦尔没有听从执政委员会的指示。1810年7月，玻利瓦尔等三人在伦敦会晤了米兰达。玻利瓦尔介绍了委内瑞拉的革命形势和执政委员会的情况，米兰达则讲述了1806年率志愿军远征委内瑞拉的战斗历程。玻利瓦尔热情邀请米兰达回国参加巩固革命政权的斗争，米兰达接受了他的请求。此后几天，通过米兰达的引荐，玻利瓦尔等人拜会了英国外交大臣韦尔斯利（Wellesley）侯爵，要求英国支持委内瑞拉的独立，但遭到英国政府的拒绝。玻利瓦尔要门德斯和贝略留在伦敦继续同英国谈判，自己则同米兰达的两位密友返回委内瑞拉。12月10日，米兰达在拉瓜伊拉上岸，受到玻利瓦尔和执政委员会代表的欢迎，并被执政委员会授予中将军衔。

1811年3月2日，委内瑞拉召开第一届国会。7月5日，国会通过了独立宣言。国会主席胡安·安东尼奥·罗德里格斯·多明格斯（Juan Antonio Rodríguez Domínguez）代表人民庄严宣布委内瑞拉完全独立。国会委托议员胡安·赫尔曼·罗西奥和秘书弗朗西斯科·伊斯纳迪起草《委内瑞拉独立宣言》，委托米兰达、利诺·德克莱门特和何塞·德萨塔－布西制定国旗方案。7 月 14 日，《委内瑞拉独立宣言》正式公布，黄、蓝、红三色国旗第一次飘扬在加拉加斯上空，标志着委内瑞拉第一共和国的正式诞生。加拉加斯全城教堂钟声齐鸣，广大市民身着盛装，欢呼雀跃，热烈庆祝祖国的独立。12 月 21 日，国会通过宪法。宪法规定新国家名称为哥伦比亚，以纪念新大陆的发现者哥伦布。两天后，这部宪法在全国公布。

委内瑞拉虽然获得了独立，但西部的科罗、马拉开波等地以及圭亚那，依然在西班牙殖民军的控制中。他们磨刀霍霍，时刻伺机反扑。保皇分子在加拉加斯、巴伦西亚、西基西克等地发动叛乱。印第安人首领雷耶斯·巴尔加斯受殖民军欺骗，也参与反对新生政权的活动。仇视共和国的大庄园主站在殖民军一边，供给他们奴隶、马匹和资金。波多黎各和库拉索也向委内瑞拉殖民当局提供军事和物资援助。

1811 年年底，西班牙海军上尉多明戈·蒙特韦德率 500 名殖民军从波多黎各来到委内瑞拉，加强委内瑞拉殖民军力量。很快，蒙特韦德成为委内瑞拉殖民军的统帅。他率领军队向加拉加斯推进，攻占了卡罗拉等地，并逼近巴伦西亚。1812 年 3 月 26 日，加拉加斯等地发生强烈地震。加拉加斯死亡 1 万多人，拉瓜伊拉死亡 4000 多人，伤者不计其数。中部沿海地区、卡贝略港、巴基西梅托、马拉开波、圣费利佩、特鲁希略和梅里达也都遭到严重破坏，损失惨重。天主教会乘机造谣惑众，制造混乱。加拉加斯大主教科尔－普拉特公然宣称，"地震是上帝对委内瑞拉背叛费尔南多国王的公正惩罚"。与此同时，蒙特韦德率殖民军趁乱向共和国大举进攻。4 月 2 日占领巴基西梅托，4 月 25 日进入圣卡洛斯，屠杀、俘虏爱国军人 200 多名，加拉加斯告急。执政委员会任命米兰达为军队总司令，授予他保卫共和国的一切权力。5 月 3 日，蒙特韦德攻占巴伦西亚。5 月 18 日，米兰达率 5000 名官兵向殖民军发起进攻，收复了罗斯瓜约斯，蒙特韦德被迫退守巴伦西亚。米兰达没有乘胜追击，而是采取消极防御的战略。他下令爱国军撤往拉卡夫雷拉，随后又退守马拉凯和拉维多利亚，给了敌人喘息之机。蒙特韦德重新集结军队，并从波多黎各得到 800 名援军。他再次对爱国军发起进攻。6 月 29 日，米兰达率军同殖民军展开大战，以爱国军大获全胜而告终。但米兰达坚持消极防御的战略，把部

队撤回兵营，失去了扭转战局的最后时机。

殖民军得到增援，重新发起进攻，1812 年 7 月 5 日攻占战略重镇卡贝略港，又先后占领巴列德尔图伊和巴里纳斯。反动教士配合殖民军的进攻，四处活动，煽动人民效忠西班牙国王，对抗革命政权。爱国军内部矛盾重重，大批官兵开了小差。国会和政府之间互不信任，相互指责。国家经济处于崩溃状态。在内忧外患的严重形势下，米兰达丧失了斗志，7 月 25 日，与蒙特韦德签订了投降协议，宣告了委内瑞拉第一共和国的灭亡。7 月 30 日米兰达逃往拉瓜伊拉，准备从那里再逃往国外。7 月 31 日清晨，玻利瓦尔和托马斯·蒙蒂利亚率领一批军人，逮捕了还未起床的米兰达，将他押往德拉斯卡萨斯控制的科洛拉多堡。不久，殖民军占领了拉瓜伊拉，米兰达落入蒙特韦德手中，被转押到卡贝略港圣费利佩城堡的地下室。1813 年 7 月 4 日，蒙特韦德下令将米兰达押往波多黎各的埃尔莫罗。1814 年年末，米兰达又被转往西班牙的加的斯，囚禁在四塔堡垒中。阴暗潮湿的地牢、狱卒的折磨、非人的待遇和精神上的痛苦，摧垮了米兰达。1816 年 3 月 25 日，米兰达突患中风。接着，斑疹伤寒又向他袭来，他全身多处出血和溃疡。7 月 14 日，拉丁美洲独立运动的"先驱"米兰达与世长辞。

四 玻利瓦尔为拉美解放贡献终生

委内瑞拉第一共和国夭折后，拉丁美洲独立运动领袖、委内瑞拉杰出的民族英雄玻利瓦尔接过领导独立运动的大旗，重新开始争取委内瑞拉独立的斗争。

1812 年 10 月中旬，玻利瓦尔离开库拉索岛，前往已摆脱西班牙殖民统治的新格拉纳达，加入了当地的军队，担任巴兰卡斯镇驻军指挥官。12 月 15 日，玻利瓦尔发表《致新格拉纳达公民》的公开信，即著名的《卡塔赫纳宣言》。他总结了委内瑞拉第一共和国覆亡的原因和教训，制定了推翻西班牙殖民统治的新的战略，动员人民起来进行战斗。随后，玻利瓦尔主动出兵攻击西班牙殖民军。他领导的巴兰卡斯镇的军队溯马格达莱纳河而上。一路之上，所向披靡，显示出玻利瓦尔非凡的指挥才能，经过战斗的洗礼，他已经成为一名出色的军事家。1813 年 2 月 28 日，玻利瓦尔率军占领新格拉纳达与委内瑞拉交界的重镇库库塔。5 月 7 日，新格拉纳达联邦政府下令解放委内瑞拉的梅里达和特鲁希略两个城市。5 月玻利瓦尔带领军队开进梅里达，6 月歼灭了特鲁希略城的守敌。玻利瓦尔在完成了解放上述两个城市的任务后，直接向加拉加斯进军。8 月 6 日，加拉加斯获得解放，蒙特韦德逃往卡贝略港，委内瑞拉第二共和国宣告成立。10 月 14 日，加拉加斯市政会宣布玻利瓦尔为委内瑞拉军队总司令，并授予他"解放者"称号。

在玻利瓦尔胜利进军加拉加斯的同时，圣地亚哥·马里尼奥（Santiago Marino）领导的爱国军远征查卡查卡雷，解放了委内瑞拉东部领土，库马纳成为其执政中心。这样，玻利瓦尔和马里尼奥分别成为委内瑞拉东、西两方的最高首领。

为了巩固政权，彻底击溃蒙特韦德的殖民军，玻利瓦尔不给敌人喘息之机，迅速进攻卡贝略港。在激烈的战斗中，爱国军英勇杀敌，蒙特韦德也被打伤。爱国军虽三面包围了卡贝略港，但北面的海域仍控制在殖民军手中。正在两军相持之时，西班牙军舰和 6 艘运输船抵达海港，给蒙特韦德带来 1200 名援兵，还有大量军火和物资。在敌强我弱的不利情况下，玻利瓦尔被迫撤军。12 月 5 日，爱国军和殖民军在巴伦西亚以南 100 公里的圣卡洛斯镇阿劳雷村附近展开激战。经过 6 小时的战斗，爱国军歼敌3000 多人，俘虏敌人 600 多人。首都加拉加斯各教堂钟声齐鸣，人们载歌载舞，欢庆"阿劳雷战役"的胜利。

就在加拉加斯人民沉浸在胜利的喜悦中时，何塞·托马斯·博韦斯率领的骁勇善战的亚诺斯牧民军向共和国首都杀来。亚诺斯牧民军同共和国作对是因为共和国未注意改善牧民的贫困状况，导致他们与殖民军站到了一起。1814 年 6 月 13 日，博韦斯的牧民军抵达加拉加斯南边的拉普埃尔塔山口。玻利瓦尔军队误入敌人在拉普埃尔塔山口设下的埋伏圈，损失2000 多人，被迫撤回加拉加斯。博韦斯紧追不舍，很快逼近加拉加斯。为了保存力量，保护人民，玻利瓦尔决定向东部转移。7 月 7 日，玻利瓦尔带领 2 万名市民冒雨出发。7 月 10 日，西班牙殖民军进入加拉加斯，

委内瑞拉第二共和国又惨遭扼杀。

9月7日，玻利瓦尔发布《告同胞书》，即《卡鲁帕诺宣言》。他在宣言中分析了共和国失败的原因，并表示他不会停止斗争，将重新解放自己的同胞。随后，玻利瓦尔再次前往新格拉纳达的卡塔赫纳。新格拉纳达政府授予他少将军衔，让他负责把昆迪纳马卡并入新格拉纳达的工作。后来，因不能实现组织军队打回委内瑞拉的愿望，玻利瓦尔遂于1815年5月前往牙买加。9月6日，他发表《牙买加来信》。他在信中阐述了拉美独立运动产生的原因，分析了独立运动的形势和经验教训，预测了拉丁美洲的未来。1815年12月19日，玻利瓦尔幸运地逃过了暗杀。12月31日，玻利瓦尔抵达海地太子港。

海地总统亚历山大·萨贝·佩蒂翁（Alexandre Sabès Pétion）全力支持玻利瓦尔开展争取独立的斗争，并希望他在独立战争取得胜利后颁布废除奴隶制的法令。在海地总统佩蒂翁的大力支持下，玻利瓦尔组建了一支远征军。1816年3月31日，玻利瓦尔率远征军从列凯出发，在委内瑞拉的卡鲁帕诺港登陆。他下令在委内瑞拉解放一切奴隶，规定解放出来的14~60岁的"新公民"参加远征军。短短几天内，他的部队扩充至上千人。可惜后来由于战略上的失误，远征军遭到失败，玻利瓦尔被迫于9月4日返回海地雅科梅尔港。

玻利瓦尔没有失去信心，重整旗鼓继续进行再次远征的准备。他吸取过去攻打加拉加斯等大城市和沿海地区失败的教训，开始采取在敌人力量薄弱的地区开辟战场的策略。1816年年底，玻利瓦尔率远征军乘"迪亚娜号"军舰在巴塞罗那登陆，他派部将率船队向西佯攻加拉加斯，自己率主力部队在东部地区开辟根据地。

1817年5月，玻利瓦尔的军队渡过奥里诺科河，与已经包围安戈斯图拉（后改称玻利瓦尔城）的爱国军会合。7月27日，爱国军进入安戈斯图拉，2000多名殖民军乘船沿奥里诺科河朝出海口逃跑。玻利瓦尔带领骑兵追击敌军，在河口附近与敌军展开激战。爱国军大获全胜，生擒敌人1700多人，并截获敌船14艘。10月28日，玻利瓦尔在安戈斯图拉被授予"最高元首"的称号，委内瑞拉第三共和国正式诞生。10月30日，玻利瓦尔下令建立临时国务委员会。玻利瓦尔已从博韦斯牧民军摧毁第二共和国中吸取了教训，认识到只有把亚诺斯人、黑人奴隶和印第安人都团结起来，才能取得解放战争的胜利。因此，他加强同亚诺斯牧民新首领派斯的合作，并把土地分配给参加过爱国军的亚诺斯战士。在玻利瓦尔优惠政策鼓舞下，大批亚诺斯牧民加入爱国军队，派斯也成为玻利瓦尔的重要将领。

1818 年年底，在安戈斯图拉举行国会选举。1819 年 2 月 15 日，召开国会第一次会议，成立了委内瑞拉第三共和国。玻利瓦尔在国会发表讲话，提出了资产阶级民主共和制的政治主张和中央集权制的国家学说，重申废除奴隶制。国会采纳了他的重要主张，通过了关于实行中央集权的宪法，选举玻利瓦尔为共和国总统，确立了他在政治、军事、外交等方面的领导地位，加强了政府的权力。

国会闭幕后，玻利瓦尔立即挥师西进，出兵已受西班牙控制的新格拉纳达，开辟新的根据地。6 月 22 日，玻利瓦尔抵达安第斯山麓附近的德波雷镇，与早已等候在那里的桑坦德的军队会师。8 月 10 日，玻利瓦尔率军进入波哥大，新格拉纳达宣布解放。

12 月 27 日，在安戈斯图拉召开国民议会，宣布解散委内瑞拉第三共和国，成立大哥伦比亚共和国，玻利瓦尔当选为总统。新成立的大哥伦比亚共和国包括孔蒂纳马卡（即哥伦比亚）、基多（即厄瓜多尔）和委内瑞拉三部分，临时首都设在位于三国交界处的库库塔城。

尽管大哥伦比亚共和国宣告成立，但当时委内瑞拉的绝大部分地区和厄瓜多尔仍控制在西班牙手中。1820 年 9 月底，玻利瓦尔决定进行彻底消灭殖民军的决战。他带领 5000 名精兵强将，从库库塔附近的圣克里斯托瓦尔镇出发向东挺进。10 月 1 日，爱国军解放梅里达城。10 月 7 日，占领特鲁希略城。1821 年 6 月 2 日，玻利瓦尔率领爱国军攻克圣卡洛斯城。6 月 24 日清晨，爱国军在卡拉沃沃消灭敌军 3500 多人。西班牙的殖民军完全丧失了战斗力，残军撤往卡贝略港。

7 月 27 日，玻利瓦尔重返加拉加斯，广大市民载歌载舞热烈欢迎"解放者"胜利归来，庆祝委内瑞拉摆脱西班牙殖民统治获得独立。9 月

29 日，国会通过了大哥伦比亚共和国宪法，批准玻利瓦尔担任总统，桑坦德担任副总统，它标志着一个中央集权的代议制政府的诞生。

1822 年 1 月 26 日，玻利瓦尔指挥爱国军攻克波帕扬。4 月初，爱国军进军殖民军的堡垒帕斯托。玻利瓦尔派遣部将苏克雷率军从海路来到瓜亚基尔，说服瓜亚基尔起义政府加入大哥伦比亚共和国。5 月 22 日，苏克雷在皮钦查战役中全歼敌军，解放了基多城。6 月 16 日，玻利瓦尔在苏克雷的陪同下进入基多，受到成千上万市民的夹道欢迎。7 月 26 日，玻利瓦尔与拉美民族英雄圣马丁在瓜亚基尔举行历史性会晤，讨论消灭仍盘踞在秘鲁的西班牙殖民军问题。通过两次会谈，两人达成一致，同意由玻利瓦尔统一指挥南北两支爱国力量对敌作战。8 月 7 日，玻利瓦尔抵达利马。秘鲁议会授予他最高指挥权。

1824 年 2 月 1 日，秘鲁议会任命玻利瓦尔为"独裁者"。8 月 24 日，胡宁战役爆发。尽管爱国军只有 400 名骑兵，但打得 1300 多名西班牙骑兵落荒而逃。胡宁战役的胜利，大大鼓舞了爱国军的志气，巩固了秘鲁的独立。12 月 5 日，玻利瓦尔率军解放利马。12 月 9 日，他的部将苏克雷取得阿亚库乔战役的胜利。翌日，西班牙殖民军签字投降。1825 年 2 月 10 日，秘鲁国会授予玻利瓦尔"终身总统"的荣誉和"秘鲁国父"的称号。

1826 年 1 月 23 日，玻利瓦尔解放了西班牙在拉丁美洲的最后堡垒卡亚俄港，肃清了南美的殖民势力，结束了西班牙在拉丁美洲长达 300 年的殖民统治。5 月 25 日，玻利瓦尔代表秘鲁承认玻利维亚共和国，并送去他制定的玻利维亚共和国宪法。8 月，秘鲁宣布玻利瓦尔为终身总统。11 月，玻利瓦尔再次当选为大哥伦比亚共和国总统。

1828 年 6 月，玻利瓦尔成为大哥伦比亚"独裁者"后，对政府进行了改组。但内忧外患严重困扰着玻利瓦尔。他一面要对付秘鲁准备侵占大哥伦比亚的两省而发动的战争，一面要对付阴谋分子的暗杀企图。9 月 25 日，城防部队参谋长拉蒙·格拉（Ramón Guerra）发动叛乱，攻入玻利瓦尔就寝的圣卡洛斯宫。在女友曼努埃尔·桑斯（Manuel Sanz）冒死掩护下，玻利瓦尔跳窗逃离，幸免于难。

1829 年年初，肺病折磨着玻利瓦尔。他在病中仍指挥了大哥伦比亚与秘鲁的战争。5 月，战败的秘鲁被迫与大哥伦比亚停战。9 月 22 日，玻利瓦尔在瓜亚基尔与秘鲁签订和约。这时，大哥伦比亚出现了一股要求建立君主制的势力。对此，玻利瓦尔表示坚决反对。正当君主制问题在波哥大闹得不可开交之时，委内瑞拉首领何塞·安东尼奥·派斯又在委内瑞拉向玻利瓦尔发难。他违背向玻利瓦尔许下的诺言，策划把委内瑞拉从大哥伦比亚分裂出去的活动。玻利瓦尔受到来自几方面的攻击，再加上肺病日趋严重，此时他已心力交瘁，几乎不能支撑下去。

1830 年 1 月 20 日，在波哥大召开的国民大会上，他正式提出辞职。5 月 6 日，委内瑞拉宣布脱离大哥伦比亚，成立独立的共和国。在派斯授意下，委内瑞拉议会发表公报，对玻利瓦尔进行恶意攻击。5 月 8 日，玻利瓦尔离开波哥大前往卡塔赫纳。7 月 1 日，正在波帕山脚下的玻利瓦尔听到爱将苏克雷被谋杀的噩耗，犹如晴天霹雳，精神受到巨大的打击。12 月 1 日，玻利瓦尔乘船来到圣马尔塔。此时，他已病入膏肓，卧床不起了。12 月 10 日，他向圣马尔塔大主教口述遗嘱，要求把他的遗体安葬在故乡加拉加斯。12 月 17 日，玻利瓦尔的病情急剧恶化，一代伟人最终与世长辞。1842 年，根据玻利瓦尔的遗嘱，一代伟人的遗体被移葬至加拉加斯。

玻利瓦尔一生戎马倥偬，为推翻西班牙殖民统治耗尽心血。他身经百战，解放了委内瑞拉、哥伦比亚、厄瓜多尔、秘鲁和玻利维亚 5 个国家，在民族解放运动史上写下了光辉的篇章。玻利瓦尔不仅是一个伟大的军事家，也是卓越的政治家和思想家。他主张民族平等，废除奴隶制，给广大黑人、印第安人和所有贫苦人民以自由和平等权利。他倡导拉美团结合作，联合各民族人民共同砸碎殖民枷锁。玻利瓦尔的思想和主张是委内瑞拉和拉美人民的宝贵财富，至今仍鼓舞着拉美人民团结起来进行维护国家独立和主权的斗争。为了纪念这位功勋卓著的先驱战士，继承他的遗志，1999 年委内瑞拉宪法规定将国名改为委内瑞拉玻利瓦尔共和国。

五 独立后的考迪罗统治

和拉美其他国家一样，委内瑞拉独立后成为一个考迪罗独裁统治的国家。1830 年 5 月就任委内瑞拉首任总统的派斯是委内瑞拉的第一个考迪罗独裁者。"考迪罗"是西班牙文 Caudillo 的音译，原意为领袖或首领，后泛指独立战争后拉美各国的军事独裁者。考迪罗主义则指拉美国家军事独裁的一种政治统治制度。派斯曾是亚诺斯牧民领袖，后成为玻利瓦尔的重要将领，在委内瑞拉独立战争中发挥过很大作用。但自 1821 年玻利瓦尔把管辖委内瑞拉的大权交付给他后，他的专权野心逐渐膨胀，最后终于使委内瑞拉在 1830 年脱离了大哥伦比亚共和国。派斯上台后，实行独裁统治。为维护自身利益，他镇压地方首领发动的叛乱，促进了委内瑞拉的统一。然而，他也利用恐怖手段迫害政敌，镇压人民的反抗。派斯当权后，把政府的重要职位和大量土地赏赐给自己的部将和亲信，竭力维护大地主的利益，把殖民地时期的大庄园制和大种植园制原封不动地保留下来，甚至有所发展和扩大，广大印第安人、黑人和混血种人依然受到残酷的剥削和压迫。不过，由于派斯执政时期，咖啡已取代可可成为国家收入的主要来源，大量咖啡出口收入带来的经济繁荣掩盖了日渐尖锐的阶级矛盾和社会矛盾，表面看来相当长的时间里派斯政权还比较稳固，在委内瑞拉的统治前后延续了将近 30 年。19 世纪 40 年代，由于咖啡价格下跌，经济衰退，潜藏的各种矛盾一下子爆发出来。与此同时，以派斯为首的保守党与 1840 年成立的代表中等地主和商业资本家利益的自由党争权夺利的斗争也愈演愈烈。

1846 年，自由党人何塞·塔德奥·莫纳加斯（José Tadeo Monagas）登上委内瑞拉总统的宝座。此后的 12 年间，他同其弟何塞·格雷戈里奥·莫纳加斯（José Gregorio Monagas）把持军政大权，实行独裁统治。1848 年，他们把保守党人赶出政府，并将派斯流放。但他们也实行了一些促进本国资本主义发展的措施，如 1849 年通过关于废除因政治罪而判处死刑的法律和 1854 年通过关于废除奴隶制的法律。尽管莫纳加斯兄弟宣布取消奴隶制，但以他们为首的自由党同保守党在本质上并没有什么两样。为了确立莫纳加斯王朝的统治，他们在 1857 年颁布了新宪法。然而第二年，新宪法的墨迹未干，他们便被赶下了台。此后，自由党和保守党之间开始了一场被称为"联邦战争"的争夺权力的战争。力图摆脱地主剥削的人民群众站到了自由党人一边。以"争取联邦制"为口号进行活动的自由党人获得胜利。根据 1864 年宪法，委内瑞拉建立了联邦制国家——委内瑞拉合众国，省改为州。在这期间，更换了 7 个执政者，其中包括第一任总统派斯。1870 年自由党人安东尼奥·古斯曼·布兰科接替胡安·法尔孔（Juan Falcon）执政，用武力镇压了亲保守党的地方考迪罗，安插一些忠于他的考迪罗掌握地方权力，国内混乱的局面才暂时平定下来。布兰科在任 18 年间，采取了一些经济和社会改革措施。他支持出口，使农业和矿业有了一定程度的发展；他下令修建公路、铁路、港口和建立通信部门；他扩建首都加拉加斯，使它成为南美洲一流城市；他重视教育，兴办了近 2000 所学校。他的改革措施，为委内瑞拉的发展注入了活力。然而，与此同时，布兰科也为自己聚敛了大量财富，供他挥霍和过奢华的生活。1888 年布兰科在法国期间，加拉加斯曾发生反对他的学生骚乱。

布兰科下野后，委内瑞拉政局又出现混乱。1892 年上台的华金·克雷斯波一直为巩固自己的权力而斗争，1898 年他被暗杀。1899 年，来自塔奇拉的军人西普里亚诺·卡斯特罗率领国内最强大的私人部队开进加拉加斯，登上了总统宝座，开始了他 9 年的独裁统治。1908 年，他在欧洲疗养期间，他的塔奇拉同乡胡安·维森特·戈麦斯发动政变，夺取了政权。

戈麦斯是委内瑞拉历史上有名的考迪罗，他的独裁统治长达 27 年。他任人唯亲，其亲友和亲信都身居要职。议会成为他的工具，经他授意先后颁布了 6 部宪法。司法部把他的意旨强加于法院，法院形同虚设。他凭借手中的军队和秘密警察，残酷镇压反对派，把成千上万的人投入监狱，大批人被处死和被流放。戈麦斯执政初期，由于石油工业的发展，以及咖啡增产和价格提高，国家收入显著增加。尽管随着经济的繁荣，戈麦斯实施了公共工程计划，使国家得到一些发展，城市中产阶级得到扩大，然

而，石油和咖啡生产繁荣的主要受益者是戈麦斯、军队和大土地所有者。戈麦斯本人成为南美洲最大的富翁之一，过着极其奢华的生活。对于大多数人来说，资本密集型的石油工业的发展，意味着就业机会的减少。食品价格的上升造成农业衰退、进口增加、通货膨胀加剧和实际工资下降。戈麦斯政府没有把石油收入投入到劳动密集型的农业，也未用于促进小型工业的发展。戈麦斯的所作所为，日益引起委内瑞拉人民的不满。

1928 年 2 月，在 1917 年俄国十月革命和 1910 年墨西哥革命的影响下，委内瑞拉中央大学学生举行声势浩大的抗议活动，抗议戈麦斯政府逮捕两名发表反政府演说的学生。其他学校学生也加入了示威队伍。警察用武力驱散示威队伍，打死打伤多人，并逮捕 200 多名学生。一些爱国青年军官和士兵同情和支持学生的抗议活动，与学生一起冲入并占领总统府。戈麦斯派军队严厉镇压人民起义，逮捕大批学生，并关闭大学。许多学生领袖死于狱中，一些人流亡国外，其中包括后来成为委内瑞拉领导人的罗慕洛·贝坦科尔特（Rómulo Betancourt）、拉斐尔·卡尔德拉·罗德里格斯和劳尔·莱昂尼（Raul Leoni）。1935 年，被称为"安第斯暴君"、已 79 岁的戈麦斯病死，标志着委内瑞拉长达百年的考迪罗时代的结束和现代化时期的开始。

戈麦斯死后，他的塔奇拉同乡、国防部长埃莱亚萨·洛佩斯·孔特雷拉斯继任总统。尽管 1936 年修改的宪法仍禁止政治活动，但在广大人民强烈要求取消独裁的强大压力下，洛佩斯还是采取了一些进步措施：释放一些长期被关押的政治犯，允许流亡者回国，允许成立群众性的政治组织和工会；在经济方面，洛佩斯提出了促进经济现代化的计划。这样，在洛佩斯政府的允许下，贝坦科尔特成立了委内瑞拉组织，霍维托·比利亚尔瓦（Jovito Villalba）恢复了委内瑞拉学生联盟（FEV），委内瑞拉共产党（PCV）也开始重组。然而，1936 年大罢工时，洛佩斯野蛮镇压石油工人的罢工，拒绝承认国家民主党（PDN），并以从事非法政治活动为借口取缔新生的工会。

1941 年，洛佩斯的国防部长、塔奇拉同乡伊萨亚斯·梅迪纳·安加里塔（Isaias Medina Angarita）继任总统。他扩大从洛佩斯开始的政治开放，承认国家民主党为合法政党。国家民主党很快更名为民主行动党（AD），1943 年选举后成为下院的少数党。梅迪纳总统自己也成立了委内瑞拉民主党（PDV），并控制了国会。

第三节　民主行动党的崛起和希门尼斯的军事独裁

一　民主行动党夺取政权

第二次世界大战后，委内瑞拉的政治、经济形势发生了深刻变化。人民争取民主的斗争有了新的发展，工人阶级队伍迅速成长壮大，资产阶级也在政治舞台上崭露头角。在反对寡头势力和军人统治的斗争中，民主行动党成为代表资产阶级利益的委内瑞拉最大、最活跃的政党。它提出了一些符合人民愿望的要求，因而得到许多群众的支持。

在 1945 年大选前，民主行动党反对寡头和军人集团再掌大权，希望通过政变建立资产阶级政权。军队中的下级军官不满待遇菲薄、难于升迁的状况，也想借助政变改变自己的境遇。这样，民主行动党和青年军人组织——爱国军人同盟（UPM）便在推翻现政权的共同愿望下联合起来了。他们采取一致行动，在 1945 年 10 月 18 日发动政变，推翻了伊萨亚斯·梅迪纳·安加里塔政府，成立了由 7 人组成的革命执政委员会。7 人之中，有 4 名民主行动党人、2 名军官、1 名无党派人士。

革命执政委员会主席贝坦科尔特 1908 年 2 月 22 日出生于米兰达州瓜蒂雷的一个贫寒家庭。1926 年进入委内瑞拉中央大学攻读法律，因从事反对戈麦斯独裁统治的活动而被捕入狱。出狱后参加攻打圣卡洛斯兵营的战斗，起义失败后流亡国外。在哥斯达黎加，他参与创建哥斯达黎加共产党，后因反对参加第三国际而脱离该党。1936 年回国，组建了委内瑞拉组织和国家民主党。1939 年因组织工会运动又遭迫害，被迫流亡智利和阿根廷。1941 年回国后把国家民主党改组为民主行动党，为扩大组织做了大量工作。1945 年 10 月他发动的政变成功后，民主行动党第一次开始在委内瑞拉执政。

贝坦科尔特执政后，加快了委内瑞拉进口替代工业化的进程。他主持制定了实现委内瑞拉工业化的计划，该计划分为 4 个阶段：第一阶段发展基础工业；第二阶段发展基础工业的辅助工业；第三阶段发展半重工业；第四阶段发展重工业，并以钢铁工业为重点。贝坦科尔特积极发展国家资本主义，加强国家对经济的干预，成立了委内瑞拉开发公司。为了保护国家的石油财富，公布了新的所得税法，规定外国石油公司必须缴纳石油利润的 50%。他还制定并实施"石油播种"的战略，用石油收入发展国民经济的其他部门，着手改变委内瑞拉依赖石油的单一经济的畸形结构。为了改变土地高度集中的现象和发展农业生产，贝坦科尔特政府提出了"耕者有其田"的口号，没收了前几届政府官员占有的土地，并组织了农业工人工会。1947 年颁布的新宪法中明文规定，"国家应有计划地、系统地改革农业结构，合理开发农牧业，筹措和分配信贷，改善农村生活条件，使农民在经济上社会上获得解放"。第二年又颁布了有关调整土地所有权的"特别法"，并成立了负责土改工作的全国农业委员会。

随着贝坦科尔特给予政党合法地位等开放民主措施的实施，一些重要的政党相继成立。1945 年 12 月，原委内瑞拉民主党的部分成员脱离该党，另组民主共和联盟（Unión Republicana Democrática）。翌年 1 月，以拉斐尔·卡尔德拉·罗德里格斯为首的独立竞选政治组织委员会（El Comité de Organización Política Electoral Independiente，COPEI）成立，因它在竞选中以绿色为标记，故被称为绿党。1948 年 3 月，该党改名为基督教社会党（Partido Social Cristiano）。以贝坦科尔特为首的革命执政委员会在 1947 年公布了新的选举法，宣布所有 18 岁以上的委内瑞拉公民，不受种族、宗教信仰、文化程度、财产和政治倾向的限制，都享有选举权，实行直接、秘密的普选制度，号召各党派参加竞选。执政党民主行动党在其他政党的支持与合作下制定了新宪法，于当年 7 月 5 日公布。12 月 14 日举行大选，民主行动党总统候选人罗慕洛·加列戈斯（Rómulo Gallegos）以 73.64% 的选票当选为总统。

加列戈斯 1884 年 8 月 2 日出生于加拉加斯一个城市贫民家庭。从苏克雷教会学校毕业后进入委内瑞拉中央大学攻读法律。求学期间阅读了大量世界名著，培养了对文学的浓厚兴趣。由于家庭经济拮据，被迫中途辍学。他与几个学友创办了《黎明报》，因锋芒直指戈麦斯专制政权，不久便被查封。1913 年，他的第一本小说集《冒险家》问世。后来他又把精力投入到长篇小说创作上。1929 年出版了成名之作《唐娜芭芭拉》，被誉为拉丁美洲文学史上反寡头小说的代表作之一。独裁者戈麦斯为笼络人心，封已跻身世界名作家之列的加列戈斯为参议员，但加列戈斯不为其所动，毅然流亡纽约。他在戈麦斯死后回到国内，任洛佩斯政府的教育部长。1941 年他加入民主行动党，并被提名为该党的总统候选人，在竞选中败于梅迪纳。1947 年他再次被提名为民主行动党的总统候选人，并获得了大选的胜利。

二　1948 年政变

1948 年 2 月加列戈斯就任总统时，面临着政局动荡的局面。民主行动党的改革措施触犯了军人集团、大地主、天主教会和外国垄断集团的切身利益，引起他们的强烈不满。军人集团反对加列戈斯减少内阁中的军人成员和削减军事预算。前几届政府的许多军政要员（包括洛佩斯、梅迪纳等），对被指控贪污腐败而受审耿耿于怀，他们害怕加列戈斯政府继续深入推行民主行动党的纲领，急切盼望推翻现政权，以便重新上台。大地主对民主行动党的土改政策惊恐万分，害怕失去对土地的占有。教会力图维护自己对教育的控制，对民主行动党实行扩大公共和私立教育的政策采取了敌视态度。而外国，尤其是美国垄断集团对民主行动党政府实行新石油法，提高征收外国石油公司赋税等民族主义措施恨之入骨。此外，民主行动党成为执政党后，由于不注意团结其他政党，往往独断专行，所以越来越引起基督教社会党、民主共和联盟等党派的不满，最后导致它们反对现政府。11 月中旬，爱国军人同盟向加列戈斯总统提出最后通牒，要求基督教社会党与民主行动党分享权力，遭到加列戈斯的拒绝。

1948 年 11 月 23 日下午，拉瓜伊拉发生了由托马斯·门多萨（Tomás Mendoza）领导的军事叛乱。多米尼加共和国特鲁希略独裁政府遥相呼应，马上宣布承认门多萨政府。第二天早晨，以武装部队参谋长佩雷斯·

希门尼斯（Pérez Jimenez）为首的军人集团又在加拉加斯发动军事政变，并得到内阁军人成员马里奥·巴尔加斯（Mario Vargas）和德尔加多·查尔沃德（Delgado Chalbaud）的支持。反叛军队扣押了总统加列戈斯和政府高级官员，并大肆搜捕民主行动党领导人。正在马拉凯的参议院议长巴尔莫雷·罗德里戈斯（Valmore Rodríguez）得知政变消息后，立即宣布自己为共和国总统，并任命了一个内阁。但马拉凯卫戍司令加梅斯·阿雷利亚诺（Gamez Arellano）在同首都政变头目通话后，却背弃尊重宪法、支持参议院议长的诺言，将巴尔莫雷·罗德里戈斯及新内阁成员逮捕并押往加拉加斯。希门尼斯发动的政变获得成功，从此开始了他长达 10 年的独裁统治。

三 希门尼斯的独裁统治

政变后，由前国防部长查尔沃德、希门尼斯和略韦拉·派斯组成的军政府委员会宣告成立。查尔沃德任主席，但实权掌握在希门尼斯手中。1948 年 12 月 5 日，一直关在军事学院的前总统加列戈斯被驱逐出境，流亡古巴、墨西哥和美国等地。次年 1 月 23 日，曾摆脱军警追捕并躲进哥伦比亚使馆的民主行动党领袖贝坦科尔特，被获准离开委内瑞拉。军政府委员会上台后不久便宣布废除 1947 年宪法，恢复 1936 年宪法。下令解散民主行动党，封闭其出版机构和《国家报》《边疆》《日报》等报刊，并没收该党拥有的资产。1949 年 2 月 25 日，军政府委员会下令取缔委内瑞拉工人联合会，5 月 7 日又下令取缔委内瑞拉共产党。军政府逮捕和关押了大批民主行动党、委内瑞拉共产党和工会的领导人。希门尼斯为独享大权，指使西蒙·乌尔维纳等 8 人于 1950 年 11 月 13 日袭击了开往总统府的查尔沃德的汽车，查尔沃德当场毙命。随后希门尼斯又将躲进尼加拉瓜使馆的乌尔维纳抓住并杀掉灭口。查尔沃德死后，军政府委员会改组为政府委员会，文人赫尔曼·苏亚雷斯·弗拉梅里奇（Germán Suárez Flamerich）任主席，希门尼斯和略韦拉·派斯留任，实际上希门尼斯是真正的主宰者。

希门尼斯为了给其独裁统治披上合法外衣，于 1952 年 11 月 30 日举行了议会选举。他所操纵的独立选举阵线（Frente Electoral Independiente）和尚处于合法地位的民主共和联盟、基督教社会党等参加了竞选。据最初统计，民主共和联盟和基督教社会党各获 54% 和 15% 的选票，独立选举阵线只获得 25% 的选票；反对党在 23 个选区中获得了 22 个选区的胜利。希门尼斯的如意算盘落空了。在军人集团的支持下，他采取弄虚作假的伎俩，私改选票，公然宣布独立选举阵线在选举中获胜，并将民主共和联盟的总统候选人霍维托·比利亚尔瓦（Jovito Villalba）监禁起来。之后，他索性解散了政府委员会，自立为临时总统。1953 年 4 月，他召开了没有各党派参加的制宪议会，通过所谓的新宪法。当月 17 日，议会宣布他为总统，任期 5 年。

希门尼斯对人民的反抗实行了高压政策，解散了大批工会组织，在他执政之初国内尚有 1053 个工会，到 1953 年只剩下 559 个。他下令关闭学生运动活跃的委内瑞拉中央大学，封杀上百种报刊，大肆迫害进步人士。在他统治期间，3 万多人被捕入狱，许多人遭到屠杀，2 万多人被迫流亡国外。基督教社会党和民主共和联盟虽保持名义上的合法地位，但也受到各种限制和迫害。

尽管希门尼斯执政期间实行吸引外资的政策，使委内瑞拉的经济有所发展，但经济命脉掌握在外国垄断资本手中。1956 年美孚石油公司及美国财团其他公司控制了委内瑞拉 480 万公顷石油租让地，英国财团也控制了 113 万公顷石油租让地。1956～1957 年，希门尼斯又把 52 万公顷的"国有备用地"租让出去。外国垄断资本特别是美国垄断资本从委内瑞拉掠夺了大量资源和财富，1950 年获得 2.3 亿美元的利润，1955 年则达 4.5 亿美元。美国对希门尼斯十分赏识，1954 年艾森豪威尔总统向他颁发了荣誉军团勋章。希门尼斯集团也利用职权中饱私囊，国库的一半被他们挥霍或盗走，希门尼斯本人就聚敛了 2.5 亿美元的财富。希门尼斯政权的倒行逆施，引起了委内瑞拉人民的强烈不满，全国到处响起推翻独裁政权、争取经济独立的呼声。各阶层人民展开了不屈不挠的斗争。工人罢工、农民斗争和学生运动接连不断，有力地冲击了独裁政权。民主行动党从过去的失败中吸引了教训，注意加强同其他党派的协作。1956 年，它

在波多黎各召开流放者会议，号召各政治组织组成统一行动阵线，为推翻希门尼斯政权而奋斗。

1957 年大选前，委内瑞拉的一些党派为阻止希门尼斯连任并争取自由选举，在 6 月成立了由法夫里希奥·奥赫达（Fabricio Ojeda）、何塞·维森特·兰赫尔（José Vicente Rangel）、吉列尔莫·加西亚·庞塞（Guillermo García Ponce）和阿米尔卡·戈麦斯（Amilcar Gómez）组成的爱国委员会。这个组织很快同处于地下的民主行动党和基督教社会党领导人建立了联系。不久，莫伊塞斯·加梅罗（Moises Camero）和佩德罗·巴勃罗·阿吉拉尔（Pedro Pablo Aguilar）分别代表上述两党参加了爱国委员会。爱国委员会迅速扩大，并在拉克鲁斯港和马拉凯建立了分会。它加强宣传工作，四处散发传单，揭露希门尼斯连任的阴谋。希门尼斯对爱国委员会日益壮大惊恐万分，下令逮捕了佩德罗·巴勃罗·阿吉拉尔和阿米尔卡·戈麦斯，8 月底囚禁了卡尔德拉，并将民主共和联盟领导人驱逐出境。他害怕举行选举会动摇其统治地位，便迫使议会通过将总统选举改为所谓"全民投票"的法令。委内瑞拉人民对这个践踏人民权利的非法决定义愤填膺，纷纷表示抗议。委内瑞拉学生联合会当即发表告全国居民书，反对举行"全民投票"。中央大学、安德烈斯·贝略天主教大学等大学的学生举行了罢课和示威游行。加拉加斯街头到处是"不要去投票""全民投票是骗局"等标语。希门尼斯政府对群众的抗议活动进行了镇压，派军警冲入中央大学校园，抓走 200 多名师生。12 月 15 日，希门尼斯一手操纵的"全民投票"鸣锣开场。20 日公布了投票结果，在 2758972 张选票中，赞成希门尼斯连任的蓝票为 2374790 张，表示反对他连任的红票为 384182 张。这样希门尼斯如愿以偿，准备继续担任 1958～1963 年总统。

四 推翻独裁政权

希门尼斯亲自导演的"全民投票"闹剧刚一收场，委内瑞拉各地人民群众便掀起了抗议浪潮。民主行动党、基督教社会党、民主共和联盟和委内瑞拉共产党领导人贝坦科尔特、卡尔德拉、比利亚尔瓦、古斯塔沃·

马查多（Gustavo Machado）以及著名实业家欧亨尼奥·门多萨（Eugenio Mendoza）在纽约集会，他们讨论了委内瑞拉的形势，决定协调一致地开展反对希门尼斯政权的斗争，并签署了一项谴责希门尼斯政治丑剧的联合声明。这次会议结束后，委内瑞拉的群众运动日益高涨，军队内部也开始不稳，希门尼斯政权处于风雨飘摇之中。

1958年1月1日，乌戈·特雷霍（Hugo Trejo）中校在加拉加斯率先发动起义，马拉凯的部分驻军和帕洛内格罗空军基地的空军部队随即响应，占领了马拉凯，并出动飞机轰炸加拉加斯。希门尼斯急忙调集大批军队进行镇压，经过一天战斗，起义部队因合作不力而失败，乌戈·特雷霍被捕。1月9日，拉瓜伊拉5艘驱逐舰的海军官兵揭竿而起，但遭到镇压。10日晚，国防部长罗慕洛·费尔南德斯（Rómulo Fernández）也向希门尼斯发难。13日，费尔南德斯被捕，随后被驱逐到圣多明各。希门尼斯虽将几次起义镇压下去，但并未能挽救行将灭亡的命运，全国各地掀起了更大规模的反独裁运动。首都工人、学生连续举行大规模示威游行，城市居民、妇女也走上街头，"打倒希门尼斯""释放政治犯""我们要求自由选举"等口号声不绝于耳。尽管希门尼斯动用警察和军队进行镇压，但反政府活动日益扩大，并得到各界人士的支持。包括前议长、部长在内的88位著名人士联名签署了《自由宣言》，要求根据宪法改组政府。教会同独裁政权的矛盾越来越深，公开支持人民群众的反政府斗争。军队首脑与希门尼斯之间的冲突也不断加剧，陆军和空军参谋长等高级将领先后被捕。

随着时间的推移，委内瑞拉的人民斗争迅猛发展。1月21日中午12点，首都加拉加斯所有工厂的汽笛、汽车喇叭和教堂钟声齐鸣，广大工人、学生、店员、职员在爱国委员会的号召下，开始举行要求希门尼斯立即辞职的总罢工、罢课和罢市。巴伦西亚、瓦列拉、瓦利和洛斯凯特斯等城市人民遥相呼应，也组织了激烈的反政府活动。希门尼斯对示威群众进行了残酷的镇压，打死、打伤多人，逮捕工人千人以上。但人民并未被独裁政权的暴行吓倒，反抗的烈火越烧越旺。在群众运动的推动下，海军和加拉加斯警备部队决定同人民站在一起，22日晚宣布加入要求希门尼斯

下台的行列。希门尼斯已处于四面楚歌的境地。23 日清晨，他乘飞机逃离委内瑞拉。他花费巨款在迈阿密买下一栋豪宅，企图在美国的庇护下逃避委内瑞拉人民对他的审判。在加拉加斯，愤怒的人群冲进内政部、警察局，焚烧了大批档案，打死了一些激起民愤的秘密警察，捣毁了所谓"全民投票"的选举办事处，烧毁了希门尼斯的喉舌《先驱报》的报馆。成千上万名群众聚集在市中心玻利瓦尔广场，他们高唱国歌，挥舞国旗，欢庆反独裁斗争的胜利。随后，海军少将沃尔夫冈·拉腊萨瓦尔（Wolfgang Larrazábal）担任主席的军政府委员会宣布接管政权。

第四节　资产阶级代议制民主政体的确立

一　代议制民主政体确立的原因

希门尼斯政权被推翻后，以沃尔夫冈·拉腊萨瓦尔为首的军政府委员会采取了一些有利于人民和民族利益的措施：恢复了委内瑞拉共产党、民主行动党的合法权利；撤销了关于参加过 1958 年元旦武装起义的军官退役的决定；解散了秘密警察；没收了希门尼斯的财产，向美国提出了引渡希门尼斯的要求；批准了一项补充税法，规定凡是资产超过 2800 万美元的外国石油公司必须缴纳 65% ~ 70% 的赋税；停止实施希门尼斯的公共工程计划；宣布在举行自由选举后，把政权移交给普选产生的政府。这些措施符合人民的愿望，得到了人民的拥护，国内局势逐渐稳定下来。

1958 年 5 月 23 日，拉腊萨瓦尔政府向全国公布了竞选章程，并宣布在 1958 年年底前举行大选。一些军人集团对委内瑞拉的政治进程感到不满，他们发动了几次政变以阻挠选举，但均未成功。

委内瑞拉各党派从希门尼斯的独裁统治和几次未遂政变中得到了深刻的教训，认识到只有联合起来组成共同阵线，才能实现代议制民主。1958 年 10 月，民主行动党、基督教社会党和民主共和联盟在菲霍角会晤，制定了一项最低共同纲领，规定任何政党都须承认大选结果，必须同当选政府合作，执政党亦须遵守共同纲领。10 月 31 日，上述三党签订了《菲霍角协议》（Pacto de Punto Fijo）。这个协议的签订，协调了这些党派之间的关系，为资产阶级代议制民主在委内瑞拉的确立奠定了基础。

1958 年 11 月中旬，委内瑞拉开始举行大选。参加选举的政党除民主行动党、民主共和联盟、基督教社会党和委内瑞拉共产党外，还有共和联盟党、委内瑞拉社会党、社会主义工人党等几个较小的党派。11 月 14 日，拉腊萨瓦尔辞去了军政府委员会主席的职务，以民主共和联盟、委内瑞拉共产党和全国独立选举运动的总统候选人身份参加竞选。埃德加·萨纳夫里亚（Edgar Sanabria）博士接替了他的职务。拉腊萨瓦尔刚一辞职，以波兰克上校（参加过 9 月 7 日政变，后被撤职）为首的反动军官就发动了政变，但很快便被粉碎，600 名军官被捕。这次反政变的胜利，保证了大选的顺利进行。

12 月 7 日，委内瑞拉进行了总统、国会议员以及州、市议员的选举。民主行动党候选人贝坦科尔特以多数票当选为总统，民主行动党还获得了参、众两院的多数席位。

贝坦科尔特于 1959 年 2 月 13 日就任总统后，又连续挫败了几起少数军人的政变阴谋。1960 年 4 月 20 日，卡斯特罗·莱昂（Castro León）带领一批军人越过哥伦比亚、委内瑞拉边界，占领了圣克里斯托瓦尔军事要塞和机场。当晚，叛乱被粉碎，卡斯特罗·莱昂也在逃往哥、委边界途中被俘。同年 7 月 24 日上午，贝坦科尔特乘车前往出席阅兵式。他的汽车穿过洛斯普罗塞罗斯大道时，一辆停在路边的汽车突然爆炸，当场炸死了陪同总统的拉蒙·阿马斯（Ramón Armas）上校和一名横穿马路的大学生。贝坦科尔特虽幸免于难，但同国防部长夫妇一起被烧伤。事后经过调查，暴徒是受多米尼加共和国独裁者特鲁希略的指使，从多米尼加潜入委内瑞拉的。

贝坦科尔特就任总统后，在《菲霍角协议》的基础上主持了制定新宪法的工作。经过两年多的酝酿起草和讨论，1961 年 1 月 23 日新宪法正式公布。新宪法明文规定"委内瑞拉共和国政府永远是民主的、代议制的、责任制的和轮换制的政府"。规定总统不能连任，"共和国总统通过直接的普选产生"，"共和国总统任期届满后的 10 年内不得再次当选总

统"。它还确定在委内瑞拉实行多党制，规定"所有有选举权的委内瑞拉人有权参加政党，以便通过民主途径参与对国家政策的指导"，"立法人员必须使政党的建立及其活动合法化，以确保政党的民主权和在法律面前的平等权"。

贝坦科尔特对军队进行了改革，实现了武装部队的职业化，保证了代议制民主的顺利实行。新宪法规定"总统是国家武装部队的总司令和最高统帅"，这就确立了文人政府对武装部队的领导地位。新宪法还明文写道："国民军是非政治性机构"，"尊重宪法和法律是国民军的最高义务"，"军官和文官不能同时由一个人担任（总统除外）"，这就为军队的职业化、非政治化和忠于宪法做了法律上的规定。贝坦科尔特除在宪法中对军队的职责做出规定外，还对军队进行了整顿。他把希门尼斯分子清除出去，并提拔了一大批拥护宪制的军官。

由于上述措施的实行，资产阶级代议制民主政体得以在委内瑞拉建立起来。

二 贝坦科尔特的内外政策

贝坦科尔特执政后制定和实施了第一个全国经济发展计划。在新宪法中强调"国家应促进经济的发展和生产的多样化，以创建新的财源，增加居民收入，巩固国家的经济主权"。贝坦科尔特在经济上采取了许多改革措施，加速委内瑞拉进口替代工业化的进程。他建立了国营委内瑞拉瓜亚纳公司，以发展本国的重工业。他着手兴建拉丁美洲较大的水电站之一——古里水电站，以满足国内电力的需要。他利用外资促进工业的多样化，以改变依赖石油的畸形经济结构。他加强了国家对经济的干预，建立了委内瑞拉国家石油公司，停止向外国公司出让"石油租让地"，并控制石油价格，增加国家的财政收入。他的发展经济的措施，加快了委内瑞拉经济的现代化，为替代消费品进口打下了基础。

为改造委内瑞拉落后的农业结构和大庄园土地占有制，贝坦科尔特政府在1960年3月5日颁布了新的土地法。宣布征用未耕种的和具有封建租佃关系的大庄园的土地，但不触动用资本主义方式经营的庄园和农牧业企业。政府按法定价格以现金或发放"农业债券"的形式赎买土地，分给无地或少地的农民。这个土地法保护中小地产，规定起征点为150公顷，征收土地与开垦公有荒地同步进行，计划在15年内使35万无地农户得到土地。1961年，新宪法又明确宣布"大庄园制违背社会利益，应予以废除"。新土地法公布后，1960～1963年，共分配土地151万公顷，安置农户4万多户。以后的各届政府继续贯彻新土地法，到1985年政府共分配近1000万公顷土地，受益农户约20万户。新土地法的实施，满足了部分农民的土地要求，提高了农业集约化程度和劳动生产率，有利于消灭大庄园制和铲除封建的生产关系。委内瑞拉的土地改革虽取得一定的成绩，但土地高度集中的现象并没有很大改观，76.5%以上的耕地仍由仅占农业人口3.1%的地产主占有，许多受益农户因得不到各种优惠而卖掉土地流入城市，使城市人口急剧膨胀，造成新的社会问题。

在外交方面，贝坦科尔特实行了"贝坦科尔特主义"的政策。他反对通过军事政变上台的各国军政府，先后同萨尔瓦多、阿根廷、秘鲁、多米尼加、洪都拉斯和厄瓜多尔军政府断绝外交关系。他同古巴的关系也越来越紧张。吉隆滩事件后，他追随美国谴责卡斯特罗革命政府，于1961年11月11日同古巴断交，并与美国一起对古巴进行了军事封锁。另外，他注意加强同石油生产国的关系，以对抗外国石油垄断集团。他把驻埃及公使馆升格为大使馆，在伊拉克、伊朗、沙特阿拉伯等国设立外交代表团，派代表以观察员身份参加阿拉伯联盟石油会议，并与中东四国发起成立了石油输出国组织。

三 委内瑞拉人民的武装斗争

在反对希门尼斯政权的斗争中，以贝坦科尔特为首的民主行动党曾同委内瑞拉共产党进行过合作，委内瑞拉共产党也为推翻希门尼斯政权做出了重要贡献。但签订《菲霍角协议》时，委内瑞拉共产党却被排斥在外。贝坦科尔特当选总统后，不仅拒绝委内瑞拉共产党参加内阁，还将其视若仇敌。60年代初，在古巴革命的影响下，委内瑞拉的群众运

动和武装斗争有了新的发展。1961 年 1 月，贝坦科尔特悍然下令停止宪法保证，封闭进步报刊，禁止罢工、公众集会和示威游行，逮捕了大批进步人士。

对于贝坦科尔特的倒行逆施，委内瑞拉共产党领导人民进行了针锋相对的斗争。1961 年 3 月，委内瑞拉共产党第三次代表大会提出了"反对政府的投降政策，为建立一个民主和爱国政府而斗争"的口号。1962 年，委共五届中央委员会又制定了开展武装斗争的计划。委内瑞拉共产党同从民主行动党分裂出来的左派革命运动一起建立了民族解放阵线，宣布其中心目标是争取在全国实现民族独立、自由和民主生活，收回国家财富、资源和保卫领土完整，建立一个革命的、民族主义的和人民的政府。1962 年 5 月 4 日和 6 月 2 日，民族解放阵线参与了海军陆战队在卡鲁帕诺和卡贝略港两个重要军事基地的武装起义，因遭镇压而失败。1963 年 2 月，民族解放阵线组建了民族解放军和战斗战术队，大力开展农村和城市的群众性人民武装斗争。游击队的活动从西部山区迅速扩展到全国大部分地区，严重威胁了贝坦科尔特政权。贝坦科尔特宣布委内瑞拉共产党和左派革命运动为非法组织，派遣了大批军队围剿游击队，逮捕了许多共产党员，委共 2/3 的政治局委员被关入狱中。

1963 年 12 月，委内瑞拉举行大选。民主行动党候选人劳尔·莱昂尼以 32.8% 的选票当选为 1964～1969 年总统。莱昂尼 1905 年出生于玻利瓦尔州乌帕塔。1928 年因领导委内瑞拉学生联盟而被流放国外。1936 年回国后参与创建国家民主党（后改称民主行动党），并担任该党领导工作。1945 年梅迪纳倒台后，莱昂尼成为革命执政委员会的 7 名委员之一。希门尼斯发动政变后他被迫流亡国外，希门尼斯政权被推翻后返回国内，他当选为参议员，后又担任参议院议长。1964 年 3 月，贝坦科尔特把总统绶带传给莱昂尼，从而完成委内瑞拉历史上第一次由宪法总统向下届当选总统和平地移交政权的工作。

莱昂尼执政后，继续执行镇压委内瑞拉共产党和左派革命运动领导的武装斗争的政策，出动军队扫荡山区游击队，甚至动用了飞机和大炮。1964 年 9 月，参加民族解放阵线的各派政治力量和民族主义人民先锋党等党派、团体共同组织了民族主义反对派阵线，宣布反对政府现行的国内外政策，继续开展武装斗争。面对国内的紧张局势，莱昂尼不得不改变策略，采用两面手法。他一面镇压游击队活动，一面表示"愿意恢复国内和平"和恢复委内瑞拉共产党及左派革命运动的合法地位，但要以民族解放阵线放下武器、停止武装斗争为条件。在莱昂尼的瓦解政策影响下，委内瑞拉共产党、左派革命运动、左派青年组织无法在斗争中团结一致，并因看法不同而造成多次分裂，致使武装斗争的势头逐渐减弱。1965 年，委内瑞拉共产党改变了策略，逐渐停止武装斗争。1967 年 4 月该党在拉腊山区召开的第八次全会上，正式决定放弃武装斗争，谴责恐怖主义，并宣布参加 1968 年 12 月的竞选。左派革命运动反对委内瑞拉共产党的做法，坚持开展武装活动，但遭到镇压。

四　基督教社会党首次执政

在 1968 年大选前，执政党民主行动党的地位因党内三次分裂而受到严重削弱。1960 年年初，大批青年党员反对该党的政策，宣布支持古巴革命，反对美国帝国主义。他们退出了民主行动党，成立民主行动党左派，同年 7 月改称左派革命运动。这次分裂大大降低了民主行动党在大学青年中的影响。1963 年，该党发生第二次分裂。被称为阿尔斯派（A. R. S）的青年党员与元老派在总统候选人问题上发生激烈对抗，分别提名劳尔·拉莫斯·希门尼斯（Raul Ramos Jiménez）和莱昂尼。大选后，阿尔斯派改名为民族主义革命党（Partido Revolucionario Nacionalista）。民主行动党的这次分裂，使它失去了众议院的多数席位。1967 年，该党因总统候选人问题再次发生争执。以贝坦科尔特为首的一派提名贡萨洛·巴里奥斯（Gonzalo Barrios），另一派则提名贝尔特兰·普列托（Luis Beltrán Prieto）。在党内的选举中，尽管普列托得到大部分党员的支持，但贝坦科尔特仍坚持提名巴里奥斯为候选人。他召开了民主行动党全国领导会议，将普列托和总书记帕斯·加拉拉加（Paz Galarraga）开除出党。普列托等人则另组新党，成立了人民选举运动（Movimiento Electoral del Pueblo）。这第三次分裂导致民主行动党及其所控制的工会一分为二，并失去了对参

议院的控制，使它在大选中处于十分不利的地位。

与此同时，基督教社会党的实力有了很大的发展。在1967年4月召开的全国代表大会上，该党再次提名卡尔德拉为总统候选人，这个提名还得到全国统一革命党和人民民主阵线的支持。年底进行了大选，卡尔德拉以微弱多数战胜巴里奥斯。1968年3月，卡尔德拉就任总统，标志着基督教社会党在委内瑞拉第一次处于执政党的地位，从此开始了民主行动党与基督教社会党轮流执政的时代。

卡尔德拉是基督教社会党的老资格领导人。1916年1月24日，他出生于亚拉奎州圣费利佩市，青年时期曾就读于委内瑞拉中央大学法律系，获法学、政治学博士学位。毕业后在中央大学和安德烈斯·贝略天主教大学执教。从青年时代起便投身政治活动，领导学生运动。1936年，创建了委内瑞拉全国学生联盟。1938年发起了选举运动。1942年参与组建全国行动党，同年当选为众议员。1946年创建了独立竞选政治组织委员会。1948年以后担任基督教社会党总书记。1957年4月，他因反对佩雷斯·希门尼斯独裁政权被捕，获释后流亡纽约。希门尼斯垮台后他返回国内，担任了众议员和众议院议长。

卡尔德拉执政后，即着手解决国内的武装斗争问题。他对左派游击队采取安抚政策，与他们进行对话。他在第二次内阁会议上宣布，给予委内瑞拉共产党合法地位，大赦政治犯，以此作为在国内取得完全和平与安定的第一步。委内瑞拉共产党立即响应，在召开的中央全会上宣布放弃继续反对政府的路线。一直坚持游击队活动的左派革命运动，到1973年3月也宣布放弃武装斗争，参加竞选活动，这样该党也获得了合法地位。委内瑞拉的社会矛盾有所缓和，武装斗争、游击队活动趋于平静，大规模的群众示威也大大减少。

在经济方面，卡尔德拉采取了一些民族主义措施，制定和执行了维护国家石油权益的政策。他从美国人手中收回了确定石油参考价格的权力，打破了长期以来由美国操纵石油价格的局面。1971年6月，他颁布了在1983年把外国石油公司在委的全部财产无偿地收归国有的法令。他在任职期间，对天然气实行了国有化，废除了美委之间不平等的贸易互惠条约。他积极支持建立国际经济新秩序，大力推动拉丁美洲经济一体化，并使委内瑞拉在 1973 年参加了安第斯条约组织。

随着 1973 年大选的临近，委内瑞拉各党派展开了激烈的竞争。流亡国外的佩雷斯·希门尼斯也积极活动，企图重掌大权。他曾在 1963 年 8 月 15 日被引渡回委内瑞拉，在服刑 4 年多后获释，随后离开委内瑞拉前往西班牙。1969 年，他的支持者选举他为首都区的参议员。当年 4 月，委最高法院以他不是委内瑞拉的登记选民为由，判定他的当选无效。民主行动党和基督教社会党为防止他再度上台，在 1972 年 10 月联合提出宪法修正案，提出凡被判处 3 年以上徒刑的公职人员，不得当选共和国总统、议员和法官。同年 10 月 30 日和 11 月 9 日，参、众两院分别通过这项提案，并交各州议会讨论。1973 年 4 月 14 日，民族主义爱国十字军（La Cruzada Cívica Nacionalista）提名希门尼斯为总统候选人，得到了全国统一党、独立民主运动和民族主义联合阵线几个党的支持。5 月 10 日，民主行动党和基督教社会党提出的宪法修正案得到国民议会的批准，紧接着又得到卡尔德拉总统的批准。5 月 14 日，最高选举委员会依据宪法修正案，拒绝接受希门尼斯担任总统候选人。5 月 24 日，希门尼斯返回委内瑞拉，遭到了加拉加斯人民的激烈反对。街道两旁高大建筑物上挂起黑旗，青年学生高举"希门尼斯是一个罪犯""独裁者滚蛋"的标语牌，举行了抗议游行。愤怒的群众袭击了希门尼斯及其支持者的住宅，法庭也命令他出庭回答问题。在一片抗议声中，他被迫离开委内瑞拉，其重新掌权的美梦彻底破灭。

大选前，基督教社会党因推举总统候选人意见不一而分为两派，势力大为削弱。再加上卡尔德拉执政后期，经济出现危机，生活用品短缺，物价上涨，引起群众的不满，故该党丧失了大批选民的支持。而民主行动党则吸取了以往分裂的教训，注意加强党内团结，从欧洲返回国内的贝坦科尔特又做了大量争取群众的工作，所以竞选形势不错。1973 年 12 月大选结果揭晓，民主行动党总统候选人卡洛斯·安德烈斯·佩雷斯（Carlos Andrés Pérez）以 48.77% 的得票率获胜，使该党又一次成为执政党。

第五节　20 世纪 70 ~ 90 年代
的政治与经济形势

一　佩雷斯的国有化政策

佩雷斯 1922 年 10 月 27 日出生于塔奇拉州鲁比奥城。从中学时代起便从事政治活动，19 岁时当选为民主行动党全国领导委员会委员。曾就读于委内瑞拉中央大学法律系。参加过推翻梅迪纳政府的起义，成功后任贝坦科尔特的私人秘书和内阁会议秘书。1947 年当选为众议员。佩雷斯·希门尼斯上台后他被捕入狱。1950 年流亡国外。1958 年希门尼斯倒台后，他回到国内，再次当选为众议员。1962 ~ 1963 年任内政部长。1968 年当选为民主行动党总书记。

1974 年佩雷斯就职前后，正值委内瑞拉人民要求摆脱外国控制、收回国家资源的呼声高涨之时。到 1974 年，外国石油公司在委内瑞拉占有石油租让地达 216 万公顷，控制了该国石油产量的 97%，1972 ~ 1974 年获得的纯利润就达 103 亿美元之多。在委内瑞拉人民强烈要求收回国家主权、争取经济独立的情况下，佩雷斯执政后提出了争取"经济解放"的口号，推行了国有化的政策。

1974 年 4 月 29 日，佩雷斯在向全国发表的第一次经济政策演说中，公开宣布将对所有在委内瑞拉的外国公司实行国有化，把美国钢铁公司和伯利恒钢铁公司控制了 50 年的铁矿矿区收归国有，废除减免美国和其他外国公司控制的石油工业的税负的制度。5 月，他成立了负责起草石油国有化法案的石油国有化委员会，并派遣观察员进驻外国石油公司做国有化的准备工作。1975 年 1 月 1 日，他正式宣布把铁矿收归国有，由国营委内瑞拉奥里诺科铁矿公司接管上述两家美国公司控制的铁矿。5 月，他又宣布对渔业实行国有化。7 月，众、参两院通过提前收回石油租让地和石油国有化法案，8 月 29 日得到佩雷斯总统的批准。这个法案规定，国家将控制石油的勘探、开采、加工、提炼、运输、储存以及石油和石油产品的国内外贸易；收回外国石油公司的租让地及厂房设备等；在特殊情况和符合公共利益的情况下，政府或有关机构可以同外国私人公司签订合营合同，但须保证国家股份的控制权；委内瑞拉政府对外国石油公司将分期给予不超过账面资产的赔偿；从 1976 年 1 月 1 日起全面接管石油工业和石油贸易。这项法案反映了委内瑞拉人民要求收回国家资源的愿望，因而得到了广大群众的拥护。佩雷斯总统在马拉开波湖附近第一口商业生产油井"苏马克一号"的井址上，升起了一面巨大的委内瑞拉国旗，象征委内瑞拉正式把石油工业收归国有，从此结束了 50 多年来外国公司对委内瑞拉石油的控制。

佩雷斯继续实行"石油播种"的战略，利用大量的石油收入并举借外债来发展本国的基础工业。他制定了规模庞大的第五个发展计划（1976～1980），将发展石油化工、钢铁、炼铝、水电等基础工业作为计划的重点。在他执政期间，委内瑞拉的经济发展速度很快，1974～1978年国内生产总值年平均增长率达 6.1%。经过多年的努力，该国的替代进口工业化进程也转入了替代中间产品和资本货的阶段，即工业发展的重点由消费资料生产转为生产资料生产。但是，由于基础建设规模过于庞大，致使资金短缺，财政赤字扩大。1977 年国际收支逆差达 1.56 亿美元，1978年财政赤字达 88.27 亿玻利瓦尔。为筹措资金，不得不向国外大量借贷。委内瑞拉的外债从 1975 年的 43.28 亿美元增加到 1979 年的 230.7 亿美元。佩雷斯执政时，采取了控制外资的政策。1974 年成立了外资管理局，1977 年11 月又规定外资企业向国外汇出的利润不得超过投资总额的 20%。不允许在电话、邮政、报刊、供水、电视、电台、交通、保险、银行等部门建立外资企业和进行新的外国直接投资，在委内瑞拉开办的外资企业和混合企业必须保证技术引进。这个政策的实行，使外国在委内瑞拉的直接投资额明显下降，1978 年仅有 14 亿美元，占全国固定资本总额的 9%。

佩雷斯虽注意发展本国的基础工业，但忽略了改善公共服务和住房建设方面的工作。人民的实际购买力因物价上涨而降低，不满情绪不断增长。工商界人士也对政府严格实行物价控制怨声载道。在这种形势下，沉寂数年的左派游击队又活跃起来。在佩雷斯执政后期，委内瑞拉治安混乱,犯罪率上升。官场上贪污受贿已成积习,这一切,使民主行动党在人民心目中的地位大大下降。

在对外关系方面,佩雷斯自命为"第三世界发言人",大力加强了同第三世界国家的联系。他扩大了同亚非国家的交往,先后访问了科威特、沙特阿拉伯、伊拉克、阿尔及利亚、伊朗、卡塔尔、阿拉伯联合酋长国等国。他积极发展同中国的关系,在他执政期间,1974 年 6 月 28 日委内瑞拉同中国正式建立了外交关系。他努力加强拉美国家的团结,促成建立拉丁美洲经济体系和亚马孙合作条约组织,对古巴做出了一些让步,取消对古巴的石油禁运,同苏联、古巴签署了三角销售石油的协定,并恢复了同古巴的外交关系。他主张进行南北对话,建立国际新秩序。除继续保持同美国的传统友好关系外,还同西欧、东欧国家以及苏联发展关系。

二 埃雷拉的执政与债务危机的爆发

1978 年大选前,民主行动党不仅威信严重下降,而且内部两派势力斗争也日趋激化。该党元老贝坦科尔特和总书记、议长贡萨洛·巴里奥斯支持路易斯·皮涅鲁亚·奥尔达斯(Luis Pinerua Ordaz)为总统候选人,这一派同与美国关系密切的老财团来往甚多。佩雷斯总统则赞同海梅·卢辛奇(Jaime Lusinchi)参加竞选,他的主张还得到内政部长奥克塔维奥·莱帕赫等党内要人和新财团的支持。最后,皮涅鲁亚被提名为总统候选人,但两派在候选人上的争执使该党元气大伤,在大选中处于不利地位。最终,基督教社会党候选人路易斯·埃雷拉·坎平斯(Luis Herrera Campins)获胜,基督教社会党第二次成为执政党。

埃雷拉 1925 年 5 月 4 日出生于葡萄牙。曾在委内瑞拉中央大学法律系学习,参与创建基督教社会党。1952 年因从事反希门尼斯的学生运动被捕,流放国外。希门尼斯政权被推翻后,他返回国内,当选为议员,后成为基督教社会党人在众议院中的领袖。

埃雷拉在 1979 年就任总统后,提出了"冷却经济"的方针和"紧缩"的原则,以解决上届政府遗留下来的问题。他把 5 年执政期分为 2 年稳定、3 年发展的两个阶段。在第一阶段,他计划通过减少政府贷款、紧缩通货、提高银行利率、部分撤销物价控制等措施，把经济增长率保持在5%～6%的水平，通过自由竞争刺激企业提高生产，逐步减少进口和外债，实现收支平衡。埃雷拉为争取反对派的支持，推行了"参政的民主"的政策，注意发挥一些政治力量的作用。他对反政府的游击组织实行"全国和解"政策，宣布对参加反政府武装斗争的人不再进行法律起诉，呼吁他们转入正常生活。在埃雷拉政府与游击队的对话中，争取社会主义运动（Movimiento al Socialismo）等左派党充当联系人。1979年年底，反政府武装斗争领导人、委内瑞拉革命党的道格拉斯·布拉沃（Douglas Bravo）结束了长达20年的秘密武装活动，恢复公开活动，其他一些游击队也接受了政府的"全国和解"政策，放弃了武装斗争。

埃雷拉在对外关系上，联合安第斯条约组织其他成员国，积极参与国际性的活动。他强调民族自决原则，反对大国势力在加勒比地区制造争端和冲突。他积极支持尼加拉瓜人民反对索摩查独裁统治的斗争；索摩查倒台后，他又同拉美经济体系一些国家一起，向桑地诺政府提供了多方面的援助。1982年9月，他与墨西哥总统洛佩斯·波蒂略联名写信给美国、洪都拉斯和尼加拉瓜领导人，呼吁他们为缓和中美洲紧张局势做出努力，并提出了和平解决中美洲问题的倡议。翌年1月，委内瑞拉、墨西哥、哥伦比亚和巴拿马的外交部部长在巴拿马的孔塔多拉岛举行会议，讨论和平解决中美洲冲突等问题。从那时起，这4个国家就被称为"孔塔多拉集团"，它们对缓和中美洲的紧张局势做出了重要贡献。埃雷拉加强同亚非国家的交往，1980年访问了阿尔及利亚、利比亚、阿拉伯联合酋长国、卡塔尔、科威特、沙特阿拉伯和伊拉克。1981年又对中国进行了友好访问，进一步加深了两国之间的关系。

20世纪80年代初期，随着西方发达国家经济危机的爆发，国际石油价格大幅度下跌，尽管埃雷拉采取了调整经济的措施，委内瑞拉仍不可避免地陷入战后以来最严重的经济危机之中。国民经济发展速度明显下降，年增长率1981年为1.2%，1982年只有0.5%，1983年甚至出现负增长（−3%），降到战后以来的最低点。国家预算赤字巨大，国际收支出现逆差，货币贬值，通货膨胀严重，外债激增，到1982年年底外债总额已达

331.05 亿美元。经济的衰退引起人民的强烈不满，基督教社会党的威信严重下降，与它结盟的民主共和联盟也倒向了民主行动党一边。

三　卢辛奇应对债务危机的措施

1983 年 12 月大选前，基督教社会党因经济政策失败，以及党内以卡尔德拉为代表的保守派同以埃雷拉和党的总书记佩德罗·巴勃罗·阿吉拉尔为首的革新派在总统候选人问题上的严重对立，力量大为削弱。大选中，该党候选人卡尔德拉只得到 34.58% 的选票，而民主行动党候选人卢辛奇获得了 56.81% 的选票，在 13 位总统候选人之中名列第一。

卢辛奇 1924 年 5 月 27 日出生于安索阿特吉州克拉林纳斯的一个贫困家庭，是个黑白混血儿。上中学时就参加了民主行动党的前身国家民主党。在委内瑞拉中央大学攻读医学时，便是学生运动领袖，任民主行动党青年部全国领导人。毕业后他一边行医，一边从事政治活动。1948 年当选为众议员。1952 年担任民主行动党全国领导委员会成员，同年被希门尼斯政府逮捕。出狱后，先后流亡阿根廷、智利和美国。希门尼斯政权被推翻后，卢辛奇回国。1959 年当选为众议员。1978 年当选为参议员。1967～1979 年担任民主行动党议会党团领袖。1981 年 3 月当选为该党的总书记。1982 年 7 月被推举为民主行动党总统候选人。

1984 年 3 月，卢辛奇在"石油萧条"和经济危机之时就任委内瑞拉总统。他接下了一副沉重的担子：石油出口收入锐减，经济连年衰退，外债高达 360 亿美元，失业人数上升到 100 多万人，约占全国劳动力的 20%。为把委内瑞拉从困境中解脱出来，卢辛奇上台伊始便采取了紧缩和限制政策。他紧缩预算，大幅度削减公共开支，但保证石油、煤、电、钢、铝等重点基础工业的建设和发展。他严格控制外汇，确定了委币玻利瓦尔兑美元的多重汇率。他大量削减进口，但保证国内工业原材料、机器设备和人民生活必需品的供应。他用严格控制农产品进口和降低农牧业税收等办法，振兴国内的农牧业生产。他颁布了厉行节约的法令，以杜绝浪费现象。为了吸引外资，他修改了宪法，积极改善外资在委内瑞拉的投资条件。除允许在规定的部门建立外资独资企业外，还放宽了利润汇出率，把外资企业利润汇出率从占其投资额的 20% 提高到 28%，以此吸引外资。

卢辛奇上述调整经济的措施取得了一定的效果，经济衰退的趋势有所缓解，工农业生产开始增长。1986 年，尽管油价下跌使委内瑞拉减少 40亿美元收入，但经济增长率仍达 5.2%，农业产值增加 6.8%，进口粮食只花去 6.7 亿美元。1987 年委内瑞拉经济增长率达 3%，外债也从 360 亿美元降到 310 亿美元。

在对外关系上，卢辛奇注意加强同拉美国家之间的联系，通过地区经济合作来克服油价下跌及发达国家的贸易保护主义给委内瑞拉造成的困难。1986 年，他访问了巴西、阿根廷和乌拉圭，签署了 9 个协定和 2 个联合声明，加强同这些国家的经济关系，制定共同的政策，协调在外债、建立国际经济新秩序、原料市场价格等方面的立场。他继续把中美洲、加勒比地区作为对外关系的重点。他同其他国家一起寻求稳定中美洲局势的办法，积极参加"孔塔多拉集团"的工作。他在 1987 年还出访了几个加勒比国家，加强同它们的合作。委内瑞拉虽同美国时有摩擦，但因对美国在经济上有很大的依赖性，外债的一大半来自美国，在进出口贸易中美国也占有很大的比例，所以卢辛奇仍把同美国的关系作为对外关系的基础。1986 年联合国表决谴责美国袭击利比亚时，委内瑞拉代表便投了弃权票，同时还反对用石油禁运的措施来对付美国。

四 佩雷斯和卡尔德拉再次执政

1988 年 12 月举行的大选中，民主行动党候选人佩雷斯当选总统，成为委内瑞拉历史上第一个再次执政的总统。但在议会选举中，民主行动党却失去了国会的多数党地位。

1989 年 2 月佩雷斯上台后，为了遏制经济的衰退，奉行新自由主义经济政策，采取严厉的紧急紧缩措施，提高汽油和公共交通价格等。他所实施的新自由主义经济政策导致物价飞涨、人民生活水平急剧下降；大批农民流入城市，仅 3 年中，移入城市的农民就有 60 万人；非正规经济就业人口大幅上升，从 1980 年占总就业人数的 34.5% 增至 1999 年的 53%。1989 年 2 月底，全国各地出现骚乱。佩雷斯政府为应对骚乱，实行宵禁

并中止许多宪法权利。在政府和民众的对峙中，有 246 人被打死。佩雷斯政府在宣布提高工资和冻结商品价格后，骚乱才渐渐平息下来。3 月初，政府取消了宵禁并恢复了所有宪法权利。5 月，委内瑞拉工人联合会组织了反对政府紧缩计划的 24 小时全国总罢工，这是 31 年来委内瑞拉出现的第一次全国范围的大罢工。6 月，首都加拉加斯街头又出现了有成千上万人参加的抗议民主行动党政府腐败的示威游行。在反腐败呼声的强大压力下，民主行动党政府成立了道德法庭，调查卢辛奇政府和现政府官员的腐败行为，并解除了 15 名官员的职务。然而，次年 5 月民主行动党全国领导委员会又恢复了被开除的 11 名官员的职务。这种做法导致后来民主行动党的分裂和道德法庭大多数法官的辞职。他们认为，事实证明，道德法庭无法根除民主行动党党内的腐败。

1991 年 10 月起，委内瑞拉国内反对政府提高汽油价格和政府经济计划的抗议活动逐渐扩大。11 月，工会组织全国 12 小时总罢工，要求提高工资、恢复对基本商品价格的控制和停止解雇公共部门 30 万名雇员。佩雷斯政府镇压群众的示威抗议，造成多人死亡，抗议活动一直持续到 12 月。社会的不满在军队中下层军官和士兵中引起共鸣。1992 年 2 月 4 日，伞兵中校乌戈·查韦斯·弗里亚斯发动兵变，率领造反官兵攻至总统府观花宫门口。但因势单力薄，起义以失败告终。1000 多名军人被捕，33 名军官遭到起诉，查韦斯也被关入狱中。查韦斯在狱中发表了拥护民主、反对独裁的宣言，赢得了委内瑞拉民众的欢迎，甚至被描绘成为民请命的"兵谏英雄"。同年 11 月 27 日，委内瑞拉再次发生由空军和海军高级将领领导的反对佩雷斯政府的军事政变。政变军队占领了国内主要军事基地，并出动飞机袭击总统府和其他重要战略设施。在狱中的查韦斯发表声明，要求人民支持政变军队的行动。然而，这次兵变又被镇压下去，1300 多名军人被捕。两次兵变虽然未能成功，但反映了人民的强烈不满情绪和佩雷斯以及民主行动党的威信日益下降。佩雷斯因腐败问题而遭到起诉。他被指控迫使内阁会议批准把用于国家安全的 2.5 亿玻利瓦尔秘密经费归总统府秘书处管理，用来套汇 1720 万美元。1993 年 5 月 20 日，委内瑞拉议会罢免了佩雷斯的总统职务，他成为委内瑞拉第一个被弹劾下台的总统。根据宪法，参议院议长奥克塔维奥·勒帕热担任代总统。6 月 5 日，议会选举无党派人士拉蒙·何塞·贝拉斯科斯为临时总统。8 月 31 日，国会召开特别会议，决定永远解除佩雷斯的总统职务，并批准贝拉斯科斯任总统，任期至 1994 年 2 月 5 日。

　　1993 年 12 月举行的大选中，已脱离基督教社会党、作为新成立的全国会合组织的候选人的卡尔德拉获得 30.46% 的选票，当选为下一届总统。1994 年 2 月，卡尔德拉走马上任。为了稳定政局和取得军队的支持，他下令赦免和释放卷入 1992 年 2 月和 11 月未遂政变的 15 名军人和 3 名文人，其中包括后来成为总统的查韦斯。卡尔德拉改变佩雷斯实行的经济政策，对商品价格进行控制，实行单一固定汇率，遏制通货膨胀，并加强同其他党的合作。这样，国内政局逐渐稳定下来。1995 年 7 月，委内瑞拉恢复了 1994 年 6 月中止的宪法保障。1998 年 12 月举行的大选中，"爱国中心"总统候选人乌戈·查韦斯·弗里亚斯获胜，结束了传统政党轮流执政的历史。

第三章

政　治

第一节　政体和宪法

一　政体

根据 1999 年宪法，委内瑞拉是一个联邦制国家。全国分为 23 个州、1 个首都区和由 311 个岛组成的联邦属地。实行立法权、执政权、司法权、公民权和选举权。

委内瑞拉自独立以来，一直实行总统制，总统拥有至高无上和广泛的权力。1999 年宪法规定，国家总统、副总统、各部部长和宪法规定的其他官员行使执政权。总统是国家元首、政府首脑和军队总司令，领导政府的一切行动。总统可任免副总统和内阁成员，制定对外政策。总统有权召开全国代表大会特别会议，有权解散全国代表大会。如果全国代表大会三次拒绝总统提出的副总统提名，总统有权行使紧急法，解散国会并暂时取消宪法。总统在解散国会的 60 天内，须组织选举新的国会。但国会任期的最后一年，总统无权解散国会。

总统通过普选、直接选举和秘密投票产生。当选总统必须为出生于委内瑞拉、拥有委内瑞拉国籍的委内瑞拉人，年龄在 30 岁以上，是世俗人士，没有犯罪前科。在职的副总统、部长、省长和市长不能当选总统。总统任期 6 年，可连任一次。当选总统于宪法任期第一年的 1 月 10 日在全国代表大会宣誓就职。如突发原因不能在全国代表大会举行就职仪式，则

改在最高法院宣誓就职。每年全国代表大会例会召开前 10 日内，总统向全国代表大会递交上年度有关政治、经济、社会、执政等方面的报告。1999 年宪法还规定，在 6 年任期中的前 4 年，总统因死亡、辞职、被罢免或重病无法继续履行职务时，要重新举行大选。在新总统就职前，副总统代理总统职务。总统在其任期的最后两年无法继续履行职务时，由副总统接替总统，完成余下的任期。总统暂时缺任时，副总统代理总统职务 90 天。如果总统缺任超过 90 天，他的去留将由全国代表大会议员投票决定。

1999 年委内瑞拉宪法规定，在总统任期满一半时，委内瑞拉公民有权举行公民投票，决定他是否能够继续留任。但举行公投需征集到 20% 的选民的签名。递交足够数量的支持者签名是启动公民投票程序的第一步。然后，由全国选举委员会负责确定这些签名是否有效并确定整个公民投票的程序。如果要求总统下台的人数超过其当选时的得票数，该总统即被罢免。

当选副总统的条件除与总统相同外，还不能与总统有任何血缘关系和姻亲关系。全国代表大会主席和副主席、最高法院大法官、全国选举委员会主席、共和国总检察长、人民保卫者，负责国家安全、财政、石油和矿业、教育的各部部长以及边疆州州长和市长也须是在委内瑞拉出生并且不拥有其他国籍的委内瑞拉人。

二　宪法

包括 1999 年宪法在内，委内瑞拉历史上共颁布过 27 部宪法。第一部宪法是于 1811 年 12 月 21 日制定的，那时委内瑞拉刚刚推翻西班牙殖民当局不久。1812 年 1 月 31 日，这部宪法经国民议会批准而生效。宪法仿效美国宪法，规定委内瑞拉实行联邦制和三权分立，各省在内政上有独立自主权。共和民主政府行使执政权，三人执政委员会任期 4 年，通过选举产生。联邦政府代表国家，负责国防、维持国内秩序与和平，处理各种问题，并处理对外关系。国会掌握立法权，国会由参议院和众议院组成，任期分别为 6 年和 4 年。最高法院和其他法院行使司法权。由于宪法生效的当年新生革命政权便被保皇党推翻，所以这部宪法根本来不及实施，便付诸东流，成为一纸空文。

1830 年 5 月，委内瑞拉脱离大哥伦比亚共和国正式独立，9 月 22 日国民议会通过新宪法，10 月 23 日公布生效。根据这部宪法，委内瑞拉政府为共和的、人民的、代议制的、责任制的和轮换执政的政府。总统和副总统由选举法院选出，任期均为 4 年，但副总统的任期为上届总统任期的后两年和下届总统任期的前两年。国民议会由参众两院组成，行使立法权。每省选出两名参议员，每两万人选出一名众议员。

1846 年，自由党人何塞·塔德奥·莫纳加斯当选委内瑞拉总统，他同其弟何塞·格雷戈里奥·莫纳加斯把持军政大权，实行独裁统治。为了确立莫纳加斯王朝，他们在 1857 年颁布了新宪法。宪法规定总统任期由 4 年增至 6 年，国民议会选举总统和副总统，总统拥有任命各省省长的权力。然而第二年，新宪法的墨迹未干，他们便被赶下了台。1858 年 3 月，举兵推翻莫纳加斯的卡拉沃沃省省长胡利安·卡斯特罗坐上总统宝座。同年 12 月 31 日，国民议会公布新宪法，这部宪法与 1830 年宪法十分相似。

1864 年 4 月 13 日，委内瑞拉国民议会通过的一部新宪法生效。宪法规定委内瑞拉国名为委内瑞拉合众国。

委内瑞拉历史上比较进步的安东尼奥·古斯曼·布兰科执政时期颁布了两部宪法，一部是 1873 年宪法，另一部是 1881 年宪法。1881 年宪法带有很多瑞士宪法的痕迹，照搬了瑞士的联邦制和政府体制。

独裁者胡安·维森特·戈麦斯死后，委内瑞拉 1936 年公布了在历史上有一定影响的新宪法。这部宪法扩大了公众的自由权利，加速了政治和经济的改革。1945 年 10 月 18 日，民主行动党和青年军人组建"爱国军人同盟"并发动政变，推翻了梅迪纳·安加里塔政府，成立了由 7 人组成的革命执政委员会，贝坦科尔特任革命执政委员会主席。1947 年公布了新宪法。但这部宪法公布后不久，1948 年 2 月就任的民选总统加列戈斯便被希门尼斯发动的军事政变推翻。

1953 年公布的宪法，将"委内瑞拉合众国"改为"委内瑞拉共和国"，从此，共和国取代了合众国。

1958 年 1 月，委内瑞拉人民推翻了希门尼斯的军事独裁统治，12 月委内瑞拉进行了总统、国会议员以及州、市议员的选举。民主行动党候选人贝坦科尔特以多数票当选为总统,1961 年公布了新宪法。这部宪法受到其他国家现代宪法的影响(如意大利、瑞士和德国宪法)。这部宪法规定,委内瑞拉实行代议制民主,为联邦国家,实行行政权、立法权和司法权分离的原则。新宪法规定:委内瑞拉政府永远是民主的、代议制的、责任制的和轮换制的。总统为国家元首,通过直接选举产生,任期 5 年,不得连选连任,但隔两届可再参加竞选。总统履行宪法和法律赋予的权力,并兼任国家武装部队总司令。国民议会由参、众两院组成,拥有立法权。1973 年 5 月,国会通过宪法修正案,规定因履行公务时被普通法庭判服苦役或 3 年以上监禁者,不得当选总统、参议员、众议员和最高法院法官。1983 年 3 月再次通过宪法修正案,规定总统通过直接选举产生,但隔两届可再参加竞选。

1999 年 2 月查韦斯就任总统后,首先向传统势力奉若至宝的宪法开刀。他在进行总统就职宣誓时说:"我面对这部垂死的宪法宣誓",引人注目地把"神圣的宪法"称为"垂死的宪法"。4 月 25 日,委内瑞拉举行全民公决,决定成立全国制宪大会修改宪法。1999 年 12 月 15 日举行的全民公决通过了第五共和国宪法,并于 12 月 30 日生效。新宪法规定,国家增设公民权(也称道义权)和选举权;国会参、众两院改为一院制,即全国代表大会;将国名"委内瑞拉共和国"改为"委内瑞拉玻利瓦尔共和国"。总统由直接选举产生,任期由 5 年延至 6 年,可连任一届。宪法规定设立副总统,成立全国选举委员会(Consejo Nacional Electoral)。

全国选举委员会由 5 人组成,任期为 7 年,可连任。根据全国代表大会 2/3 议员投票通过,任命全国选举委员会成员。经最高法院裁决后,全国代表大会可决定全国选举委员会成员的职务。宪法规定全国选举委员会行使选举权,职能有以下几方面。

(1)制定选举法。

(2)提出本委员会的预算。

(3)颁布选举中有关财政与宣传规则,对违反规则的行动予以惩罚。

(4)宣布选举全部或部分无效。组织、领导、管理和监督有关选举的各种活动。

（5）组织工会、专业行会和带有政治目的的组织的选举。

（6）主持、组织、领导和监督公民登记和选举登记。

（7）组织带有政治目的的组织的登记，监督这些组织履行宪法和法律规定的条款。

（8）监控和调查带有政治目的的组织的财政资金。

2006年12月3日，查韦斯在总统选举中获得连任。为了推动"21世纪社会主义"的建设进程，确保自己在委内瑞拉的长期执政地位，他在大选获胜后不久便宣布把修改宪法作为新任期的一项重要工作。经过半年的酝酿、准备和宣传，查韦斯提出的修宪提案最终出炉。2007年8月15日，其修宪提案在政府会议上获得通过。当晚查韦斯向全国代表大会特别会议正式提交修宪提案。修宪提案的内容主要包括总统任期从6年延长至7年，总统可连选连任；总统拥有宣布紧急状态、成立新的地方政府机构并任命其领导人、动用国家外汇储备和参与制定国家货币政策的权力；不过问政治的武装力量变为"爱国主义的、人民的和反帝的队伍"，民兵从预备役改为现役；强调"人民参政"，建立"社会主义民主"；改善劳动者的工作条件和社会福利，每周工作时间从44小时降至36小时（晚班不超过34小时）；为自谋职业者和非正规部门的就业者设立社会保障基金；免费教育扩展到大学；公有制、社会所有制、集体所有制、混合所有制和私有制同时并存；禁止大庄园制和垄断；禁止性别歧视和歧视残疾人、修改国家行政区划等。

全国代表大会经过3次审议，11月初通过了包括69项修改内容的修宪提案。委内瑞拉宪法规定在修宪提案被全国代表大会通过后的30天内需举行全民公决，修宪提案在全民公决通过后方能生效。12月2日，修宪提案付诸全民公决。次日，委内瑞拉全国选举委员会宣布，修宪提案以49.29%比50.70%的微弱差距遭到否决。

尽管查韦斯在修宪公投上遭到重大挫折，但他表示继续为修宪进行斗争。为了减少阻力，扩大支持面，顺利通过公投，他简化了修宪提案的内容，共涉及宪法中5项条款的变动。他将单纯取消总统连任次数限制扩大到各州长、市长以及各级议员的连任次数限制。2009年1月5日，查韦斯提交了新的宪法修正案。2009年1月14日，委内瑞拉全国代表大会以

压倒性多数通过查韦斯提交的宪法修正案。2 月 15 日，委内瑞拉就是否取消选举产生的官员和议员的连任次数限制进行全民公投。投票结束后，委内瑞拉全国选举委员会主席卢塞纳宣布，统计结果显示，支持修宪案的选票占 54.36%，反对票占 45.63%，查韦斯提出的宪法修正案获得通过。这样，委内瑞拉宪法第 230 条内容变更为"总统任期为 6 年，可以连任"，废除了总统只可连任两届的规定，为查韦斯 2012 年继续参加总统选举并成为该国的终身制总统扫清了道路。

第二节　行政机构

委内瑞拉是实行总统制的国家，总统有任命副总统和各部部长的权力，副总统和各部部长接受总统的直接领导。马杜罗政府于 2013 年 4 月 22 日成立，这届内阁共设 32 个部门，它们是：总统办公室，外交部，国防部，内政、司法与和平部，计划部，财政部，石油和矿业部，电力部，工业部，科技和革新部，商务部，农业和土地部，食品部，住房部，陆路交通部，水空交通部，旅游部，高等教育部，教育部，卫生部，劳动部，环境部，通信和信息化部，社区部，文化部，印第安人事务部，体育部，青年事务部，妇女事务部，监狱服务部，国立银行部，加拉加斯城市改造部。其中的计划部和财政部由上届的计划和财政部拆分而成。

总统的主要职权有：

（1）履行宪法和法律赋予的权力；

（2）领导政府的行动；

（3）任命和解除副总统和各部部长的职务；

（4）领导国家的外交，签订和批准国际条约、协定和协议；

（5）作为武装部队总司令，行使武装部队的最高指挥权，晋升中校和海军上校以上军官；

（6）宣布非常状态，宣布限制宪法保障；

（7）管理国家资产；

（8）决定公债的发行；

（9）经全国代表大会批准，决定对预算的补充拨款；

（10）任命总检察长和常驻国外使团团长；

（11）任命和解除宪法和法律规定由他管辖的官员的职务；

（12）由总统本人或通过副总统向全国代表大会提交特别报告；

（13）制定和领导实施国家发展计划；

（14）决定各部和其他行政机关的数量、机构和职权；

（15）根据宪法的规定解散全国代表大会；

（16）组织公民投票；

（17）召集和主持国防委员会；

（18）批准赦免。

副总统的主要职权有：

（1）协助总统领导政府；

（2）根据总统指示，协调同国家行政机关的关系；

（3）向总统提出任命和解除部长职务的建议；

（4）协调政府与全国代表大会的关系；

（5）主持联邦政府委员会（Consejo Federal de Gobierno）；

（6）根据法律任命和解除归他管辖的官员职务；

（7）总统暂时离任时代理总统职务；

（8）行使总统授权的职能。

总统、副总统和各部部长组成部长会议（Consejo de Ministros），总统主持部长会议。总统不在时，由副总统主持部长会议。部长会议裁决的决定须经总统批准。出席部长会议的副总统和各部部长共同对部长会议的决议负责，但反对决议者除外。担任部长须有委内瑞拉国籍，年龄在25岁以上。每年部长会议召开的前60日内，各部部长须向全国代表大会递交上年度工作报告。部长可在全国代表大会和其所属的委员会上发言和参加辩论，但无投票权。罢免部长职务须经全国代表大会2/3议员投票通过。

国务委员会（El Consejo de Estado）是政府的高级顾问机构，负责向总统提出建议。副总统主持国务委员会的工作，成员包括总统指定的5名委员，1名全国代表大会的代表，1名最高法院的代表以及各州州长推

举的 1 名州长。

1999 年宪法规定，各州是自治和平等的单位，享有完全法人资格，有维护国家的独立、主权和领土完整的义务。州长须为委内瑞拉人和世俗人士，年龄在 25 岁以上。州长任期为 4 年，可连任一次。

宪法规定州长的主要职权有：

（1）根据宪法和法律规定确定市、其他地方单位和行政区划；

（2）管理本州的财产、投资和资金；

（3）组织和管理属于本州的税务部门；

（4）管理和开发非金属矿、盐场和珍珠养殖场以及经营权限内的未开垦地；

（5）组建警察机构；

（6）领导和组织本州的公共服务；

（7）维护、管理和开发本州的路运；

（8）协同国家有关部门维护、管理和开发公路和高速公路。

市政府是国家机构的基层单位，享有宪法和法律限定的法人资格。市长须为委内瑞拉人和世俗人士，年龄在 25 岁以上。市长任期为 4 年，可连任一次。宪法规定市的自治权包括：

（1）选举自己的政府；

（2）行使自己的职权；

（3）创造收入，保管和使用收入。

宪法规定，州和市无权设立海关和征收进口税，只能在国家法律允许下征收农业、畜牧业和林业税。

委内瑞拉历任总统见表 3 - 1。

表 3 - 1　委内瑞拉历任总统

年　份	总　统
1819	西蒙·玻利瓦尔（Simón Bolívar）
1830 ~ 1835	何塞·安东尼奥·派斯（José Antonio Páez）
1835 ~ 1836	何塞·马里亚·巴尔加斯（José María Vargas）
1836 ~ 1837	安德烈斯·纳瓦尔特（Andrés Narvarte）

年　份	总　统
1837～1839	卡洛斯·索夫莱特（Carlos Soublette）
1839～1843	何塞·安东尼奥·派斯（José Antonio Páez）
1843～1847	卡洛斯·索夫莱特（Carlos Soublette）
1847～1851	何塞·塔德奥·莫纳加斯（José Tadeo Monagas）
1851～1855	何塞·格雷戈里奥·莫纳加斯（José Gregorio Monagas）
1855～1858	何塞·塔德奥·莫纳加斯（José Tadeo Monagas）
1858～1859	胡利安·卡斯特罗（Julián Castro）
1859	佩德罗·瓜尔（Pedro Gual）
1859～1861	曼努埃尔·费利佩·德·托瓦尔（Manuel Felipe de Tovar）
1861	佩德罗·瓜尔（Pedro Gual）
1861～1863	何塞·安东尼奥·派斯（José Antonio Páez）
1863～1868	胡安·克里索斯托莫·法尔（Juan Crisostómo Falcón）
1868	何塞·塔德奥·莫纳加斯（José Tadeo Monagas）
1869～1870	何塞·鲁佩尔托·莫纳加斯（José Ruperto Monagas）
1870～1877	安东尼奥·古斯曼·布兰科（Antonio Guzmán Blanco）
1877～1878	弗朗西斯科·利纳雷斯·阿尔坎塔拉（Francisco Linares Alcantará）
1878	格雷戈里奥·塞德尼奥（Gregorio Cedeño）
1878～1879	何塞·格雷戈里奥·巴莱拉（José Gregorio Varela）
1879～1884	安东尼奥·古斯曼·布兰科（Antonio Guzmán Blanco）
1884～1886	华金·克雷斯波（Joaquín Crespo）
1886～1887	安东尼奥·古斯曼·布兰科（Antonio Guzmán Blanco）
1887～1888	埃尔莫赫内斯·洛佩斯（Hermógenes López）
1888～1890	胡安·巴勃罗·罗哈斯·保尔（Juan Pablo Rojas Paúl）
1890～1892	雷蒙多·安杜埃萨·帕拉西奥（Raimundo Andueza Palacios）
1892	吉列尔莫·托尔·普利多（Guillermo Tell Pulido）
1893～1898	华金·克雷斯波（Joaquín Crespo）
1898～1899	伊格纳西奥·安德拉德（Ignacio Andrade）
1899～1908	西普里亚诺·卡斯特罗（Cipriano Castro）
1908～1914	胡安·维森特·戈麦斯（Juan Vicente Gómez）
1914～1922	维克多里亚诺·马尔克斯·布斯蒂略斯（Victorino Márquez Bustillos）
1922～1929	胡安·维森特·戈麦斯（Juan Vicente Gómez）
1929～1931	胡安·保蒂斯塔·佩雷斯（Juan Bautista Pérez）
1931～1935	胡安·维森特·戈麦斯（Juan Vicente Gómez）

续表

年　份	总　统
1935～1941	埃莱亚萨·洛佩斯·孔特雷拉斯(Eleazar López Contreras)
1941～1945	伊萨亚斯·梅迪纳·安加里塔(Isaías Medina Angarita)
1945～1947	罗慕洛·贝坦科尔特(Rómulo Betancourt)
1947～1948	罗慕洛·加列戈斯·弗雷雷(Rómulo Gallegos Freire)
1948～1950	卡洛斯·德尔加斯·查尔沃德(Carlos Delgado Chalbaud)
1950～1952	赫尔曼·苏亚雷斯·弗拉梅里奇(Germán Suárez Flamerich)
1953～1958	马科斯·佩雷斯·希门尼斯(Marcos Pérez Jiménez)
1958	沃尔夫冈·拉拉萨瓦尔(Wolfgang Larrazábal)
1959～1964	罗慕洛·贝坦科尔特(Rómulo Betancourt)
1964～1969	劳尔·莱昂尼(Raúl Leoni)
1969～1974	拉斐尔·卡尔德拉(Rafael Caldera)
1974～1979	卡洛斯·安德烈斯·佩雷斯(Carlos Andrés Pérez)
1979～1984	路易斯·埃雷拉·坎平斯(Luis Herrera Campins)
1984～1989	海梅·卢辛奇(Jaime Lusinchi)
1989～1993	卡洛斯·安德烈斯·佩雷斯(Carlos Andrés Pérez)
1993～1994	拉蒙·贝拉斯科斯(Ramón Velásquez)
1994～1999	拉斐尔·卡尔德拉(Rafael Caldera)
1999　～2013	乌戈·查韦斯·弗里亚斯(Hugo Chávez Frias)
2013～	尼古拉斯·马杜罗(Nicolás Maduro)

第三节　立法和司法

一　立法机构

委内瑞拉最高立法机构原为两院制（参议院和众议院）的国会。查韦斯执政后于 1999 年 12 月公布了新宪法，对立法机构进行了改革。根据 1999 年宪法，委内瑞拉成立了全国选举委员会，负责进行大选和监督大选。2000 年 8 月，委内瑞拉成立一院制的全国代表大会，成为委内瑞拉新的最高立法机构。代表由各州直接普选产生，首都区按比例代表制选举产生，一些席位安排给印第安社团代表。当选议员须为委内瑞拉人或已加入委内瑞拉国籍并至少在委内瑞拉生活 15 年以上，年满 21 岁，竞选前已在所在地连续居住 4 年。宪法规定，总统、副总统、部长、总统府秘书长、自治机构领导人、国家企业总裁、州长，中央政府、州政府和首都区政府秘书完全脱离岗位不足 3 个月者不能当选议员，竞选议员时正在任职的中央、州、市政府官员，自治机构和国家企业官员不能当选议员。全国代表大会由 165 名议员组成，议员任期 6 年，议员任职期间享有豁免权。只有最高法院在全国代表大会授权下，才能下令逮捕议员。全国代表大会设主席一人、副主席二人，秘书长和副秘书长各一人，任期一年，可连选连任两次。2014 年全国代表大会主席是迪奥斯达多·卡韦略·龙东（Diosdado Cabello Rondón），第一副主席是达里奥·比瓦斯·贝拉斯科（Darío Vivas Velasco），第二副主席是布兰卡·罗莎·埃克豪特·戈麦斯（Blanca Rosa Eekhout Gómez），秘书长是维克多·克拉克（Víctor Clark），副秘书长是菲德尔·巴斯克斯（Fidel Vásquez）。

全国代表大会的领导委员会由大会主席、第一副主席、第二副主席、秘书长和副秘书长组成。全国代表大会下设代表委员会（Comisión Delegada）、协调委员会、常务委员会、日常委员会和专门委员会。全国代表大会休会期间，由大会主席、副主席和常务委员会主席组成的代表委员会行使职权。

代表委员会的职权有：

（1）召集国会举行非常会议；

（2）批准总统离开国境；

（3）批准政府追加补充贷款；

（4）任命由全国代表大会议员组成的临时委员会；

（5）行使全国代表大会负责的调查职能；

（6）经 2/3 议员投票通过，批准政府建立、修改或取消公共服务。

协调委员会由领导委员会成员、各常务委员会的主席和副主席、议会集团的代表以及非议会集团的代表组成。宪法规定，经 2/3 议员投票通

过，可设立或取消常务委员会；常务委员会的数量不能超过 15 个。目前，委内瑞拉全国代表大会的常务委员会有：

外交政策常务委员会；

审计常务委员会；

财政常务委员会；

石油和矿业常务委员会；

国防与安全常务委员会；

社会发展一体化常务委员会；

教育、文化、体育与娱乐常务委员会；

环境、自然资源与土地管理常务委员会；

公民参与、权力分散化与地区发展常务委员会；

科学、技术与社会联系常务委员会；

经济发展常务委员会；

家庭、妇女与青年常务委员会；

管理与公共服务常务委员会。

根据 1999 年宪法第 187 条，全国代表大会的主要职能为：

（1）为国家权力机构各部门的权限和运转立法；

（2）提出宪法修正案；

（3）对政府和国家公共机关行使监督职能；

（4）组织和推动公民参与其权限内的工作；

（5）决定大赦；

（6）讨论和批准国家预算及有关税务制度和公共信贷的法律；

（7）批准对预算的附加信贷；

（8）批准政府提交的国家经济和社会发展计划的总方针；

（9）批准政府与外国签订的条约；

（10）讨论罢免副总统和部长；

（11）批准任命驻外军事使团；

（12）批准公务员接受外国政府的职务、荣誉或赔偿；

（13）批准任命总检察长和常驻国外外交使团团长；

（14）根据总统、2/3 以上的州长和大学校长的提议，批准把对国家有过特殊贡献、逝世已 25 年的委内瑞拉人葬入国家公墓；

（15）维护各州的利益和自治；

（16）批准总统离开国家 5 天以上；

（17）经 2/3 议员投票通过，可撤销议员职务；

（18）组织内部的安全服务。

二　司法机构

委内瑞拉的司法体系是由最高法院（Tribunal Supremo de Justicia）、法律规定的其他法院、总检察署、护民署、刑事调查机关组成的。

1. 最高法院

最高法院是委内瑞拉最高司法机构，由院长、2 名副院长和 32 名大法官组成，下设宪法、政治行政、选举、民事审判、社会审判和刑事审判 6 个法庭。大法官由司法推选委员会推荐，由全国代表大会任命，任期 12 年，不得连任。经全国代表人会 2/3 议员投票通过，可撤销犯有严重错误的大法官的职务。宪法规定担任大法官的条件是：

（1）出生于委内瑞拉，具有委内瑞拉国籍。

（2）为人正直。

（3）声望高、有能力的法律专家。从事律师工作至少 15 年，并具有法律专业研究生资格；或从事大学法学专业的讲学至少 15 年，并有教授职称；或担任高级法官至少 15 年，并公认能力出众。

（4）法律规定的其他条件。

2014 年，格拉迪斯·玛利亚·古铁雷斯·阿尔瓦拉多担任最高法院院长。宪法法庭由 5 名大法官组成，政治行政法庭、选举法庭、民事审判法庭、社会审判法庭和刑事审判法庭各由 3 名大法官组成。

根据 1999 年宪法第 267 条，国家保证司法是免费的、可及的、公正的、适当的、透明的、自治的、独立的、负责的、公道的和畅通的，没有不当的拖延，没有形式主义，也没有不必要的重新审理。最高法院享有运转、财政和管理的自治权。国家对司法系统的拨款每年不少于国家预算开

支的 2%。未经全国代表大会的批准，不能减少、更改对司法系统的拨款。最高法院负责司法权的领导、治理和管理，检查和监督各级法院和护民署。

最高法院的主要职权有：

（1）宣布总统或代总统有无违法行为。经全国代表大会授权，对有违法行为的总统或代总统进行审理，直至终审判决。

（2）宣布副总统、全国代表大会议员、最高法院大法官、各部部长、总检察长、总审计长、人民保卫者、各州州长、将军、舰队司令和驻外外交使团团长有无违法行为。对上述有违法行为的人进行审理，直至终审判决。

（3）对国家、州、市或其他行政单位之间的纠纷进行调解。

（4）宣布政府的规定或决议无效或部分无效。

（5）裁决法院之间有关权限的冲突。

（6）审理上述案件。

2. 其他法院

在最高法院之下，各州都有高级法院，州高级法院下又有地区和市法院。地区法院审理诉讼要求在 10 万 ~ 25 万玻利瓦尔之间的案件，或复查对市法院或教区法院的判决进行上诉的案件。地区刑事法院复查对市法院或教区法院的判决进行上诉的案件。初审法院审理诉讼要求超过 25 万玻利瓦尔的案件，也审理对地区法院的判决进行上诉的案件。初审刑事法院负责审理《刑法》第二卷列举的犯罪案件，也复查对地区刑事法院的判决进行上诉的案件。高级法院审理对初审法院的判决进行上诉的案件，是复查案件的二审法院，批准、更改或撤销原判并重新宣判。高级刑事法院审理对地区刑事法院的判决进行上诉的案件。

委内瑞拉法院还按受理案件的类型分类，有普通法院和专门法院之别。普通法院受理民事、商业和刑事案件。专门法院受理特别案件，如劳资争议法院、税务法院和家庭与少年法院等。

3. 警察

委内瑞拉的警察系统分为州警察部队、首都警察部队和市警察部队。

全国警察共有 1.8 万人，其中，加拉加斯的首都警察部队为 9000 人，占全国警察人数的一半。

三 道义委员会、审计署、检察署和护民署

1999 年宪法规定增设公民权（也称道义权）和选举权。2001 年 1 月 7 日，根据新宪法，委内瑞拉成立了由总审计长、总检察长和新设立的人民保卫者组成的宪法规定的"共和国道义委员会"，负责行使公民权。三人中的一人担任"共和国道义委员会"主席，任期一年，可连任。行使公民权的机构审计署、检察署和护民署负责预防、调查和惩罚违反公共道德和惯例道德的行为，监督国家执政机关的活动。道义委员会的代表可向犯有错误的政府官员提出警告，对无视警告的官员进行惩罚。对顽固不化者，向其所在机构发出通知，建议处理这些官员。每年道义委员会主席和公民权机构负责人向全国代表大会提交年度报告。

总审计长领导审计署。担任总审计长须为委内瑞拉人，任期为 7 年。审计署的主要职权有：

（1）控制、监督和监察国家收入、支出和公共资产；

（2）控制公共债务；

（3）检查和监督法律规定的公共部门的机构、单位和个人，对有损国家财产的违法行为展开调查并予以惩罚，要求检察署对有损国家财产的违法行为采取司法行动；

（4）监控法律规定的公共部门的机构、单位和个人的经营活动，评估他们执行决议和政策的情况和效果。

总检察长领导检察署。总统经全国代表大会授权任命总检察长。总检察长参加部长会议。担任总检察长的条件同最高法院大法官一样，任期为 7 年。2014 年总检察长为路易莎·奥尔特加·迪亚斯（Luisa Ortega Díaz）。检察署的主要职权有：

（1）保证在司法程序中尊重宪法规定的权利和保障；

（2）指挥和领导罪行调查；

（3）以国家名义提起刑事诉讼。

　　人民保卫者领导护民署，任期为 7 年，任职期间享有豁免权。人民保卫者须为委内瑞拉人，30 岁以上，能力强，道德高尚。

　　护民署主要职权为：

　　（1）维护宪法和国家批准的国际条约、协定和协议中规定的人权；

　　（2）维护公共服务部门的正常运转，反对公共服务部门的专横和滥用权力；

　　（3）干预不符合宪法的行动；

　　（4）要求总检察长和道义委员会对破坏人权的官员采取措施；

　　（5）要求有关单位惩处损害消费者利益的行为；

　　（6）在市、州和国家的立法机构提出维护人权的法律草案或动议；

　　（7）维护土著人的权利；

　　（8）视察和检查国家机关的下属部门和机构，以维护人权；

　　（9）推广和实施保护人权的政策。

第四节　政党团体

一　政党

　　委内瑞拉实行多党制，全国性政党约有 40 个，其中最主要的 10 个政党是：委内瑞拉统一社会主义党（Partido Socialista Unido de Venezuela，PSUV）、正义第一党（Partido Primero Justicia）、基督教社会党（Partido Social Cristiano）、民主行动党（Partido de Acción Democrática，AD）、一个新时代党（Partido Un Nuevo Tiempo，UNT）、大家的祖国党（Patria Para Todos，PPT）、委内瑞拉共产党（Partido Comunista de Venezuela，PCV）、争取社会民主（Por la Democracia Social，PODEMOS）、争取社会主义运动（Movimiento al Socialismo，MAS）和委内瑞拉计划（Proyecto de Venezuela，PROVEN）。除全国性政党外，委内瑞拉还有大批地方性政党和政治组织。

　　委内瑞拉统一社会主义党　委内瑞拉左派执政党。该党反对资本主义和帝国主义，奉行社会主义、人道主义和国际主义，捍卫玻利瓦尔革命果实，维护劳动阶级和人民利益，致力于建设公平、自由、人道的"21世纪社会主义"。2014年7月，委内瑞拉统一社会主义党召开第三届全国代表大会，选举尼古拉斯·马杜罗（Nicolás Maduro）为新一届主席、迪奥斯达多·卡贝略（Diosdado Cabello）为副主席。委内瑞拉统一社会主义党虽是成立才几年的新党，但已发展成全国最大的政党。在2011年成立的新一届国会165个席位中，委内瑞拉统一社会主义党占95席；在全国23个州长中占20个；在335个市长中占264个。

从2006年年初开始，查韦斯以第五共和国运动为主体并联合其他左翼政党和政治组织，着手创建委内瑞拉统一社会主义党，以整合委内瑞拉建设"21世纪社会主义"的政治力量，与得到美国支持的反对派进行斗争。同年12月15日，查韦斯在庆祝大选胜利的集会上，正式提出组建委内瑞拉统一社会主义党，并要求执政联盟中的各个政党解散，加入即将成立的委内瑞拉统一社会主义党。12月18日，第五共和国运动率先解散，合并到委内瑞拉统一社会主义党，并将全部财产移交到新党。12月20日，查韦斯呼吁国内其他25个政党放弃各自政党，支持政府建立委内瑞拉统一社会主义党。为了响应查韦斯的倡议，人民选举运动、我们必胜独立运动、委内瑞拉人民团结、民族共同体独立人士和社会主义同盟等左翼政党，宣布解散各自政党，加入到委内瑞拉统一社会主义党。这几个左翼政党在2006年大选中曾与第五共和国运动结盟并占查韦斯得票率的45.99%。人民选举运动总书记欧斯托基奥·孔特雷拉斯（Eustoquio Contreras）宣布把该党在全国的17套房产捐赠给委内瑞拉统一社会主义党，以表示对新建政党的支持。随后，争取直接民主运动、玻利瓦尔文人－军人阵线等较小左翼派也都宣布加入新党。与上述全国性政党相呼应，一些地区性左翼政党也纷纷加入委内瑞拉统一社会主义党。2006年12月21日，"为了马拉开波"（Por Maracaibo）成为地区性政党加入委内瑞拉统一社会主义党的先锋。2007年3月8日，"阿夫雷布雷查""弗洛尔普""拉戈""我的人们"和"争取波图格萨独立联盟"也公开宣布加入该党。然而，并不是所有左翼政党都支持查韦斯的倡议。在2006年大选中

占查韦斯得票率 14.6% 的大家的祖国党、图帕马罗运动、争取社会民主和委内瑞拉共产党则以多种理由拒绝立即加入委内瑞拉统一社会主义党。这些党在是否解散问题上内部分歧很大，支持与反对的两派针锋相对、互不相让。大家的祖国党曾多次开会商议是否加入的问题，在召开有 500 名代表参加的全国大会后，最终决定继续维持独立政党状态。2007 年 3 月 13 日，争取社会民主总书记伊斯马埃尔·加西亚宣布不参加委内瑞拉统一社会主义党的官方立场后，该党内部发生分裂，该党在苏利亚州、亚马孙州、加拉加斯、阿普雷州、瓜里科州、米兰达州和新埃斯帕塔州的一批领导人宣布加入委内瑞拉统一社会主义党。亚拉奎州州长卡洛斯·希门尼斯和三个国会议员、马拉开波市市长吉安·卡洛·迪·马蒂诺、博尔拉马尔市市长埃利希奥·埃尔南德斯以及米兰达州的 3 名市长、18 位市政府成员和教区委员会成员也都先后加入委内瑞拉统一社会主义党。

2007 年 1 月 18 日，委内瑞拉统一社会主义党开始进行党员登记。2 月 15 日，新党筹备委员会成立。3 月 5 日，查韦斯宣布正式启动统一社会主义党创建进程，并任命迪奥斯达多·卡韦略、阿丹·查韦斯（Adán Chávez）、埃里卡·法里亚斯（Erika Farías）、利娜·罗恩（Lina Ron）和豪尔赫·罗德里格斯·戈麦斯（Jorge Rodríguez Gómez）组成技术委员会，协调创建进程。

统一社会主义党创建进程分为以下三个阶段。

第一阶段从 2007 年 3 月 5 日开始，首先是任命建党促进员并进行宣誓。4 月 29 日起进行党员登记，最先从拉腊州和首都区开始，然后逐步扩大到其他州。全国选举委员会为统一社会主义党创建提供了技术支持，在全国 3700 个中心设置了登记机器。第一次党员登记于 7 月 21 日结束，共登记党员 5669305 人。2009 年 5 月 7 日开始第二次登记，6 月 14 日结束时已登记党员和预备党员 7253691 人。

第二阶段从 2007 年 7 月 21 日开始。成立了约 22000 个被称为"社会主义营"的基层组织，每个社会主义营由 300 名预备党员组成，8 ~ 12 个社会主义营组成一个"社会主义区"（circunscripución socialista）。每个营选出一位发言人，出席该区的党代会并选出参加党成立大会的代表。2008

年 1 月 12 日，1681 名当选代表出席在加拉加斯圣卡洛斯区召开的统一社会主义党成立大会。代表大会通过了党的原则声明、提出了党纲、制定了党章，选举产生了由 15 人组成的全国领导委员会，查韦斯总统任该党主席，全国代表大会主席西莉亚·弗洛雷斯任党的第一副主席，另有 6 名副主席。

第三阶段是选举该党过渡领导班子。全国选举委员会在全国设立了600 个选举站点，2008 年 3 月 9 日最终选出由 15 人组成的过渡领导班子成员。他们是阿丹·查韦斯、巴内萨·戴维埃斯、卡洛斯·埃斯卡拉、埃里卡·法利亚斯、西莉亚·弗洛雷斯、玛丽亚·克里斯蒂娜·伊格莱西亚斯、阿里斯托布洛·伊斯图里斯、埃利亚斯·哈瓦、玛丽亚·莱昂、安东尼娅·穆尼奥斯、诺埃利·波卡特拉、阿里·罗德里格斯·阿拉克、埃克托尔·罗德里格斯、豪尔赫·罗德里格斯和马里奥·西尔瓦。

2009 年 11 月 21 日至 2010 年 4 月 24 日，统一社会主义党召开第一次特别代表大会，通过了《原则声明》《党章》和《基本纲领》三个纲领性文件。

委内瑞拉共产党　1931 年开始筹建，1937 年 8 月正式成立。1944年，由于受白劳德主义的影响分裂成 3 个组织，1946 年重新统一。1945年取得合法地位。1950 年遭到镇压，被宣布为非法。1958 年，参加委内瑞拉人民推翻希门尼斯独裁政府的斗争，胜利后取得合法地位。1960 年大部分力量再次被迫转入地下，1962 年被禁止活动。1962～1966 年，委共在城乡开展军事起义和游击活动，从事议会活动的领导人于 1963 年遭到镇压，2/3 的政治局委员被捕入狱。1965 年 11 月，党的主要领导人在狱中写信要求停止武装斗争，该党领导的游击队先后放下了武器，从1968 年开始全力以赴开展议会活动。1969 年恢复合法地位。委共从 1966年以来发生了三次大分裂。1966 年 4 月，以政治局候补委员道格拉斯·布拉沃为首主张继续武装斗争的一派分裂出来，建立了委内瑞拉革命党。1968 年，苏联侵捷后，党内又围绕国际政策及有关国内政策再次发生争论，1970 年 12 月，以原中央书记庞佩约·马克斯和政治局委员特奥多罗·佩特科夫为首的一派分裂出来，另建争取社会主义运动。1974 年 5

月，党内围绕选举失败问题再次发生争论并分裂，以政治局委员加西亚为首的一派，另建共产主义统一先锋党。1963 年以前，党员人数曾达 3 万人，经过多次分裂，一度减少到 2000 人左右。后经几年恢复，人数有所增加。1990 年 8 月，党的八大召开，确定委共继续坚持马克思主义。党报是《人民论坛》，不定期出版。1998 年大选中，该党参加"爱国中心"，提名查韦斯为总统候选人。

2006 年 12 月总统选举中，委内瑞拉共产党获得选票 340499 张，占总选票的 2.95%。2007 年 3 月，委内瑞拉共产党召开特别大会，讨论查韦斯提出的解散执政联盟政党、合并成委内瑞拉统一社会主义党的问题。经过两个月的讨论，尽管委共发表声明表示完全支持查韦斯的倡议并认为成立一个由各党组成的新党是必要的，但该党决定不加入委内瑞拉统一社会主义党。同年 11 月，该党支持查韦斯的修改宪法提案。2010 年议会选举中，该党获得选票 162919 张，占总有效票的 1.44%，在政党得票率中居第 10 位。目前该党是大爱国联盟成员。2011 年 8 月，委内瑞拉共产党召开第十四次全国代表大会，选举赫罗尼莫·卡雷拉（Jerónimo Carrera）为党主席、奥斯卡·菲格拉（Oscar Figuera）为党的总书记。在 2011 年成立的新一届国会 165 个席位中，委内瑞拉共产党占 3 席，在拉美议会 12 席中占 1 席。

民主行动党 社会党国际成员。由原委内瑞拉中央大学在胡安·维森特·戈麦斯独裁统治期间成立的学生组织发展而来，其中最重要的组织是大学生联合会（Federación Estudiantil Universitaria）。戈麦斯把该组织的一些学生领袖驱逐出国，这些学生领袖在国外继续坚持反对戈麦斯政权的斗争。逃脱追捕的一些学生领袖在国内成立了地下组织全国共和联盟。1935 年 12 月，独裁者戈麦斯病故后，洛佩斯·孔特雷拉斯将军接任总统。他允许流亡者回国，并允许政党和团体进行活动。1936 年年初，贝坦科尔特等学生领袖回国后，建立了许多新的政治组织。贝坦科尔特等人建立了委内瑞拉组织运动。同年 10 月，委内瑞拉组织运动与共和进步党、大学生联合会、全国民主联盟、工人阵线、全国劳动阵线 5 个组织一起成立了国家民主党。由霍维托·比利亚尔瓦任总书记，贝坦科尔特任组织书记。

该党宣称其目标是建立真正的民主政权，以保障国家的独立和人民的自由。但当国家民主党向首都当局申请注册时，遭到否决。1941 年 7 月，国家民主党在首都区取得合法地位。1941 年 9 月 13 日，在首都加拉加斯召开的万人大会上，正式宣告成立民主行动党。自 1946 年以来，党内一直存在着派系斗争，并发生了几次大的分裂。第一次分裂发生在 1960 年 4 月，具有激进思想的大批青年宣布退党，然后组成了"左派革命运动"。第二次分裂发生在 1963 年 3 月，这次矛盾仍集中在被称为阿尔斯派的青年党员和党的元老派之间，一度出现两个民主行动党，后来阿尔斯派改名为民族主义革命党。这次分裂比第一次更严重，使该党失去了相当多的中层领导人，在众议院失去了多数席位。第三次分裂发生在 1967 年党内选择总统候选人的时候，反对派普列托于 1969 年 10 月另组建"人民选举运动"。这次分裂几乎使民主行动党及其控制的工会一分为二。民主行动党从三次大分裂中吸取了一些教训，后来党内比较稳定，但矛盾依然存在。它是委内瑞拉最大的政党。党员的主要成分是中产阶级、工人和农民。其组织机构较严密，从中央到各州、市都有各级代表会议和执行委员会，并设有检察委员会。党的最高权力机构是全国会议，会议闭幕期间由全国领导委员会行使职权。中央执行机构是全国执行委员会。1991 年召开的党的二十六大，选出了由 30 人组成的全国执行委员会。该党是社会党国际的成员，自称信奉民主社会主义。它认为，共产主义是按照资本主义、革命、无产阶级专政 3 个绝对准则行事的；民主社会主义是按照不正义的社会、结构改革、民主社 3 个相对观念行事的。宣称民主社会主义不限于追求和维护政治自由，而是要保证在财产、福利、收入、文化、权利分配上最大程度的平等。声称该党自成立之日起，就要建立一个自由与正义相结合，计划经济与个人首创精神相结合，政府、国家的权威与尊重思想多样化、尊重反对派政党和团体相结合，行政机构的稳定发展与周期的选举协商相结合，工业化与劳动的人道化相结合，工业企业的自由与控制资本主义的消极倾向相结合的政治制度。在国际方面，主张维护世界和平和国际友谊。通过国际组织的调解、仲裁来解决国与国之间的争端，捍卫各国人民主权平等的原则，促进拉美国家的政治、经济一体化。党报是《民

主行动》。在全国代表大会和地方政府中分别拥有 32 席和 2 个州长职位。2002 年 5 月，与其他反对党成立反查韦斯的政治联盟"民主协调"。2004 年 8 月查韦斯赢得全民公投胜利后，"民主协调"解散。

2005 年该党和其他反对党一起退出议会选举。2008 年 1 月，包括民主行动党在内的反查韦斯的主要政党签署"全国团结协议"，建立"团结联盟"。2009 年 6 月"团结联盟"更名为"民主联盟"（MUD）。作为委内瑞拉传统政党，近年来力量不断减弱，影响力逐渐衰弱。2010 年 9 月议会选举中获得 924339 票，占总有效票的 8.17%，在政党得票率中居第 4 位，是反对党联盟第三大党。在 2011 年成立的新一届国会 165 个席位中，民主行动党占 15 席。在 335 个市长中，有 26 个市长。在拉美议会 12 席中占 1 席。

基督教社会党　基民党国际和美洲基民组织成员。该党是在 20 世纪 30 年代反独裁制度学生运动的基础上建立起来的。当时，独裁政权不允许政党存在，但学生运动很活跃。在领导学生运动的委内瑞拉学生联合会中有各种政治倾向的派别，其中以拉斐尔·卡尔德拉·罗德里格斯为首的一派，思想保守，信奉基督教。1936 年 5 月，卡尔德拉一派从学联中分裂出来，另建全国学生联盟。同年 9 月，卡尔德拉建立了全国保卫同盟。为了参加选举，1938 年 10 月，卡尔德拉和何塞·拉腊·佩纳等人发起组织了选举运动。1942 年，选举运动同国民行动运动合并组成全国行动党。1946 年 1 月 13 日，以卡尔德拉为首的独立竞选政治组织委员会在加拉加斯正式成立，因它以绿色作为竞选标记，所以又被称为绿党。1948 年 3 月改名为基督教社会党。基督教社会党信仰上帝，认为精神是人的原动力，精神通过人而推动历史发展。该党遵循基督精神同民主精神相结合的基督教民主主义，主张实行以民主为主要内容的基本改革，从而实现社会主义。在国内政策上声称站在穷人一边，实行既照顾工人利益也照顾其他阶层利益的经济民主，建立一个既非利己主义的资本主义社会、又非"集权主义"的共产主义的"公有社会"，建立一个维护个人尊严的、有效能的政府。在国际政策方面，主张实行国际正义，反对强国对弱国的压迫和剥削，认为发达国家应承担国际正义所要求的义务。党的最高权力机关为全国代表大会，执行机构为全国委员会和书记处。该党创始人和领袖卡尔德拉在 1993 年 6 月的竞选中因违反党章与其他政党联合竞选，被开除出党，使该党分裂，影响力下降。1998 年大选遭惨败，在全国代表大会和地方政府中仅拥有 6 席和 1 个州长职位。党刊是《基督教社会党》。2002 年 5 月，该党同其他反对党成立反查韦斯的政治联盟"民主协调"。

同民主行动党一样，基督教社会党作为委内瑞拉传统政党，近年来力量不断缩小，影响力逐渐衰弱。2005 年和其他反对党一起退出议会选举。2008 年 1 月，包括基督教社会党在内的反查韦斯的主要政党签署"全国团结协议"，建立"团结联盟"。2009 年 6 月"团结联盟"更名为"民主联盟"。在 2011 年成立的新一届国会 165 个席位中，基督教社会党占 5 席。在 335 个市长中，有 13 个市长。在拉美议会 12 席中占 1 席。

争取社会主义运动 1968 年苏联出兵侵占捷克斯洛伐克后，委内瑞拉共产党内部就这一事件以及如何认识党的历史经验教训等问题发生激烈争论。以原中央书记庞佩约·马克斯和政治局委员特奥多罗·佩特科夫为首的一派同总书记赫苏斯·法利亚等人发生严重分歧。1969 年和 1970 年 8 月，佩特科夫两次撰文公开谴责苏联侵捷，抨击苏联的现行制度。在苏共的授意下，法利亚等人要把佩特科夫开除出中央，但庞佩约反对，认为委共不应成为苏共的仆从。庞佩约随即被指责为反苏、反党。1970 年 12 月，以庞佩约为首的 22 名中央委员发表《告人民书》，宣布脱离委共，并于 1971 年 1 月 19 日召开代表大会，宣告成立争取社会主义运动。该组织主张革新马克思主义理论，建立一个委内瑞拉式的民主、多元、主权、人民自治的社会主义社会。从 80 年代起，逐渐成为委内瑞拉的一支重要政治力量，发挥越来越大的作用。1988 年总统选举中，其总统候选人特奥多罗·彼特科夫（Teodoro Petkoff）的得票数居第三位，仅次于民主行动党和基督教社会党候选人。1994～1998 年拉斐尔·卡尔德拉执政期间，该党曾加入其内阁。1996 年卡尔德拉政府接受国际货币基金组织计划后，该党内部产生分歧。1998 年该党支持查韦斯竞选总统，

但在查韦斯大选获胜后，该党成员并未能加入内阁。2001 年党内分裂为反对政府和支持政府两派。由于该党经常反对查韦斯政府的政策，所以同第五共和国运动关系日趋紧张，2001 年 5 月被逐出"爱国中心"。该党出版物是《蓬托报》(*Punto*)。党主席是费利佩·穆希卡 (Felipe Mujica)，总书记是莱奥波尔多·普奇 (Leopoldo Puchi)。该党在全国代表大会和地方政府中拥有 21 席和 4 个州长职位。2002 年 5 月，该党与其他反对党结成反查韦斯的政治联盟"民主协调"。2004 年 8 月 3 日，"民主协调"解散。

2006 年 12 月，争取社会主义运动支持反对党总统候选人曼努埃尔·罗萨莱斯竞选。2007 年该党一些重要领导人脱离该党加入"一个新时代党"。同年党内选举产生 41 人组成的执委会，反对查韦斯修宪提案。2008 年参加反对派民主联盟，支持反对派总统候选人卡普里莱斯。在 2011 年成立的新一届国会 165 个席位中，争取社会主义运动占 1 席。

争取社会民主　2002 年 3 月 22 日，争取社会主义运动中以伊斯马埃尔·加西亚 (Ismael García) 和拉斐尔·西蒙·希门尼斯 (Rafael Simon Jimenez) 为首的一批拥护查韦斯的人，决定退出该党，另行成立争取社会民主。同年年底，拉斐尔·西蒙·希门尼斯等人脱离争取社会民主，组建巴莫斯党 (Vamos)。2003 年 4 月 23 日，争取社会民主获得合法地位。8 月 18 日，全国选举委员会承认争取社会民主是国家政党。争取社会民主成为执政党盟友。2004 年地方选举中，该党获得苏克雷州州长和阿拉瓜州州长以及许多市长职位。2005 年议会选举中，获得全国代表大会 15 个议员席位，成为议会中第二大党。2007 年 3 月，该党总书记伊斯马埃尔·加西亚宣布不与委内瑞拉统一社会主义党合并，此后，党的许多高层领导决定加入委内瑞拉统一社会主义党，其中包括 42 名市长中的 22 名、18 名议员中的 9 名、24 名地区书记中的 15 名以及亚拉奎州州长卡洛斯·希门尼斯 (Carlos Giménez)。争取社会民主反对查韦斯的一些决定，声称要走查韦斯主义和反对派之间的"第三条道路"，在 2007 年公投中加入反对派阵营。2009 年最终加入反对派民主联盟。2010 年议会选举中，争取社会民主得票 423991 张，占总有效票的 3.75%，成为得票率居第六位的大党。2012 年 6 月，迪达尔科·玻利瓦尔（Didalco Bolívar）成为争取社会民主主席。该党宣布与查韦斯结盟，加入以执政党为首的爱国联盟，断绝了同反对派民主联盟的关系。

一个新时代党　全国主要政党之一，反对党，社会党国际成员。1999 年作为苏利亚州地区性政党成立，很快发展壮大，2006 年成为全国性政党。创建者为曼努埃尔·罗萨莱斯。该党提倡"社会民主"，主张修改 1999 年宪法、行政和司法中立化以及三权分立，反对利用公共资金进行大选。党旗使用蓝、红、白三色。口号为"社会民主"，也使用过"好政府"的口号，是反对派民主联盟成员。2006 年总统选举中，该党主席曼努埃尔·罗萨莱斯作为反对派总统候选人获得 1555362 张选票，占总有效票的 13.37%。2000 年、2004 年和 2008 年地方选举中，该党赢得苏利亚州州长职位。2000 年和 2008 年赢得马拉开波市市长职位。2010 年议会选举中，该党获得选票 998606 张，占总有效选票的 8.83%，成为仅次于执政党委内瑞拉统一社会主义党的第二大党，并成为反对派民主联盟中的第一大党。在 2012 年地方选举中，得票 616370 张，占总有效选票的 6.67%。

全国协商委员会为党的最高权力机构。一个新时代党在各州的领导机构为州组织委员会，有主席和总书记。在 2011 年成立的新一届国会 165 个席位中，一个新时代党占 16 席，在 335 个市长中占 9 个。

正义第一党　建于 2000 年，是米兰达州的地方性政党。前身是 1992 年建立的公民协会（Asociación Civil）。正义第一党 2003 年成为全国性政党，现为反对派民主联盟重要成员。该党标志颜色是黄与黑，口号是"委内瑞拉第一"。主张人文主义，尊重生命和个人自由，促进自由市场经济。2010 年，委内瑞拉多个反对派政党结成"民主联盟"。2010 年选举中，得票 974358 张，占总有效票数的 8.62%，成为委内瑞拉第三大党。2012 年 2 月 12 日，委内瑞拉反对派民主联盟举行总统选举党内初选，正义第一党领导人恩里克·卡普里莱斯赢得总票数的 62%，以高出 30 多个百分点的明显优势击败竞争者巴勃罗·佩雷斯（Pablo Pérez）州长，成为总统候选人。在 2012 年 10 月举行的委内瑞拉总统选举中，卡普

里莱斯获得 45% 的选票，与查韦斯仅相差 11 个百分点。2013 年 3 月查韦斯病逝后，在同年 4 月大选中卡普里莱斯再次作为反对派民主联盟总统候选人参选，仅以微弱劣势败选。全国政治委员会（Comité Político Naccional）是该党最高领导机构，由各州党代表组成。该党下设 8 个秘书处：组织秘书处、街道司法秘书处、国际事务秘书处、青年司法秘书处、公民司法秘书处、市政事务秘书处、司法与民主基金会秘书处和特别司法秘书处。在 2011 年成立的新一届国会 165 个席位中，第一正义党占 6 席，在 23 个州长中占 1 个，在 335 个市长中占 4 个。

大家的祖国党 1997 年激进事业分裂后，同年 9 月 27 日，由受巴勃罗·梅迪纳（Pablo Medina）影响的维克多·莫雷诺（Víctor Moreno）、阿里斯托布洛·伊斯图里斯（Aristóbulo Istúriz）等人组建新党——大家的祖国党，为中左政党，由左派人士、反帝国主义者和查韦斯主义者组成，成员有学生、专业人士、工会领导人、工人等。从成立时起，一直支持查韦斯，同年 11 月获得安索阿特吉、瓜里科和巴尔加斯三州州长职位，获国会 7 名众议员和 1 名参议员职位。1998 年该党与第五共和国运动和争取社会主义运动组成爱国中心，在地方、议会和总统选举中获胜。该党参加了查韦斯的内阁，内阁重要职务如石油和矿业部部长、委内瑞拉国家石油公司总裁等是该党党员。后成为爱国联盟成员。多名议员参加全国立宪大会。21 世纪伊始，该党领导人虽与查韦斯政府有矛盾，但并未参加反对派阵营。2002 年重返查韦斯阵营。2006 年查韦斯提出建立委内瑞拉统一社会主义党，该党内部出现对立。议员马里奥·伊塞阿（Mario Isea）、曼努埃尔·比利亚尔瓦、罗伊·达萨、胡安·蒙特内格罗和一批市长及瓜里科州州长爱德华多·马努伊特决定加入委内瑞拉统一社会主义党。大家的祖国党仍作为政党保留下来，继续支持查韦斯修宪提案。2010 年成为反对党，决定支持反对派总统候选人卡普里莱斯。

在 2010 年议会选举中，大家的祖国党获得 342762 张选票，占总有效选票的 3.03%，在获选票政党中居第 7 位。所获选票 74.71% 来自亚马孙、瓜里科和拉腊三州。在 2010 年地方选举中，亚马孙和瓜里科州长选举中大家的祖国党候选人利沃里奥·瓜鲁利亚（Liborio Guárico）和亨利·何塞·法尔孔·富恩特斯（Henri José Falcón Fuentes）获胜。2011 年大家的祖国党第 9 次全国代表大会任命前众议员西蒙·卡萨迪利亚（Simón Calzadilla）为总书记，代替已任职 11 年的何塞·阿尔沃诺斯（José Albornoz）。

委内瑞拉计划　　反对党。恩里克·萨拉斯·勒默尔（Henrique Salas Rñmer）创建于 1998 年，并参加大选。前身是 1995 年成立的前进计划党（Proyecto Avanza）。2000 年起，成为全国第五大党。该党在卡拉沃沃州势力很大，2008 年地方选举中，恩里克·萨拉斯·勒默尔之子恩里克·萨拉斯·勒默尔·费奥（Henrique Salas Rñmer Feo）当选卡拉沃沃州州长。恩里克·萨拉斯·勒默尔和他的妻子担任该党领袖。

人民意志（Voluntad Popular）　　反对党。2009 年 12 月 5 日莱奥波尔多·洛佩斯（Leopoldo López）、埃米利奥·格拉特龙（Emilio Graterón）和卡洛斯·韦基奥（Carlos Vecchio）等人在卡拉沃沃州巴伦西亚创建"人民意志运动"（Movimiento Voluntad Popular，MVP）。因其名与阿普雷州的地方党人民基础运动（Movimiento Base Popular）名字相似，2010 年 2 月 1 日，全国选举委员会宣布不承认"人民意志运动"，该党因而未能参加当年的议会选举。该党使用"人民意志"名称后，2011 年 1 月 17 日，全国选举委员会承认了该党。该党加入反对派民主联盟。该党的标志颜色为橙色，口号是"人民的意志"。2012 年 12 月 16 日地方选举中，该党得票 243485 张，占总有效票数的 2.63%，占反对派得票的 6.27%，从而成为反对派的第四大党。该党主席是莱奥波尔多·洛佩斯。在 2011 年成立的新一届国会 165 个席位中，人民意志占 1 席。在 335 个市长中，人民意志有 1 名市长。在米兰达、巴尔加斯、塔奇拉、梅里达、苏克雷和首都区有一定影响力。

二　工　会

委内瑞拉劳动法第 400 条规定，无论是工人还是老板，都有自由成立工会的权利。委内瑞拉约有 1/4 的工人是工会会员，约有 1/2 的工会得到法律的承认。

委内瑞拉工人联合会（Confederación de Trabajadores de Venezuela，

CTV）　成立于 1936 年，是民主行动党的工会组织，也是委内瑞拉最大的全国性工会组织。2001 年卡洛斯·奥尔特加（Carlos Ortega）以 64.06% 的得票率当选委内瑞拉工人联合会主席。奥尔特加上任后公开反对查韦斯，参与 2002 年 4 月政变和 2002 年 12 月与 2003 年 1 月的石油罢工。他被控谋反后转入地下活动。2003 年 3 月他在哥斯达黎加驻委使馆要求政治避难被批准，后因违反避难规则被逐出哥斯达黎加。奥尔特加重新在委内瑞拉开展地下活动。2005 年 2 月在加拉加斯被捕，同年 12 月被判处 16 年有期徒刑。2006 年 8 月 13 日，他和达里奥·法里亚斯兄弟等人逃出洛斯特克斯城拉默·贝尔德军事监狱，再次转入地下活动。2007 年 9 月，他在秘鲁公开现身。委内瑞拉工人联合会总书记曼努埃尔·科瓦（Manuel Cova）持反对查韦斯政府的立场，经常批评查韦斯政府的劳工政策。

委内瑞拉全国工人联合会（Unión Nacional de los Trabajadores，UNT）支持查韦斯的工会组织，2003 年 4 月 5 日由委内瑞拉工人联合会内一部分支持查韦斯的人士组建，同年 8 月 1～2 日召开第一次代表大会。2005 年会员为 60 万名，2013 年已有会员 150 万名。

委内瑞拉自治工会联合会（Confederación de Sindicatos Autónomos de Venezuela，Codesa）　基督教社会党的工会组织。1964 年 8 月 20 日正式成立。

工人总工会（Confederación General de Trabajadores，CGT）　委内瑞拉共产党领导的工会组织。1971 年 4 月 24 日，一部分人脱离委内瑞拉自治工会联合会成立工人总工会。

委内瑞拉工人统一中央工会（Central Unitaria de Trabajadores de Venezuela，CUTV）　隶属于世界工会联合会和拉丁美洲工人联合会的左翼工会。1963 年 3 月 31 日，委内瑞拉全国工人联合会的一批倾向于委内瑞拉共产党的左翼人士成立委内瑞拉工人统一中央工会。

全国工人争取解放运动（Movimiento Nacional de Trabajadores para la Liberación，MONTRAL）　成立于 1974 年。隶属于拉丁美洲工人联合会和世界工会联合会。

第五节　查韦斯执政后的政治变化

一　查韦斯当选总统

20世纪90年代，委内瑞拉政坛上出现了引人注目的变化。一些新的政党和团体应运而生，从而对传统的"两党政治"形成强烈的冲击。在新出现的政党中，最突出的是由退役军人乌戈·查韦斯·弗里亚斯领导的"第五共和国运动"。查韦斯1954年7月28日出生于委内瑞拉巴里纳斯州萨瓦内塔镇，父亲是名教师。他中学毕业后从军，后进入委内瑞拉军事学院，1975年毕业，毕业后留校任教，后服役于伞兵部队。1982年，查韦斯在军中创建"玻利瓦尔革命运动—200"，主张建立西蒙·玻利瓦尔所倡导的"拉美国家联盟"和在委内瑞拉实行深刻改革，改变不合理的政治经济体制。1991年晋升为中校，任空降营营长。1992年2月，查韦斯发动推翻佩雷斯总统的政变，政变失败后被捕入狱，1994年获释。出狱后，他重组"玻利瓦尔革命运动—200"，把许多退役军官和中下层群众吸引到组织中。因委内瑞拉法律不准以"解放者"玻利瓦尔之名命名政党，故1997年7月查韦斯将该组织改名为"第五共和国运动"，并任主席。不久，该党成为合法的全国性政党。在1998年11月8日地方和议会选举中，查韦斯的"第五共和国运动"同争取社会主义运动、大众党和委内瑞拉共产党组成"爱国中心"，以激进的改革主张迎合民众要求变革的心理，因而受到民众支持。在众议院208个议席的选举中，"爱国中心"获得70席，在参议院58个议席的选举中，"爱国中心"获19席，占总席位的1/3，成为国会中的第一大政治势力。在地方选举中，以"第五共和国运动"为主的"爱国中心"也在23个州中的7个州获胜。

1998年12月6日举行的总统大选中，"爱国中心"提名的候选人查韦斯以"改革者"的面目出现在选民面前。他提出的消除腐败、精简政府机构、修改现行宪法、增加就业机会、提高人民生活水平等竞选纲领，符合人民要求变革的愿望，因而以56.2%的得票率，战胜主要的竞选对手"委内瑞拉计划"候选人恩里克·萨拉斯，当选为新一任总统。查韦斯的当选，结束了民主行动党和基督教社会党长达 40 多年的两党轮流执政的历史。

1999 年 2 月，查韦斯就任总统。他锐意进行政治改革，提倡"参政民主"，清除腐败，并改革各级行政管理机构，进行一场和平民主革命和玻利瓦尔革命。4 月 25 日，委内瑞拉举行全民公决，决定成立全国制宪大会并修改宪法。7 月 25 日，举行全国制宪大会代表选举，"爱国中心"大获全胜，获得 131 个代表席位中的 120 席。1999 年 12 月 25 日举行的全民公决，通过了第五共和国宪法。与此同时，根据新宪法，查韦斯精简政府机构，把政府部委精简了 3/4；查处腐败官员，把逃税者送入监狱；保持社会稳定。他控制军权，要求取消总统卫队，坚持不用无限额信用卡。2000 年 7 月 30 日委内瑞拉重新举行大选，查韦斯获得 59.4% 的有效选票，再次当选总统。8 月 19 日就职，任期 6 年。查韦斯在大刀阔斧进行政治改革的同时，实施"玻利瓦尔计划 2000 年计划"，改善了穷苦人民的生活，增加了就业机会。

二 传统势力反对查韦斯的改革

传统势力对查韦斯执政后通过的新宪法以及查韦斯所实施的政治、经济改革恨之入骨，采取各种阴谋活动加以破坏，并千方百计搞垮查韦斯政府，妄图恢复他们的统治。

国内政局的动荡和世界经济的衰退，导致委内瑞拉经济下滑，人民生活水平下降，从而引起群众的不满。在国内不满情绪日益上升之时，查韦斯未能审时度势及时采取措施，以瓦解反对派阵营，团结各阶层人民渡过难关，反而采取过激措施，使他同反对党、工会、企业界、天主教会以及媒体的关系日趋紧张。查韦斯与新闻媒体的过节很深。委内瑞拉的新闻媒体绝大部分是私人企业，政治上倾向反对派。媒体宣传的都是反查内容，反复播放反查活动的情况，激起一些群众对查韦斯政权的不满，媒体成了煽动骚乱的舆论中心。与此同时，查韦斯政府的宣传阵地却很薄弱，控制的电视台只有国家电视台一家，覆盖面不广、影响有限。查韦斯未能注意发展同媒体的关系，经常指责媒体。从 2001 年中期起，查韦斯与媒体的关系日趋紧张，双方唇枪舌剑，互相攻击。查韦斯的这些过激措施未能使问题得到解决，反而使他同反对派的矛盾更加激化，促使反对派抱成一团，共同与查韦斯政府对抗。

查韦斯总统执政后，奉行维护国家主权、独立自主的外交方针，敢于同美国对抗，因而引起美国的不快。查韦斯采取向外国石油公司征收赋税的政策，使国家增加了收入，但触犯了以美国为首的西方石油公司的利益，引起美国财团的不满。为了应付国际油价的下跌，查韦斯大力提倡"减产保价"政策，削减石油的生产和出口，也使美国大为恼火。查韦斯积极发展同美国的宿敌古巴的关系，同卡斯特罗关系密切，两人多次互访。委向古巴提供低价石油，并和古巴签订加强双边合作关系的多项协议。在 2001 年联合国人权大会上，委内瑞拉不怕得罪美国，由以往弃权改为支持古巴。委内瑞拉禁止美国缉毒飞机穿越国家领空，委内瑞拉国防部部长兰赫尔说，美国缉毒飞机飞越委内瑞拉领空不会解决与贩毒有关的任何问题。"9·11"事件后，查韦斯政府一方面谴责恐怖主义；另一方面呼吁打击恐怖主义不能违反国际法，不能用战争的方式来解决恐怖主义的问题。美国对查韦斯政府抗拒美国的政策十分不满，因而对其采取敌视态度。

2001 年年底，反对派利用国际油价下跌、委内瑞拉经济困难的局势，加紧进行反查韦斯政府的活动。他们指责查韦斯反民主，实行独裁统治，管理经济无方。他们煽动群众上街游行，要求查韦斯辞职。反对派把持的委内瑞拉企业家商会联合会还在 12 月发动全国大罢工，企图制造混乱。2002 年，反对派的反政府活动逐步升级，愈演愈烈，并且蔓延到武装部队。一些中高级军官向查韦斯发难，要求查韦斯辞职，提前举行大选，把权力交给文人，号召武装部队反对现政府。

在部分军人向查韦斯挑战的同时，委内瑞拉国家石油公司与查韦斯的冲突也开始公开化。2 月中旬，查韦斯总统任命前委内瑞拉中央银行副行长、经济学家加斯顿·帕拉为委内瑞拉国家石油公司总裁，取代了已任职15 个月的拉梅达将军。查韦斯还任命了该公司新的董事会。人事变动在委内瑞拉国家石油公司内引起了轩然大波，成为委内瑞拉国家石油公司与查韦斯矛盾爆发的导火线。查韦斯拒绝接受委内瑞拉国家石油公司经理层和工人反对新董事会的抗议，指出委内瑞拉国家石油公司不能成为国中之国。

3月5日，包括企业家商会联合会、委内瑞拉最大的工会组织——委内瑞拉工人联合会、天主教代表、公民组织和知识界人士等在内的反对派签署了名为《民主协议的基础》的文件。查韦斯总统严厉批评反对派的上述文件，指责反对派的文件是破坏政府稳定的计划，还批评国内一些媒体与反政府集团联系密切。

从2002年3月开始，委内瑞拉的罢工活动不断增加，卷入的部门也有所增多。委内瑞拉国家石油公司经理层人员不满查韦斯总统拒不撤销对该公司新董事会的任命，因而与查韦斯政府矛盾进一步激化。这些公司上层人员唆使工人与政府对抗并策划罢工，以向政府施加更大的压力。4月4日，委内瑞拉各地许多炼油厂举行罢工，中断了各种燃料的供应。东部地区的拉克曾斯炼油厂停止供应汽油、煤油和飞机燃料，委内瑞拉东部和南部地区燃料告急。中部地区的埃尔帕利托炼油厂也停止出售汽油、煤油、柴油和飞机燃料，使法尔孔、卡拉沃沃、亚拉奎等8个州的燃料供应中断。亚瓜炼油厂的停工，也使委内瑞拉西部地区的燃料供应受到严重影响。

在石油部门出现危机的同时，委内瑞拉教育部门罢教、罢课现象也逐渐增多。4月3日，加拉加斯的委内瑞拉中央大学、西蒙·罗德里格斯大学和苏利亚州的各大学举行罢工。次日，委内瑞拉大学教师协会宣布全力支持上述学校教师采取的行动，并决定于4月9日举行全国17所国立大学的24小时总罢工，抗议自1998年起委内瑞拉政府拖欠学校教师的薪金，并抗议弗朗西斯科大学的3名教师（1名是委内瑞拉大学教师协会领导人，另2名是协会成员）和2名学生因参加争取该校的民主和自治而被停职和停课。

在委内瑞拉医务工作者联合会的号召下，约2.3万名医师从2002年3月18日起举行无限期罢工，抗议政府违约，并要求增加工资和改善医院设备。4月4日，委内瑞拉医务工作者联合会主席道格拉斯·纳特拉带领数百名医师进入委内瑞拉社会保险协会在加拉加斯的总部，在社会保险协会工作人员阻拦他们时，双方发生斗殴，场面极为混乱。

三　"4·12政变"的破产

2002年4月7日，查韦斯解雇委国家石油公司7名反对现政府的高层管理人员，并让另外12名经理提前退休，从而使委国家石油公司领导层同查韦斯的矛盾迅速升级，并酝酿发动更大规模的罢工。4月9日，委内瑞拉工人联合会在委内瑞拉企业家商会联合会的支持下，发动全国大罢工。4月11日，反对派组织数十万名群众举行示威游行，示威群众涌向总统府。在总统府附近，反查派与拥查派发生流血冲突，导致17人死亡。在骚乱中，海军参谋长拉米雷斯·佩雷斯纠集10名高级军官宣布不承认查韦斯政府，号召军队起来推翻现政权。当日晚，负责保卫总统府的国民警卫队卡马乔·卡伊鲁斯将军临阵倒戈，宣称查韦斯违背了委内瑞拉民众的人权和民主制度，宣布政府已经丧失权力，全国处于武装部队控制之下。在危难时刻，陆军总司令拉斯科斯·贝拉斯科也倒向反查阵营，宣布不再支持现政府。前内政部长路易斯·米基莱纳也倒向反查派一边，公开抨击查韦斯。12日凌晨，反叛军方领导人宣布查韦斯已辞去总统职务，委内瑞拉企业家商会联合会主席卡莫纳担任临时政府总统。卡莫纳上台后，立即宣布将国名由"委内瑞拉玻利瓦尔共和国"改为"委内瑞拉共和国"；解散国民议会，中止所有议员的职务，恢复宪法，实际上把委内瑞拉拖回由传统政党统治的老路，与此同时，临时政府大肆逮捕宪法政府官员、民选议员和地方政府官员。在12日短短一天，便有数十名所谓的"政治犯"被逮捕，有些人失踪，很多人的家被查抄，在加拉加斯就出现数十起秘密处决事件。在广大民众要求卡莫纳下台和查韦斯复职的过程中，又有数十人被打死和打伤。拉美国家纷纷谴责委内瑞拉的军事政变，不承认临时政府。同日，在哥斯达黎加参加里约集团首脑会议的19个国家领导人发表联合声明，谴责委内瑞拉发生的违反宪法秩序的行为，不承认委内瑞拉的新政府。古巴政府严厉谴责委内瑞拉发生的反革命政变，呼吁联合国派出调查团进行调查。阿根廷总统和巴拉圭总统认为委新政府是非法的。巴西政府认为查韦斯是被政变推翻的，表示不支持委临时政府。

卡莫纳临时政府打破民主宪法秩序和抛弃法制和人权的行径，令广大民众极为愤慨。甚至许多参加过倒查行动的群众，也看清了卡莫纳的真面目，纷纷反戈一击。军事政变发生后，几十万名拥护查韦斯的民众不顾警察的镇压，迅速聚集在总统府周围。在环球电视台等私营电视台门前，大批群众要求释放查韦斯总统，并要求电视台进行客观报道。在关键时刻，拥护查韦斯的阿列塔·加西亚·卡内罗和何塞·阿基莱斯等高级将领挺身而出，控制了首都重要的第乌纳军营，阿拉瓜军营司令贝尔德·格拉塔乌尔、卡拉沃沃驻军将领也举起反政变大旗。他们不承认卡莫纳临时政府，要求释放查韦斯总统及内阁成员，恢复国民议会。劳尔·伊萨亚斯将军率领的委内瑞拉空降兵部队在马拉凯空军基地宣布继续支持查韦斯，并对拘禁查韦斯的部队发出最后通牒，要求他们立即释放总统，否则将采取军事行动。空降兵派出一个12人的小分队，从奥奇拉岛救出了查韦斯。查韦斯总统乘直升机抵达观花宫时，等待他的内阁部长和几十万名群众齐声高呼："查韦斯，亲爱的，人民和你在一起。"在民众的支持下，拥护查韦斯的军队重新开进总统府，把掌权仅一天的卡莫纳赶下总统宝座。

四　政局依然动荡

尽管2002年4月12日反查派发动的政变很快便被粉碎，但其力量没有受到影响。反查派倒查之心不死，他们继续招兵买马、扩充实力，不断向查韦斯政府发起攻击。

5月，委内瑞拉的主要反对党结成反查韦斯的政治联盟，其中包括争取社会主义运动、基督教社会党、勇敢人民联盟、正义第一党和争取进步联盟党等。这个政治联盟把修改宪法和迫使总检察长伊萨亚斯·罗德里格斯和副总统兰赫尔下台作为首要目标，进而推翻查韦斯政府。反对党公开要求把查韦斯总统的任期从6年缩短为4年，并要求立即举行大选，企图使传统政党重新上台。在4月政变中一马当先的委内瑞拉工人联合会不断给韦斯政府制造麻烦，该会主席卡洛斯·奥尔特加公开要求查韦斯辞职，攻击查韦斯是独裁分子。一些传统政党的元老也加入了反查韦斯的阵营。全国代表大会的反查议员集团还炮制出一份报告，指责查韦斯对 4 月 11 日 17 人死亡事件负有"政治责任"。10 月上旬，委内瑞拉前外长恩里克·特赫拉·帕里斯策划发动政变，后因阴谋败露而未得逞。反对派还阴谋暗杀查韦斯。

2002 年 12 月 2 日，以反对派政党联盟"民主协调"、委内瑞拉工人联合会和委内瑞拉企业家商会联合会为首的委内瑞拉反对派发起了长达两个多月的大罢工。12 月 9 日，由全国 200 多名反查派市长组成的委内瑞拉市长联盟主席萨阿迪·比哈尼宣布，该联盟参加全国大罢工，拒绝接受查韦斯政府的命令，不实行查韦斯政府采取的措施，要求查韦斯总统尊重地方的权力和权威。控制着 Venevisión 电视台的委内瑞拉首富、拉美二号富翁古斯塔沃·西斯内罗斯四处扬言："查韦斯不下台或者查韦斯不死，我绝不休息。"在他的指挥下，媒体反复播报反查活动的情况，鼓动人们反对现政府，激起群众对查韦斯政权的仇恨。在反查宣传的鼓动下，一些群众产生对查韦斯政府的不满情绪，参加到示威和罢工的行列。反对派在全力破坏国家经济的同时，从 12 月中旬开始又发起多次"堵路运动"，在加拉加斯主要干道上设置障碍，阻止车辆通行，希望通过破坏交通向政府施压。这次以石油部门为主的大罢工直至 2003 年 2 月 5 日才告结束，反对派在没有达到目的的情况下草草收兵。然而，罢工给委内瑞拉带来了巨大灾难，严重影响了石油生产、出口和燃料供应，石油工业几乎陷于停顿状态。罢工期间国家损失了 40 亿美元，其中包括石油出口收入、国家税收、工业生产和商业销售等的损失。

反叛军人也配合反对派的活动，继续进行反政府阴谋活动。2002 年 5 月 5 日反叛军人集团在《宇宙报》发表声明，号召不承认查韦斯政权。2002 年 6 月 20 日，以退役军官伊达尔戈·巴莱罗为首的反政府军人组织"人民保卫者"举行示威游行，公开同政府对抗。10 月 22 日，以恩里克·戈麦斯中将为首的 14 名现役将军宣布不承认查韦斯政府，不服从军方最高指挥部的调遣，并号召军人加入反查阵营。10 月 26 日，查韦斯总统座机驾驶员、空军少校卡斯蒂约也加入到当时聚集在加拉加斯广场的反

对派军官的行列中，指责查韦斯损害委内瑞拉的制度、削弱将军们的实权，并宣称"自己不能再受蒙蔽了"。12月6日枪击事件发生后，一些军方高级领导人宣称，枪击是查韦斯派来的枪手所为，说这是"查韦斯对人民的新犯罪记录"。一些反叛军官甚至号召军队立即举行起义，推翻查韦斯的统治。为了除掉查韦斯，反对派甚至采取暗杀的极端手段。2003年10月中旬查韦斯总统访欧回国时，就曾险遭火箭筒袭击。

由于反对派在举行全国总罢工和提前大选上都遭到失败，他们转而寄希望于通过公民投票来罢免查韦斯总统。根据委内瑞拉宪法第72条，在总统、省长和市长等公职人员任期满一半时，委内瑞拉公民有权举行公民投票，决定他们是否能够继续留任。2002年11月初，反对派将一份有200万人签名的文件递交全国选举委员会，要求立即举行公民投票，以决定查韦斯政府未来的命运。由于反对派组织的签名同总统任期过半的时间相距甚远，所以未被理睬。2003年5月，在美洲国家组织、联合国和美国卡特中心等国际组织或机构的调停下，委内瑞拉政府同反对派达成用公民投票的方式来决定查韦斯去留的协议。2003年8月19日查韦斯总统任期过半前，反对派又迫不及待地组织了签名，并在20日把签名箱递交全国选举委员会，正式提出启动公民投票程序的申请。9月12日，全国选举委员会宣布不承认反对派递交的270万人的签名，理由是签名是在8月19日之前进行的，不符合在总统任期过半后才可征集签名的规定。根据全国选举委员会的要求，2003年11月28日至12月1日，在美洲国家组织和美国卡特中心的监督下，委内瑞拉反对派大张旗鼓地在全国征集签名。12月19日反对派向全国选举委员会提交了340万人的签名，要求举行全民公决。2004年3月2日，委内瑞拉全国选举委员会公布核查签名的结果：在总共审核的3086013个签名中，合格的签名为1832493个，876017个签名有疑点，需要进行"修补"，其余为不合格签名。对有疑点签名的"修补"将在3月18日至22日进行。核查结果宣布后，反对派指责全国选举委员会的决定不公正，号召支持者上街举行抗议示威，反对全国选举委员会的决定。2004年3月15日，最高法院选举法庭通过否定全国选举委员会公布的统计结果的决议，判定该委员会宣布的需要重新核查的有疑点签名全部为"有效签名",从而使合法签名的总数达到 270 多万个,超过启动公投需要签名的最低限度。全国选举委员会针对此判决向宪法法庭提出上诉,要求给予宪法保护,以阻止选举法庭的判决生效。3 月 23 日,最高法院宪法法庭宣布废除选举法庭的判决,要求全国选举委员会组织对有疑点签名的核查工作。6 月 3 日,全国选举委员会负责人豪尔赫·罗德里格斯宣布,经核查反对派征集的最终有效签名为 245.1 万份,超过了全体选民的 20% (即 243.6 万人)。按照法律规定,全国选举委员会于 2004 年 8 月 15 日举行了全民公投。8 月 19 日委内瑞拉广播电台宣布,查韦斯总统以 59.06%的支持率获得公决的胜利,将继续执政至 2007 年 1 月任期结束。

五 查韦斯成功连任

2004 年举行的地方选举中,爱国联盟在 23 个州长职位之争中赢得 21 个。2005 年 12 月委内瑞拉举行议会选举,包括民主行动党和基督教社会党在内的 5 个主要反对党要求在选举中取消使用有舞弊嫌疑的"自动电子投票机",其要求遭到全国选举委员会拒绝后便先后宣布退出竞选。这是 46 年来委内瑞拉第一次出现主要反对党不参加竞选的现象。执政党第五共和国运动获得了 114 个议席,所占席位超过总议席的 2/3,其余席位也由支持查韦斯的党派获得。委执政党获得压倒性多数的议席,有利于查韦斯政府在全国进一步推行其社会和经济改革计划。

查韦斯连任后,大力推行国有化,实行土地改革,增加就业机会,缩小贫富差距。他所采取的多项改革措施,深得众多中下层人民的欢迎。由于国际石油价格的飙升,委内瑞拉经济得以大幅增长:2004 年委内瑞拉经济增长率高达 17.6%,2005 年和 2006 年经济增长率仍分别达 9.4% 和 10.3%。经济的回暖,使查韦斯的声望不断上升,其反美姿态也为他赢得许多人气。2006 年 12 月 3 日,委内瑞拉举行总统选举。查韦斯成为"爱国中心"提名的候选人。一个新时代党、民主行动党、基督教社会党等 43 个政党组成的反对派联盟——"民族团结"(Unidad Nacional) 提出的候选人为前苏利亚州州长曼努埃尔·罗萨莱斯 (Manuel Rosales)。最终,

查韦斯共获得 7309080 张选票，得票率高达 62.84%；罗萨莱斯仅获得 4292466 张选票，得票率为 36.9%。根据候选人获得简单多数票即当选的宪法规定，查韦斯再次当选总统，任期自 2007 年 1 月 10 日至 2013 年 1 月 10 日。全国选举委员会公布选举结果后，反对派候选人罗萨莱斯发表讲话，承认失败。这场选举的过程得到多方认可。受查韦斯政府邀请，欧盟、美洲国家组织、南方共同市场和美国卡特中心的观察团全程监督了选举。美洲国家组织对选举过程表示赞赏，认为这是"规模宏大而和平"的一次投票。

查韦斯赢得大选胜利后，在 2007 年 1 月 10 日的就职演说中，宣布把修改宪法作为新任期的工作重点之一。修宪的内容包括把总统任期从 6 年延长到 7 年、取消总统任期限制等。2007 年 12 月 2 日，委内瑞拉就修改宪法举行全民公决，但最终未获通过。查韦斯并未停止修宪的脚步，为使修宪案顺利通过，他简化了修宪的内容，仅涉及宪法中 5 项条款的变动，主要是取消总统和各级官员、议员连任次数的限制。

2008 年 4 月 16 日，支持委内瑞拉政府的政党组成"爱国联盟"，以迎接即将到来的地方选举。2008 年 11 月 23 日，委内瑞拉举行地方选举。在参加选举的 22 个州和加拉加斯首都区中，以委内瑞拉统一社会主义党为首的"爱国联盟"在 17 个州获胜。尽管"爱国联盟"优势明显，但反对派在 4 个州和加拉加斯首都区获胜。加上一个未参加选举的州，反对派赢得首都加拉加斯市市长和 5 个州州长的职位，包括米兰达州、苏利亚州和卡拉沃沃州三个人口大州，以及新埃斯帕塔州和塔奇拉州。反对派主要领导人、原苏利亚州州长曼努埃尔·罗萨莱斯当选为委主要石油城马拉开波市市长。这次选举过后，执政党执政的州和市居住的居民为 1520 万人，反对派执政的州和市居住的居民为 1250 万人。

2009 年 2 月 15 日，委内瑞拉就修宪案举行第二次公投，查韦斯的修宪案最终获得通过，他可以作为总统候选人继续参加 2012 年的大选。修宪案得以通过，是因广大中下层民众希望查韦斯能够长期执政，继续推行他的惠民政策。

2009 年 6 月，委内瑞拉的反对党宣布成立反对党联盟——"民主团结"。此后，约 50 个政党加入这一联盟，其中 16 个属于全国性政党，其余属地方党派，主要包括民主行动党、争取社会主义运动和激进事业（Radical Cause）等。

2009 年 9 月 26 日，委内瑞拉举行议会选举。委内瑞拉 1770 万选民中，约 70% 的选民参与了投票，创下委内瑞拉议会选举投票率历史新高。委内瑞拉统一社会主义党获得全国代表大会 165 个席位中的 98 席，反对党联盟获得 65 席，大家的祖国党获得 2 席。拉丁美洲议会 12 个席位中，统一社会主义党获得 5 席，反对党联盟获得 5 席，另有 2 席待定。统一社会主义党虽获得全国代表大会中的多数席位，但未能实现获得 110 席，即控制议会 2/3 席位的目标。

2011 年 6 月，查韦斯在古巴访问时被诊断出患有癌症。同月 10 日，他接受了盆腔肿瘤切除手术，随后进行了 4 轮化疗。2012 年 2 月，他再次赴古巴，体检后发现在相同部位又发现了新的肿瘤。同月 26 日摘除肿瘤，后接受多次放疗。查韦斯在与癌症抗争、忍受病痛的同时，坚持作为总统候选人参加竞选。他表示如再次连任总统，将在新的任期内实行更加深刻的社会主义变革，摒弃资本主义民主。2012 年 10 月 7 日的总统选举中，查韦斯虽面临反对派候选人恩里克·卡普里莱斯的强力挑战，但因得到基层民众的支持，得票率仍达 54.42%，领先反对派总统候选人卡普里莱斯 10 个百分点，从而成功连任总统，新的任期从 2013 年 1 月至 2019 年。计票结果发布后，卡普里莱斯承认选举失败。尽管卡普里莱斯竞选失利，但也获得 600 多万名选民的支持，得到 44.31% 的选票，显示出较过去更强的力量。在这次大选中，每一政党联盟可以邀请 30 名外国选举监察员。美洲国家组织的 150 名代表以及欧盟、联合国与其他组织的代表都应邀参与监督选举，他们一致认为选举公开、公正。同年 12 月的州长和州议会选举中，执政党候选人在 20 个州获胜，反对派只赢得 3 个州长职位，它们是选民人数最多的米兰达州、亚马孙州和拉腊州。此次地方选举投票率仅为 54%，而 10 月 7 日总统大选的选民参与率高达 80%。2013 年 1 月 5 日委内瑞拉全国代表大会主席卡韦略以绝对多数选票成功连任。第一副主席和第二副主席也都掌握在委内瑞拉统一社会主义党手中。

六　查韦斯改革纲领和措施

查韦斯执政前和执政初期，曾探索在委内瑞拉走"第三条道路"，即奉行人道主义的资本主义或社会资本主义。后来随着时间的推移，他最终放弃了"第三条道路"。1999 年查韦斯执政后，实施"玻利瓦尔革命"，对委内瑞拉的政治、经济和社会进行深刻的改革。从 2005 年开始，查韦斯把目光投向了社会主义，希望能够把"玻利瓦尔革命"导向"21 世纪社会主义"。他认为，"资本主义是走向不稳定、多数人贫穷、自私自利、仇恨和缺少团结的道路，相反，社会主义是走向生命和团结的道路，是爱的道路"。他说："资本主义无法实现我们的发展目标，我们也无法寻求一条中间道路。我邀请所有委内瑞拉人民共同走上这条新世纪的社会主义道路。"查韦斯所提倡的"21 世纪社会主义"是以西蒙·玻利瓦尔思想为基础，吸纳了包括基督教教义、西蒙·罗德里格斯和埃塞基耶尔·萨莫拉思想、马克思的科学社会主义等多种理论以及土著部落的意识特征，寻求一条适应时代发展并符合委内瑞拉的政治、经济和社会特点的发展道路。为了推动"21 世纪社会主义"进程，查韦斯采取了以下多种措施。

第一，争取"委任立法权"。要求议会授予总统"委任立法权"，使政府能够颁布具有法律效力的规章，这是查韦斯就职演说中提出采取五项措施中的第一项。"委任立法权"须获得全国代表大会 2/3 议员支持方可通过。由于支持查韦斯的议员占据多数，所以在他执政期间，他先后 4 次从议会获得"委任立法权"。1999 年 4 月，查韦斯获得为期 6 个月的委任立法权，授权范围为经济和金融。获得授权后，他颁布了 51 个法令。2000 年 11 月，他再次获得"委任立法权"后，颁布了包括《土地和农业发展法》在内的 50 个法令。2007 年 1 月 31 日，查韦斯第三次得到"委任立法权"，使他享有为期 18 个月的特别权力，可在经济、财政、社会活动、土地等多个领域推行改革。之后，他颁布多个法令，如同年 2 月颁布有关降低增值税税率的法令，3 月颁布《货币转换法》等。2010 年 12 月 17 日，委内瑞拉全国代表大会第四次授予查韦斯"委任立法权"，他有权在 18 个月内不通过立法直接颁布法令。根据宪法，查韦斯可获得在能源、机构改革、金融和税务、安全与国防等 11 大领域出台数十部"革命法律"的权力，从而逐步搭建起"21 世纪社会主义"政治、经济、社会的法律框架。

第二，修正宪法。查韦斯就职演说中提出的第二项措施是修正宪法。他提出的修宪案，在 2007 年公投时未能通过，2009 年在简化内容后，顺利过关。

第三，建立委内瑞拉统一社会主义党。2006 年 10 月，查韦斯在大选获胜后，提出将所有支持"玻利瓦尔革命"的政党和组织合并为一个新的政党——委内瑞拉统一社会主义党。2008 年 1 月 12 日至 3 月 1 日，委内瑞拉统一社会主义党召开成立大会，查韦斯当选该党主席。党纲提出拥护"玻利瓦尔革命"和建设"21 世纪社会主义"。

第四，建立社区委员会。2000 年委内瑞拉出现了"玻利瓦尔小组"，它是社区委员会的前身，主要负责满足社区居民的要求。2001 年开始组建社区委员会，逐渐成为委内瑞拉基层的行政管理机构和人民权力单位。城市的社区委员会由 200~400 户组成，农村为 20 户，土著居民区则可放宽至 10 户以上。社区委员会最初由 4 个部分组成，它们是社区大会、行政小组、反腐败小组和财务小组。社区大会是社区委员会的最高决策机构，由全体社区居民组成。社区委员会设有发言人，由社区大会选举产生。2006 年 4 月，委内瑞拉全国代表大会通过《社区委员会法》，社区委员会得到法律承认，从此在全国遍地开花。2009 年，修改后的《社区委员会法》出台，社区委员会被赋予更重要的职责，"为社会主义建立社会—政治基础，从而巩固一种新型的政治、社会、文化和经济模式"。社区委员会扩充为 5 个部分，增加了"社区集体协调小组"。每年政府拨款资助社区委员会，如 2007 年政府拨款为 50 亿美元。社区委员会可以提出地方一级的发展计划，可以申请特别基金用于社区的教育、基础设施建设、交通、医疗中心、农业和住宅建设。

第五，实行国有化。查韦斯反对新自由主义，把国有化视为实现发展、变革的重要条件，强调国家对社会经济生活的干预。国有化首先针对国家的支柱产业——石油工业。早在 1976 年，委内瑞拉曾对石油生产、加工和贸易实现国有化。90 年代，委内瑞拉重新对外开放石油工业，对外拍卖。2004 年以后，查韦斯分步骤采取了一系列石油国有化措施。2004 年 10 月，政府将奥里诺科重油带的油田使用费从 1% 提高到 16.6%；2005 年 6 月，政府又规定超出合同约定部分的产量征收的油田使用费从 16.6% 增加到 30%。

　　从 2007 年开始，查韦斯政府加大石油、电力和通信等战略部门国有化的步伐，进一步加强对国民经济的主导权。2007 年 5 月，委内瑞拉正式接管奥里诺科重油带开发项目的控制权，从而完成石油工业的国有化。2007 年 6 月 26 日，国家石油公司与美国雪佛龙石油公司、挪威国家石油公司、法国道达尔石油公司等 7 家跨国企业签署谅解备忘录，把奥里诺科重油带战略合作项目和风险开发项目改组为委国家石油公司控股的合资企业。在此基础上，国有化进程逐渐向电力、电信、钢铁、水泥、金融等"战略部门"扩展。加拉加斯电力公司（EDC）是委内瑞拉最大的私营电力公司，在 2000 年被美国 AES 公司以 17 亿美元收购。2007 年 2 月 8 日，委内瑞拉国家石油公司与 AES 公司签署协议，收购 AES 公司在加拉加斯电力公司拥有的股份。4 月 9 日至 5 月 8 日，委内瑞拉在加拉加斯股市和美国股市公开收购加拉加斯电力公司的股票，持股比例达 92.98%。委内瑞拉国家电话公司（CANTV）是委内瑞拉最大的电信公司，美国 Verizon公司是 CANTV 的最大股东。2007 年委内瑞拉公开收购 CANTV 的股票，获得 CANTV 86.21% 的股份。与此同时，委内瑞拉将 3 家外资控制的水泥企业和全国最大的钢铁企业奥里诺科钢铁公司、全国第三大银行委内瑞拉银行国有化。2008 年由加拿大矿产商 Crystallex 所有的全国最大金矿拉斯克里斯蒂纳斯矿被国有化。2009 年 2 月 15 日查韦斯取得公投胜利后，加紧实施国有化措施。3 月 21 日，查韦斯宣布，委内瑞拉中央政府从地方政府手中接管了全国机场和港口。2010 年，委内瑞拉政府将 197 家委内瑞拉私营或合资企业国有化，收归国有的企业有境内最大的合资农业公司——AGROISLENA 公司、最大的私营润滑剂生产企业——VENOCO 公司、最大的合资氮肥生产企业——FERTINITRO 公司、最大的玻璃容器制造企业——美国 Owens Illinois 公司委内瑞拉分公司、最大的私营建筑钢材生产企业——Sidetur 公司等。2003~2010 年共有 370 家企业被收归国有。2011 年 8 月，查韦斯政府对黄金的开采和提炼实行国有化，并收回存放在国外的黄金储备。在国有化进程中，查韦斯政府采取有偿征用的做法，同意向被征用资产的企业提供赔偿。

第六，实行土地改革。查韦斯政府于 2001 年 11 月颁布《土地法》，废除带有封建色彩的大庄园制，没收闲置与被非法占有的土地，分配给无地农民，并向其提供部分贷款和价格优惠的农机设备。2005 年 1 月，委内瑞拉颁布《萨莫拉法》，规定全国土地委员会、全国农村发展委员会和委内瑞拉农业组织一起实行土地改革计划。全国土地委员会对私人土地所有权和使用情况进行调查后，政府负责征收闲置土地并给予一定补偿。对不予配合的庄园主，强行征收其土地。同年 9 月，查韦斯对西南部一片 8500 公顷的牧场实行"土地改革"，并把 1500 公顷土地移交给当地农民管理的一家新设企业，同时向他们提供 2300 万美元资金，以从事种植和养殖活动并运营一个肉牛基因改良中心。2007 年 3 月，查韦斯宣布没收大庄园主 200 万公顷闲置土地，对这些土地实行"集体所有制"。2009 年 3 月 5 日，查韦斯宣布没收爱尔兰莫菲特－卡帕集团的 2237 公顷土地，以创建"社会主义公社"。根据委内瑞拉农业和土地部统计，2012 年委内瑞拉国家土地局从庄园主手中赎买了 64 块、总面积达 55 万公顷的土地，较 2011 年增加了 156%。这一年，委政府向 20 万名农民发放了土地使用文件。2013 年，委内瑞拉赎买土地 39.7 万公顷。

第七，发展合作社企业。合作社是委"21 世纪社会主义"的主要特色之一，它是一种有利于提高生产力的生产组织，也是动员劳动者参与国家政治民主生活的有效方式。

查韦斯执政时期，合作社不断发展壮大。1999 年，全国只有 762 个合作社。2001 年新的《合作社协会法》颁布后，合作社发展迅速。2005 年合作社已达 10 万个，增加了 130 多倍。2006 年，合作社上升至 18 万个。2007 年 8 月已注册的合作社更达 21.5 万个，所创造的产值占全国 GDP 的 14%，其职工占全国经济活动人口总数的 18%。合作社的规模不等，多则数百人，少则 5 人。在全国成立的各类合作社中，31% 是商业合作社，29%是交通运输业合作社，18%是农业合作社，8.3%属于工业生产合作社。合作社的利润在职工之间分配，职工选举合作社的监督者，环境问题由职工代表来监督。

第八，实施一系列社会和经济计划。查韦斯执政期间，利用巨额石油出口收入，扩大社会支出，建立庞大的社会福利体系。国家石油公司每年必须拿出至少10%的投资预算用于社会项目。这笔资金通过2005年建立的国家发展基金（不包括在政府预算中）分配使用。查韦斯政府努力降低贫困率，缩小贫富差距，改善收入分配状况，保障了低收入阶层和弱势人群的利益。

查韦斯政府几次提高最低工资标准，如2000～2006年最低工资标准每年增长20%～30%，2009年又将最低工资标准上调了20%。零售、石油、运输等行业的员工在周日工作视为节假日加班，享受1.5倍加班工资。2012年政府实施的新《劳工法》，提高了普通劳动者的福利待遇，增强了对劳工权益的保护。新《劳工法》恢复了劳动福利的追溯力和解雇的双薪补偿，减少了工作时间，每周工作时间从45小时减少到40小时。妇女带薪产假延长至一年，企业不能解雇两岁以下婴儿的家长。新《劳工法》增加了法定休息日，提高社保金缴纳比例。查韦斯政府还为所有委内瑞拉公民提供无歧视的终身保障，并推出新的非缴费型养老金制度以及儿童福利政策，年支出达23亿美元。

查韦斯政府建立全国公共卫生系统，保障所有委内瑞拉人都能得到免费的医疗救助，在贫民区广泛设立医疗所。委内瑞拉与古巴合作，由古巴派出医疗人员，协助查韦斯推动"巴里奥·阿登特罗计划"，深入偏远地区赠医施药，并逐渐扩大至市区内的穷人小区。

委内瑞拉开展全国性的"玻利瓦尔扫盲运动"，实施公共免费教育，实施"鲁宾孙计划""里瓦斯计划"和"苏克雷计划"等多项教育计划。2005年10月联合国教科文组织宣布，委内瑞拉已经消除了文盲。2007年起，实施促进高等教育发展的"母校计划"，新建22所大学，使所有青年都能接受高等教育。目前全国在校大学生人数增加到200万人。2011年实行"青少年人人有电脑"计划，政府向小学生免费发放电脑。

委内瑞拉政府通过"食品计划"，在全国范围内建立食品店网。政府对这些商店的食品提供一定的补贴，使民众特别是低收入的民众能购买到廉价的食品。

查韦斯政府在全国范围建造大量廉价住房，以解决中低收入家庭的住房问题。2011 年推出"委内瑞拉住房计划"，计划在 2011～2017 年由政府出资在全国建造 300 万套房屋，以低价售给中等收入家庭或赠送给需要重新安置的低收入家庭。

七　后查韦斯时代的开始

2012 年 10 月查韦斯赢得大选成功连任后，因体内癌细胞复发，同年 12 月 11 日需要再度前往古巴首都哈瓦那接受手术。临行前，他于 12 月 8 日呼吁委内瑞拉人民选择马杜罗作为他的"革命接班人"。此后几个月，查韦斯因肺部严重感染，病情危重，再也没有公开露面，甚至没能出席 2013 年 1 月 10 日的总统就职仪式。2 月 18 日重病在身的查韦斯返回委内瑞拉，在首都加拉加斯一家军事医院继续接受治疗。3 月 5 日下午查韦斯病逝，享年 58 岁。委内瑞拉政府宣布全国自即日起为总统逝世哀悼 7 天，并于 8 日上午 10 时为查韦斯举行葬礼。

依据委内瑞拉宪法，如果总统在任期最初 4 年间不能履行总统职权，由副总统代理总统职权，30 天内重新选举；如果总统就任前死亡，由全国代表大会主席代理总统职权。尼古拉斯·马杜罗代行总统职权期间，可以作为候选人参加总统选举且无须辞职。3 月 9 日，全国选举委员会公布 4 月 14 日为总统大选的日期。按照选举委员会公布的规则，参加竞选的政党必须在 3 月 10～11 日递交候选人提名，4 月 2～11 日为法定的候选人竞选活动开展期。3 月 11 日，委内瑞拉代总统马杜罗作为执政党候选人、卡普里莱斯作为反对党联盟候选人在全国选举委员会正式注册成为总统候选人。

马杜罗 1962 年 11 月 23 日出生于加拉加斯，父亲是工会领袖。马杜罗中学时曾当选学生会主席，经常出面维护学生权益。马杜罗后辍学，在"加拉加斯地铁公司"做公共汽车司机。他加入"社会主义联盟"，并秘

密组建"加拉加斯地铁公司"第一个工会。20世纪90年代初期,他曾参与营救1992年因军事政变失败而入狱的查韦斯。1998年加入"第五共和国运动",并为查韦斯竞选总统助力。查韦斯执政后,马杜罗参与起草新宪法,后来当选全国代表大会成员,2005年1月当选主席。他在2006年8月至2012年10月担任外交部部长,2012年10月10日被任命为副总统。2013年查韦斯去世后,根据委内瑞拉宪法他成为代总统。马杜罗的竞选口号"马杜罗,来自我心",和查韦斯2012年的口号"查韦斯,心系祖国"前后呼应。

卡普里莱斯1972年7月出生于加拉加斯一个犹太家庭,家庭条件优越,经营通信、工业、娱乐、房地产等,拥有委内瑞拉最大的连锁影院。1990年,卡普里莱斯和其他一些律师一同创立了右翼的正义第一党。他25岁当选议员,1999年1月23日起任全国代表大会副主席兼众议院议长,成为委内瑞拉历史上最年轻的众议长。2008年击败奥斯达多·卡韦略,当选委内瑞拉人口第一大州米兰达州州长。2012年10月在总统选举中,他作为反对派候选人,以10点之差败给查韦斯。同年12月在米兰达州地方选举中,击败刚刚卸任副总统的埃利亚斯·扎乌亚,第二次当选州长。卡普里莱斯提出的竞选口号是"委内瑞拉代表所有人",他指出,现政府只为支持它的选民服务,他若当选将真正为全体委内瑞拉人民服务。他亲民廉洁的风格以及温和的施政理念,受到中产阶层的认同。

2013年4月14日,委内瑞拉总统选举按时举行,共有7名候选人参与总统角逐,近1900万名选民注册参加投票。委内瑞拉全国选举委员会为大选在全国设立了13638万个投票站,并设置超过3.9万台投票机。选民通过指纹、身份证双重验证,进行匿名投票。来自南美洲国家联盟、南方共同市场等组织的约150名国际观察员监督了选举。根据委内瑞拉全国选举委员会公布的官方结果,执政党候选人马杜罗获得50.66%的选票,反对派总统候选人卡普里莱斯得票率为49.07%,马杜罗以微弱优势战胜卡普里莱斯。4月19日,当选总统马杜罗宣誓就职,其任期将至2019年,后查韦斯时代也正式宣告开始。

马杜罗执政后,继续推行查韦斯开启的"玻利瓦尔革命",走"21世纪社会主义"的发展道路,对内采取惠民政策,对外维护国家的主权和独立。但是,马杜罗也面临诸多需要解决的棘手问题:经济结构单一,升级缓慢,过度依赖石油工业,易受外部冲击;工业产值降低,浪费严重,效率低下;通胀率居高不下,2011 年统计数据显示,通胀率高达 26.7%,2012 年也达到 19.9%;债务总额持续增加,本币汇率连连走低;政府将外资企业国有化使投资环境恶化,国有化后外国直接投资比 1997 年大幅减少;财政赤字不断攀升,同时商品供应紧张,日用品匮乏,电力供应紧张,住房短缺,大量中产阶级和技术人才外流;治安问题严重,委内瑞拉是全球暴力犯罪率最高的国家之一,2010 年委内瑞拉全国死于刑事案件的被害者人数为 1.3 万人,2011 年则超过 1.9 万人;打击和消除腐败不力,2011 年"透明国际"公布的全球清廉指数排名中,委内瑞拉在 182 个国家中列第 172 位,2012 年列第 165 位。国内反对派力量强大,与政府不时唱对台戏。因此,委内瑞拉局势如何发展,还要看马杜罗应对措施是否得力。

第四章

经　济

第一节　概述

15世纪末,哥伦布"发现"美洲前,委内瑞拉土著印第安人仍然处于原始公社阶段,农业比较发达的安第斯地区则出现了向阶级社会过渡的迹象。安第斯地区的蒂莫特人和奎卡人,在自己修筑的山坡梯田上种植玉米、木薯、马铃薯、棉花等作物,同其他地区的人进行交易,并出现了买卖奴隶的现象。马拉开波湖周围的阿拉瓦人和加勒比人大多以捕鱼为生,并用鱼换取玉米、木薯等食物。北部沿海地区的卡克蒂奥人、希拉哈拉人除种植玉米外,还栽培果树。奥里诺科河流域的奥托马科人、瓜伊克里亚人和阿查瓜人则从事捕鱼、狩猎和采集。

委内瑞拉沦为西班牙殖民地后,印第安人的部落公社制度遭到破坏。西班牙殖民者和教会强占了他们的土地,把西班牙本土的封建庄园制度移植到委内瑞拉,并通过监护征赋制残酷剥削和压榨印第安人。印第安人替西班牙监护主种地、向他们纳贡,监护主则向宗主国缴纳人口税,支付宗教事业的费用等。殖民地时期委内瑞拉的经济完全是一种殖民地经济,以宗主国的市场需要为转移,其生产和对外贸易受到西班牙的严格控制。当时种植业为经济的基础,农产品主要是玉米、小麦。从17世纪下半叶开始,可可、咖啡成为委内瑞拉最重要的作物,并成为出口的主要产品。畜牧业是殖民地时期委内瑞拉经济的另一重要部门。由于当时并未发现重要的矿藏,采矿业没有受到重视和开发,仅小规模开采一些金矿和铜矿。制造业以纺织业为主。

委内瑞拉独立后，咖啡逐渐取代可可成为委内瑞拉国民经济的支柱，咖啡出口量从 1830～1831 年度的 370.9 万公斤猛增至 1859～1860 年度的 1747.3 万公斤。除咖啡外，其他重要作物还有烟草、蓝靛和棉花等。从 1870 年起至 20 世纪 20 年代，委内瑞拉咖啡的种植面积和出口量进一步扩大，与此同时，采矿业成为委内瑞拉经济的重要部门，1883 年黄金的出口值占委内瑞拉出口总值的 23%。

1920～1921 年，由于世界经济危机的爆发，咖啡和可可价格大幅下降，委内瑞拉农产品出口受到严重影响，1920～1921 年度农业出口值与 1918～1919 年度相比下降 46.7%。同期，咖啡产量从 1014408 袋（60 公斤装）降至 622464 袋，出口值从 11510 万玻利瓦尔骤降至 4540 万玻利瓦尔。在农业衰落的同时，委内瑞拉石油工业逐渐发展起来。1926 年，石油出口值已超过农业出口值，成为国民经济的重要部门。石油产量从 1920～1921 年度的 10.1 万吨增加到 1929～1930 年度的 2011.2 万吨，出口值从 500 万玻利瓦尔猛增到 6.199 亿玻利瓦尔。

1929～1933 年，资本主义发展史上空前严重的世界经济危机爆发，资本主义世界遭受价值 2500 亿美元的损失。这次危机对委内瑞拉的经济也造成了严重破坏，出口总值从 1929～1930 年度的 7.428 亿玻利瓦尔降至 1932～1933 年度的 5.849 亿玻利瓦尔。农业出口值从 1929～1930 年度的 1.229 亿玻利瓦尔降至 1934～1935 年度的 5560 万玻利瓦尔，1939～1940 年度再降至 5030 万玻利瓦尔。石油出口值从 1929～1930 年度的 6.199 亿玻利瓦尔降至 1932～1933 年度的 5.047 亿玻利瓦尔。世界经济危机过后，委内瑞拉经济逐渐复苏，并开始了工业化进程。然而，农业依然萧条，石油工业的发展也大不如前，1931～1944 年间石油产量仅增加 1 倍。

第二次世界大战以后，委内瑞拉经济迅速发展，成为拉美地区经济较发达的国家之一。1945～1950 年，委内瑞拉国内生产总值（GDP）年均增长 10.6%，1950～1957 年年均增长 9%。石油产量从 1945 年的 3.234 亿桶增加到 1957 年的 10.144 亿桶，增长 2 倍多。1944～1950 年制造业年均增长 4.9%，1950～1957 年年均增长 11.7%。1957～1958 年，农业产值虽增长 44%，但出口值减少了 6030 万玻利瓦尔（1957 年农业产值为

10.573 亿玻利瓦尔，出口值为 2.548 亿玻利瓦尔；1958 年农业产值为 15.22 亿玻利瓦尔，出口值为 1.945 亿玻利瓦尔）。1958 年后，制造业迅速发展，1961 ~ 1966 年和 1966 ~ 1971 年，年均分别增长 77.7% 和 47.6%。石油产量增长不快，1970 年石油产量达到 13.534 亿桶的最高峰，此后产量开始下降，1974 年仅为 10.863 亿桶，从 1948 年以来世界第二大石油生产国变为第五大产油国。1957 ~ 1969 年，委内瑞拉耕地面积增加 72.6 万公顷，粮食产量增长 3 倍。

1974 年以后，国家加强对经济的干预，改变对石油工业的依赖，并逐渐减少外国资本对本国资源的控制。1975 年 1 月实现了对铁矿业的国有化，翌年 1 月又实现了对石油业的国有化。石油业在国民经济中的比重有所下降，从 1950 年的 29.83% 缩小到 1979 年的 8.8%。与此同时，制造业在国民经济中的比重开始超过石油业，从 1950 年的 10.1% 上升至 1979 年的 19.13%。农业在国民经济中的地位继续下降，从 1951 年的 8.13% 降至 1979 年的 6%。

80 年代初，西方国家爆发严重的经济危机。西方国家为了转嫁危机，大幅提高利率，包括石油在内的原料的国际价格大幅下跌，给拉美国家带来了深重灾难，80 年代成为拉丁美洲"失去的 10 年"。委内瑞拉经济也难逃劫难，经济增长速度明显下降，年增长率 1981 年为 1.2%，1982 年只有 0.5%，1983 年甚至出现负增长（ -3%）。国家预算赤字增大，国际收支出现逆差，货币贬值，通货膨胀严重，外债激增，到 1982 年年底外债总额已达 331.05 亿美元。1989 年委内瑞拉政府进行经济改革，实施了"一揽子措施"。但改革并不成功，经济仍在衰退。

90 年代开始后，委内瑞拉经济未有好转，社会动乱严重，1992 年又发生两次未遂军事政变，致使经济形势进一步恶化。1994 年，在墨西哥金融危机影响下，委内瑞拉数十家银行倒闭，引发了严重的金融危机。在国内外各种因素影响下，1992 ~ 1994 年委内瑞拉经济连续 3 年出现负增长。1996 年卡尔德拉政府实施"委内瑞拉议程"后，经济有所好转，1997 年同比增长达 5%。在国际金融危机影响下，1999 年国内生产总值又出现负增长（ -6.1%），负增长率居拉美国家之首。因国际油价上扬，

2000 年委内瑞拉经济增长 3.2%，超过 2.2% 的预期增长目标。但好景不长，由于世界经济衰退，油价大幅下跌和"9·11"事件的影响，委内瑞拉 2001 年经济受到严重影响。国内生产总值虽比上年增长 2.8%，但未达到预期 4.5% 的增长目标（见表 4 - 1、表 4 - 2）。

进入 2002 年后，国际油价持续低迷，委内瑞拉石油美元收入大量减少，外汇储备从 2000 年年初的 212.4 亿美元降至 2002 年 1 月底的 169.4 亿美元。为了扭转经济衰退和减少财政赤字，2002 年 2 月 12 日，查韦斯

表 4 - 1　1999 ~ 2003 年委内瑞拉各经济部门产值和增长率

单位：亿玻利瓦尔（按 1984 年不变价格计算）

类别 ＼ 年份	1999	2000	2001	2002	2003
石油工业	1550.66 (-7.4)	1599.54 (3.2)	1585.63 (-0.9)	1386.40 (-12.6)	1237.98 (-10.7)
非石油部门	3969.05 (-5.4)	4088.01 (3.0)	4249.61 (4.0)	3971.98 (-6.5)	3655.88 (-8.0)
采矿业	47.24 (-10.4)	51.10 (8.2)	51.66 (1.1)	51.90 (0.5)	47.98 (-7.6)
制造业	797.71 (-9.2)	828.62 (3.9)	852.40 (2.9)	758.49 (-11.0)	678.06 (-10.6)
电力和水力	107.11 (1.1)	109.50 (2.2)	113.71 (3.8)	115.75 (1.8)	116.88 (1.0)
建筑业	304.28 (-16.5)	296.06 (-2.7)	336.10 (13.5)	269.43 (-19.8)	168.72 (-37.4)
商业	447.83 (-11.8)	472.12 (5.4)	491.82 (4.2)	426.44 (-13.3)	375.35 (-12.0)
交通和仓储业	185.06 (-6.1)	194.43 (5.1)	204.53 (5.2)	183.10 (-10.5)	166.37 (-9.1)
通信业	149.30 (13.0)	167.18 (12.0)	188.86 (13.0)	195.18 (3.3)	198.84 (1.9)
金融机构和保险业	62.58 (-13.8)	64.56 (3.2)	65.28 (1.1)	59.01 (-9.6)	57.01 (-3.4)

资料来源：Banco Central de Venezuela。

表4－2 1998～2002年委内瑞拉国内生产总值和增长率

年 份 类 别	1998	1999	2000	2001	2002
国内生产总值(亿美元)	958	1033	1213	1262	954
国内生产总值(亿玻利瓦尔,按当年价格计算)	524825	625770	824507	913248	1107824
国内生产总值(亿玻利瓦尔,按1984年不变价格计算)	6026	5659	5842	6005	5472
增长率(%)	0.2	－ 6.1	3.2	2.8	－ 8.9
人均国内生产总值(玻利瓦尔,按当年价格计算)	2258087	2639713	3411423	3707867	4415575
人均国内生产总值(玻利瓦尔,按1984年不变价格计算)	25925	23871	24171	24380	21809
增长率(%)	－ 1.8	－ 7.9	1.3	0.9	－ 10.5

资料来源：Banco Central de Venezuela。

总统宣布实行新的经济措施。新措施的主要内容是将2002年公共预算开支削减22%，同时从2月13日起废除自1996年来一直实行的汇率管制，实行浮动汇率制度。为避免外汇流失，从年初到2月中旬，委内瑞拉中央银行三次提高再贴现利率，使利率达到50%，银行同业拆放利率也达到50.5%。短期利率的平均指数上升至35%，90天期利率平均指数也达到24.3%。查韦斯采取的经济措施不仅未能遏制经济的下滑，而且引起社会的恐慌。委币玻利瓦尔急剧贬值，外汇储备大量减少，引起委内瑞拉民众的挤兑高潮，民众纷纷排队抢购美元。玻利瓦尔的贬值使食品、医药品、汽车、家电、电信等商品价格大幅上涨，严重影响了企业的生产和人民的生活，民众对查韦斯政府的不满情绪上升。经济形势的恶化和生产部门的衰退，也使中产阶级产生对立情绪。反对派借机指责查韦斯的经济政策，抨击玻利瓦尔贬值影响中小企业的利益，使进口成本提高。企业界将资金转移到国外，关闭工业生产设备，减少产量，使不景气的经济更加雪上加霜。当年4月发生的政变和后来多次出现的全国大罢工，使经济更加恶化。这一年委内瑞拉国内生产总值下降8.9%，成为50年来最严重的经济衰退。2002年委内瑞拉人均国内生产总值为3803美元。

从 2002 年 12 月开始,以反对派联盟"民主协调"、委内瑞拉工人联合会和委内瑞拉企业家商会联合会为首的委内瑞拉反对派又发动了历时两个多月的全国总罢工。全国总罢工更使处于困境中的委内瑞拉经济雪上加霜,给委内瑞拉带来了巨大灾难,严重影响了国家的石油生产、出口和燃料供应,石油工业几乎陷入停顿状态,出口收入大幅减少,燃料、食品供应匮乏,政府被迫花费 5 亿美元从国外进口汽油和柴油。罢工期间国家经济损失巨大,其中包括石油出口收入、国家税收、工业生产和商业销售收入等损失严重。反对派鼓动企业和个人拒绝向政府纳税,使政府的另一主要收入来源也受到严重威胁。2003 年 2 月全国大罢工结束后,查韦斯采取了一些稳定经济的措施,然而政治动乱和大罢工使委内瑞拉的经济危机不断加深。2003 年上半年国内生产总值又比去年同期下降了 18.5%。2003 年下半年,随着石油生产和出口的恢复以及世界经济形势趋向好转,委内瑞拉经济也出现复苏的迹象。首都地区通胀率从 2002 年 1 ~ 10 月的 27.67% 降至 2003 年 1 ~ 10 月的 22.50%;同期,委内瑞拉资本账户从逆差 80.26 亿美元减为 19.49 亿美元;经常项目的顺差从 55.17 亿美元升为 69.55 亿美元。2002 年 9 月 30 日贸易逆差为 42.52 亿美元,2003 年 9 月 30 日则出现 37.91 亿美元的贸易顺差。尽管如此,据委央行的统计,2003 年委内瑞拉国内生产总值仍下降 9.2%,两年间累计下降 18.1%。到 2003 年 7 月底,委内瑞拉外债总额达 223 亿美元,当年还本付息支出达 45 亿美元,其中 8 ~ 12 月就支付 22.1 亿美元,2004 年还本付息额也在 40 亿美元以上,债务已成为委内瑞拉的沉重负担。经济严重衰退造成失业率上升。据委内瑞拉国家统计局提供的资料,2003 年 7 月该国失业率为 18.3%,比上年同期增加了 1.9 个百分点。这意味着在全国 1198 万人的经济自立人口中,有 219 万人没有工作。全国有一半人口生活在贫困之中,其中 20.7% 的人生活在极端贫困之中,49.6% 的经济自立人口在非正规经济部门就业。

全国大罢工结束后,委内瑞拉石油生产和出口逐渐恢复,经济最困难的时期已经过去。2002 年年底委内瑞拉风险指数高达 1400 点,2003 年 7 月降至 1000 点,2004 年 2 月再降至 600 点。委内瑞拉已能按期偿付外债,进入委内瑞拉的外资也逐渐增多。委内瑞拉中央银行宣布，2004 年第一季度，委内瑞拉的国内生产总值飙升 29.8%，其中石油工业生产增长72.5%，非石油产业的生产增长 18.9%。与此同时，通货膨胀率下降。委内瑞拉国家统计局的报告指出，2004 年 8 月通货膨胀率为 1.3%，比 7 月的 1.4% 有所下降。这样，2004 年前 8 个月通胀率累计为 14.1%，远远低于上年同期 18.9% 的水平。2004 年 7 月失业率为 15.3%（184 万人失业），上年同期则为 18.3%。正规部门的就业率为 50.5%，比上年同期上升了 3 个百分点。非正规部门的就业率为 49.5%，就业人口有 505 万人。

委内瑞拉经济高度依赖石油部门，国际石油价格的涨落直接关系到委内瑞拉经济的兴衰。2002 年和 2003 年经济严重衰退后，由于 2004 年 8 月全民公投后政局趋于稳定，再加上国际市场石油价格的上扬，制造业、建筑业和交通运输业迅速复苏，2004 年委内瑞拉经济实现了 18.3% 的大幅增长。随着经济的逐渐恢复，2005 年、2006 年和 2007 年委内瑞拉经济连续三年保持高速增长，增长率分别为 10.3%、9.9% 和 8.8%，位居拉美国家前列。失业率有所下降，从 2003 年的 17.5% 降至 2007 年的 8.5%，2008 年失业率更降至 7.4%。然而，随着 2008 年下半年全球金融危机的爆发，国际油价急剧下跌，导致委内瑞拉石油收入大幅缩水，其经济呈衰落颓势。2009 年，金融危机及油价大跌对委内瑞拉的影响全面爆发，委内瑞拉经济形势严重恶化，2009 年和 2010 年国内生产总值分别下降 3.2% 和 1.5%。与委内瑞拉经济衰退形成鲜明对比的是，2010 年拉美和加勒比地区经济增长了 5.9%，委内瑞拉成为该地区唯一经济衰退的国家。

2011 年，国际石油价格反弹，委内瑞拉经济也随之走出低谷。查韦斯政府大规模住房建设计划等经济政策的出台，也刺激了经济的增长。2011 年和 2012 年委内瑞拉经济分别增长 4.2% 和 5.3%，一下子成为拉美地区经济增长较快的国家之一。经济的好转，带动了就业率的上升，失业率从 2011 年的 8.2% 降至 2012 年的 7.8%（见表 4-3）。委内瑞拉人均可支配收入从 2010 年的 8050 美元增至 2011 年的 10471 美元。2012 年，委内瑞拉国内生产总值中，农业、工业和服务业分别占 3.7%、35.3% 和61%，就业人口分别占总人口的 7.3%、21.8% 和 70.9%。

表 4 – 3　2007～2012 年委内瑞拉经济情况

单位：%，亿美元

项 目 \ 年份	2007	2008	2009	2010	2011	2012
GDP 增长率	8.8	5.3	– 3.2	– 1.5	4.2	5.3
失业率	8.5	7.4	7.9	8.5	8.2	7.8
外债	483.16	535.62	598.55	612.57	679.08	744.68
外汇储备	334.77	422.99	350.00	295.00	298.89	291.52

资料来源：The Economist Inteligence Unit Country Report March 2013 Venezuela，p. 12；The Economist Inteligence Unit Country Report June 2012 Venezuela，p. 28。

　　委内瑞拉经济虽取得增长，但其发展有很大的不确定性，面临着众多挑战。第一，通胀率居高不下，到 2012 年连续六年超过 20%。近两年通胀率的涨幅虽有所放缓，但 2011 年和 2012 年仍分别达到 26.1% 和 20.9%。第二，查韦斯政府实施的大规模社会福利政策和汇率高估等问题使政府财政持续处于赤字状态，2012 年委内瑞拉中央政府财政赤字占 GDP 的比例达到 3.8%，已经超过 3% 这一国际"安全警戒线"。第三，政府债务负担沉重，2010～2012 年中央政府公共债务占 GDP 的比例连续三年超过 20%。2012 年债务总额达 935.9 亿美元。第四，政府对经济的过度干预和将外资企业国有化使投资环境恶化，资本大量外逃，生产率下降。据加拉加斯一家咨询公司透露，自 2008 年实行国有化以来，水泥行业产量下降了 20%，而钢铁行业则下降了 80%。第五，消费品短缺，委内瑞拉不得不大量增加进口，导致 2012 年进口支出高达 540 亿美元。

第二节　石油业

一　石油工业的发展

　　20 世纪 20 年代后半期以来，石油业一直是委内瑞拉的经济命脉和主要财政支柱，也是国家外汇收入主要来源。1948～1957 年，委内瑞拉石油收入在国家财政总收入中占 70%，70 年代为 66%，80 年代末又升至约 70%。90 年代初以前，石油产值在国内生产总值中的比重一直是 25% 左右，1993 年上升至 40%。2001 年石油产值为国内生产总值的 26.4%，占国家财政收入的一半以上，占出口总收入的 80%。委内瑞拉的石油资源丰富，有马拉开波、法尔孔、阿普雷和奥连塔尔四大沉积油田。委内瑞拉还是世界上重油储量最多的国家，奥里诺科地区重油储量约有 2350 亿桶。据 2001 年委内瑞拉国家石油公司的统计，委内瑞拉共有 2384 个产油区、19534 口作业井。原油日产能力为 356 万桶，日出口能力为 278.4 万桶。

早在委内瑞拉被西班牙征服之前，当地印第安人就已发现了石油。他们把石油称为"梅内"，意为大地的汁水。他们用石油嵌填独木舟，制作火炬，甚至用来治病。1539 年，西班牙殖民者运走了委内瑞拉的石油，作为其国王使用的药品。19 世纪下半叶，委内瑞拉政府开始出租土地，以寻找和开发石油。1878 年 9 月 3 日，委内瑞拉人曼努埃尔·普多利在塔奇拉州边境地带钻出第一口油井，并成立了该国第一家石油公司——塔奇拉石油公司。这家公司通过手工挖井日产原油 10 桶，然后将原油加工成家庭用油和照明用油。安东尼奥·古斯曼·布兰科执政时期，美国人霍拉希奥·R. 汉密尔顿于 1883 年从委政府手中承租了帕里亚半岛、苏克雷州和阿马库罗三角洲大片土地，并建立起纽约与贝尔穆德斯沥青公司，1887 年在瓜诺科地区开采出石油。

20 世纪初，渗入委内瑞拉的外国资本逐渐增多，英、美石油公司展开激烈争夺。1909 年和 1910 年，英国人杰·瓦加斯和美国沥青公司分别在苏利亚州和瓜诺科地区获得石油开采权。1911 年，英荷壳牌石油公司与委内瑞拉签订为期 10 年的石油开采合同。1914 年，该公司在马拉开波湖东南部发现了梅内格兰德油田，开凿了苏马克 1 号油井。1917 年，该公司在马拉开波地区铺设了第一条输油管，将梅内格兰德油田同新建的圣洛隆索炼油厂相连接。当年，委内瑞拉石油日产量达 332 桶。1919 年英荷壳牌石油公司正式在委成立分公司——委内瑞拉壳牌石油公司。1922 年，该公司在马拉开波湖岸的拉罗萨油田洛斯巴罗索斯第二号油井发生井喷，10 天内，日喷原油 10 万多桶。从此，外国资本大量涌入委内瑞拉，

委内瑞拉石油产量与日俱增，石油业逐渐成为国民经济的支柱。

1925 年，委内瑞拉石油出口值已超过咖啡。1928 年，委内瑞拉成为世界第一大石油出口国和仅次于美国的第二大石油生产国。石油出口不断增加，1920～1921 年度，委内瑞拉出口石油 10.1 万吨，价值 500 万玻利瓦尔；1929～1930 年度，出口石油升至 2011.2 万吨，价值 6.199 亿玻利瓦尔。同期，石油税收占国家财政收入的比重从 2.3% 提高至 21.2%。在委的外国石油公司多达 73 家，承租土地 3000 万公顷。美英两国垄断了委大部分石油租让地。美国公司占据马拉开波湖东部油田，英荷壳牌石油公司经营西部油田。后来，美国势力扩大，在委的石油租让地中，美国拥有80%，英荷壳牌石油公司只拥有 20%。在委的外国资本迅速增加，美国资本从 1912 年的 300 万美元增加到 1929 年的 1.615 亿美元，1938 年又上升到 2.47 亿美元；英荷资本从 1912 年的 4135 万美元增加到 1929 年的9214 万美元，1938 年再增至 1.25 亿美元。

第二次世界大战后的 25 年间，由于国内外因素的影响，委石油业得到快速发展。1944 年石油产量为 2.57 亿桶，出口石油 2.49 亿桶；1957年石油产量为 10.14 亿桶，出口石油 9.4 亿桶；1970 年石油产量达到最高峰，为 13.53 亿桶，出口 12.66 亿桶。此后，委内瑞拉石油产量下降。1948 年委内瑞拉成为世界第二大产油国，石油产量占世界石油总产量的14.3%；1974 年石油产量为 10.86 亿桶，已降为世界第五大产油国，石油产量仅占世界石油总产量的 5.4%。

为了维护国家主权和保护石油资源，委内瑞拉的一些激进组织早在20 世纪 30 年代便提出石油国有化的主张。1943 年，委政府颁布《1943年石油法》，规定停止租让新的油田，并对已租让的油田确定了 50 年的归还期。《1943 年石油法》的实施，使外国石油公司的租让地减少了1/3。1960 年，委内瑞拉成立国营石油公司——委内瑞拉国家石油公司，同时停止出让租让地。第二次世界大战后，委内瑞拉政府不断提高对外国石油公司所得利润的提成，从 1945 年的 50% 增至 1958 年的 60%、1966 年的66% 和 1972 年的 89%。1970 年，委内瑞拉从外国石油公司手中夺回石油标价权。次年，实现天然气国有化，颁布《石油资源保护法》。1975 年政府向议会提交石油国有化草案，得到参、众两院的批准，佩雷斯总统于当年8月29日签署《石油国有化法》。1976年1月1日，《石油国有化法》生效。委内瑞拉以支付11.1亿美元的代价将19家外国石油公司收归国有，接管了其石油物资与设备。

80年代，委内瑞拉遭遇金融危机，经济严重衰退。委内瑞拉政府改变进口替代发展模式，实行新自由主义经济政策。1991年，委内瑞拉开始将国有企业私有化，第二年，委内瑞拉国家石油公司拍卖了奥里诺科的法哈油田。1995年7月4日，国会通过开放石油部门的议案，允许委内瑞拉国家石油公司同私营公司合作经营。1996年、1997年和1998年连续3年向国内外公司拍卖边际油田并获得成功。与此同时，委内瑞拉大力开发国际市场，增加在国际市场的份额。

90年代下半期，委内瑞拉是世界第五大石油生产国（位于沙特阿拉伯、俄罗斯、美国和伊朗之后），也是西半球第二大石油生产国。1996年和1997年，委内瑞拉石油产量分别增长7.7%和9.5%。1997年7月，泰国金融危机引发全球许多国家和地区金融动荡，这给委内瑞拉经济特别是石油部门带来严重影响。罕见的暖冬和世界石油供应的不断增加，又使委内瑞拉石油对北美的出口骤减。委内瑞拉原油出口价格不断下跌，1998年每桶原油平均价格为10.6美元，比1997年平均价格低5.7美元。由于油价暴跌，1998年委内瑞拉的石油出口收入比1997年减少43.5%，国家财政赤字大幅度上升。进入1999年后，国际原油价格仍然低迷，几乎接近生产成本。为遏制油价继续下跌，石油输出国组织和一些主要石油生产国联合采取行动，几次削减石油产量。委内瑞拉根据同石油输出国组织达成的石油减产协议，从1998年3月到1999年3月三次削减石油日产量65万桶，日产原油减至270万桶。此后，世界原油价格逐渐回升，1999年8月每桶原油价格已超过17美元。石油出口收入的增加，减轻了国家的财政压力；而减产造成的减收，也从价格回升中得到补偿。

查韦斯执政后改变了前几届总统大力发展石油生产的战略，通过发展天然气和石油化工减少对石油出口的依赖。1999年宪法对私营部门参与能源部门加以限制，明确规定委内瑞拉国家石油公司为国营公司。2001

年通过的新石油法规定在石油合作项目中，委内瑞拉国家石油公司须占股份的51%以上；征税的重点从收入税转向油田使用费，收入税从67.7%降至50%，而油田使用费则从16.7%提高至30%（老油田和重油项目税率为20%）。1999～2001年委内瑞拉石油产量和出口情况见表4-4。

表4-4　1999～2001年委内瑞拉石油产量和出口情况

单位：万桶/日

项目＼年份	1999	2000	2001
原油产量	29	5306	304
液化天然气	17	716	817
石油精炼	104	9107	9101
原油出口	192	4196	6201
石油产品出口	86	182	569

资料来源：The Economist Inteligence Unit Country Profile 2003 Venezuela，p.33。

2001年2月，委内瑞拉政府制定了《2001～2006年石油发展规划》。规划的主要内容是：加强对现有石油资源的开发、利用和经营，重点发展下游工业；大力发展天然气、石化、冶炼、乳化油生产，并逐渐实现工业化。具体措施有：6年计划投资453亿美元，其中委内瑞拉国家石油公司直接投资213亿美元；提高原油产量，委内瑞拉国家石油公司日产油能力从358万桶增至550万桶。

因受石油输出国组织产量配额的限制和国内政局动荡以及石油部门罢工的影响，2001～2003年委内瑞拉石油产量大幅下降。2002年12月开始的长达两个月的全国大罢工，使石油生产和出口几乎瘫痪，石油部门损失达50亿美元。2003年1月原油日产量只有60万桶。2003年2月5日罢工结束后，石油生产和出口逐渐恢复正常。从2003年3月起，委内瑞拉增加石油产量，以弥补大罢工造成的损失。2003年1月，委内瑞拉已探明的石油储量为778亿桶，居世界第6位。2003年5月，委内瑞拉国家石油公司宣布发现两大新油田，可提高石油储量10亿～24亿桶。

近年来，委内瑞拉已探明石油储量不断上升。2006年奥里诺科重油带卡拉沃沃 4 个区块 200 亿桶的石油储量的发现，使其已探明石油储量增加到 997.73 亿桶。2006 ~ 2009 年，奥里诺科重油带新增探明石油储量 1344.5 亿桶。2011 年，委内瑞拉已探明石油储量再上一个新台阶，根据同年 7 月欧佩克年度公报披露，委内瑞拉石油储量达 2965 亿桶（约为 406.2 亿吨），超过沙特阿拉伯石油储量（2645 亿桶）约 320 亿桶，成为世界上已探明石油储量最大的国家。英国石油公司发表的《2012 年世界能源统计》，也称委内瑞拉已探明的石油储量达 2960 亿桶，占全球已探明石油储量的 18%。委内瑞拉陆上可开采油藏分为东、西两部分：西部集中在马拉开波湖及其周围地区，以重油和中级油居多，石油产量占全国 80% 以上；东部西起瓜里科州，东至阿马库罗三角洲州，以轻质油居多。

2005 年，委内瑞拉国家石油公司制定了以开发奥里诺科储量巨大的重油和超重油为重点的 2005 ~ 2030 年战略发展规划，又称"石油播种计划"。2006 年查韦斯号召建设"21 世纪社会主义"后，先后出台加紧石油领域国有化步伐的多种措施。2006 年 5 月，委内端拉增设石油开采税，使其与油田使用费合计的税率由 33.3% 增至 50%。同时将 20 世纪 90 年代与 22 家外国公司签订的 32 块油田开采合同转为合资运作，委内瑞拉国家石油公司控股不低于 60%。2007 年 2 月，查韦斯将奥里诺科重油带项目国有化，委内瑞拉国家石油公司控股不低于 60%。2008 年 4 月通过的《石油高价特殊贡献法》，开始对在该国运营的石油公司征收暴利税。当油价超过 70 美元/桶时，在该国运营的石油公司需缴纳超出部分的 50% 的税；当油价超过 100 美元/桶时，税率要再增加 10 个百分点。2009 年 3 月，委内瑞拉国家石油公司把 21 家合资石油公司，其中包括像美国雪佛龙石油公司和荷兰皇家壳牌公司这样的名牌公司，整合为 4 ~ 6 家大公司。同年 5 月，委内瑞拉国会通过《国家掌管石油行业相关资产和服务法》，对 39 家从事石油服务的私人公司实行了国有化，涉及的资产包括 13 个石油钻井平台和 39 个石油运输站，国有化后的资产经营由委内瑞拉国家石油公司负责。2011 年年初，查韦斯政府下调石油暴利税起征点，油价在 40 ~ 70 美元/桶时，暴利税税率为 20%；油价在 70 ~ 90 美元/桶时，暴利税税率为 80%；油价在 90~100 美元/桶时，暴利税税率为 90%；油价超过 100 美元，税率高达 95%。2011 年 5 月，委内瑞拉发布《国家掌管石油行业相关资产办法》，将国内 60 家石油服务公司交由委内瑞拉国家石油公司接管。

查韦斯政府实施的新国有化政策减轻了委内瑞拉国家石油公司和政府财政预算的压力，加强了国家对经济命脉的控制能力，减少了对外资公司的技术依赖，降低了技术引进的成本。但新国有化政策和高额税率，打击了外国石油公司的投资积极性，导致资本大量外逃，抑制了基础设施建设、油田开发等项目资金和技术的引进。由于老油田产量下降，外资和技术引进的减少，新油田的开发缺乏资金，2009 年委内瑞拉完成的钻井数仅为 2005 年的 60.5%。委内瑞拉国家石油公司在勘探油田上的投资不多，2011 年该公司用于维持奥里诺科重油带合资项目的生产能力的资金达 32 亿美元，而用于勘探新油田的资金只有 2.03 亿美元。

为提高石油产量，委内瑞拉国家石油公司与一些外资公司签署合作协议。2006 年它还和意大利埃尼公司、美国康菲公司合作建设委内瑞拉首座大型海上石油钻井平台。经过 5 年的努力，2011 年 4 月，长 70 米、宽 53 米、重 7500 吨的钻井平台在玻利瓦尔州卡罗尼市的工厂建成，并安装在帕里亚湾科尔科科罗油田。钻井平台的投入使用，使该油田石油日产量从 3.8 万桶提高到 5 万桶。加上周边油田的产量，该地区原油日产量最高可达 7 万桶。2013 年 5 月，它与美国雪佛龙石油公司签署 20 亿欧元的贷款协议，以增加两公司的合资公司在委内瑞拉西部的石油生产能力；同年它同中国石油天然气集团公司签署了 40 亿美元的贷款协议，以使两国合资企业的石油生产能力从 14 万桶/日增加到 2013 年年底的 16 万桶/日。

因国际石油价格大幅上扬，委内瑞拉石油收入有了很大提高，据委内瑞拉中央银行的统计，2008 年、2009 年、2010 年、2011 年和 2012 年，委石油产值增长率分别为 2.5%、7.2%、2.2%、0.6% 和 1.4%。2011 年委内瑞拉国家石油公司石油收入为 1278 亿美元，比上一年增长 35%，盈利 49 亿美元，同比增长 54%。2012 年每桶原油均价为 103.42 美元，国家石油公司总收入为 1244.59 亿美元，比 2011 年总收入有所下降，原因是国内电力部门消费的原油增多。2013 年 4 月 8 日国家石油公司总裁拉米雷斯报告说，2012 年国家石油公司纯利润下降 6.2%，只有 42.15 亿美元，投资为 245.79 亿美元，2013 年将超过 250 亿美元，其中至少有 80 亿美元来自外国合作者，如中国石化集团和意大利埃尼公司等。

近年来，委内瑞拉石油生产增长不快，有时甚至出现停滞、萎缩。2005 年生产石油 308 万桶/日，而后几年，在 200 万桶/日至 300 万桶/日之间徘徊。根据美国中央情报局《世界概况》的统计，委内瑞拉石油产量 2007 年为 266 万桶/日，2009 年为 247.2 万桶/日，2010 年为 237.5 万桶/日。根据委内瑞拉国家石油公司的统计，2011 年委内瑞拉原油日产量为 313 万桶，2012 年为 303 万桶，较 2011 年下降 3.2%。政府计划在 2013~2019 年钻探 1000 口油井，铺设数百公里长的石油输送管道。委国家石油公司的目标是 2014 年达到日产 400 万桶，2019 年达到日产 600 万桶。新增的石油产量主要来自委内瑞拉东部的奥里诺科地区。

与此同时，委内瑞拉石油出口也未达到以往的最高水平，根据美国中央情报局《世界概况》的统计，2006 年、2007 年、2009 年和 2010 年委内瑞拉石油日均出口量分别为 220.3 万桶、218.2 万桶、187.1 万桶和 237.5 万桶。根据委内瑞拉国家石油公司的统计，2011 年委内瑞拉石油日均出口量为 247 万桶，2012 年增加到 257 万桶，增幅达 4%。

尽管美国仍为委内瑞拉石油的最大消费国，但因其近年来页岩油气的跨越式发展，逐渐摆脱了对委内瑞拉原油以及石油产品的进口依赖，从委内瑞拉的进口从 2010 年的 101.9 万桶/日降至 2011 年的 99.4 万桶/日。为此，委内瑞拉寻求石油出口多样化，扩大对中美洲和加勒比国家、亚洲、欧洲的出口。在《圣何塞协议》框架下，委内瑞拉每天以优惠价格向中美洲和加勒比国家出售石油；2000 年，委内瑞拉与古巴等国签订了《加拉加斯能源合作协议》，以优惠条件向其供应石油。2005 年，委内瑞拉与 13 个加勒比国家签署实施"加勒比石油计划"，以优惠价格向这些国家出口石油。目前，"加勒比石油计划"缔约国已有 18 个。近年来委

内瑞拉对中国的石油出口上升很快，从 2010 年的 17.8 万桶／日升至 2012 年的 51.8 万桶／日，预计 2015 年将提高到 100 万桶／日。

二 开发和加工重油资源

委内瑞拉是世界上重油资源最多的国家，奥里诺科重油带则是最大的重油和超重油带。奥里诺科重油带位于委内瑞拉东南部，面积为 5.5 万平方公里，重油储量约为 2700 亿桶。重油带划分为 4 个区 32 个可开发区块，目前已探明储量主要分布在胡宁（Junin）和卡拉沃沃两个地区。从 20 世纪 60 年代开始，委内瑞拉开始对奥里诺科重油带进行大规模勘探。1976 年，委内瑞拉实行石油资源国有化，这个地区的勘探工作由委内瑞拉国家石油公司具体负责。该公司把重油带分为马切特（Machete）、苏亚塔（Zuata）、阿马卡（Hamaca）和塞罗内格罗（Cerro Negro）4 个区。2005 年，这 4 个区分别改名为博亚卡（Boyaca）、胡宁（Junin）、阿亚库乔（Ayakucho）和卡拉沃沃。委内瑞拉政府把开发重油和重油加工作为发展石油工业的重要措施之一，并先后建立多座重油改质厂。1991 年委内瑞拉开始实行国营企业私有化后，委内瑞拉国家石油公司加强与外国公司的合作，共同开发超重油，并把 9°API 重油加工成优质、低硫合成油，大部分供应美国。20 世纪 90 年代末到 21 世纪初，委内瑞拉分别与法国道达尔石油公司、挪威国家石油公司、美国雪佛龙石油公司、美国康菲公司、美国埃克森美孚公司、英国石油公司等国际石油大公司建立了 4 个开发与加工重油的合资公司。

苏亚塔石油公司（Petrozuata）是委内瑞拉国家石油公司与美国大陆石油公司建立的合资企业（分别持股 49.9% 和 50.1%）。1997 年至 2003 年 5 月，这家合资公司已在苏亚塔地区掘井 320 口以上。苏亚塔石油公司有 2 条各长 209 公里的输油管，日输油能力为 20 万桶。重油产量增加时，日输油能力可提高至 50 万桶。1997 年，该公司在安索阿特吉州建立重油改质厂。2001 年 2 月，该厂正式投产。苏亚塔石油公司通过输油管把超重油输往何塞港，重油改质厂每日可把 12 万吨 9°API 重油加工成 10.3 万吨 19°API～22°API 的合成油，并生产 145 吨硫黄、3000 吨焦炭和 3000 吨液化天然气。

委内瑞拉国家石油公司同美国埃克森美孚公司在塞罗内格罗油田建立了另一家合资企业，德国 Veba 石油和天然气公司在该公司中拥有 16% 的股份。2001 年，这家合资公司开始生产超重油。超重油掺和石脑油稀释后，通过输油管运往何塞港，在 2001 年 9 月投产的塞罗内格罗超重油改质厂将焦油类原油改质为优质不含硫的轻质合成油，每日可把 12 万桶超重油加工成 10.8 万桶合成油。一部分合成油输往美国路易斯安那的 Chalmett 炼油厂精炼，然后在美国市场销售。2002 年 5 月，加拿大石油公司（Petro-Canada）收购了德国 Veba 石油和天然气公司。2003 年 5 月，埃克森美孚公司宣布把产量提高 10%～20%。

委内瑞拉国家石油公司与美国康菲公司和美国雪佛龙石油公司等组成的合资公司——Ameriven 开发公司，共同开发安索阿特吉州的阿马卡油田，并建立重油改质厂，总投资 38 亿美元，期限为 35 年，共可开发 21 亿桶原油。2001 年 11 月正式投产，日产 3 万桶 8.5°API 超重油。2003 年日产升至 19 万桶。2004 年，它在何塞港的重油改质厂每日可将 19 万桶超重油改质为 26°API 的原油。

委内瑞拉国家石油公司还同法国道达尔石油公司和挪威国家石油公司合资开发 Sincor 油田，期限为 35 年，总投资 42 亿美元，三方分别控股 38%、47% 和 15%。2002 年 2 月投产，日产重油 16 万桶，三家公司在何塞港每日把 20 万桶 8°API～8.5°API 超重油改质为 18 万桶 32°API 低硫合成油。

2006 年，委内瑞拉国家石油公司与上述国际大石油公司成立了 4 个战略合作联盟，分别为塞罗内格罗公司、辛科尔公司、苏亚塔石油公司和阿马卡公司。2007 年，委内瑞拉对奥里诺科重油带所有合资项目进行国有化，4 个战略合作联盟与委内瑞拉国家石油公司改组成合资公司，委内瑞拉国家石油公司在每个合资公司中占有 60% 以上股份，并分别更名为莫纳卡斯石油公司（Petromonagas）、塞德诺石油公司（Petrocedeno）、安索阿特吉石油公司（Petroanzoategui）和皮亚尔石油公司（Petropiar）。莫纳卡斯石油公司中英国石油公司占有 16.67% 的股份，埃克森美孚公司退

出；塞德诺石油公司中法国道达尔石油公司占有 30.3% 的股份，挪威国家石油公司占有 9.7% 的股份；安索阿特吉石油公司中委内瑞拉国家石油公司占有 100% 股份；皮亚尔石油公司中美国雪佛龙石油公司占有 30% 的股份，美国康菲公司退出。

中国石油天然气集团公司也参加了奥里诺科重油带的开发工作，主要是莫里查尔地区的 MPE3 项目和胡宁项目。2001 年，中国石油天然气集团公司与委内瑞拉国家石油公司合资成立中委奥里乳化油公司，2006 年全面投产。2008 年 2 月，乳化油项目转制为 MPE3 项目。这是中国石油天然气集团公司在委内瑞拉奥里诺科重油带的第一个合作项目。2006 年 8 月，中国石油天然气集团公司与委内瑞拉国家石油公司签署联合开发奥里诺科重油带胡宁 4 号区块的合资框架协议。2010 年 12 月 1 日，中委签订关于胡宁 4 号区块的合资经营协议。委国家石油公司与中国石油天然气集团公司组建罗里卡石油公司（PETROROURICA），开发胡宁 4 号区块油田，中方控股 40%。预计将在 2017 年日产达到 40 万桶。胡宁 4 号区块石油合作项目位于奥里诺科重油带，区块面积为 325 平方公里，可采储量 87 亿桶，年生产能力可达 2000 万吨石油。中国石化集团与委内瑞拉国家石油公司签署协议合作开发胡宁 1 号和胡宁 8 号区块，两项目的高峰产量均可达到 20 万桶/日。中国石化集团还将参与委内瑞拉处理能力 20 万桶/日的卡夫鲁塔炼油厂项目，用于加工胡宁地区的原油。

许多国际石油公司参与了奥里诺科重油带的开发。2010 年 7 月，委内瑞拉正式批准 3 家合资公司，委内瑞拉国家石油公司拥有 60% 以上股份。第一家合资公司是独立石油公司（Petroindependencia），负责估计拥有 660 亿桶重油储量的卡拉沃沃 3 号区块项目，美国雪佛龙石油公司在这个合资公司中拥有 34% 的股份。

第二家合资公司是卡拉沃沃石油公司（Petrocarabobo），负责估计拥有 310 亿桶重油储量的卡拉沃沃 1 号区块项目，西班牙雷普索尔公司（REPSOL）、印度石油天然气公司（ONGC）和马来西亚国家石油公司各拥有 11% 的股份，印度石油勘探公司、印度石油生产公司各占 3.5% 的股份。

第三家合资公司是米兰达石油公司（Petromiranda），负责开发胡宁6号区块，由俄罗斯石油公司（ROSNEFT）、俄罗斯天然气工业股份公司（GAZPROM）、鲁克石油公司（LUKOIL）和苏尔古特石油天然气公司（SURGTNEFTEGAS）组成的俄罗斯财团拥有40%的股份。2013年5月委内瑞拉和俄罗斯石油公司签署了成立合资公司维多利亚石油公司（PETROVICTORIA）的协议，委俄双方分别占股60%和40%，该合资公司开发的两个区块的原油产量预计在2016年达到12万桶/日，最终产量将达到40万桶/日。

2008年3月初，意大利埃尼公司与委内瑞拉国家石油公司达成协议，参与奥里诺科重油带的开发。2010年1月1日双方宣布组建合资企业，开发奥里诺科重油带胡宁5号区块，2014年生产重质原油，并组建合资炼油企业，加工生产原油。2010年11月双方组建合资公司胡宁石油公司（PETROJUNIN, S. A.），埃尼公司占40%的股份。双方签订了总额为170亿美元的合同，规定双方共同出资80亿美元合作开发奥里诺科河流域东部的一个大油田，目标产量为24万桶/日；并将共同出资90亿美元建立一个炼油厂，预计炼油厂将在2016年完工。

2010年6月委内瑞拉国家石油公司与越南国家石油公司（PETROVIETNAM）组建马卡雷奥石油公司（PETROMACAREO, S. A.），委方控股60%，共同对胡宁2号区块油田进行开发，目标产量为20万桶/日。

除上述国际石油公司外，还有其他一些国家的石油公司参与奥里诺科重油带的开发，如葡萄牙GALENERGIA公司、厄瓜多尔国家石油公司（PETROECUADOR）、智利国家石油公司（ENAP）、乌拉圭国家石油公司（ANCAP）、阿根廷国家石油公司（ENARSA）、伊朗波斯石油公司（PETROPARS）等。

三 石油化工

1953年委内瑞拉石油化工工业开始起步，建立起埃尔塔布拉索、莫龙和何塞3家大型石油化工联合企业。1978年建立的委内瑞拉国家石油公司的分公司——委内瑞拉石油化工公司，负责全国石油化工生产。该公司雇员共有 1.75 万人，经营上述 3 家石油化工联合企业，并与国内外私营公司合资经营 18 个企业。委内瑞拉石油化工公司生产的石化产品主要有硫酸、氨水尿素、烧碱和化肥等 40 余个品种，向美国和拉美国家出口。目前委内瑞拉有 6 家综合性炼油厂，年炼油能力约 4745 万吨。坐落在帕拉瓜纳半岛的 Amuay 炼油厂是委内瑞拉最大的炼油厂，占全国炼油能力的 70%。此外，委内瑞拉在美国、加勒比地区和欧洲有十几家合资炼油厂（美国 8 家、德国 4 家、阿尔及利亚 1 家、瑞典 2 家、荷属库拉索岛 1 家）。2000 年，委内瑞拉国内炼油能力为日产 107.9 万桶，通过子公司及其下属公司在美国的炼油能力为日产 140 万桶，在欧洲的炼油能力为日产 24.2 万桶。

查韦斯政府十分重视石化工业的发展，1999 年制定了振兴石化工业的宏伟计划。2000~2009 年委内瑞拉石油化工公司的石化生产从 840 万吨提高至 1940 万吨，总投资约 87 亿美元。通过合资和建立联合企业促进石化工业的发展，使石化工业产值从占国内生产总值的 15% 增加到 20%，出口增加 15%。2000 年，委内瑞拉化学工业公司、委内瑞拉 POLAR 公司、美国 KOCH 工业公司和意大利 Snamprogetti 公司在委内瑞拉加勒比海沿岸合资成立的 FERTINITRO 化肥厂投产，委内瑞拉为该厂投资 11 亿美元。这家化肥厂年产化肥 1150 万吨，使委内瑞拉化工产品年产量增加 1/3。2001 年 8 月，委内瑞拉石油化工公司与谢夫隆菲利普斯化工公司签订议定书，在帕拉瓜纳半岛建立苯乙烯厂，2007 年投入生产，年产量约 50 万吨，主要出口拉美国家。目前，委内瑞拉出口的石化产品包括聚乙烯、聚丙烯、聚氯乙烯等塑料制品以及化肥、甲醇、甘醇、合成纤维和色素等，主要出口拉美和东盟国家。2001 年 11 月，委内瑞拉国家石油公司为扩大在安第斯国家和其他拉美国家的润滑油市场，在厄瓜多尔首都基多成立了分公司——厄瓜多尔 CITGO 公司，推销其 PDV 和 CITGO 两种品牌的石油产品。目前，PDV 牌石油产品约占厄瓜多尔市场份额的 6%。

2005 年，委内瑞拉石油化工公司成为独立公司，归石油和矿业部管辖，不再是委内瑞拉国家石油公司的分公司。随后，委内瑞拉石油化工公司提出进行一场社会主义石油化工革命，旨在最大限度利用委内瑞拉丰富的天然气储藏推动石化部门的发展，促进经济和社会的发展，改革国家生产模式以满足人民的需要。该战略分为 2007～2013 年和 2014～2021 年两个阶段，包括促进全国下游制造业发展的 77 个项目。在发展石化工业中，除通过炼油生产塑料树脂、共聚物和聚氨酯类外，还利用天然气生产肥料、含氧产品和聚合物，2008 年查韦斯宣布批准在石油化工工业投资 9.5亿美元，以促进社会主义石油化工革命。此后多家石油化工企业成立，如2009 年 4 月 24 日第一家社会主义合成木材厂在卡拉沃沃州瓜卡拉市成立。这一年，全国代表大会颁布的《石化业发展法》也开始生效。

根据委内瑞拉化学和石油化工业协会（Asociación Venezolana de la Industria Química y Petroquímica）统计，2005 年、2006 年、2007 年、2008年、2009 年、2010 年和 2011 年，委内瑞拉化学和石油化工产品生产增长率分别为 18%、8%、4%、1.4%、－6.4%、－3.4% 和 3.8%；化学和石油化工产品出口增长率分别为 27.2%、－7.7%、6.1%、38.8%、－58.9%、28.6% 和 19.2%；化学和石油化工产品销售额增长率分别为39.3%、3.5%、10.0%、22.%、－44.7%、42.1% 和 19.7%。

四 乳化油

乳化油是委内瑞拉开发出的一种新能源，也是委内瑞拉石油工业发展的重点之一。乳化油是用天然沥青和水按 7∶3 混合加入化学添加剂制成的燃料，主要用于发电。乳化油的燃烧值大大高于煤，而其价格又远低于石油。通过使用乳化油，可以减少对石油和天然气需求的压力。而且，乳化油的产量不受欧佩克的配额限制。委内瑞拉具有发展乳化油生产得天独厚的条件，其天然沥青储量估计为 420 亿吨。委内瑞拉国家石油公司下属的奥里诺科沥青公司负责乳化油的生产和出口。近年来，该公司不断增加投资，扩大生产能力，开拓国外市场。该公司年产乳化油 600 多万吨，大部分乳化油供出口。

委内瑞拉乳化油出口市场包括加拿大、丹麦、德国、立陶宛和意大利等欧美国家。近年来，委内瑞拉在亚洲特别是中国开发了新的市场。中国

自 1997 年开始从委进口乳化油，1998 年因油价下跌未进口乳化油，1999 年恢复进口。2001 年 4 月，中国和委内瑞拉签订协议，规定 2001～2003 年委内瑞拉每年向中国出口 120 万吨乳化油，总价值为 1.2 亿美元。2001 年 12 月中委签订合资生产乳化油协议，双方约定在委兴建一座年产 650 万吨乳化油的加工厂，项目总投资为 3.3 亿美元，产品全部返销中国。委内瑞拉与新加坡签订协议，从 2004 年开始的 10 年间每年向新加坡出口乳化油 150 万吨。2006 年 3 月，乳化油项目一期工程建成投产，5 月，第一批乳化油运往中国。然而，当年 9 月，委石油和矿业部通知中国，奥里乳化油公司进行全面转产，年底，奥里乳化油公司停产。2008 年 1 月，中国石油天然气集团公司委内瑞拉奥里乳化油项目转产转股方案获得核准。同年 2 月组建中委 MPE3 项目合资公司，中方占股 40%。该项目采用中方提供的先进技术生产，重油年产量已达 580 万吨。

五　天然气

2001 年委内瑞拉已探明天然气储量为 4.18 万亿立方米，居世界第 8 位。2003 年 5 月，委内瑞拉国家石油公司宣布，在莫纳加斯州与安索阿特吉州交界的乌里卡地区发现了储量丰富的天然气田。尽管它的天然气储量远高于墨西哥（8400 亿立方米）和阿根廷（7800 亿立方米），但其 2001 年的天然气产量（289 亿立方米）却低于墨西哥（347 亿立方米）和阿根廷（384 亿立方米），居拉美国家第 3 位。委内瑞拉 90% 的天然气为伴生气，生产的天然气全部供应国内，其中石油工业消费占 60%，主要是放空燃烧和回注，以提高石油产量；10% 的天然气用于电力工业；6% 用于石化工业，其他为民用。2001 年，委内瑞拉国家石油公司日产天然气 1 亿立方米，其中 4811 万立方米注入油田用于提高石油产量。日均有 54 万立方米天然气加工为液化天然气，日产量为 17.3 万桶。2002 年上半年天然气产量达到 4862 万立方米/日，液化天然气产量为 21 万桶/日，日出售甲烷天然气 6772 万立方米。2003 年，委内瑞拉日产天然气已达 2.4 亿立方米。

21 世纪初，由于国际油价剧烈波动（2000 年委内瑞拉出口原油每桶平均价格为 25.91 美元，2001 年降至 20.21 美元)，世界市场需求锐减，以及欧佩克实施限产保价政策，使委内瑞拉石油出口收入大量减少。2001年委内瑞拉国家石油公司的石油出口收入为 462.5 亿美元，盈利 43.27 亿美元，同比分别下降了 14% 和 40%。与此同时，世界市场上天然气需求不断增加，委内瑞拉国家石油公司估计，今后 20 年天然气将占世界能源总需求的 29%，仅美国 2020 年天然气需求就将达 1.08 万亿立方米。委内瑞拉国内对天然气的需求平均每年增长 3%。由于天然气生产不在欧佩克限产保价政策的范围之内，许多欧佩克成员国纷纷增加对天然气工业的投资，扩大天然气的勘探和生产。委内瑞拉不甘落后，也计划利用天然气资源丰富的优势，大力发展天然气，以加强能源供应与安全，并提高自己在国际市场上的能源供应者地位。2002 年 6 月，委内瑞拉颁布总投资为87.3 亿美元的开发天然气资源的 10 年规划，其中包括已启动的德尔塔纳大陆架天然气项目、苏克雷元帅液化天然气项目、阿纳科天然气田开发项目和马拉开波湖项目。

为了减少对石油的严重依赖，扩大天然气的生产，改变委内瑞拉国家石油公司天然气分公司对天然气勘探开采等的垄断，1999 年委内瑞拉颁布的《石油法》规定，天然气的勘探、开采、销售、输送和气化向国内外私营公司开放，允许外国公司拥有开发非伴生天然气项目 100% 的股份。委政府还鼓励国内私营公司向天然气部门投资。一个大项目是输送阿纳科地区生产的天然气（日产 6792 万立方米）和原油（日产 3.5 万桶），目标是 20 年内完全供应国内市场和液化天然气厂；另一个重要项目是把东部阿纳科—巴基西梅托输送天然气系统与西部乌莱—阿穆亚天然气网连接起来，目的是解决委内瑞拉西部地区天然气的短缺，并出口液化天然气或满足国内工业的需要。

近年来，委内瑞拉一直与俄罗斯、意大利及西班牙的石油公司联合勘探国内近海丰富的天然气资源。2009 年 9 月，西班牙雷普索尔石油公司（Repsol）宣布在委内瑞拉加勒比海岸帕拉瓜纳半岛附近发现储量在 7 万亿~8 万亿立方英尺（1 立方米约合 35 立方英尺）的一处天然气田。2010 年 3 月 26 日，委内瑞拉总统查韦斯称这块气田储量高达 14 万亿立方

英尺，堪称一处"超级"天然气田。雷普索尔石油公司和美国雪佛龙石油公司还在委内瑞拉湾的卡尔东 4 号区块发现 6 万亿～8 万亿立方英尺可采天然气，这是该国历史上发现的较大天然气田之一。此外，委国家天然气公司也在南部地区蒂亚胡安娜湖发现储量为 7.7 万亿立方英尺的天然气田。据美国《石油与天然气杂志》（*Oil & Gas Journal*）统计，2012 年委内瑞拉已探明天然气储量为 190 万亿立方英尺，在西半球仅次于美国，居第二位。据委内瑞拉石油和矿业部的数字，2010 年委内瑞拉天然气探明储量同比增长 9.1%，达 195 万亿立方英尺，超过尼日利亚，跃居世界第八位。

委内瑞拉 90% 左右的天然气是合作开采。委内瑞拉国家石油公司已授予包括法国道达尔石油公司、挪威国家石油公司和美国雪佛龙石油公司在内的国际石油公司在委内瑞拉东北沿海德尔塔纳、苏克雷和布兰基利亚 - 托尔图加地区进行开发，已授予俄罗斯天然气工业股份公司和美国雪佛龙石油公司在委内瑞拉西北部委内瑞拉湾开发潜在储量为 26 万亿立方英尺的天然气区块。

2009 年查韦斯宣布进行"天然气社会主义革命"，石油和矿业部宣布到 2015 年把天然气产量提高到 140 亿立方英尺/日并开始出口的计划。2011 年该国生产天然气 1.1 万亿立方英尺，消费近 1.2 万亿立方英尺。由于老油田产量下降，委内瑞拉生产的天然气大部分注入这些油田以提高产量。从 2005 年起，用于注入老油田的天然气增加了 50% 以上。除老油田需要注入天然气外，住宅和商业市场所需天然气也不断增加，推动了天然气工业基础结构的发展。国家石油公司负责勘探和生产的副总裁欧洛吉奥·皮诺称 2012 年 11 月 25 日开始海上天然气生产。2012 年 3 月 24 日，委内瑞拉石油和矿业部部长拉斐尔·拉米雷斯披露，委内瑞拉的苏克雷元帅海上天然气项目在 2012 年 12 月将开始商业生产，初始日产量为 3 亿立方英尺，最终日产量将提高到 12 亿立方英尺。这个项目的天然气总储量估计在 14.7 万亿立方英尺。

近年来，委内瑞拉改善了约 4500 公里长的国内天然气运输网。2012 年年末，约 300 公里长、日输送能力为 5.2 亿立方英尺的中西部天然气互联体系（ICO）完工。中西部天然气互联体系连通了该国的东部和西部，使国内消费者方便使用天然气并可把天然气注入西部油田，提高原油产量。此外，480 英里的西诺尔天然气管道项目把海上生产的天然气输送到经过苏克雷和安索阿特吉的国内管道网。

委内瑞拉还加强天然气进出口的国际合作。2005 年 11 月 24 日，委内瑞拉总统查韦斯与到访的哥伦比亚总统乌里韦签署建造连接两国的天然气管道的联合声明。这条管道从哥伦比亚的拉瓜希拉天然气田向东延伸至委内瑞拉的苏利亚州，全长 230 公里，其中 88.5 公里在哥伦比亚境内，其余的在委内瑞拉境内。在委内瑞拉设有 10 个站，在哥伦比亚有 3 个站。工程总费用为 3 亿美元，全部资金由委内瑞拉国家石油公司提供。头 7 年哥伦比亚向委内瑞拉西部提供天然气，之后委内瑞拉通过这条管道向哥伦比亚出售天然气至少 16 年。管道的输送能力为 1.5 亿立方英尺/日。2007 年 10 月正式动工，2008 年完工。现在，哥伦比亚可把天然气出口到委内瑞拉，日出口 8000 万～1.5 亿立方英尺天然气。委内瑞拉利用这条输气管道，把天然气输往哥伦比亚。

六 委内瑞拉国家石油公司

委内瑞拉国家石油公司是世界最大的石油公司之一，从事石油、天然气、沥青以及奥里诺科地区法哈油田的重油和煤的勘探、开采和销售，它生产石油化工制品、加工乳化油，从事石油、石油化工、乳化油等的技术开发和研究，培训工作人员。其原油和石油产品销往加勒比国家、欧洲和亚洲国家以及美国，每年将其收入的 71.1% 上缴国库。该公司拥有 19 艘油轮，总吨位为 26.8 万吨。委内瑞拉政府拥有总部设在美国俄克拉何马州塔尔萨德的 CITGO 石油公司，该公司从事炼油、销售和运输业务。CITGO 石油公司是美国第二大炼油企业，日炼油能力为 107.3 万桶（委内瑞拉国家石油公司在美国的日炼油能力为 140 万桶）。它在路易斯安那州拥有综合炼油厂，在得克萨斯州拥有深加工炼油厂。此外，它还拥有 2 家沥青厂、1 家润滑油厂和 54 个储油罐区。CITGO 石油公司又是美国第二大汽油销售企业，拥有上万个使用 CITGO 商标的加油站，在美国市场

的占有率为 10.3%。2004 年 3 月出版的美国《幸福》月刊上，CITGO 石油公司被评为 2004 年美国十大最受欢迎的企业之一。在德国，委内瑞拉国家石油公司拥有 Ruhr Oel GmbH 公司 50% 的股份，向当地市场供应石油化工产品。委内瑞拉国家石油公司与芬兰 Neste 公司在 AB Nynas Petroleum 公司各占 50% 的股份。这家公司在瑞典、比利时和英国经营炼油业务。委内瑞拉国家石油公司通过与 AB Nynas Petroleum 公司的合作，打入了西欧国家的沥青市场。2003 年 1 月，查韦斯政府决定重组委内瑞拉国家石油公司，把公司一分为二：一个负责经营委内瑞拉东部地区，另一个负责经营西部地区。

2007 年之前，委内瑞拉国家石油公司有以下 9 个分公司：

Bariven，SA：负责在海外为石油、石化和碳氢化合物企业采购材料和设备。

Bitumenes Orinoco，SA（Bitor）：奥里诺科沥青公司，负责奥里诺科地区沥青资源的开发和销售。

Corpoven，SA：负责勘探、生产和销售原油以及销售天然气。1986 年与 Meneven 公司合并。

Interven，SA：成立于 1986 年，经营海外合资项目。

INTEVEP，SA：成立于 1979 年，委内瑞拉国家石油公司的研究与开发机构，提供专业技术服务。

Lagoven，SA：建于 1978 年，国营石油公司。

Maraven，SA：建于 1976 年，国营石油公司，从事石油勘探、生产、运输、精炼和国内外销售等业务。

Petroquimica de Venezuela，SA（Pequiven）：委内瑞拉石油化工公司，建于 1956 年，取名为 Instituto Venezolano de Petroquimica。1977 年改为现名。1978 年成为委内瑞拉国家石油公司的分公司。

Refineria Isla（Curazao），SA：坐落在库拉索的伊斯拉炼油厂，建于1985 年，日炼原油 32 万桶。

2007 年年底，委内瑞拉国家石油公司的分公司从 9 个增加到 17 个，即增加了 8 个非石油分公司，囊括农业、服务业、工程与建筑、城市发展、航海、天然气和食品等领域。

委内瑞拉国家石油公司在委内瑞拉政治中发挥着重要作用，其总裁由总统任命。查韦斯执政时期，委内瑞拉国家石油公司总裁多次更换，现任总裁为拉菲尔·拉米雷斯，他同时是石油和矿业部部长。该公司现有两个副总裁：副总裁阿斯德鲁瓦尔·查韦斯（Asdrúbal Chávez），负责炼油、贸易和供应；副总裁欧洛希奥·德尔皮诺（Eulógio Del Pino），负责勘探和生产。为了促进就业，委内瑞拉国家石油公司不断吸纳新员工。根据委内瑞拉国家石油公司的报告，2013 年公司员工已达 111342 人。

据美国《财富》杂志 2009 年 7 月公布的世界企业 500 强排名，委内瑞拉国家石油公司居全球第 27 位，是拉美国家中排名最靠前的企业。2010 年猛降至第 56 位，2011 年再降至第 66 位。2012 年该公司在世界 500 强中的地位有所回升，居第 36 位，但 2013 年又降至第 38 位。2010～2013 年委内瑞拉国家石油公司营业收入、利润和资产情况见表 4－5。

表 4－5　2010～2013 年委内瑞拉国家石油公司营业收入、利润和资产

单位：百万美元

年份	营业收入	利润	资产
2010	91182.0	1608.0	137161.0
2011	88361.0	4313.0	141940.0
2012	124754.0	2640.0	182154.0
2013	124459.0	2678.0	218424.0

资料来源：http://www.fortunechina.com/global500/27/2009/PDVSA。

2009 年该公司资产总额、负债总额、净资产分别为 1496.79 亿美元、748.48 亿美元、748.31 亿美元，比 1999 年分别增长了 199.4%、343.94% 和 125.88%。在总资产中，厂房、设备等资产额为 838.68 亿美元，其他非经常性资产额为 241.33 亿美元，经常性资产额为 416.78 亿美元；在总负债中，长期债务 190.91 亿美元，其他非经常性负资产 175.34 亿美元，经常性负资产 382.23 亿美元。这一年该公司净利润 44 亿美元，

同比下滑 50%；营业额 750 亿美元，较上一年大降 41%。

委内瑞拉国家石油公司 2011 年年度报告说，这一年该公司石油销售总收入达 1278 亿美元，较上一年增长 35%；其中原油及燃料油出口额为 881 亿美元。盈利 49 亿美元，同比增长 54%。2011 年，该公司累计向全国社会项目提供资金 270 亿美元，较上一年增加了 41%，其中向社会住房计划提供资金 47 亿美元、向国家发展基金注资 147 亿美元。2011 年，委内瑞拉国家石油公司上缴税收总额达 818.3 亿玻利瓦尔（约合 190.3 亿美元），其中所得税 168.49 亿玻利瓦尔、矿税 536.16 亿玻利瓦尔、开采税 64.87 亿玻利瓦尔、出口登记税 1.91 亿玻利瓦尔、地表税 3.87 亿玻利瓦尔、红利税 43 亿玻利瓦尔。

根据委内瑞拉政府"石油播种计划"，2013～2018 年委内瑞拉国家石油公司的投资总额将达到 2360 亿美元，这些资金将主要来源于国外融资。

第三节　其他工业

委内瑞拉主要工业部门有石油加工、钢铁制造、建筑、炼铝、电力、汽车装配、食品加工、纺织等。二战后，委内瑞拉在重视支柱工业石油业的同时，在工业上实行进口替代的发展战略。首先发展食品、纺织、卷烟、制糖、制革和水泥等传统工业，然后建立石化、冶金、机器制造、电机设备和运输工具生产等新兴工业。经过几十年的努力，委内瑞拉建立起初具规模的工业体系。以马拉开波市为主的马拉开波工业区，是石油提炼和石油化工的中心；由加拉加斯、马拉凯、巴伦西亚和巴基西梅托等城市组成的沿海工业区，是全国轻纺工业的中心；以瓜亚纳为中心的瓜亚纳工业区，则集中了全国的钢铁制造、炼铝和水力发电等基础工业。

一　制造业

委内瑞拉制造业主要部门有钢铁制造业、铝制品制造业、汽车制造业、纺织机械制造业、动力制造业等，多为中小企业，规模小、效率低。

二战后，由于实行工业化政策，委内瑞拉的制造业获得迅速发展。1944～1950 年和 1950～1957 年年均分别增长 4.9% 和 11.7%；1961～1966 年 5 年间增长 77.7%；1966～1971 年 5 年间增长 47.6%；1973 年、1974 年和 1975 年又分别增长 6.7%、11.4% 和 12.8%。制造业就业人数从 1950 年的 18.8 万人增加到 1957 年的 24.2 万人，1971 年又增加到 57.3 万人。然而，国家的过分干预造成制造业效率低下和产品竞争力下降。后来，委内瑞拉政府进行结构改革以及由安第斯条约向自由贸易协定的转变，带动了制造业的发展。

20 世纪 90 年代初，安第斯国家共同体内部实行的结构改革和签订的自由贸易协定，使委内瑞拉制造业得到发展。但在国际金融危机和经济衰退的影响下，1998～2000 年制造业产值连年下降。委内瑞拉工业家联合会估计制造业的设备能力使用率从 1997 年下半年的 67% 降至 1999 年上半年的 51%，这种下降趋势一直持续到 2001 年年初。随后经历短暂的复苏，2001 年设备能力使用率回升至 72%，但此后又有所下降。政局动荡严重影响制造业的发展。2003 年年初，委内瑞拉企业家商会联合会估计，1999～2002 年，委内瑞拉制造业倒退 15 年，约 5000 家企业倒闭，20 万人失去工作。根据委内瑞拉央行提供的数据，1999～2003 年，委内瑞拉制造业增长率分别为 -9.2%、3.9%、2.9%、-11% 和 -10.6%。2003 年年底，委内瑞拉制造业产值比 20 世纪 90 年代下降 25%。

由于缺乏外资和原料，委内瑞拉制造业近几年很不景气。根据委内瑞拉央行的数据，2008～2011 年整个制造业产值下降 6.2%，私营制造业产值下降 10.2%。这几年委内瑞拉制造业 16 个部门中，有 11 个部门产值下降，3 个部门持平，只有 2 个部门出现增长。2010 年，委内瑞拉制造业产值下降 2.3%，其中金属制成品下降 36.6%、家具下降 34.8%、机械和设备下降 14.7%。制造业有 8 个部门产值低于 1997 年。只有造纸、纸制品生产、食品生产、化学品生产 4 个部门人均产值高于 1997 年。2012 年制造业有所好转，同比增长 1.8%，其产值占国内生产总值的 13.9%。但在制造业 16 个部门中，有 9 个部门产值低于 1997 年。近年来，纺织、服装、制革、金属制品、机械、电器和车辆等发展一直表现不佳。2012 年

非石油产品出口值为 37.71 亿美元，比 1998 年下降 31.79%。2011 年以后委内瑞拉私营制造业出现复苏迹象，2011 年增长 4.4%，扭转了前两年负增长的趋势，2012 年私营制造业增长更达 22.2%。

委内瑞拉主要有以下大公司：

国营委内瑞拉瓜亚纳公司（Corporación Venezolana de Guayana，CVG）　成立于 1960 年 12 月，坐落于瓜亚纳城。该公司拥有水力发电、钢铁、黄金、钻石、煤炭和炼铝企业，职工共有 1.8 万人。它还有占地 60 万公顷的世界最大的松树园，园内种植 7.5 亿棵松树。瓜亚纳公司下设 13 家公司，主要有：

卡罗尼电力公司（Electrificación del Caroni C. A.，Edelca）　20 世纪 60 年代在卡罗尼河兴建了第一个水电站——马卡瓜 1 号水电站；在 1976 年建设了世界第三大水电站——古里水电站。此后又兴建了马卡瓜 2 号水电站、卡鲁阿奇水电站、托科马水电站和其他水电站。委内瑞拉电力的 70% 是由该公司提供的。

奥里诺科铁矿公司（Ferrominera Orinoco C. A.）　开采、加工和销售铁矿砂的公司，年产铁矿砂 2500 万吨。该公司在玻利瓦尔州有 3 个露天铁矿。在奥里诺科河三角洲对面大西洋的蛇口有一铁矿砂转运站，可存储 18 万吨铁矿砂，每年可转运铁矿砂 650 万吨。它还有 320 公里长的铁路网。

委内瑞拉矿业公司（Companía General de Mineria de Venezuela C. A.，MINERVEN）　成立于 1970 年，总部在玻利瓦尔州南部的埃尔卡利亚奥市。注册资金为 122.71 亿玻利瓦尔，奥里诺科铁矿公司占股 66.77%，瓜亚纳公司占股 33.23%。主要开采哥伦比亚矿和乌尼翁矿的黄金，在卡拉塔尔厂和埃尔秘鲁厂加工后销售。

奥里诺科钢铁公司（Siderúrgica del Orinoco C. A.，Sidor）　成立于 1962 年，生产和销售钢铁产品。

卡罗尼铝业公司（Aluminio del Caroni, S. A.，Alcasa）　生产和销售铝制品的公司，总部在玻利瓦尔州马坦萨斯工业区。

Bauxilum 公司　1994 年 3 月由 Bauxiven 公司（建于 1979 年）与

Interaluminagongsi（建于 1977 年）合并而成。经营玻利瓦尔州塞德尼奥市罗斯皮希瓜奥斯地区的铝业，年产铝土 600 万吨，年加工矾土 200 万吨。铝土和矾土全部面向国内市场，供应给 Alcasa 公司和 Venalum 公司制成铝制品，然后销往国外。

Venalum 公司　委内瑞拉四大铝公司之一。原属委内瑞拉铝公司（CAV），2002 年 1 月归国营委内瑞拉瓜亚纳公司管辖。

矿业技术公司　一家提供研究和技术服务的公司，成立于 1986 年。注册资金为 22.45 亿玻利瓦尔，国营委内瑞拉瓜亚纳公司和委内瑞拉矿业公司分别持股 77.37% 和 22.54%，Bauxilum 公司持股 0.09%。

委内瑞拉国家电话公司（CANTV）　建于 1930 年，1991 年私有化。从事短途、长途电话和互联网服务。

EPROTEL 集团（GRUPO EPROTEL）　1978 年开始运转的经营电子设备的集团，创始人为工程师阿纳尔多·冈萨雷斯·索萨（Arnaldo Gonzalez Sosa）等人，后来逐渐发展成为一个拥有 11 家公司的跨国公司。经营卫星通信、声频与视频、数据遥测技术和自动化技术。该公司拥有雄厚的技术人才，在加拉加斯、马图林和马拉开波设有办事处。同美、欧各大通信公司保持密切联系。

委内瑞拉玻璃公司（GLASSVEN C. A.）　成立于 1978 年，总部在巴基西梅托。在委内瑞拉拥有 3 个工厂：拉维多利亚城的 1 号硅酸盐厂、巴基西梅托的 2 号硅酸盐厂和硅石厂。它还有 3 个质量检测实验室：调研与开发实验室、使用与应用实验室和新产品样品实验室。其产品销往欧洲、北美、拉美和加勒比地区、亚洲、非洲和大洋洲的 50 多个国家。

委内瑞拉 Smurfit 纸板公司（Smurfit Carton de Venezuela）　成立于 1954 年，生产纸和纸板。1986 年与总部设在爱尔兰都柏林的世界最大纸板公司合资。其在国内有 8 家工厂，包括圣费利佩和加拉加斯的造纸厂，巴伦西亚的卡片厂，巴伦西亚、马拉凯和加拉加斯的纸盒厂以及巴伦西亚的折叠箱厂等。该公司生产各种规格的纸张和各种包装纸箱。

委内瑞拉福特公司　坐落在巴伦西亚，注册资金为 30 亿玻利瓦尔，员工 1428 人，日产汽车近 400 辆。

二 采矿业

委内瑞拉矿产资源丰富，大部分矿产资源由国家控制。铁和铝是委内瑞拉最重要的矿产资源。其他矿产还有煤、钻石、黄金、锌、铜、铅、银、磷酸盐、锰和钛等。

2006 年，委内瑞拉政府颁布新的矿业发展战略和政策，努力吸引投资，保证原材料供应，鼓励和刺激采矿业等基础工业的可持续发展，并与多国签署矿业合作协议。但实际进展缓慢，因缺乏投资、矿业技术落后，多家矿业公司完不成生产任务。根据委内瑞拉中央银行的统计数据，2008 ~ 2010 年该国矿业产值连续三年下滑，降幅分别为 4.2% 、11.2% 和13.4% 。2012 年委内瑞拉采矿业产值又下降 6.2% ，其中第一季度比 2011年同期下降高达 25.3% 。

铁矿业 铁矿业是委内瑞拉采矿业的重要部门之一。委内瑞拉铁矿储量估计为 146 亿吨，集中在东南部的瓜亚纳地区。在已探明的 41 亿吨铁矿储量中，包括优质铁矿 17 亿吨，低质铁矿 24 亿吨。

1975 年 1 月 1 日，委内瑞拉政府为保护国家资源宣布铁矿开采业国有化，国营委内瑞拉瓜亚纳公司分公司奥里诺科铁矿公司接管了 2 家美国公司控制的铁矿。该公司主要生产 9 种铁矿砂，2/3 的铁矿砂出口外国，其余在国内工厂加工。

为了提高铁产量，查韦斯政府采取吸引私人投资的措施，铁矿砂产量从 1999 年的 1610 万吨提高至 2000 年的 2005 万吨。此后，因政局动荡、经济衰退，铁矿砂产量一直徘徊在 2000 万吨左右。2001 年、2002 年和2003 年铁矿砂产量分别为 1999 万吨、2025 万吨和 1964 万吨。2004 年 9月 11 日委内瑞拉钢铁协会报告说，委内瑞拉 2004 年上半年生产了 928 万吨铁矿砂，比 2003 年同期增长 9.6% 。

2009 年铁矿砂产量为 1350 万吨。2010 年铁矿砂产量为 1410 万吨。随着经济的恢复，铁矿砂的产量有所增长。2011 年为 1720 万吨，2012 年约为 2000 万吨。

2007 年，奥里诺科钢铁公司钢年产量高达 430.7 万吨。2008 年委内瑞拉钢铁业国有化后，因投资不足、原料缺乏，钢产量下降。2010 年委内瑞拉钢产量为 180 万吨，比 2009 年下降 41.4%。随着国际石油价格的上升和经济形势的好转，2011 年奥里诺科钢铁公司钢产量为 245.8 万吨，比 2010 年增长 36.6%。但 2012 年钢产量又继续滑坡，只有 172.24 万吨，比 2011 年下降达 29.9%，只相当于 1980 年的产值。为满足国内需求，2012 年委内瑞拉限制出口钢产品。这一年，奥里诺科钢铁公司只出口钢产品 10.5 万吨，而 2011 年出口 65.7 万吨。

煤矿业 委内瑞拉是拉美第三大煤生产国，仅次于哥伦比亚和巴西。委内瑞拉煤储量约为 102 亿吨，大部分煤田在靠近哥伦比亚的苏利亚州，其他煤田在塔奇拉州、法尔孔州以及安索阿特吉州。瓜萨雷煤田是委内瑞拉最大的煤田。委内瑞拉不仅煤储量大，而且质量高，含硫低、含水量低。英国 Shell 煤矿公司与德国鲁尔煤矿公司参与该国煤矿开采。1997 年煤产量为 430 万吨，1999 年为 550 万吨，2002 年增至 580 万吨。委内瑞拉生产的煤几乎全部出口，销往周边国家以及美国和欧洲国家。

早在 19 世纪，委内瑞拉就开始煤炭的开采。但直至 20 世纪 40 年代，委生产的煤炭数量很少，1950 年仅生产 1000 吨。后来，铁矿业的发展带动了煤矿业的发展，1977 年委内瑞拉煤产量已达 12 万吨。自 1985 年起，委内瑞拉国家石油公司的分公司——苏利亚煤矿公司掌握全国的煤炭开采。苏利亚煤矿公司受委内瑞拉投资基金会控制，它与外资公司合作开采煤矿，苏利亚煤矿公司长期亏损。1999 年 4 月委内瑞拉政府宣布加强同私营部门的合作，计划到 2008 年煤产量上升至 2100 万吨。2000 年在瓜萨雷煤矿公司和拉瓜伊拉煤矿公司的投资共达 1550 万美元。然而，运输条件差和投资有限制约了煤矿业的发展。2004 年年初，委内瑞拉国家石油公司集中精力从事石油和天然气生产，而将苏利亚煤矿公司的股权全部出让给 Corpozulia。

苏利亚州煤储藏量占委内瑞拉煤储藏量的 95%。2004 ~ 2005 年委内瑞拉平均年产 800 万吨煤，2006 年缩减了 40 万吨，只生产 760 万吨。其产量 98% 供出口，主要出口北美、欧洲国家以及南美洲的智利和巴西。2006 年委内瑞拉煤产量占拉美煤产量的 10%，居拉美第二位，位于占拉美煤产量 81% 的哥伦比亚之后。此后几年，委内瑞拉煤产量停滞不前，2007 年和 2008 年煤产量分别为 686 万吨和 506 万吨。受国际金融危机影响，2009 年委内瑞拉煤产量下降到 327 万吨。

铝矿业 委内瑞拉的 Venalum、Alcasa、Carbonorca 和 Bauxilum 4 家铝公司原属于委内瑞拉铝公司。委内瑞拉铝公司因经营不善，铝产量不断下降，从 1997 年的 64.3 万吨降至 1999 年的 57 万吨。2000 年和 2001 年产量均为 57.1 万吨。从 2002 年 1 月起，国营委内瑞拉瓜亚纳公司掌握该国大部分铝矿业，控制了上述 4 家公司。铝产量有所上升，2002 年生产铝 60.5 万吨。2003 年略有下降，铝产量为 60.1 万吨。国内政局动荡给铝矿业带来严重影响。查韦斯政府改变私有化计划，代之以同私营部门建立战略合作。2001 年与法国 Pechiney 公司签订投资 2.08 亿美元的协定，计划 3 年内把 Bauxilum 公司年产矾土能力从 170 万吨提高至 210 万吨。

委内瑞拉是世界上重要的铝土、氧化铝和原铝的生产国，铝土、氧化铝和原铝年生产能力分别为 600 万吨、200 万吨和 64 万吨。由于缺乏投资、设备老化、电力供应不足和经营不善，近几年委内瑞拉铝土、氧化铝和原铝产量不断下降。2008 年、2009 年和 2010 年铝土产量分别为 419.20 万吨、361.08 万吨和 340 万吨；氧化铝产量分别为 159.16 万吨、136.55 万吨和 124.3 万吨。2008 年原铝产量为 61.70 万吨，2011 年原铝产量仅为 33 万吨，但比 2010 年增长了 11%。2011 年年初，委内瑞拉议会批准提供 2.9 亿玻利瓦尔贷款，以资助委内瑞拉铝公司实施"2011～2012 年原料供应计划"，完成生产计划并实现增产。

金矿业 早在殖民地时期，委内瑞拉已开始开采金矿。1849 年安德烈斯·埃尔南德斯·莫拉莱斯和佩德罗·莫纳斯特里奥等人发现乌巴塔金矿，在尤鲁阿里河畔建起淘金场。后来又发现了埃尔卡利亚奥等金矿，当时该金矿被认为是世界最富金矿之一。从此，瓜亚纳地区金矿业逐渐发展起来。为了开发金矿，1870 年成立了"国营埃尔卡利亚奥金矿公司"，公司注册资本为 3.2 万美元。1881 年，英国在委成立"委内瑞拉金矿公司"。1885 年，委内瑞拉黄金产量达 819.3 万克，但后来黄金产量有所下降。

委内瑞拉可开采的黄金矿储量估计为 10 万吨，集中在东南部的瓜亚纳地区。黄金生产受过时的采矿规章和非法采矿活动的限制。卡尔德拉政府期间（1994～1999）宣布鼓励外国直接投资，5 年内把年黄金产量从 10 吨提高至 25 吨，15 年内提高至 50 吨。1997 年颁布法令控制土地的使用和制止非法开采黄金，并颁布"多拉多计划"。因金矿产权存在争议，阻碍了金矿的勘探开采。2001 年美国 Hecla Mining 公司的分公司拉卡莫拉公司（La Camorra）生产的黄金最多，其次是国营委内瑞拉瓜亚纳公司所属的委内瑞拉矿业公司。加拿大 Crystallex 公司与 Placer Dome 公司从 1998 年起先后参与联合开发储量约为 317.5 吨的 Las Cristinas 金矿，后因金价下跌等原因而退出。2001 年 5 月，查韦斯总统访华期间，中委代表签订了索萨·门德斯金矿恢复生产经营和转让合同。2002 年 6 月，双方签订了合同的两个附件。2003 年 4 月 8 日，举行了索萨·门德斯金矿开工仪式。

国际市场金价的大幅上扬，刺激了委内瑞拉黄金生产的发展。在该国 1.33 亿盎司黄金储量中，8140 万盎司储量黄金由委内瑞拉矿业公司开采。2005 年委内瑞拉生产黄金 9.7 吨，比 2004 年增长 16.2%。2006 年生产黄金 14.7 吨，比 2005 年增长 51.5%。委内瑞拉矿业公司产量占 55.8%，外国公司占 42.5%，小矿主产量占 1.7%。随后几年，委内瑞拉黄金产量持续下降。2008 年和 2009 年委黄金产量分别为 10.81 吨和 12.23 吨，其中委内瑞拉矿业公司分别生产 4.28 吨和 4.43 吨。2010 年委内瑞拉矿业公司黄金产量为 1.89 吨，只相当于其 1991 年的产量。委内瑞拉当局计划 2019 年黄金产量达到 15 吨。

2013 年 1 月，石油和矿业部部长拉斐尔·拉米雷斯宣布了刺激金矿发展的行动计划，并宣布查韦斯批准成立委内瑞拉矿业公司（Corporación Venezolana de Minería，CVM），它是委内瑞拉国家石油公司的分公司。该公司控制黄金的开采，避免向国外走私黄金。

三 电 力

委内瑞拉电力工业以水力发电为主，水力发电占发电总量的 2/3，利用石油和天然气发电占 1/3。电力主要由东部的古里大坝和卡罗尼河的一些新建的水电站提供。2001 年委内瑞拉生产电力 876 亿千瓦时，其中 68% 来自水力发电。2002 年生产电力 960 亿千瓦时。1993~2003 年，委内瑞拉电力年均增长 3.3%。国营卡罗尼电力公司是全国最大的电力公司，它生产的电力占全国的 70% 以上，其他电力则由私营公司和其他国营公司供应。卡罗尼电力公司经营的古里水电站（劳尔·莱昂尼水电站）是世界第三大水电站，发电量为 510 亿千瓦时。托科马水电站是卡罗尼河的第 4 座水电站，该水电站总投资为 30.50 亿美元，其中政府投资 14 亿美元，美洲开发银行投资 7.5 亿美元，出口融资机构提供 6 亿美元；2004 年 7 月，安第斯开发公司（CAF）总裁恩里克·加西亚（Enrique Garcia）宣布，向该项目提供 3 亿美元贷款，期限为 15 年，宽限期 5 年。他说，这是该多边金融组织为其会员国提供融资进行有效基础设施建设总体战略规划的一部分。该水电站对改善委内瑞拉资本市场及生产率产生积极影响。2003 年 5 月，法国 ALSTOM 电力工程集团公司同委方签订了投资 1.6 亿美元在委西南部建一座发电能力达 514 兆瓦的水电站的协议，ALSTOM 电力工程集团公司下属的 ALSTOM 水电公司负责该项目的具体实施，该工程包括两个发电机组和一条输电线路网。法国和巴西的银行提供该项目投资的资金。水电站建成后向委内瑞拉西北部的梅里达等几个州供电。

委内瑞拉第二大国营电力公司是电力发展管理公司（CADAFE）。委内瑞拉最大的私营电力公司是 ELECAR。

委内瑞拉是拉美人均用电量最高的国家，年人均电力消费达 3617 千瓦时，电气化率占 90% 以上。但电力生产的增长仍赶不上电力需求的增长，委内瑞拉一直靠从哥伦比亚进口电力满足国内的需求。电力供应不足的原因，一是投资不足，1998~2002 年，委内瑞拉电力部门拖欠的投资额达 28.48 亿美元。因电费未随通货膨胀的加剧而同步上涨，致使私人投资对电力的积极性降低。二是窃电行为猖獗，造成电力公司每年损失 12 亿美元，相当于总电量的 28%。委内瑞拉许多贫民区非法与国家电网连线，人为破坏和偷窃电力设施也使电力公司每年损失 60 亿玻利瓦尔。三是长期干旱，造成水库存水量下降和水电站发电能力下降。四是日益老化的发电设施造成农村地区周期停电。2003 年 4 月，委内瑞拉电力工业商会指出，为满足国内经济发展对电力能源需求的增长，2003～2012 年，电力部门至少需要投资 134 亿美元。而年均 13.4 亿美元的投资额，主要投入水力和火力发电、电力运输、配送及商业销售等项目的开发。其中水电项目开发投资总需求为 33 亿美元；火电投资需求为 30 亿美元。为了促进电力工业的发展，2003 年 1 月，委内瑞拉全国税收一体化管理局决定免征从事电力工业的企业进口产品的增值税，相关企业可向全国税管局提出免税申请，注明进口的目的及进口产品的种类。该局规定，享受免税待遇的仅包括用于电力工业发展，石油和矿业部认可的资本货、设备、各种材料、工业原料以及其他有关的产品。委内瑞拉 CAVEINEL 电力集团公司称，委内瑞拉 2004 年需投资 13 亿美元来完善搁置的发电厂建设计划，并疏通输电系统的瓶颈。由于现行的银根紧缩政策使公司难以买到外汇，投资计划变得复杂，电力公司必须寻求资金来满足投资需求。

1998 年委内瑞拉开始实施电力工业私有化，同年 10 月以 0.63 亿美元出售新埃斯帕塔电力体系，并给电力公司"松绑"，把电力公司分为生产、运输、分配和销售几个部门，以便实施私有化。2001 年，鼓励私营公司投资电力工业的计划被无限期搁置。

由于经济发展的需要，委内瑞拉不断加大对电力开发的投资。2008 年 5 月，委内瑞拉政府宣布对 2008～2014 年的电力开发建设拨款 103 亿美元。2009 年电力开发的预算为 10 亿美元。委内瑞拉开工建设装机容量为 233 万千瓦的托科马水电厂，2014 年完工，耗资超过 30 亿美元。委政府自 2010 年起积极发展火力发电特别是天然气发电，期望将水电所占比重降至 60%，但效果不理想。2011 年委天然气发电所占比重由上一年的 15.3% 降至 14%，柴油发电比重由 10.3% 略增至 11%。2011 年委政府原计划向电力领域投资 471 亿玻利瓦尔，但实际只投资了 220 亿玻利瓦尔；其中发电项目计划投资 258 亿玻利瓦尔，实际投资 139 亿玻利瓦尔；输变电项目计划投资 112 亿玻利瓦尔，实际投资 28 亿玻利瓦尔。2011 年委内瑞拉共有 13 个发电项目投入运营，新增发电装机容量 1593 兆瓦。2012

年，委政府新增发电装机容量 5922 兆瓦。

根据美国中央情报局《世界概况》的统计，2005 年委内瑞生产电力 897 亿千瓦时，消费电力 893 亿千瓦时；2007 年生产电力 930 亿千瓦时，消费电力 862 亿千瓦时；2009 年生产电力 1107 亿千瓦时，消费电力 838 亿千瓦时；2012 年生产电力 1231 亿千瓦时，消费电力 858 亿千瓦时。2005 年委内瑞拉出口电力 4.5 亿千瓦时。停顿两年后，2008 年重新出口电力达 5.42 亿千瓦时。2009~2012 年分别出口 5.42 亿千瓦时、5.40 亿千瓦时、5.40 亿千瓦时和 6.33 亿千瓦时。2010 年进口电力 16.51 亿千瓦时，2011 年和 2012 年分别进口电力 16.51 亿千瓦时和 3.73 亿千瓦时。

四 建筑业

多年来，委内瑞拉建筑业一直随石油工业的兴衰而波动。20 世纪 70 年代由于石油收入大量增加，建筑业一度繁荣。80 年代建筑业随国家经济衰退而衰退。90 年代初，因委内瑞拉国家石油公司增加投资项目的开支，建筑业有所复苏。1994~1995 年金融危机和经济衰退期间，建筑业几乎崩溃。1997~1998 年石油部门的开放使建筑业复苏。1999 年和 2000 年，因经济衰退和国际油价下跌，建筑业一蹶不振，建筑业产值分别下降 16.5% 和 2.7%。2001 年国际油价的上扬、瓦加斯州泥石流灾害后重建和实施住宅建设计划，建筑业情况有所好转，同比增长 13.5%。2001 年年末，建筑业再次跌入低谷。2002 年建筑业产值下降 19.8%，2003 年下降 37.4%。

由于国际市场石油价格的上扬，2004 年委内瑞拉经济开始复苏，根据委内瑞拉中央银行的统计，这一年建筑业产值增长 31.8%。2006 年和 2007 年委内瑞拉建筑业产值分别增长 29.5% 和 10.2%。2009 年和 2010 年，受世界金融危机的影响，委内瑞拉经济恶化，建筑业也受到影响。从 2010 年第 4 季度起，委内瑞拉经济逐渐复苏，建筑业是增长较快的部门。2012 年建筑业产值增长 16.8%。委内瑞拉建筑业复苏并快速发展，主要是受"委内瑞拉住房计划"的推动。

第四节 农牧业

第二次世界大战后，委内瑞拉农业得到一定程度的发展，逐渐实现了以资本密集为基础的生产集约化和机械化。1960年以后，委内瑞拉实行了土地改革，1957～1969年耕地面积扩大72.6万公顷，1979～1984年又扩大85.76万公顷。从1945年到1979年，农业产值从9.67亿玻利瓦尔增加到50.22亿玻利瓦尔，年平均增长率达到4%，高于拉美地区的平均增长水平。但农业的增长速度满足不了国内消费的需要，出口大幅减少，进口大量增加。而且，由于石油工业的繁荣和制造业的发展，农业在国民经济中的地位日益降低。按1968年价格计算，农业总产值在国内生产总值中的比重，1960年为8.2%，1965年为7.4%，1970年为7%，1979年为6%。农业就业人口也逐渐减少，在农业部门就业的劳动力占全国就业人口总数的比重1950年为43%，1961年为33.8%，1971年为21.4%，1978年仅占16.3%。90年代后，农业仍是经济中最薄弱的部门，农业产值仅占国内生产总值的5%，全国只有1/5的土地用于农业。1997年委内瑞拉可耕地面积为3007万公顷，种植面积为300万公顷，牧场为1713万公顷。1999年农业人口为88.6万人，占劳动力人口的13%。粮食、水果、蔬菜、牛奶制品等收入占农业收入的40%，畜牧业收入占农业收入的50%，林业和捕鱼业收入占农业收入的10%。2000年牲畜存栏数：牛216.6万头，猪198.9万只，羊99.8万只，家禽3.7亿只。委内瑞拉70%的耕地集中在3%的农场主手中，土地集中程度居拉丁美洲和加勒比国家第二位。自1998年以来，发生了数百起无地农民夺地事件。近年来，农业产值虽只占国内生产总值的5%以下，但农业就业人口占全国劳动力的10%，农业用地占国土面积的24%，农业生产不能满足国内需求，近1/3的农产品依靠进口。

查韦斯执政后致力于经济多样化，减少对石油部门的过分依赖，把农业视为经济多样化战略的重要组成部分和优先发展的部门，采取措施遏制农业的长期衰退，改变农业经营和销售不善、资金短缺和生产技术

落后的状况。根据 1999 年宪法，委政府对农业给予补贴，并对粮食等农产品实行保护主义关税，以减少对进口食品的依赖。2001 年 12 月颁布新的土地法，由全国土地协会（替代全国农业协会）把土地分配给无地农民。政府还通过发展农业基础设施，改变大量农民涌向城市的现象。新的土地法使政府与土地所有者之间的冲突加剧。农业发展仍然受到缺乏资金和技术的制约。政府为减少对进口食品的依赖而采取的保护主义措施，也遭到安第斯国家共同体成员国和世界贸易组织的非议。查韦斯政府刺激农业的措施使 2000 年主要农产品的产量大幅上升，其中玉米产量比上年增长 47.1%，高粱增长 59.9%、甘蔗增长 3.5%。然而，2002 年主要农产品产量大幅下降。其中，大米产量比上年下降 16.1%、玉米下降 14.2%、咖啡下降 16.3%。为了提高农业产量和减少进口，2004 年委内瑞拉实施了"播种特别计划"（El Programa de Siembra）。根据这项计划，2004 年上半年委政府投资 3500 亿玻利瓦尔在 20 多万公顷农田上播种黄玉米，产量约 50 万吨，使该国黄玉米的进口减少 60%。为满足国家的需求，根据该计划，委内瑞拉还扩大马铃薯、咖啡和白玉米的种植。此外，还种植 5.5 万公顷菜豆、2.6 万公顷棉花。2004 年 8 月，委农业部副部长埃克托尔·加尔松（Hector Garzon）指出，2004 年农业产值与 2003 年相比增长 8%。

为了贯彻 2001 年公布的《土地和农业改革法》、增加就业机会和发展农业，2005 年委内瑞拉政府宣布实施"回到农村计划"，鼓励城市无业贫民返回农村，在已被政府征收的原庄园主土地上耕作。2008 年，委内瑞拉政府在阿普雷征收了一些庄园主所占的没有土地合法证件的 6.3 万公顷土地。

2009 年，委内瑞拉政府重新分配了 270 万公顷闲置土地，共有 1.8 万个无地农民家庭受益。2010 年委政府宣布，1998 年以来该国可耕地面积增加了 48%。2008 年，小麦和稻米两大重要谷物已能自给。2009 年，委内瑞拉小麦和稻米产量分别比上年增长 71% 和 94%；猪肉生产比上年增长 77%，牛肉、鸡肉、鸡蛋生产分别满足国内需要的 70%、85% 和 80%。牛奶产量达 196 万吨，已能满足国内需要的 55%。过去 10 年其他作物产量也增长很快，如黑豆增长 143%、根茎类蔬菜增长 115%、食用油原料向日葵增长 125%。2011 年，政府为促进农业生产，向 2011～2012 年度发展规划的龙头项目"农业计划"投入 100 亿玻利瓦尔，其中为小农户提供贷款 47 亿玻利瓦尔，并为 15 万个农户提供了拖拉机和生产原料。"农业计划"的内容包括 2011～2012 年实现粮食增产 70%。2011 年黄玉米、白玉米、大米分别增产 50%、59% 和 33%，其中黄玉米和大米的产量都达到 139 万吨。根据委内瑞拉中央银行的统计，农业产值实际增长率 1998 年为 0.2%，1999 年为 1.0%，2000 年为 0.2%，2001 年为 0.8%，2002 年为 -0.1%，2003 年为 -0.2%，2004 年为 0.5%，2005 年为 2.0%，2006 年为 0.6%，2007 年为 0.4%，2008 年为 0.9%，2009 年为 0.2%，2010 年为 0.3%。根据委内瑞拉农业和土地部公布的数字，2011 年主要作物收益大幅下滑，出现 0.57% 的负增长，农业产值为 51.5 亿玻利瓦尔，可耕地面积较 2010 年缩减 7.8%。2012 年农业产值提高至 56.6 亿玻利瓦尔，比上年增长 9.9%。农牧业产量有了不同程度的增长，农作物产量比上年增长 6.64%，畜牧业产量比上年提高 4.51%，热带经济作物产量比上年增长 1.37%；粮食产量比上年增长 12.93%，水果产量比上年增长 23.35%，牛肉产量比上年增长 3.45%，牛奶产量比上年增长 7.5%，咖啡产量比上年增长 3.5%，可可产量比上年增长 12.69%。

第五节　商业、服务业和旅游业

一　商业、服务业

20 世纪 90 年代，随着超市规模的扩大，委内瑞拉的零售业得到一定程度的发展，但从总体来说，商业仍欠发达。人们习惯于到非正规小商店购买食品、蔬菜和日常用品，但每次购买量都不大。委消费品工业欠发达，因此大部分消费品依靠进口。1990～2001 年零售部门在创造就业上发挥了重要作用，在零售部门就业的人数约占正规经济部门总就业人数的

60%。由于委内瑞拉货币玻利瓦尔大幅贬值，2002～2003年商业产值严重萎缩。根据该国央行提供的数据，1999～2003年，委内瑞拉商业产值增长率分别为-11.8%、5.4%、4.2%、-13.3%和-12%。委内瑞拉商业连锁店发展很快，诸如Sambil和Grafiti等商业中心走向国外，在哥斯达黎加站住脚跟，获得很大的发展。Churromania快餐店也在美国和西班牙等国开设了分店。

根据世界银行的统计，1990～1998年委内瑞拉服务业产值年均增长0.5%。根据国际货币基金组织的统计，服务业产值1996年比上年下降2.6%，1997年比上年增长2.9%，1998年比上年增长0.6%。1998年服务业产值占国内生产总值的58.3%，就业人口占总人口的65.5%。

2004年之后的几年，随着查韦斯取得公投的胜利、政局逐渐稳定和经济的恢复，委内瑞拉商业和服务业也得到迅速发展。根据委内瑞拉中央银行提供的数据，2004年和2005年商业和服务业产值增长率分别高达28.6%和21.0%。2006年和2007年商业和服务业产值增幅虽有所降低，但仍分别达15.7%和16.7%。2008年，国际金融危机爆发，委内瑞拉商业和服务业产值涨幅大大缩小，只有4.6%。从2009年开始，国际金融危机和国际油价下跌对委内瑞拉经济的影响全面显现出来。2009年和2010年，委内瑞拉商业和服务业产值分别下降8.3%和9.0%。2011年国际油价大幅上扬，委内瑞拉经济好转，根据委内瑞拉中央银行的统计，商业和服务业产值已占GDP的9.61%。同年，委内瑞拉商业和服务业产值上升6.5%。2012年再进一步上升，升幅达9.2%。

二 旅游业

委内瑞拉是世界上生态景观种类最多的10个国家之一，具有发展旅游业的得天独厚的自然条件：拥有世界最高、落差最大的安赫尔瀑布；海拔5000多米的玻利瓦尔峰和镜峰上世界最高的缆车；南美洲最大的湖泊马拉开波湖；南美洲第三大河奥里诺科河；有众多珍稀动植物的国家公园；绵延曲折的海岸线；令人神往的加勒比海72岛。旅游业是委内瑞拉国民经济中的一个重要部门，不仅为国家增加了外汇收入，而且提供了大量就业机会。20 世纪 70 年代以来，委内瑞拉历届政府都很重视旅游业的发展，设立发展旅游业的专门机构，增加对旅游业的投资，采取多种措施保护名胜古迹，新建旅游点，新建旅馆，改善交通。1998 年委内瑞拉公布《新旅游法》，在税收上对旅游业给予优惠，增加对旅游业的贷款。2001 年委内瑞拉又通过了《沿海地区法》，进一步改善旅游设施，促进旅游业的发展。该法还加强国家对旅游业的控制，宣布海洋、湖泊和河流沿岸 80 米以内的土地属国家所有。委内瑞拉政府为吸引外国游客，在众多国家公园和偏远印第安人居住区开展生态旅游和旅游探险。委内瑞拉接待游客的饭店不断增加，从 1979 年的 2045 家增至 1998 年的 2339 家，2002 年再增至 2499 家，客房共有 2.5 万间。2002 年委内瑞拉共有五星级饭店 29 家，其中首都加拉加斯有 13 家、玛格丽塔岛有 5 家。这些五星级饭店大部分由委内瑞拉资本控制，但都聘请外国人经营。2002 年赴委的外国游客中，美国游客占 18.5%、德国占 14%、荷兰占 12.1%、加拿大占 6.7%、英国占 6.2%。一些外国的连锁饭店在委内瑞拉开设分店，如美国的 Radisson 饭店、Howard Johnson 饭店、Hilton 饭店和西班牙的 Sol Melia 饭店等。

2004 年以后，随着委内瑞拉政局的逐渐稳定，旅游业也慢慢恢复和发展起来。2005 年委内瑞拉接待外国游客 15.11 万人次，旅游外汇收入 1.45 亿美元。游客主要来自欧美和拉美各国。2009 年 7 月，委内瑞拉国会通过了《旅游业贷款法》，政府实施国家旅游计划，采取措施提高国家旅游服务的质量。政府投资改善旅游基础设施，向旅游部门投资 200 多万玻利瓦尔，用于中小旅游服务企业以及以家庭为单位的旅游服务培训，并研究了兴建 147 家旅馆的技术可行性。2009 年尽管世界旅游业萎缩 2%，但是委内瑞拉的旅游业却比上年增长 15%。此后，委内瑞拉旅游业继续发展，2011 年，委内瑞拉接待的外国游客已达 58.19 万人次。2012 年，委内瑞拉接待的外国游客比上年增长了 19%，旅游部门的税收收入增长了近 50%。

为了发展本国的旅游业，委内瑞拉还加强同拉美国家的合作。2005

年委内瑞拉宣布，委内瑞拉和哥伦比亚将共同为来自欧洲国家的游客和旅行社人员提供旅游项目。这个综合的旅游项目包括从欧洲大陆出发到达委内瑞拉和哥伦比亚，游览这两个国家的旅游景点。2009 年 5 月，委内瑞拉和古巴签署旅游协定和建立联盟，发展两国的旅游业。2012 年 8 月，委内瑞拉旅游部长与秘鲁外贸部长签订协议，以促进两国旅游业的发展。为了吸引来自中国的游客，委内瑞拉派代表团参加了在中国北京举行的世界旅游博览会。2012 年 9 月 6 日至 9 日，该国首都加拉加斯举办了第七届国际旅游节。

第六节　交通与通信

一　交通运输

根据委内瑞拉中央银行的统计数字，2005～2011 年委内瑞拉交通仓储业产值分别为 16.34 亿美元、18.68 亿美元、21.07 亿美元、21.64 亿美元、19.81 亿美元、19.40 亿美元和 20.53 亿美元。2012 年交通仓储业产值比 2011 年增长 5.3%。

公路　全国公路总长近 10 万公里，其中 3 万多公里为柏油路。公路运输是委客、货运输的主要方式，98% 的货物是通过货运卡车输往目的地，但南方地区陆路难以通行。2005 年前，全国共有 3 条高速公路。分别长 1290 公里、960 公里和 440 公里。1989 年公路的控制权下放给各州，但公路的基础设施并未得到改善。

查韦斯政府重视公路建设，大力改建和扩建公路。2007 年 11 月，安索阿特吉州的 30 公里长的乌纳雷—皮里图段高速公路完工。与此同时，11 公里长的丘斯皮塔—阿拉基塔段和 42.4 公里长的考卡瓜—伊格罗特段高速公路动工修建。这一年，拉腊州长 25.5 公里的北部环形高速公路同中央地区高速公路相连接。2008 年 10 月，委内瑞拉宣布了修建连接哥伦比亚、巴拿马及委内瑞拉的高速公路计划，计划包括修复 850 公里道路以及修建 1500 公里高速公路。同年 11 月开始修复圣胡安—德洛斯莫罗斯和拉恩克鲁西哈达之间的高速公路。连接加拉加斯和米兰达州的阿亚库乔大元帅高速公路（又称安东尼奥·何塞·德·苏克雷高速公路），延长到苏克雷州，长 271 公里。

铁路　委内瑞拉的铁路规模小，2006 年铁路只有 682 公里，主要用于货运。私营公司掌握铁路 200 多公里。2000 年 12 月，查韦斯政府提出改善和合并交通基础结构的计划，建设一条把东部城市马坦萨斯与马图林同加勒比沿海地区连接起来的铁路。首都加拉加斯拥有现代化的地铁线路，1982 年开始营运。90 年代继续扩建，并有新线路陆续投入使用。

查韦斯执政后，重视发展铁路运输。规定国家铁路系统是优先发展的项目。2008 年全国代表大会通过《全国铁路交通法》，促进、发展和调节铁路建设。

在查韦斯亲自过问下，委内瑞拉国家铁路局制定了《2006～2030 年全国铁路发展社会主义计划》，修建 15 条铁路，全长将达 13665 公里，设 379 个站点，运行列车 1548 列，年客流量达 2.4 亿人次，年运输货物 1.9 亿吨。近年来，委内瑞拉政府大量投资于铁路建设。中国、西班牙、意大利、法国、日本和古巴等国参与了委内瑞拉铁路的建设。

委内瑞拉铁路（标准轨距）在 2010 年总长度达到 806 公里，其中电气化铁路 41.4 公里。2006 年，加拉加斯至库阿电气化铁路开始运营，现有 10 列火车，设有加拉加斯、查拉利亚韦北、查拉利亚韦南和库阿 4 站。它把首都加拉加斯同毗邻的米兰达州的重要居民点连接在一起，日运乘客 12 万人次。

埃塞基耶尔·萨莫拉中央铁路线包括卡拉沃沃州卡贝略港至阿拉瓜州拉恩克鲁西哈达段，长 128.8 公里，计划 2014～2015 年完工，受益人数将超过 300 万人。这条铁路拟设 8 个站。

委政府还在进行卡拉沃沃州卡贝略港—拉腊州巴基西梅托—亚拉奎州亚里塔瓜—波图格萨州阿卡里瓜之间的西蒙·玻利瓦尔西中铁路的建设。这条铁路线长 285.22 公里，其中包括 173 公里的卡贝略港—巴基西梅托段、34 公里的亚里塔瓜—巴基西梅托段、67 公里的亚里塔瓜—阿卡里瓜段。这条线设 8 站，为卡贝略港、莫龙、乌拉马、圣费利佩、奇瓦科阿、

亚里塔瓜、巴基西梅托和阿卡里瓜。

蒂纳科—阿纳科的北部平原轴线的东中铁路也在施工，这条 468 公里长的铁路由中国公司承建。完工后，估计年运输旅客 580 万人次，货物 980 万吨。这条铁路线设立的站有蒂纳科、埃尔帕奥、多斯卡米诺斯、埃尔索姆布雷罗、查瓜拉马斯、复活节谷、图库皮多、萨拉萨、阿拉瓜·德·巴塞罗那和阿纳科。

南中铁路线（Centro-Sur）的查瓜拉马斯—拉斯梅塞德斯段和圣胡安—德洛斯莫罗斯—圣费尔南多 - 德·阿普雷段由意大利公司（GEI）承建。两条铁路长约 450 公里，投资超过 60 亿美元。

查韦斯执政时只有加拉加斯地铁，此后 12 年新建地铁线 81.7 公里，新开通的地铁线有巴伦西亚地铁、马拉开波地铁和洛斯特克斯地铁。

空运 2003 年委内瑞拉共有 280 个注册国内机场和 11 个国际机场。加拉加斯的马伊克蒂亚国际机场是委内瑞拉最重要的国际机场，接待 90% 的国际航班。1989 年委内瑞拉政府下令取消 2 家国营航空公司 Viasa（国际航线）和 Aeropostal（国内航线）对空运的垄断。自 1992 年起各机场由所在州政府控制。在开放航空部门的刺激下，成立了几家由国内私人资本参与的新的航空公司。1996 年由委内瑞拉、美国和英国组成的 Alas 财团收购了 Aeropostal 公司。Viasa 公司被出售给以西班牙 Iberia 公司为首的一个财团，但 2000 年 12 月，公司宣布破产。2002 年委内瑞拉共有 12 家国营航空公司，另有 2 家飞往加勒比岛屿的航空公司。Aeropostal 公司和 Avior 公司是国内最大的 2 家航空公司。2003 年年底，查韦斯政府宣布投资 6000 万美元成立一家新的国营航空公司——Conviasa 公司。委内瑞拉拥有大型飞机 58 架。2002 年国内航空客运量为 427 万人次、货运量为 2079 吨，国际民航客运量为 285 万人次、货运量为 27231 吨。

据美国中央情报局《世界概况》的统计数据，包括铺装跑道和未铺装跑道在内，2007 年、2008 年、2010 年和 2012 年委内瑞拉拥有的机场分别为 390 个、402 个、409 个和 492 个，其中拥有铺装跑道的机场分别为 128 个、131 个、129 个和 128 个，未拥有铺装跑道的机场分别为 262 个、271 个、280 个和 364 个。2012 年，在拥有铺装跑道的机场中，跑道超过 3047 米的机场有 6 个；跑道在 2438~3047 米的机场有 9 个；跑道在 1524~2437 米的机场有 35 个；跑道在 914~1523 米的机场有 61 个；跑道在 914 米以下的机场有 17 个。此外，委内瑞拉还有 3 个直升机机场。

水运 委内瑞拉有 13 座商业港口，80% 的水运集中在拉瓜伊拉港、卡贝略港和马拉开波港。1991 年港口控制权下放给各州。由于政府重视水运基础设施的建设，奥里诺科河与阿普雷河的运输能力大大加强。1998 年实施新海关法后，海关手续走向现代化。委政府把消除海关的腐败列为重要议程，解除了许多腐败分子的职务。

2011 年委内瑞拉水路运输线共有 7100 公里。2010 年委内瑞拉商船共 53 艘，其中，散货船 4 艘、货船 12 艘、化学油轮 1 艘、液化天然气轮 5 艘、客轮 1 艘、客货轮 14 艘、油轮 16 艘。其中 14 艘属于外资所有，在其他国家注册的商船 14 艘（巴拿马 13 艘，圣文森特和格林纳丁斯 1 艘）。

二 通信

1973 年委内瑞拉实行电话国有化，成立了委内瑞拉国家电话公司。多年来，委内瑞拉国家电话公司经营管理不善，技术落后，服务质量差，引起用户的严重不满。1991 年 9 月 5 日，委内瑞拉成立了国家电信委员会（Conatel）。该委员会隶属于基础设施部，负责国家电信政策、法律、法规及行业标准的制定和执行，并对国家电信业进行监督和管理。与此同时，电信业对外开放。根据 1991 年私有化协议，委政府将该公司对外开放，国内外 5 家私营企业以 18 亿美元获得 40% 的股权。1991~2001 年，委内瑞拉国家电话公司投资 50 亿美元改善基础设施，使电话用户从 150 万户增加到 350 万户。与此同时，委内瑞拉国家电话公司组建了自己的移动电话公司和互联网公司，但该公司仍垄断委内瑞拉的电信业。2000 年 7 月委内瑞拉开始实施新的电信法——《电信组织法》，取代 1940 年电信法，扩大对外资的开放。2000 年 11 月，委内瑞拉国家电话公司结束了对电话市场的垄断。6 家国内外电信企业获得 14 项在不同地区经营无线电

话的许可，到 2001 年年初，电信部门成为委内瑞拉除石油部门外增长最快的部门。但 2002 年电信业发展趋缓，主要原因是委币大幅贬值、需求锐减。委国内电信业务主要有 5 家公司运营，经营固定网络业务的运营商主要有委内瑞拉国家电话公司和 Telcel；经营移动网络业务的主要有 Telcel，Movilnet，Digitel 和 Infonet；经营互联网业务的主要有委内瑞拉国家电话公司和 Telcel。

查韦斯政府把互联网视为国家优先发展的项目，颁布 828 号法令将互联网定为公共服务项目，公共和私人企业积极参与互联网的发展，从而使互联网用户从 1998 年的 32.2 万户增加到 2001 年的 120 万户，其中注册用户为 24.3 万户。委内瑞拉网民人数在拉美国家中居第 6 位，排在智利、乌拉圭、阿根廷、巴西和哥斯达黎加之后。委内瑞拉的网民以青年为主，其中 18～34 岁的网民占 71%。到 2002 年年末，约有 1000 家咖啡馆网吧和信息中心开始运转，其中大部分咖啡馆网吧是由委内瑞拉国家电话公司和 Telcel 公司设立的。2001 年，科学与技术部开设了 243 家全国性的"信息中心"，大部分设在图书馆和博物馆。2003～2010 年委内瑞拉互联网主机数量见表 4－6。

根据 2001 年年底委内瑞拉国家电信委员会公布的电信业 12 年发展规划，该国在 12 年期间将建立自主的电信技术研发中心，能够出口电信产品和服务，并成为安第斯和加勒比地区的电信产品贸易中心。在委内瑞拉制定的短期计划中，5 年内将使固定网络的覆盖率提高到 20%，移动网络的覆盖率增加到 50%，互联网的覆盖率上升到 15%。2000～2009 年委内瑞拉互联网用户数量见表 4－7。

委内瑞拉是拉美移动电话普及率最高的国家之一，1996 年每百人有移动电话 2.2 部，2001 年升至 25 部。2002 年移动电话用户比 1997 年增加了 486%。有线电话则呈下降趋势，每百人拥有率从 1996 年的 12 部降至 2001 年的 11 部。截至 2005 年年底，委固定电话普及率为 13.6%。2005 年委内瑞拉新增移动电话用户 400 万户，比上年增加了 48.4%。截至 2005 年年底，委注册手机用户累计达 12495721 户，委内瑞拉手机普及率已经达到 46.6%。2004～2010 年委内瑞拉注册手机用户数量见

表4-8。

2007年查韦斯政府实施电信国有化，公开收购委内瑞拉国家电话公司的股票，获得86.21%的股份。此后几年，由于资费的下降，委电信和有线电视市场发展迅速，用户数量大幅增长。

表4-6 委内瑞拉2003~2010年互联网主机数量

单位：台

年 份	2003	2005	2006	2008	2010
互联网主机数量	35301	57875	51968	145394	888028

资料来源：美国中央情报局《世界概况》。

表4-7 委内瑞拉2000~2009年互联网用户数量

单位：户

年 份	2000	2002	2005	2007	2008	2009
互联网用户	40万	127.44万	304万	572万	716.7万	891.8万

资料来源：美国中央情报局《世界概况》。

表4-8 委内瑞拉2004~2010年注册手机用户数量

单位：户

年 份	2004	2005	2006	2007	2008	2009	2010
注册手机人数	8420980	12495721	18789466	23820133	27414377	28123570	27879924

资料来源：美国中央情报局《世界概况》。

根据委内瑞拉国家电信委员会的统计，截至2012年，委固定电话用户数量达756万户，移动电话用户数量达2970万户（其中66.75%的用户使用GSM制式，33.25%的用户使用CDMA制式）（见表4-9）。委内瑞拉境内现有3家电信运营商，包括本土国企国家电信公司、跨国电信运营商TELCEL C. A. （MOVISTAR）和本土私企DIGITEL。2013年2月委内瑞拉科技部部长豪尔赫·阿雷亚萨宣布，委内瑞拉移动公司Movilnet将为国家提供由华为和三星生产的设备，用于数字地面电视接收。

表 4 – 9   2010 ~ 2012 年委内瑞拉固定电话和移动电话用户数量

单位：户

项　目 ＼ 年份	2010	2011	2012
固定电话总用户	708 万	733 万	756 万
移动电话总用户	2788 万	2878 万	2970 万

资料来源：Budde Comm based on industry data。

第七节　财政与金融

一　财政体制和财政形势

委内瑞拉财政体制分为三级：中央、州和相当于州的首都区、市政府财政。中央政府和国会掌管主要财政权力，制定整个国家的预算、税收、信贷、国债、外汇等政策，并予以实施。州、市政府负责制定本地区的预算，管理本辖区财政，维护本地区特殊利益等，但无权征收关税、尚未进入流通领域的消费税、本国公民与外国人的地产税等。中央政府将预算的一部分拨给各州、首都区和市。

20 世纪 20 年代以来，石油收入和石油税收一直是委内瑞拉财政收入的主要来源和支柱。可以说，国际油价的高低，直接影响着委内瑞拉的石油收入，也在很大程度上左右了该国的财政状况。从二战结束到 70 年代末和 80 年代初，由于石油开采规模的扩大和国际原油价格的上涨，几十年间，委内瑞拉经常出现财政盈余，只有少数年份出现财政赤字。在石油收入增加的同时，政府的财政开支也不断扩大。1970 ~ 1979 年间委政府开支增长了 71.8%。与此同时，委内瑞拉债台高筑，公共外债总额从 1972 年的 43.4 亿玻利瓦尔增至 1982 年的 527.06 亿玻利瓦尔。1983 年开始的经济危机和石油收入的下降，导致委币玻利瓦尔长达多年持续贬值，财政连年出现赤字。1988 年财政赤字高达 600 亿玻利瓦尔，相当于国内生产总值的 7%。1989 年佩雷斯执政后，为了解决财政不平衡状况，提出了振兴经济的措施，主张增加国内储蓄和扩大私人投资以弥补财政赤字。在经济连续 3 年增长后，1993 年出现负增长（-1%），财政赤字达 36 亿美元，占政府预算的 1/3。卡尔德拉政府提出了《索萨计划》，对税制进行了改革，削减 1994 年政府财政开支 1050 亿玻利瓦尔。然而，效果并不明显。查韦斯执政后继续实行过去的货币政策，委币玻利瓦尔进一步贬值。到 1999 年年底，玻利瓦尔贬值 13.1%，与美元的兑换比价下降至638：1。委内瑞拉通胀率为 20%，在拉美地区仅次于厄瓜多尔。2000 年石油收入的增加弥补了国内税收的不足，财政赤字仅占国内生产总值的1.8%，比上一年度下降了 0.8%。2001 年国际油价大幅下跌，石油收入锐减，使委内瑞拉 2002 年预算赤字高达 83 亿美元，占国内生产总值的8%。为了遏制外汇的流失和外汇储备的下降，委政府不断上调银行利率并实行浮动汇率。但汇率放开后，委币玻利瓦尔大幅贬值，通胀率急剧上升。2002 年 4 月发生的未遂政变和 12 月爆发的为期两个月的大罢工，给委内瑞拉的经济和财政造成灾难性影响。2002 年财政赤字为 3846万亿玻利瓦尔。与此同时，由于人们担心政府实行外汇管制和货币贬值而纷纷抢购美元，导致外汇储备急剧减少、资本大量外流。委内瑞拉中央银行外汇储备从 2002 年 12 月的 124.45 亿美元降至 2003 年 1 月 17 日的 111 亿美元。2002 年 11 月 29 日至 2003 年 1 月 30 日，资本外流达13.82 亿美元。

为了遏制资本外流和外汇储备下降，2003 年 1 月 22 日，委内瑞拉中央银行与财政部联合颁布政府令，从即日起外汇市场暂停交易。2 月 5日，委政府公布第 2302 号法令，宣布实施一系列措施，内容包括：由新成立的外汇管理委员会对外汇市场进行监督管理，实行固定汇率制，由中央银行统一控制外汇买卖；将美元与玻利瓦尔的兑换比价确定为 1 美元兑1608 玻利瓦尔，并将按实际需要及时进行调整。该法令规定，委内瑞拉国家石油公司及其子公司、委内瑞拉社会和经济发展银行及委内瑞拉银行的储蓄担保与银行保护基金会全部的外汇收入必须卖给中央银行，汇率将根据该法令确定。公共部门可以直接向中央银行申请外汇，用于外债、服

务、公共安全、政府官员因公出国、投资、进口等方面的支出，但申请必须获得总统、财政部部长及所属最高主管部门批准。自然人、法人等私人部门的用汇将受到限制。

严格的外汇管制稳定了委内瑞拉外汇储备和外汇市场，使外资恢复了对委内瑞拉经济的信心。2003 年年底，委内瑞拉外汇储备增加至 206.66 亿美元（含"宏观经济稳定基金"），成为拉美外汇储备最多的国家之一。外汇储备的增加和稳定的石油收入使委偿还外债能力增强。随着经济的逐渐复苏，财政形势也有所好转。

根据委央行的统计，2004 年公投后，委内瑞拉经济形势好转，2004 ~ 2007 年，金融保险部门一直表现抢眼，其增长率分别是 37.9%、36.4%、47.2% 和 16.4%。随后的 2008 ~ 2010 年，因为油价下降，金融保险部门陷入危机，增长率分别为 -4.6%、-2.4% 和 -8.7%。为了弥补财政收入差额，委内瑞拉政府提高了附加税并减少开支。但 2008 年委内瑞拉财政赤字仍占国内生产总值的 5.1%。2009 年和 2010 年，委内瑞拉经济继续下滑，被迫采取调整措施。2009 年 12 月，委内瑞拉议会通过了两项为财政"增收节支"的法案，一是新的《外汇储备法》，规定可将委内瑞拉国家石油公司（PDVSA）对中央银行发行的外币债券作为外汇储备，而且增大外汇储备向国家发展基金的转移力度；二是通过新的《公务员收入法》，规定了包括总统在内的高级行政人员的工资上限。2010 年油价开始回升，但财政赤字仍占国内生产总值的 3.6%。2011 年尽管油价升至 100 美元/桶，但公共支出增多，支出大于收入，赤字仍占国内生产总值的 4%，这一年金融保险业产值占 GDP 的 4.37%。2012 年仍是收入高、支出多的一年，这一年委内瑞拉财政收入为 3845 亿玻利瓦尔，但支出为 4640 亿玻利瓦尔，中央政府赤字占 GDP 的 4.9%。2012 年金融保险部门又实现 32.90% 的增长，成为委内瑞拉增长最快的部门之一。2013 年委内瑞拉政府收支差额约 717 亿玻利瓦尔（约合 113.8 亿美元）。

查韦斯执政时期，大量资金用于社会支出。2010 ~ 2012 年，大量资金特别是石油收入转移到国家发展基金中，用以弥补政府开支。为了向社会建设、教育、卫生和其他战略部门投资，自 2005 年 8 月以来委央行把 300 亿美元过剩储备金转给国家发展基金。委央行对战略部门的投资给予免税待遇。截至 2012 年 11 月，委政府已累计向"委内瑞拉住房计划"投入了 820 亿玻利瓦尔（约合 190 亿美元），计划建成 20 万套社会性住房。2012 年委内瑞拉预算社会投资为 1157.17 亿玻利瓦尔，2013 年预算社会投资上升到 1478.08 亿玻利瓦尔，占总财政预算的 37.3%。其中用于教育的投资为 461.57 亿玻利瓦尔，占总财政预算的 11.7%，占国内生产总值的 2.5%；用于社会保障的投资为 393.08 亿玻利瓦尔，占总财政预算的 9.9%；用于卫生部门的投资为 316.44 玻利瓦尔，占总财政预算的 8%；用于社会发展和参与的投资为 195.06 亿玻利瓦尔，占总财政预算的 4.9%。2013 年 1 月，财政部部长豪尔赫·焦尔达尼（Jorge Giordani）透露，近 10 年来政府各项社会支出约为 5000 亿玻利瓦尔。

查韦斯执政期间，努力提高税收系统的效率。在石油继续是国家财政收入主要源泉的同时，非石油税收也逐渐成为国家收入的主要来源之一。根据委内瑞拉国家海关和税收管理局（Servicio Nacional de Administración Aduanera y Tributaria）统计，2012 财政年度委内瑞拉税收达 1923 亿玻利瓦尔，超过原定目标 1563 亿玻利瓦尔的 23%。

委内瑞拉是世界上通胀率最高的国家之一。为了控制通货膨胀，委内瑞拉采取汇率管制、扩大价格管制范围、发行债券、降低增值税、提高存款利率和增加法定准备金等多种措施，如 2007 年委内瑞拉把增值税从 16% 降至 11%。但上述措施实施后，收效并不明显。2008 年累计通胀率为 30.9%，2010 年通胀率仍高达 29.1%。此后虽有下降，但仍在 20% 以上。2011 年为 27.6%。2012 年，委内瑞拉为稳定国内市场，增加了从巴西的进口，使委内瑞拉的通货膨胀率降至 20.1%，成为委内瑞拉近年来通货膨胀率最低的一年。委内瑞拉通货膨胀严重的原因之一是实行固定汇率制，对本国货币定价过高。

委内瑞拉采取货币贬值的政策增加"石油美元"换来的本币收入，用以应对政府日常支出和社会开支，缓解财政赤字并抑制通货膨

胀。2005 年 3 月 5 日玻利瓦尔兑美元汇率从 1 美元兑换 1.92 玻利瓦尔变为 1 美元兑换 2.15 玻利瓦尔。2007 年 10 月 24 日，委内瑞拉央行推出新版货币"强势玻利瓦尔"，1 强势玻利瓦尔新币兑换 1000 玻利瓦尔旧币。两年过后，2010 年 1 月 11 日，玻利瓦尔兑美元汇率开始贬值，委内瑞拉实行"石油美元"与"重要进口产品"双轨制汇率：对于食品、医疗用品等关乎民生和经济生产的"重要进口产品"，汇率将从 1 美元兑换 2.15 玻利瓦尔变为 1 美元兑换 2.6 玻利瓦尔；对于汽车、电信产品、家用电器等适用于"石油美元"的进口产品，汇率则将变为 1 美元兑换 4.3 玻利瓦尔。2011 年 1 月委内瑞拉撤销实施近一年的双轨制汇率，新的单一汇率为 1 美元兑换 4.3 玻利瓦尔。实施单一汇率意味着，原先给予"重要进口产品"的 1 美元兑换 2.6 玻利瓦尔官方汇率调整至 1 美元兑换 4.3 玻利瓦尔，实际上是分两步进行货币贬值。同时，中央银行外汇买卖机制的汇率则调整至 1 美元兑换 5.4 玻利瓦尔。2013 年 2 月，委内瑞拉再次将货币玻利瓦尔兑美元的官方汇率由 4.3 玻利瓦尔兑换 1 美元下调为 6.3 玻利瓦尔兑换 1 美元，贬值 32%。

二　财政收入和支出

委内瑞拉中央政府的财政收入主要由税收和非税收组成。税收包括石油税收和非石油税收。非石油税收有收入税、增值税和奢侈品税、进口税、酒税、烟税及金融交易税。非税收包括石油产地使用费和委内瑞拉国家石油公司上缴利润以及非石油收入。此外，还有中央银行的外汇收益。委内瑞拉的非石油税收大大高于石油税收。根据委《宇宙报》2003 年 11 月 25 日引用的委央行统计数据，当年 1～9 月委财政总收入为 195.62 亿美元，同比增长 51%。其中石油收入为 50.63 亿美元，非石油收入为 90.63 亿美元。2004 年 7 月 29 日，委内瑞拉国会通过增值税修改法案，把增值税率从 16% 降低到 15%。新的增值税率从同年 9 月 1 日起开始生效。

委内瑞拉的财政支出包括经常性开支、工资、货物和服务支出、公共债务中的利息支出、付给管理机关的支出、付给社会保险体系的支出、付给州和市机构的支出，以及资本支出和预算外支出。经常性开支占财政支出的绝大部分。例如，2002 年，经常性开支为 20704 万亿玻利瓦尔，资本支出和预算外支出分别为 4799 万亿玻利瓦尔和 1386 万亿玻利瓦尔。2003 年，财政赤字占国内生产总值的 5.8%。

1999～2008 年，油价的攀升使委内瑞拉政府的财政收入大幅增加。10 年间非石油部门的财政收入显著提高，从 1998 年占 GDP 总量的 11.7% 上升到 2007 年的 14.2%。财政总收入从 1998 年占 GDP 的 17.4% 上升至 2007 年的 28.7%，财政总支出从占 GDP 的 21.4% 上升至 25.7%。在经历 2009 年和 2010 年油价下跌引起财政收入缩减后，2011 年财政收入重拾升势。根据委内瑞拉财政部向议会提交的年度工作报告，2011 年政府财政总收入达 3817.94 亿玻利瓦尔（约合 887.9 亿美元），较上一年增长 66%。其中，石油收入为 814.57 亿玻利瓦尔、税收为 1532.63 亿玻利瓦尔、预算外收入为 698.96 亿玻利瓦尔、发行债券收入为 771.78 亿玻利瓦尔。2011 年委内瑞拉政府公共支出总额为 3558.25 亿玻利瓦尔，较上年增加 52%，主要用于支付公务员工资、向地方各级政府拨款以及偿还公债等。由于财政收入高于支出，这两年委内瑞拉财政赤字占国内生产总值的比重并不高，2011 年财政赤字占国内生产总值的比重为 3.4%，2012 年略升为 3.55%。2010 年委内瑞拉政府财政总收入占国内生产总值的 19.5%，2011 升至 22.7%。2010 年非石油收入占国内生产总值的 13.5%，2012 年占 16.75。石油收入维持在 6%。非石油收入的增加得益于经济活动的增加，而经济活动的增加促使海关收入、增值税和所得税增加。委内瑞拉财政支出也不断增加，从 2010 年占国内生产总值的 19.2% 提高到 2011 年的 21.8%。公共债务利息增加也是财政收入增加的一个原因。政府的资本费用增加不大，从 2010 年占国内生产总值的 2.9% 略升至 2011 年的 3.1%。2008～2010 年委内瑞拉财政收支情况见表 4-10。

表 4 - 10   2008～2010 年委内瑞拉财政收支情况

单位：亿玻利瓦尔

项目 \ 年份	2008	2009	2010
收入	1597.45	1498.10	1240.73
支出	1659.64	1779.79	1529.50
结余	-62.19	-281.69	-288.77

资料来源：委内瑞拉财政部、委内瑞拉中央银行。

委公共债务特别是内债已成为政府的沉重负担，公共债务占国内生产总值的比重逐年增加。尽管外债的规模还未对政府构成巨大压力，但内债从 1999 年的 21.25 亿美元增长到 2004 年的近 150 亿美元，而且大多为中短期债务。内债的迅速增长和中短期内债的比重过大，导致财政赤字的扩大和政府应实施项目的投资不足。

多年来，委内瑞拉通过发行国债和对外举债来弥补财政赤字。2010～2012 年，委内瑞拉政府公共债务占国内生产总值的比重连续三年超过20%。2013 年 7 月，委内瑞拉议会通过《2013 财年追加举债特别法》，在原定举债 1166 亿玻利瓦尔的基础上增加 760 亿玻利瓦尔（约合 120.63亿美元），增幅达 65%。在新增加的举债中，412.6 亿玻利瓦尔用于支付养老金；26.8 亿玻利瓦尔用于支付工资；100 亿玻利瓦尔用于社会住房项目；220.6 亿玻利瓦尔用于再融资或债务重组。

三　金融体系和主要银行

委内瑞拉银行和信贷体系由财政部银行司、储蓄与信贷司、全国有价证券委员会、保险事业局等掌管下的各类银行、储蓄所、金融公司、证券交易所、投资基金会等金融机构组成。委内瑞拉货币名称为玻利瓦尔。1879 年前，委沿用殖民地时期货币名称比索（peso），后改称玻利瓦尔，以纪念拉丁美洲解放者和民族英雄西蒙·玻利瓦尔。委内瑞拉是国际货币基金组织成员，属美元区。1976 年 7 月 1 日以前，委内瑞拉实行官方自由市场、银行自由市场和石油与外贸特汇多种汇率制。1976 年 7 月 1 日改为单一汇率制。外国人和本国人均可到银行或自由市场兑换外汇，但不能自由议价买卖外汇，国家对外汇市场进行一定的监督。2002年2月13日起，委废除自1996年来一直实行的汇率管制，实行浮动汇率制度。2003年2月，委内瑞拉开始实行固定汇率制。1999～2003年委内瑞拉年均汇率见表4–11。

表4–11　1999～2003年委内瑞拉年均汇率

年　份	1999	2000	2001	2002	2003
1 美元	606 玻利瓦尔	680 玻利瓦尔	417 玻利瓦尔	1161 玻利瓦尔	1608 玻利瓦尔

资料来源：Economist Intelligence Unit，Country Data。

　　委内瑞拉金融体系的中心是委内瑞拉中央银行。成立于1959年的委内瑞拉金融协会（Asociación Bancaria de Venezuela）则是委内瑞拉银行行业组织，有66个成员。1993年以前，6家大银行集中了金融系统资产的75%。1994年委内瑞拉金融业出现危机，1/3的银行出现资金周转和支付困难。储蓄担保与银行保护基金会负责监管出现问题的银行，并向银行系统注入占国内生产总值15%的资金以克服危机。1994年和1995年注入的资金分别占国内生产总值的12%和3%。1994～1995年银行业出现危机期间，国家曾对委内瑞拉银行、肯索利达多银行、共和国银行和加勒比银行等实施私有化，金融系统的资本趋向分散化。国家立法加强对金融部门的监管并成立通用银行。对外国资本的开放和建立通用银行改变了委内瑞拉金融系统的结构。自1996年起储蓄担保与银行保护基金会开始出售大型金融机构，其中有18家通用银行、260家商业银行、10家投资银行、4家抵押银行、5家储蓄银行等。1998年11家大银行共占金融系统资产的75%。通用银行和商业银行占金融系统资产的90%以上。贷款以短期为主，即使大公司所借贷款期限也在3年以内。银行并购浪潮使金融部门得到加强。1998年后，委内瑞拉金融系统的资本又开始趋向集中，2003年年末，8家大银行共占金融系统资产的73%。从1999年起，各银行高度依赖政府借款，作为收入的来源。到2002年5月，存入通用银行和商业银行的 63% 的存款已集中于 6 家大银行。2003 年，17 家银行被批准成为通用银行，其中 11 家银行由委内瑞拉资本控制。商业银行（Banco Mercantil）、BBVA 州银行（BBVA Banco Provincial）和委内瑞拉银行（Banco de Venezuela）是 3 家最大的通用银行，占整个金融系统资产（2003 年为 36.3 万亿玻利瓦尔，比 2002 年增长 48.1%）的 45%。商业银行由委内瑞拉资本控制，另 2 家银行大部分资本掌握在外国资本手中。除通用银行外，委内瑞拉还有另外 43 家金融机构，其中一半以上为商业银行，其余是储蓄与信贷机构、抵押银行、投资银行等。商业银行占金融机构总资产的 22%，投资银行占 2.8%，储蓄与信贷机构占 1.9%，抵押银行占 0.8%。最大的国有银行委内瑞拉工业银行占金融系统资产的 5%。外资拥有委内瑞拉 12 家银行大部分股份，在其他许多银行中也占有不少股份。毕尔巴鄂·比斯卡亚银行和西班牙中央桑坦德银行是最大的 2 家外国投资机构，它们几乎控制了委内瑞拉金融系统资产的 30%。居第三位的美国花旗银行，拥有委内瑞拉金融系统资产的 3.2%。2003 年，由于国内储蓄增多、信贷需求减少，委内瑞拉金融系统大量购买政府债券，从 2002 年占其总资产的 25.3% 上升至 2003 年的 40%，超过了总贷款。

2001 年 11 月，委内瑞拉开始实施《新银行法》。该法加强了银行部门的监督主管机构——银行督察（Sudeban）的权限，授权其制定金融政策，干预出现问题的银行，任免金融机构的负责人，提出恢复有问题银行贷款的标准，并为外国公司控股、建立新的金融机构提供方便。《新银行法》还规定：总统有权宣布金融紧急状态；如果 75% 属于储蓄担保与银行保护基金会的基金被用于控制金融紧急状态，那么，委内瑞拉中央银行将向储蓄担保与银行保护基金会提供资金来处理危机；政府通过储蓄担保与银行保护基金会对所有超过 1000 万玻利瓦尔的储蓄金账户提供担保，而以前规定超过 400 万玻利瓦尔的储蓄金账户均要有担保；各银行须向致力于经济多样化的小企业提供其贷款的 1/3；储蓄担保与银行保护基金会无权监督和干预政府成立的人民银行（Banco del Pueblo Soberano）和妇女开发银行（Banco Desarrollo de la Mujer）；授权干预委员会监督有问题的银行；如果被干预的银行总裁和经理玩忽职守，他们将负个人法律责任。

一些银行批评《新银行法》强迫它们增加对小企业的贷款，也反对要它们向农业项目提供贷款的《农业贷款法》。根据《农业贷款法》，它们须把总贷款的 15% 以优惠条件贷给农业部门。

20 世纪 90 年代金融危机过后，委内瑞拉大中型银行出现兼并潮。经过兼并，委内瑞拉大中型银行从 1996 年的 123 家减少到 2006 年的 58 家。其间，委内瑞拉银行和加拉加斯银行（Banco Caracas）被桑坦德集团兼并，BBVA 州银行被拉腊银行控制，商业银行被因特银行（Inter Bank）兼并。查韦斯 1999 年执政后大力推行国有化政策。2004 年 4 月，查韦斯宣布，委内瑞拉将正式退出世界银行和国际货币基金组织。2006 年国际货币基金组织关闭其在委内瑞拉的分支机构。从 2007 年开始，查韦斯政府加快石油、电力和通信等战略部门国有化步伐。与此同时，加强对银行的干预。2008 年 7 月 31 日，查韦斯总统宣布将对委内瑞拉银行实施国有化。2009 年 5 月 22 日，委内瑞拉政府宣布已与西班牙国际银行集团达成协议，以 10.5 亿美元价格收购该集团控股的委内瑞拉银行，此举强化了委内瑞拉的国有银行体系，增强银行的信贷能力。同年 11 月，委内瑞拉政府下令关闭了 4 家私有银行，并警告将会对国内违反规定的银行进行国有化。12 月初，委内瑞拉政府先后宣布整顿两批共 7 家私有银行，其中 5 家银行被并入国有银行体系，另外 2 家银行被清算。12 月 21 日，新的国有银行——200 周年通用银行正式成立，该银行是由 1 家国有银行和 3 家经过政府整顿的私有银行合并而成。银行之名是为纪念《委内瑞拉独立宣言》签署 200 周年。经过银行整合，国有银行规模迅速扩大。2007 年 1 月，私有银行占金融市场总资产的 58.4%，外国银行占 30.4%，国有银行占 11.2%。截至 2009 年年底，私有银行占市场总资产的 54.80%，国有银行占 31.91%，外国银行占 13.29%。委内瑞拉现有 40 家金融机构，其中 27 家商业银行（商业银行和通用银行）、13 家专业银行。金融部门雇用人数为 79110 人（2009 年）。

委内瑞拉主要有以下一些银行。

委内瑞拉中央银行：委内瑞拉中央银行是代表国家的全国性银行，它是在下列背景下成立的：1935 年，总统胡安·维森特·戈麦斯病死，标

志着委内瑞拉长达百年的考迪罗时代的结束和现代化时期的开始。继任总统的原国防部部长埃莱亚萨·洛佩斯·孔特雷拉斯采取了一些进步措施，并提出了促进经济现代化的计划。孔特雷拉斯政府颁布了"二月纲领"计划，计划中提出了一系列政治、经济改革措施，建立委内瑞拉中央银行是最重要的措施之一。1939 年 9 月 8 日，孔特雷拉斯政府颁布第 19974 号官方公报，委内瑞拉中央银行宣告成立，当时注册资本只有 1000 万玻利瓦尔。1940 年委内瑞拉中央银行对外开放，商业银行开始兑换央行发行的新货币。与此同时，中央银行集中了国家的外汇储备。1941 年 1 月 1 日，委内瑞拉中央银行正式开业。1943 年 10 月 19 日，中央银行的办公楼奠基。50 年代中期，因业务发展的需要，中央银行在卡梅利塔斯街角再建新楼。

委内瑞拉中央银行是货币发行银行和商业银行的票据交换所，控制委内瑞拉的外汇储备、利率和汇率。1992 年 12 月 4 日，该行取得自治地位，取得了单一公共法人资格，银行管理实现了自动化。委内瑞拉中央银行的领导机构是理事会。理事会由 7 人组成，包括总裁和 6 名理事。政府在理事会中的代表已减为 1 人。1996 年 12 月，该行有准备金 20612.43 亿玻利瓦尔，存款 45241.08 亿玻利瓦尔。2013 年 8 月，委内瑞拉经济学家、外汇管理委员会主席欧多马尔·托瓦尔（Eudomar Tovar）代替埃德梅·贝坦科尔特（Edmée Betancourt）出任委内瑞拉中央银行行长，并担任国际货币基金组织的委内瑞拉代表。托瓦尔 1981 年毕业于卡拉沃沃大学，获得货币学和金融学硕士学位。曾担任过美洲玻利瓦尔联盟银行技术委员会委员和委内瑞拉财政部副部长。

委内瑞拉银行：成立于 1890 年。国有银行，通用银行。占委内瑞拉金融市场资产的 15.74%，有 435 家分行。

Banesco 银行：成立于 1992 年。私人银行，通用银行，占委内瑞拉金融市场资产的 13.19%，有 428 家分行。

BBVA 州银行：成立于 1952 年。私人银行，通用银行，占委内瑞拉金融市场资产的 12.48%，有 317 家分行。

商业银行：成立于 1925 年。私人银行，通用银行，占委内瑞拉金融市场资产的 11.57%，有 270 家分行。

200 周年通用银行（Bicentenario Banco Universal）：成立于 2009 年。国有银行，通用银行，占委内瑞拉金融市场资产的 10.51%，有 516 家分行。

西方贴现银行（Banco Occidental de Descuento）：位于马拉开波。成立于 1957 年。1991 年私有化。通用银行，占委内瑞拉金融市场资产的 5.32%，有 194 家分行。

加勒比银行（Bancaribe）：成立于 1954 年。私人银行，通用银行，占委内瑞拉金融市场资产的 4.88%，有 117 家分行。

外贸银行（Banco Rxterior）：成立于 1956 年。私人银行，通用银行，占委内瑞拉金融市场资产的 4.25%，有 102 家分行。

国家银行（Banco del Tesoro）：成立于 1890 年。国有银行，通用银行，占委内瑞拉金融市场资产的 3.96%，有 72 家分行。

委内瑞拉实业银行（Banco Industrial de Venezuela）：成立于 1937 年。国有银行，通用银行，占委内瑞拉金融市场资产的 3.26%，有 93 家分行。

国家信贷银行（Banco Nacional de Crédito）：成立于 1956 年。私人银行，通用银行，占委内瑞拉金融市场资产的 2.84%，有 161 家分行。

Corp 银行（Corp Banca）：成立于 1969 年。私人银行，通用银行，占委内瑞拉金融市场资产的 2.11%，有 109 家分行。

BFC 银行（BFC）：成立于 1963 年。私人银行，通用银行，占委内瑞拉金融市场资产的 1.78%，有 169 家分行。

委内瑞拉信贷银行（Banco Venezolano de Credito）：成立于 1925 年。私人银行，通用银行，占委内瑞拉金融市场资产的 1.03%，有 95 家分行。

卡罗尼银行（Banco Caroní）：成立于 1981 年。私人银行，通用银行，占委内瑞拉金融市场资产的 1.46%，有 156 家分行。

委内瑞拉农业银行（Banco Agrícola de Venezuela）：成立于 2005 年。国有银行，通用银行。占委内瑞拉金融市场资产的 1.03%，有 41 家分行。

四 保险业

委内瑞拉保险活动始于 19 世纪 60 年代初，当时的《贸易法典》

（*Código de Comercio*）已有关于保险活动的记载。1886 年委内瑞拉第一家
保险公司海事保险公司（Seguros Marítimos）在马拉开波成立。随后相继
出现其他保险公司，如 1893 年成立的委内瑞拉保险公司（Seguros La
Venezolana）、1914 年成立的预知者保险公司（Seguros La Previsora）和
1925 年成立的费尼克斯保险公司（Seguros Fénix）等。随着 1935 年《保险
公司监督检查法》的出台，从属于振兴部的保险检察院宣告成立。1958 年
保险检察院改称保险督察局，1976 年该局从振兴部转归财政部管辖。

20 世纪 90 年代，委内瑞拉保险业发生重大变化。自 1994 年颁布取
消对外资限制的《保险与再保险公司法》后，外资对保险部门的参与大
大增多。扩大私营部门参与社会保障制度改革计划促进了 1998 年保险业
的兼并浪潮。查韦斯执政后虽中止了卡尔德拉政府提出的社会保障制度改
革计划，但兼并浪潮继续进行。一些跨国公司开始收购委内瑞拉保险公司。
例如，利宝互助保险集团收购了加拉加斯保险公司（Seguros Caracas），梅
伯里公司（Mayberry Corporation）收购了泛美再保险公司，苏黎世金融服
务集团收购了南美保险公司等。2000 年总共 53 家保险公司中的 20 家公
司掌握全部保险费的 90%，2001 年又上升至 95%。2002 年全国最大的 5
家保险公司几乎控制了 53 家保险公司全部保险费的一半。这种集中主要
是并购的结果，而且还将继续下去。保险督察（Superintendencia de
Seguros）也对一些小保险公司进行了干预，减少了保险公司的数量。保
险市场虽然发展很快，但市场仍然很小。由于通货膨胀率高和缺乏公众的
信任，人寿保险部门规模很小。在非人寿保险部门中，2001 年汽车和医
疗保险收入占工业保险收入的 70%。2000 年颁布的新的《保险与再保险
公司法》规定，所有保险公司每年须独立进行审计。2003 年年初，委政
府提出公私混合保险制度的计划，但引起争议。根据规定，委内瑞拉所有
保险公司 80% 以上的股份都必须控制在委内瑞拉人手中。

21 世纪开始后，委内瑞拉保险部门中委资控股的保险公司开始增多，
一些银行机构拥有保险公司，涉及人寿保险、人身事故保险、丧葬保险
等。委内瑞拉保险业的产值有了大幅提高，2005 年比上一年增长 40%，
此后几年一直持续增长。2009 年委内瑞拉前 10 大保险公司中，委内瑞拉

控股的公司已占 8 个，与上一个 10 年形成鲜明对照。为了摆脱对私有保险公司的依附，2007 年委内瑞拉政府宣布成立玻利瓦尔保险公司（Bolivariana de Seguros）。

截至 2010 年 12 月，在委内瑞拉保险监督局注册的保险公司约有 50 家。居前 10 位的保险公司有：加拉加斯保险公司、Banesco 保险公司（Banesco Segoros）、阿拉塔米拉保险公司（Seguros Altamira）、预知者保险公司、MAPERE 保险公司（MAPERE SEGUROS）、商业保险公司（Merccantil Seguros）、西方保险公司（Seguros Occodental）、多国保险公司（Multinacional de Seguros）、宪法保险公司（Seguros Constitución）和水平线保险公司（Seguros Hrozonte）。

五 证券市场

委内瑞拉证券交易的历史可回溯至 19 世纪初。1805 年加拉加斯商人布鲁诺·阿瓦索洛和费尔南多·凯伊·穆尼奥斯在西班牙王室授权下，开设了商人和农民证券与娱乐交易所（Casa de Bolsa y Recreación de los Comerciantes y Labradores）。1807 年 7 月 11 日，经纪人行会宣告成立，6 名成员获殖民当局批准。同时颁布了由米格尔·何塞·桑斯制定的、由政府特别委员会通过的交易规则。独立战争期间，证券交易中断。1840 年，波蒂略交易所开始运转，每日进行两次交易。1873 年，委内瑞拉政府颁布《商法典》。该法典提出了委内瑞拉证券交易活动的法规。1887 年，普马尔代理处出版《证券公报》。此后，陆续出现内容包含股票价格的其他证券刊物。1917 年，委内瑞拉国会通过《证券交易法》。1946 年，加拉加斯商会决定成立一家证券交易所。1947 年 1 月 21 日，加拉加斯商业交易所（Bolsa de Comercio de Caracas）登记注册。同年 4 月 21 日，加拉加斯商业交易所在央行旧址开始交易。该交易所当时有 2 名注册经纪人、18 家上市股票和 6 个政府发行的债券。1958 年，另一家证券交易所——米兰达州商业交易所（Bolsa de Comercio del Estado Miranda）在加拉加斯成立。同年 6 月 30 日，该交易所正式开始交易，其所交易证券与加拉加斯商业交易所相同。1973 年 1 月 31 日，委内瑞拉颁布《资本市场法》，规

定了交易所中介活动的规则。为进一步规范和监督资本市场的活动，委内瑞拉又成立了全国证券委员会（Comisión Nacional de Valores）。1974 年 10 月 1 日，米兰达州商业交易所进行了最后一日的交易活动，然后，它与加拉加斯商业交易所合并。1976 年 5 月 6 日，股东特别大会决定将加拉加斯商业交易所改称为加拉加斯证券交易所（Bolsa de Valores de Caracas C. A.）。1986 年 6 月 17 日，全国证券委员会下令成立马拉开波证券交易所（Bolsa de Valores de Maracaibo）。翌年 4 月 28 日，该交易所开始运作。1990 年，委内瑞拉证券市场获得快速发展，股指飙升。1994 年 9 月 29 日，委内瑞拉第三家证券交易所——巴伦西亚证券交易所（Bolsa de Valores de Valencia）成立，次年 6 月 5 日正式营业。1998 年 10 月 22 日，新的《资本市场法》生效，全国证券委员会取得职能自治权。

在委内瑞拉 3 家证券机构中，加拉加斯证券交易所最为出名。在这家交易所上市的公司有 91 家，但只有 12 家公司经常参加交易。在 20 世纪 90 年代末国际金融危机和国内经济衰退的影响下，委内瑞拉证券市场交易清淡，每况愈下。2 家证券市场被迫关闭，只有加拉加斯证券交易所惨淡经营。1999 年日交易额较 1998 年日交易额下降 46.6%。2000 年，委内瑞拉股市上扬，指数达 6825 点，比 2000 年增长 25.4%。但 2001 年委内瑞拉股市再次低迷，股指降回到 6570 点。由于政局动荡和经济衰退，证券市场交易清淡。2002 年 1~4 月，月均交易额仅为 900 万美元。证券市场资本总额从 2000 年年底的 81 亿美元降至 2002 年 3 月的 53 亿美元。上市公司从 1999 年的 87 家缩减到 2003 年的 56 家。2004 年委内瑞拉股市开始复苏。

根据 2010 年 8 月 17 日颁布的新的《证券市场法》（Ley del Mercado de Valores，LMV），全国证券督察（Superintendencia Nacional de Valores，SNV）宣告成立。2010 年年底，它取代了全国证券委员会，负责领导和监督委内瑞拉证券市场的运行。

自 1999 年查韦斯执政至 2013 年 3 月查韦斯病逝的 14 年间，委内瑞拉资本市场股价一路走高，股市综合指数 IBVC 由 3810.67 点上涨至 619000 点，上涨高达 161 倍。近 10 年间，委内瑞拉股指累计上涨 5781.8%。2012 年委内瑞拉股市综合指数 IBVC 全年涨幅为 302.81%，居世界第一位。

第八节　对外经济关系

一　对外贸易

在 20 世纪 20 年代以前，咖啡和可可是委内瑞拉主要出口产品。自 20 年代中期出现石油繁荣后，石油逐渐取代农产品成为委内瑞拉最主要的出口产品。从 60 年代到 80 年代委内瑞拉推行进口替代政策，力图通过发展本国工业来减少商品进口。70 年代，因国际石油价格大幅上涨，委内瑞拉石油出口收入随之大增，但同时加剧了国家对石油出口的依赖和奢侈品进口需求的增加。80 年代初，石油出口收入占委出口总收入的 90% 以上。1981 年委内瑞拉进口额达 117 亿美元，创历史最高纪录。1983 年经济危机的爆发抑制了进口，1983 ~ 1986 年，委内瑞拉的进口额下降了 43%。1988 年进口额为 109 亿美元，贸易逆差为 7.58 亿美元，是 1978 年以来首次出现逆差。在进口商品中，原料约占 44%，机械约占 26%，交通设备占 16%，消费品占 14%。美国是委内瑞拉最大的商品供应国，约占委内瑞拉进口的 44%。其次是联邦德国，占委内瑞拉进口的 8%；意大利占 6%；日本占 5%。国际原油价格的急剧下降，使 80 年代委内瑞拉石油出口收入锐减。与此同时，非传统商品的出口收入在出口总收入中的比重逐渐增加，从 1980 年占 4% 提高到 1988 年的 18%。1988 年，美国是委内瑞商品出口的最大市场，占委出口额的一半以上；联邦德国占 6%，日本、古巴和加拿大各占 4%。

1989 年佩雷斯上台后，为了遏制经济的衰退，放弃奉行多年的进口替代发展模式，开始实施新自由主义经济政策。实行对外开放，鼓励竞争，自由进口，取消绝大部分商品的进口许可证，降低关税，开放外汇市场。1990 年 9 月委内瑞拉加入《关税及贸易总协定》，成为世界贸易组织创始成员国。20 世纪 90 年代初安第斯国家共同体开始实施贸易自由化，1992 ~ 1998 年委内瑞拉非石油产品的出口连年增长，1998 年达 54.53 亿美元。此后，因国内私营部门投资下降，非石油产品的出口额下降。1999 年非石油产品出口额降至 42.88 亿美元，2000 年和 2001 年虽有所增长，

但出口额分别为 51.50 亿美元和 51.77 亿美元，未能达到 1998 年的水平。查韦斯执政后实施经济多样化政策，逐步调整外贸结构。在《2001~2007 年国家社会经济发展计划》中，给予非传统产品出口特殊优惠待遇，鼓励本国产品打入国际市场。为促进非石油产品的出口，委政府还建立自由出口贸易区和享受特殊税收待遇的自由港。但因受自然资源结构和客观条件的限制，委内瑞拉依赖石油的状况短期内难以彻底改变，石油出口收入仍占该国出口总收入的 80% 左右。除石油外，铝和铁矿砂也是委内瑞拉重要的出口产品。2001 年和 2002 年，委内瑞拉出口总额分别为 262.52 亿美元和 266.56 亿美元，其中石油出口额分别为 216.92 亿美元和 215.30 亿美元。美国依然是委内瑞拉最大的出口对象国，1998 年占委出口额的 48.8%，2002 年升至 58.9%。同期，加拿大从占委出口额的 2.1% 升至 3.2%，哥伦比亚从占 8.2 降至 3.1%，西班牙从占 1.1% 升至 2.5%。

90 年代下半期委内瑞拉国内制造业的不景气，刺激了委内瑞拉的进口。受 1999 年经济衰退影响进口额明显下降，2000 年委内瑞拉进口总额从上年的 160.73 亿美元减至 147.29 亿美元。此后，进口额有所回升，2001 年进口额为 186.60 亿美元。但 2002 年因未遂政变和大罢工导致经济严重衰退，进口额又急剧下降，仅为 136.22 亿美元。

查韦斯总统致力于安第斯国家共同体经济一体化。2002 年 1 月，委内瑞拉与哥伦比亚、玻利维亚和厄瓜多尔签订了建立安第斯自由贸易区和自 2004 年 1 月起实行共同进口关税的协议。委内瑞拉还寻求成为南方共同市场成员国。为了减少对美国的依赖，委内瑞拉寻求新的贸易伙伴，加强同中国、俄罗斯等国的贸易往来，并于 2000 年成为古巴的主要贸易伙伴。委内瑞拉的外贸形势受到国际油价涨跌的严重制约。2004 年后，由于国际油价一路飙升，2003~2008 年给委内瑞拉带来大量出口收入和贸易盈余，委内瑞拉对外贸易总额总体呈上升趋势。例如，2005 年委内瑞拉进口额为 250 亿美元，出口额为 560 亿美元，对外贸易总额已居拉丁美洲第三位。2006 年贸易顺差为 287.25 亿美元，经常性项目余额（盈余）为 271.67 亿美元。2009 年和 2010 年，委内瑞拉对外贸易受到国际金融危机的影响，原油价格从平均每桶 100 美元跌至平均每桶 62 美元，经常账户盈余占国内生产总值的比重随之下降。在全球贸易陷入低迷的背景下，据委内瑞拉外贸银行统计，2009 年委进出口贸易总额为 1125.26 亿美元，同比下降 22.52%。其中出口总额为 710.86 亿美元，同比下降 28.98%；石油产品出口总额为 681.1 亿美元，同比下降 27.9%，占委出口总额的 95.8%。进口总额为 414.40 亿美元，同比下降 8.17%。2010 年委内瑞拉外贸总额为 1079.9 亿美元，其中出口额为 657.9 亿美元、进口额为 422 亿美元。2011 年油价重新回升，给委内瑞拉经济和外贸又带来福音。根据委中央银行、委国家统计局等公布的数字，2011 年委内瑞拉进出口总额为 1433.36 亿美元，其中出口额为 926.02 亿美元，进口额为 507.34 亿美元。2012 年原油出口均价为 103.42 美元/桶，较上一年提高了 2.36 美元/桶。委内瑞拉经济和外贸形势继续好转，这一年委货物进出口总额为 1627 亿美元，其中出口额为 973.4 亿美元，进口额为 653.6 亿美元。石油出口总额为 935.69 亿美元，较上一年增长6.2%；委原油及其衍生品日均出口量由 2011 年的 247 万桶增加到 2012 年的 257 万桶。除出口石油外，其他主要出口产品有矾土和铝、其他金属、化工产品、农产品和基本制成品。进口品主要有农产品、畜产品、原料、机械和设备、交通设备、建筑材料、医疗设备、药品、化工产品、铁和钢产品。随着国内消费需求的增加，2013 年石油出口量有所下降。在委内瑞拉出口对象国中，居前三位的为：美国占 39.9%、中国占 10.5%、印度占 6%。2009年，在委内瑞拉进口对象国中，居前三位的为：美国占 28.8%、中国占 15.2%、巴西占 10.7%。2009~2011 年委内瑞拉进出口情况见表 4-12。

表 4-12　2009~2011 年委内瑞拉进出口情况

单位：亿美元

年份 项目	2009	2010	2011
出　口	710.86	657.9	926.02
进　口	414.40	422.0	507.34
差　额	296.46	235.9	418.68
石油出口	681.10	608.1	881.31
非石油出口	29.76	49.8	44.71

资料来源：委内瑞拉中央银行。

二 外国直接投资

19 世纪后期,外国资本开始进入委内瑞拉。20 世纪 30 年代末期,美国取代英国与荷兰,成为委内瑞拉最大的投资来源国。1938 年,委内瑞拉的外国总投资额为 4 亿多美元,美国资本达 2.47 亿美元,约占总投资额的 62%。二战后,在委内瑞拉的外国资本继续增长。1968 年外国总直接投资额约为 59 亿美元,美、英、荷三国即占 94%。70 年代起,政府加强对外资的管理。1973 年 2 月,委内瑞拉参加安第斯条约组织,实行该组织于 1970 年 12 月通过的《对待外资共同条例》(即 24 号决议),并把它作为外资基本法。1974 年 4 月,委建立了负责外资工作的外国投资管理局。1977 年 11 月 8 日政府颁布的第 2442 号法令是委对外资的基本法令,它包括了安第斯条约组织 24 号决议的主要内容,对外资政策做了具体规定,使《对待外资共同条例》日臻完善。然而,70 年代中期委内瑞拉开始的国有化运动使外国直接投资有所下降,80 年代初开始回升。但 1983 年开始的经济危机,又使外国直接投资大量减少。

1990 年,委内瑞拉修改《对待外资共同条例》,扩大了向外资开放的领域,取消了对外资利润汇出和再投资等方面的限制。1995 年 7 月 4 日,国会通过了《石油对外开放法案》,对外资全面开放石油新区的勘探、开采和经销活动,实行风险自负、利润共享政策,同时规定外国投资者在石油业投资须缴纳 67.7% 的所得税和 16.7% 的主权税(即油田使用费,可适当减免)。外资的大量增加,是与 90 年代以来委内瑞拉大力推行私有化,特别是开放经济支柱产业——石油业密切相关的。委内瑞拉国家电话公司和委内瑞拉国际航空公司相当多的股份也转移到国外投资者的手中。1976 年实行国有化的委内瑞拉国家石油公司,也因经营困难而于 1992 年起对国外投资者敞开大门,招标拍卖油田。委内瑞拉石油部门的对外开放,吸引了大量外国直接投资。

从 1992 年起,在非石油部门的外国直接投资额年均为 5.4 亿美元。1992 年和 1998 年则急剧增加,分别达 19 亿美元和 16 亿美元,这是因为外资收购了金融和钢铁部门。在委政府政策的刺激下,电信部门的外国直接投资大量增加。2002 年外国直接投资总额为 4.75 亿美元,主要集中在制造业、金融服务业和通信业等部门。2003 年，外国在委投资总额为 11.4 亿美元。

由于委内瑞拉在战略行业实行国有化，外国投资者认为委内瑞拉的投资环境恶化，导致委内瑞拉吸收的外国投资额有所下降，成为拉美地区吸收外资较少的国家之一。2005 年委内瑞拉的外国直接投资额为 14 亿美元，2006 年出现负增长（减少 26.32 亿美元），2007 年继续呈下降趋势（减少 32 亿美元）。据委内瑞拉外国投资署统计，2008 年委内瑞拉吸收外国直接投资额仅为 1.75 亿美元。2009 年，在委外国直接投资余额为 −49.39 亿美元，较 2008 年的 −9.24 亿美元，净流出 40.15 亿美元。近几年外资的流入继续低迷。根据 2012 年拉美经委会经济概览统计，在委内瑞拉，外国直接投资净值从 2011 年的净流入 51.29 亿美元转为 2012 年的净流出 7.59 亿美元。2010～2011 年委内瑞拉流入和流出的外国直接投资情况见表 4 − 13。

表 4 − 13　2010～2011 年委内瑞拉流入和流出的外国直接投资

单位：亿美元

项　目　　　　年　份	2010	2011
流入的外国直接投资	12.09	53.02
流出的外国直接投资	26.71	1.73

资料来源：http://www.gfmag.com/gdp − data − country − reports/147 − venezuela − gdp − country − report. html#ixzz2W3QyVllz。

三　外债

委内瑞拉是拉美主要债务国之一。1974～1999 年，委内瑞拉外债总额在 300 亿美元左右，其间偿还外债本息 697.55 亿美元，相当于外债总额的 2.3 倍。其中，还本 346.58 亿美元，付息 350.97 亿美元。20 世纪 90 年代下半期，委内瑞拉外债总额维持在 350 亿～370 亿美元。2001 年外债总额为 346.6 亿美元。公共外债未上升，原因是国家限制出入国际资本市场。2003 年年底，委外债为 324.412 亿美元。21 世纪开始后，委内

瑞拉把发行债券作为融资的重要手段。2000 年 3 月，委发行了 4.75 亿美元欧洲债券；2001 年 4 月发行了 7.81 亿美元 7 年期债券，7 月发行了 2.5 亿欧元 10 年期债券，12 月又发行 2 亿欧元 2 年期债券。2001 年委内瑞拉外债占国内生产总值的 27.5%，2003 年上升至 38%。2003 年年底，委外债为 324.412 亿美元。委内瑞拉 85% 的外债借自私营机构，公共部门的借款超过总外债的 70%。

2004 年年初，委政府决定加大发行外债的规模。一是因为委内瑞拉信誉度回升，其外债在国际市场上深受欢迎。二是因为委外债市场利率处于较低水平。由于委内瑞拉国家风险指数已从 2003 年 3 月的 1420 点，降到了 2004 年的不到 500 点，为 1998 年拉美国家主权债券风险指数评估体系创立以来该国风险指数的最低点。因此，发行债券的成本也就随之大幅降低。三是因为大量国际资本需要寻找出路。2003 年第四季度，委债券的市场价值上涨了 16%。同时，在 JP 摩根公司评定的新兴国家债券指数中，委国家主权债券指数在 2003 年上升了 39%。与此同时，委内瑞拉政府还决定利用国际资本市场对委重新开放的有利时机，实施债务结构调整新战略，用成本较低的外债取代部分代价高昂的内债。

近年来，委内瑞拉外债负担上升较快，还债压力逐渐加大。到 2005 年 12 月，委内瑞拉外债总额达 223 亿美元。截至 2007 年年底，委内瑞拉外债总额为 483.16 亿美元。2011 年委内瑞拉国家石油公司发行了两笔债券，金额分别为 30 亿美元和 23 亿美元，利率分别为 12.75% 和 9%。2012 年 5 月该公司又发行 30 亿美元债券，利率为 9.75%，主要用于国内投资项目及社会发展支出。

对委内瑞拉的外债规模，查韦斯持乐观态度。2012 年 6 月查韦斯称，到 2011 年年底国家的外债只占当年 GDP 的 23.6%，而美国却接近100%，并称 1999 年当他接手国家治理时，外债所占比例近 80%。委内瑞拉是世界上少数几个外债低于 GDP 的 25% 的国家。

四　外汇储备

1997 年国际金融危机的爆发使资金大量外流，委内瑞拉外汇储备从

1997 年的 178.78 亿美元降至 1998 年的 148.49 亿美元。1999 年和 2000
年外汇储备虽有所回升（分别为 151.64 亿美元和 158.83 亿美元），但因
国内政局动荡和委币贬值，2001 年资本开始大量外流，当年外汇储备降
至 122.95 亿美元，2002 年再降至 120.02 亿美元。此后，由于大罢工的结
束和经济的恢复，委内瑞拉的外汇储备大幅上升，2003 年已达 206.67 亿
美元。

从 2003 年开始，委内瑞拉外汇储备不断上升。2005 年委内瑞拉外汇储
备达 300 亿美元，2006 年为 372.99 亿美元，达到 1998 年以来的最高点。
2007~2009 年，委内瑞拉外汇储备维持在 300 亿美元以上。但 2010~2012
年，委内瑞拉外汇储备有所下降，维持在 290 亿美元以上。2012 年，委
内瑞拉从国外调回了 160 吨的黄金储备，还有 6 吨黄金仍然存放在国外金
融机构。2012 年年底，国际市场上每盎司黄金的平均价格是 1687 美元。
2013 年上半年，黄金价格一路下跌，6 月每盎司黄金的平均价格跌到
1342 美元。国际市场黄金价格下跌，直接影响到委内瑞拉的外汇储备。
截至 2013 年 7 月 18 日，委内瑞拉外汇储备为 238 亿美元，比上年年底减
少 53.52 亿美元。在外汇储备结构中，黄金储备相当于 180 亿美元，其余
是有价证券、特别提款权以及 19 亿美元现金。2007~2012 年委内瑞拉外
债和外汇储备情况见表 4 – 14。

表 4 – 14　2007 ~ 2012 年委内瑞拉外债和外汇储备

单位：亿美元

年份 项目	2007	2008	2009	2010	2011	2012
外债	483.16	535.62	598.55	612.57	679.08	744.68
外汇储备	334.77	422.99	350.00	295.00	298.89	291.52

资料来源：The Economist Inteligence Unit Country Report March 2013 Venezuela, p. 12；The
Economist Inteligence Unit Country Report June 2012 Venezuela, p. 28。

第五章

军　事

第一节　概述

一　建军简史

委内瑞拉军队是在 19 世纪初委内瑞拉人民为争取民族独立而进行的艰苦卓绝的斗争中建立起来的。1810 年 4 月 19 日，委内瑞拉人民推翻西班牙殖民统治，成立执政委员会。这一天，新生的革命政权建立了自己的军队，军队中既有不满殖民统治的印第安人、黑人和土生白人，也有相当多的原殖民军军人。执政委员会任命海军中校利诺·德克莱为国防部部长，费尔南多·德尔托罗上校为军队总监。同年，执政委员会还建立了军事学校，以培养军官。1821 年 6 月 24 日，玻利瓦尔率领的爱国军取得卡拉沃沃战役的胜利，为委内瑞拉的独立奠定了基础。为了纪念卡拉沃沃战役，6 月 24 日这一天后来被定为委内瑞拉的"陆军节"。1823 年 7 月 24 日，爱国军舰队在马拉开波湖击溃西班牙舰队。7 月 24 日这一天被定为"海军节"，以纪念爱国军舰队海战的胜利。

1830 年委内瑞拉脱离大哥伦比亚共和国后，被称为考迪罗的军事首领凭借手中掌握的军权实行独裁统治，史称"考迪罗主义"。委内瑞拉第一个考迪罗独裁者是玻利瓦尔的部将何塞·派斯。各地方考迪罗则利用自己的武装争夺政权，频繁发动政变，造成内战不断，政局混乱。1830 年以后的 70 年间，委内瑞拉共发生过 50 次军事叛乱，其中有 12 次推翻了原来的政权。考迪罗的军队属私人所有，力量十分强大，国家的正规军则形同虚设。到 1872 年安东尼奥·古斯曼·布兰科将军执政时期，联邦军队被全部遣散，只保留考迪罗武装，以避免国家军队的发展妨碍考迪罗对国家的控制。1898 年西普里亚诺·卡斯特罗上台后认为，只有进行军队职业化，才能保证总统的领导作用。他加强中央集权，开始向军队职业化的道路过渡。他建立了总参谋部，命各州军队司令迫使地方考迪罗服从总统的权力，向保证效忠总统的军官授予委任状，将不服从总统的军官撤职。他仿效普鲁士军队改组和训练军队，并在 1903 年下令建立军事学院。1908 年胡安·维森特·戈麦斯推翻卡斯特罗夺取政权后，对委内瑞拉实行了长达 27 年的军事独裁统治。1910 年委内瑞拉军事学院正式运转，并请来外国教官任教。戈麦斯在 1919 年下令取消考迪罗制度，进一步加强了国家军队和个人的独裁。

1920 年 12 月 10 日，在法国 FARMAN 公司参与、合作下，戴维·洛佩斯·恩里克（David López Enrique）上校领导创建了委内瑞拉空军军事学院。委内瑞拉请来法国的教官和技术人员，并从法国购买军用航空物资。当年，首批使用的飞机是 Caudron G – 3 单发动机飞机。1922 年改用 G – 4 双发动机水上飞机。委内瑞拉陆军中设立了航空兵，它成为后来委内瑞拉空军的前身。第二次世界大战后，美国向委内瑞拉派遣空军使团，帮助委内瑞拉建立自己的空军。1947 年 10 月，委内瑞拉空军正式脱离陆军航空兵，成为委内瑞拉军队的一个新的兵种，初建航空兵的 12 月 10 日被定为"空军节"。

国民警卫队是组成委内瑞拉武装力量的另一军种。它和陆军一样，创建于委内瑞拉独立运动初期。1811 年 3 月 9 日，执政委员会下令成立负责保卫国会的国民警卫队。7 月 26 日，又赋予它在农村地区保护土地所有者和打击偷盗和犯罪的任务。由于第一共和国的覆亡，国民警卫队随之消失。随着卡拉沃沃战役的胜利和委内瑞拉的独立，1828 年，国民警卫队又浮出水面。1830 年大哥伦比亚共和国解体后，国民警卫队又被遣散。1841 年 5 月，派斯总统下令成立新的国民警卫队，负责国内特别是农村地区的安全与秩序，此外，还有监管囚犯、保护人民的生命与财产安全和预防犯罪等任务。然而近百年间，在考迪罗制度下，委内瑞拉内战频仍、政变不断、社会秩序混乱，国民警卫队有名无实，起不到什么作用。自1908 年起，戈麦斯执政27 年间，一方面加强了军事独裁，另一方面削弱了地方军阀势力，加强了中央集权，结束了在委内瑞拉长期存在的考迪罗主义。1935 年戈麦斯去世后，国防部长埃莱亚萨·洛佩斯·孔特雷拉斯继任总统。虽然他控制了委内瑞拉的政治局面，但委内瑞拉社会秩序仍然混乱，不时发生街头示威，犯罪率居高不下，边境走私活动猖獗。面对这种情况，他指示各州州长迅速建立包括骑兵、步兵和机械化兵在内的农村警察部队，以维持社会秩序，保护人民的生命与财产安全。为了建立起全国性的警察机构，需要建立培养人才的院校。委内瑞拉诗人、作家、外交官鲁菲诺·布兰科·丰博纳（Rufino Blanco Fombona）向孔特雷拉斯提议建立一支类似西班牙国民警卫队的部队。1936 年委内瑞拉政府和西班牙政府达成协议，由西班牙派遣一个军事使团赴委内瑞拉，帮助委内瑞拉仿效西班牙建立一支国民警卫队。1936 年9 月17 日，孔特雷拉斯下令成立国家安全军事学校（Escuela del Servicio Nacional de Seguridad）。同年10月，国家警察学校（Escuela de Policía Nacíonal）正式开学，学校设在原西普里亚诺·卡斯特罗总统府——"比利亚·索伊拉"府。学校招收了100 多名学员，其中大多数人在"国民警卫队"班，小部分人在"调查"班。一年后学员全部毕业，成为国家安全部门的官员。就在这个月，西班牙国民警卫队派来由塞西利亚·马雷罗·苏亚雷斯、拉蒙·阿亚佩等人组成的军事使团，这些人后来成为学校的教官。1937 年8 月4 日，委内瑞拉政府颁布法令，正式宣布国民警卫队诞生，这一天被称为"国民警卫队节"。1954 年，国民警卫队正式成为委内瑞拉武装力量的一个军种。1983 年《全国武装力量组织法》颁布，以法律形式规定委内瑞拉全国武装力量由陆军、海军、空军和国民警卫队4 个军种组成。

二 国防体制

1. 武装力量最高统帅和主要高级将领

根据1999 年宪法第236 条，总统为国家武装力量最高统帅，行使军队的最高权力，负责提拔和任命上校以上军官。总统通过国防部长对陆军、海军、空军和国民警卫队司令进行自上而下领导和指挥全国武装力量。陆军、海军、空军和国民警卫队司令部为本军种的最高军事指挥机构。4个军种相对独立。军种司令直接对国防部长负责，有权处理本军种的重大事务。2001年2月，增设武装力量司令，主管武装力量的军事行动、训练和装备等。根据1999年宪法第332条，为了维持和恢复公共秩序，保护公民、家园和家庭，支持主管当局的决定，保障人民享有宪法权利，委内瑞拉政府成立一支正规的国家警察部队，一支从事科学、刑法与刑事学研究的部队，一支承担消防与处理民间突发事件的部队以及一个保护公民和应付灾难的机构。委内瑞拉武装力量部署在5个军区，大部分军队在以加拉加斯为总部的第一军区。第二、第三、第四和第五军区的总部分别在圣克里斯托瓦尔、马拉开波、圣费尔南多和玻利瓦尔城。

2013年3月查韦斯总统因病去世后，尼古拉斯·马杜罗成为代总统。在同年4月的大选中马杜罗以微弱优势获胜并当选总统，从而成为委内瑞拉武装力量最高统帅。7月5日，马杜罗任命前总统办公室主任卡门·梅伦德斯（Carmen Meléndez）上将为新的国防部长，这是委内瑞拉历史上第一位女国防部长。与此同时，马杜罗任命弗拉迪米尔·帕德里诺·洛佩斯（Vladimir Padrino López）上将为玻利瓦尔武装力量战略行动指挥部司令，亚历克西斯·洛佩斯·拉米雷斯（Alexis López Ramírez）上将为陆军司令，朱塞佩·安赫洛·尤弗雷达（Giuseppe Angelo Yofreda）上将为空军司令，吉贝尔托·平托·布兰科（Gilberto Pinto Blanco）上将为海军司令，胡斯托·诺格拉·彼得里（Justo Noguera Pietri）上将为国民警卫队司令，何塞·安东尼奥·莫雷诺·布里塞尼奥（José Antonio Moreno Briceño）上将为民兵司令。

2. 国防委员会

根据宪法第323条，国防委员会是计划和决定有关维护国家的统一、主权和领土完整的最高决策机构，并负责提出国家的战略思想。国防委员会接受共和国总统的领导，总统任主席。其成员除总统外，还有副总统、全国代表大会主席、最高法院院长、共和国道义委员会主席，国防、内政、外交、计划部门的部长以及其他有关人士。国防委员会的常务秘书由共和国总统任命，负责管辖下属的政治委员会、经济委员会、社会委员会以及总统建立的其他委员会。国家情报局是国防委员会的一个职能部门。

3. 全国武装力量最高军事委员会

全国武装力量最高军事委员会是总统和国防委员会的主要军事参谋机构，负责处理军队中的重要事务，国防部长任主席，成员包括武装力量总监、联合参谋长以及陆军、海军、空军和国民警卫队司令。全国武装力量最高军事委员会的日常工作由国防部长主持，其秘书由联合参谋长担任。从国外购买武器须经该委员会批准。

4. 武装力量联合参谋部

武装力量联合参谋部起作为国防部的顾问和计划机构的作用，处于国防部长和全国武装力量最高军事委员会的领导下。它没有控制军队行动的权力，协助国防部长贯彻国防政策，为整个武装力量制定战略计划，协调陆军、海军、空军和国民警卫队4个军种的作战，并负责情报、训练、教育和后勤等工作。武装力量联合参谋部下设作战部、情报部、后勤部、人事部和教育部。

5. 武装力量总监部

武装力量总监部的职责是审定各项军事法令，监督和检查部队的组织纪律、各军之间的合作以及任务执行的情况。该机构下设计划评审部和监察部。

三　国防预算

委内瑞拉的军事预算，一般由武装力量提出，总统握有决定权。军费的支出一部分用于工资和福利上。由于委内瑞拉武装力量使用的武器绝大部分需要进口，所以，武器进口占军费的很大比例。为了减少武器进口，发展国内兵器工业，1975年武装力量成立了委内瑞拉军事工业公司。但到90年代，这个公司也没有什么大的发展，只生产一些小型武器、弹药、炸药和小型海岸巡逻艇等，重型武器和现代化装备仍靠进口。在经济困难压缩军费时，首先是减少武器的进口。1950～1986年，委内瑞拉的军费

开支平均占国内生产总值的 1.5% ~2% 。80 年代后半期，尽管金融危机使经济下滑，但政府为了维持军费的稳定，提升了军事预算的比例。1998年国防经费为 6850 亿玻利瓦尔，约合 13.15 亿美元。1999 年国防经费为8590 亿玻利瓦尔，约合 15.44 亿美元。2000 年委内瑞拉的国防经费为14.04 亿美元，占中央政府财政支出的 5.6% 。2003 年国防经费为 11.256亿美元，占国内生产总值的 1.3% 。

关于 2004 年以来委内瑞拉的军费开支，并没有该国官方数据，世界各机构统计的数据差别很大，而且也不精确。总部设在斯德哥尔摩的国际和平研究所披露，2004 年委内瑞拉军费开支为 13 亿美元，占其国内生产总值的 1.4% 。根据国际战略研究所（IISS）和拉丁美洲开放与发展中心（Centro para la Apertura y el Desarrollo de América Latina，CADAL）提供的数据，2005 年委内瑞拉军费开支为 22 亿美元，占其国内生产总值的1.6% 。2006 年军费开支增长了 12.5% ，用于购买武器的开支达 31 亿美元。根据国际和平研究所统计，2008 年委内瑞拉军费开支为 19.87 亿美元；2010 年军费开支为 33.3 亿美元，居世界第 48 位；2011 年军费开支为 23.9 亿美元，居世界第 54 位；2012 年军费开支为 31.06 亿美元，占国内生产总值的 1.3% 。

第二节　军事教育和兵役制度

一　军事教育

委内瑞拉武装部队的军官是由各级军官学校培养的。1970 年在加拉加斯建立的国防高等研究学院是委内瑞拉最高军事院校，直属国防部领导。学员主要为上校军官，也有部分中校和政府高级文职人员。学员在校期间，主要研究国防安全和战略方针，学制为 1 年。各军种都有自己培养军官的军事院校。

位于加拉加斯郊外埃尔巴列的委内瑞拉军事学院，是陆军培养初级军官的军校。这所军校历史悠久，在国内外享有盛名。它成立于 1810 年，已有 200 余年的历史，是委内瑞拉历史最悠久的军事院校。它招收 17～20 岁的中学毕业生，学制为 4 年。学员在校期间，既学习军事和文化知识，也进行严格的军事操练，学习和生活安排非常紧张。学员每天很早起床参加操练，随后是 7 个小时的军事课；下午进行专业体育训练，晚上进行 3 个小时科学教育。4 年课程的安排是：第一年基础训练；第二年基础军事跳伞法；第三年反游击战课；第四年军队实习。学员毕业后达到大学毕业水平并掌握一定的军事理论、专业技能和初级指挥能力者，可获少尉军衔。毕业生可去普通大学或军队的专科大学继续学习，也可赴国外深造。委内瑞拉军事学院还设有军事科学与艺术硕士学位，学员须连续学习 5 年，共 10 个学期。其中前两个学期在武装部队的基础军事学校学习，后 8 个学期在委内瑞拉军事学院学习。早 8 时至 12 时半为军事科学课，15 时至 17 时为体育和文化课。

设在加拉加斯乔里约斯、1954 年建立的陆军参谋学院是高级军事院校，学制为一年。招收的学员为陆军少校、中校军官，办学宗旨是为陆军培养高级指挥参谋人员和部队营级指挥官。

除上述军校外，陆军在马拉凯还有一所军校和几所为从军青年开设的学校。

位于拉瓜伊拉港的委内瑞拉海军军事学院，是一所建于 1811 年的老校。招收 17～21 岁的中学毕业生，学制为 5 年，培养海军初级军官，学员毕业后获少尉军衔。拉瓜伊拉还有委内瑞拉海军研究生学院和委内瑞拉海军高级军事学院。委内瑞拉海军高级军事学院建于 1954 年，是高级海军军事院校，招收的学员为海军少校、中校军官，培养海军高级指挥参谋人员和舰艇指挥官，学制为一年。卡贝略港设有海军训练中心、海军陆战队训练中心、海军军械训练中心和海军警察学院。

委内瑞拉空军军事学院设在马拉凯，是 1920 年在法国支持下建立起来的，学制为 4 年。招收的学员为 16～22 岁的中学毕业生，培养空军飞行员和机械师。设在巴洛内格罗的委内瑞拉空军高级军事学院是高级军事院校，招收的学员为空军少校、中校军官，培养空军高级指挥参谋人员和飞行中队、大队指挥员。此外，空军还有一些专科军校。

国民警卫队征召的新兵都是志愿兵，须在洛斯特克斯的拉莫贝尔德学校进行一年的军事训练。军官须在加拉加斯的国民警卫队军事学院学习4年，毕业后可在加拉加斯附近卡里库奥的国民警卫队高级军事学院继续深造。

二　兵役制度

根据委内瑞拉法律，该国实行义务兵役制。年满 18～27 岁、身体健康的公民须服兵役。包括女性在内的所有公民都要进行服役情况登记。国防部兵役局负责征兵工作。凡符合条件的适龄青年在居住地征兵部门报名和体检合格后，便到指定地点报到。兵源大部分来自农村地区。有特殊情况的公民可免服兵役或缓服兵役：疾病、伤残、结婚、独子（或独女）、家庭唯一经济支柱、大学生以及某些宗教派别成员。大学生毕业后要补服一年兵役。1978 年通过修改的兵役法。法律虽要求女性登记服役，但一般来说，只有战时女性才有义务服兵役。委内瑞拉一直没有同邻国发生过战争，所以，在军队中服役的女性人数很少。军队中向女性开放的部门有后勤、卫生、民防、警察、交通和难民服务等。

委内瑞拉军队中军官的军衔分为 3 等 9 级：将官为上将、中将和少将3 级；校官为上校、中校和少校 3 级；尉官为上尉、中尉和少尉 3 级。

委内瑞拉军队士兵的军衔分为 2 等 11 级：军士为军士长、副军士长、一级上士、二级上士、三级上士、中士和下士 7 级；兵分为一级上等兵、二级上等兵、上等兵和列兵 4 级。

委内瑞拉陆军、空军和国民警卫队服役期为两年，海军为两年半。士兵服役期满复员后编入后备役，并可报考军事院校。军官中除上将没有服役年限外，其他各级军官有下列年龄限制：中将为 59 岁，少将 57 岁，上校 54 岁，中校 50 岁，少校 46 岁，上尉 42 岁，中尉 37 岁，少尉 32 岁。但总统有权延长经武装力量最高军事委员会批准的服役超过 30 年的一些军官的服役年限。

根据 1999 年宪法，军人享有选举权，但在服役期间不能担任公共职务。军人享有社会保障，享有免费医疗或仅缴纳少量费用。服役

30年的退役军人可继续享有全部薪金。有权领取军人抚恤金的人为：伤残军人、达到晋升期限而未晋升的军人、退役军人、已亡军人家属。

第三节　军种与兵种

2010年9月，玻利瓦尔武装力量战略行动指挥部司令亨利·兰赫尔·席尔瓦（Henry Rangel Silva）透露，该国武装力量正规军人数为25.3万人。另有统计称，委内瑞拉武装力量由35万人组成，其中陆军有21万人，占60%；国民警卫队有5.25万人，占15%；海军有3.50万人，占10%；空军有5.25万人，占15%。玻利瓦尔民兵有78.75万人。

一　陆军

陆军是4个军种中最大的军种，其高级将领一直控制着武装力量的最高领导层。陆军编为5个师，其中4个步兵师（包括丛林步兵师）、1个骑兵师（全国大部分的装甲部队也编入该师，统称第1骑兵师）。每个步兵师编为4~6个营。第1骑兵师总部设在马拉凯南50公里处的圣胡安德洛斯莫罗斯。独立的伞兵团和别动旅总部设在第1军区（加拉加斯）。第4步兵师总部在马拉凯，装甲旅总部在巴伦西亚。总部设在加拉加斯的还有1个步兵旅和第1高射炮兵大队。此外，独立部队有总统警卫团、1个陆军航空团、1个工程兵团和1个军事警察团。

陆军的武器装备比较落后、过时，现代化程度不如空军和海军。譬如，AMX-30型坦克还是法国在第二次世界大战结束后不久制造的。陆军还拥有M-18型、AMX-13型坦克，AML-60/90型、M-8型装甲侦察车，AMX-VCI型、V-100型、V-150型、"龙"式、EE-11"蝰蛇"型装甲输送车。火炮有牵引炮、自行炮、火箭炮、迫击炮、无坐力炮等。高射炮兵大队的装备多为40毫米高射炮，而不是地对空导弹，反映出陆军过分依赖空军空对空的拦截。陆军还配备有AT-4型、AS-11型反坦克导弹。

二　海军

委内瑞拉海军兵力包括海军陆战队、海军航空兵和海岸警卫队。海军司令为整个海军的统帅，管辖舰队司令部、海军陆战队司令部、海军航空兵司令部和海岸警卫队司令部。

舰队司令部设在卡贝略港。编有1个护卫舰分舰队、1个潜艇分舰队、1个导弹快艇分舰队、1个两栖分舰队和1个补给分舰队。从1960年贝坦科尔特执政时期起，委内瑞拉开始更新海军装备，努力实现海军的现代化。当年，委内瑞拉从美国购买了一艘"Guppy 11"型潜艇。第二年又购进2艘美国退役的驱逐舰。1974年和1975年，委内瑞拉从英国买进6艘"宪法"级导弹攻击快艇。1976年和1977年，购买2艘德国209型潜艇。80年代初，从意大利订购的"Lupo"交付使用。此外，海军拥有"虮目鱼"级潜艇、"狼"级护卫舰等。它还拥有海岸巡逻艇、江河巡逻艇、坦克登陆舰、通用登陆艇、后勤舰、测量船和教练船等。

海军陆战队司令部设于卡贝略港，编为4个营级的"战术战斗队"。4个战斗队的总部分别在迈克蒂亚、卡贝略港、卡鲁帕诺和蓬托菲霍。此外，还有炮兵营和两栖装甲营。奥里诺科河上的内河舰队也属于海军陆战队，有内河分舰队司令部和内河基地司令部。海军陆战队的装备除船只外，还有装甲突击车、装甲输送车和火炮等。

海军航空兵建于20世纪70年代末，司令部设在加拉加斯附近的卡洛塔机场，其大部分装备都在该机场，但武装直升机除外。海军航空兵编为反潜飞行中队、反潜直升机中队、运输机中队和救险飞行中队。

海岸警卫队建于1982年，由海岸巡逻艇分舰队组成。其司令部设在卡贝略港。

三　空军

委内瑞拉空军兵力为5万多人。空军司令是空军统帅，管辖作战、后勤和训练3个司令部。作战司令部下设：在加拉加斯"米兰达将军"基地的第 5 运输机大队和第 4 运输机大队；在巴基西梅托"兰达埃塔将军"基地的第 12 战斗机大队；在马拉卡伊"苏克雷元帅"基地的第 14 教练机大队；在马拉开波"乌尔达内塔将军"基地的第 15 防暴机大队；在马拉凯"解放者"基地的第 6 运输机大队、第 10 武装直升机大队、第 11 战斗机大队和第 16 战斗机大队；在巴塞罗那"加西亚中尉"基地的第 13 联络机大队。

空军后勤部队有 3 个运输大队，其中包括基地在加拉加斯的总统中队。后勤部队的装备有侦察机和运输直升机。运输机主要是美制 C – 130H 型和 C – 123 型。

空军训练部队包括第 14 空军训练大队，它属于马拉凯空军学院。主要训练机为 T – 34、T – 2D 和 EMB – 312 Tucano。空军飞行员必须在马拉凯空军学院学习 4 年。

20 世纪七八十年代，委内瑞拉加速空军的现代化，大量购买新式飞机。1984 年和 1985 年 16 架美制 F – 16 交付使用后，委内瑞拉拥有了南美洲最先进的军用飞机。1990 年空军已拥有法国制造的幻影 50 和老式的幻影Ⅲs 与幻影Ⅴs，以及改进的幻影 50s。同年 6 月，委内瑞拉与新加坡签约，改装美制 CF – 5A 和 CF – 5B 战斗机。此外，委内瑞拉空军还拥有英制"堪培拉"重型轰炸机、OV – 10A 型侦察机、"猎鹰"20DC 型电子战飞机，以及 SA – 型、UH – 1D 型和 UH – 1H 型武装直升机。拥有若干枚 R – 530 型、AIM – 9L/9P 型空空导弹，若干枚"飞鱼"空地导弹和"罗兰"式地空导弹。

四 国民警卫队

国民警卫队又称合作武装力量。曾为国内准军事部队，1954 年成为正规军。根据宪法第 329 条，国民警卫队的职责是维护国内治安和协同陆军、海军、空军保卫国防。此外，国民警卫队还负责边防，守卫机场、港口、油田、水电站、桥梁、基础工业基地等公共设施和监狱系统，并在国内公路网巡逻。国民警卫队司令部下设作战司令部、人事司令部、后勤司令部、参谋部和总监部。作战司令部下设地区司令部、海岸警戒部、空中

支援部、作战情报部、治安部、海关部、环境保护部和石油与矿业设施部。地区司令部有第 1 至第 8 地区司令部；海岸警戒部有第 903 海岸警戒支队、第 904 海岸警戒支队、第 905 海岸警戒支队、第 907 海岸警戒支队和第 908 海岸警戒支队。空中支援部包括第 1 空中支援支队、第 3 空中支援支队、第 5 空中支援支队、第 6 空中支援支队、第 7 空中支援支队、第 8 空中支援支队和航空训练中队。在军事行动中，国民警卫队司令部的指令传达给作战司令部，作战司令部通过地区司令部、海岸警戒部和空中支援部 3 个部再传达给下属各单位贯彻执行。国民警卫队的装备有 FN FAL 型步枪、81 毫米迫击炮、UR－416 型步兵战车、菲亚特－6614 型装甲输送车、巡逻艇、在海岸与河流地区巡逻的小型飞机、双固定翼飞机和直升机。

五　玻利瓦尔民兵

玻利瓦尔民兵原称预备役部队。2005 年 3 月，查韦斯政府开始组建预备役部队，将其列为委内瑞拉第五支武装力量，以抵抗美国的威胁和防备侵略战争。根据 2005 年 4 月 2 日委内瑞拉发布的第 3567 号令，国家预备役和全国动员司令部（Comando General de la Reserva y Movilización Nacional）正式成立，2009 年 4 月 11 日改称玻利瓦尔民兵司令部（Comando General de la Milicia Bolivariana）。玻利瓦尔民兵自成建制，并有全国领导机构，直属共和国总统和其武装部队统帅，通过战略行动司令部的命令采取行动。玻利瓦尔民兵在社区也建立地方部队，维护地方秩序。2006 年，委内瑞拉共有预备役人员 10 万人，2011 年为 78.7 万人，委内瑞拉政府计划把预备役人员增加到 110 万人。4 月 13 日为委内瑞拉"玻利瓦尔民兵日"。

第四节　对外军事关系

2002 年委内瑞拉发生未遂政变后，第二年委内瑞拉退出自 1959 年以来与美国每年都举行的联合海上演习，接着在 2005 年中断了与美国之间的军事交流，迫使美国从委内瑞拉军事基地撤出教官。2006 年 5 月，美国将委内瑞拉列入反恐不合作国家，宣布对委内瑞拉实施武器禁运，并向以色列、瑞典、巴西和西班牙施压，迫使它们取消和暂停对委内瑞拉的武器销售。美国不断加强在委内瑞拉周边地区的军事存在，在委内瑞拉湾的库拉索岛设置"潜听哨"，派出航空母舰和其他舰艇在委内瑞拉附近海域游弋，并举行军事演习，构成对委内瑞拉的军事威胁，委内瑞拉和美国关系进一步恶化。

2008 年 1 月，查韦斯呼吁南美洲国家建立军事联盟。他说，美国对南美地区安全构成威胁，是南美地区共同的敌人。包括尼加拉瓜、玻利维亚、古巴与委内瑞拉在内的拉美国家应该共同创建一支武装力量，制定统一的防御策略。2009 年 7 月，哥伦比亚宣布同意将美国驻厄瓜多尔曼塔基地的军事人员和装备转移到哥伦比亚的军事基地，并允许美国军队在未来 10 年内使用哥伦比亚的 7 个空军和海军基地。此举遭到委内瑞拉的强烈反对。查韦斯表示美国军事基地的建立是对委内瑞拉和其他南美洲国家人民的巨大威胁，呼吁本国人民和军队"准备应战"。为了应对变化的形势，委内瑞拉增加军事预算，扩大军费开支，在加强自己的军工企业的同时（如建立飞机制造厂），加强同俄罗斯、中国、西班牙、法国、白俄罗斯、伊朗等国的军事关系，从国外大批购买先进武器。

俄罗斯是委内瑞拉最大的武器进口国。2004 年 11 月，查韦斯访问俄罗斯，签署了军购协议。2005 ~ 2007 年，委内瑞拉购买了 24 架苏 - 30MK2 战斗机，50 余架米 - 17V、米 - 35M 和米 - 26T 直升机，12 套 TOR - M1 地对空导弹系统以及 10 万支卡拉什尼科夫冲锋枪和 5000 支德拉古诺夫狙击步枪。截至 2011 年，委内瑞拉已向俄罗斯购买 92 辆俄罗斯 T - 72 坦克，总额为 22 亿美元的防空反导系统、BMP - 3M 步兵战车、BTR - 89A 装甲人员输送车、152 毫米 2S19 "姆斯塔 - S" 自行火炮、120 毫米 2S23 "诺娜 - SVK" 自行迫击炮、120 毫米 "雪橇" 迫击炮、122 毫米 "冰雹" 多管火箭炮、MSTA - S 自行榴弹炮和 "伯朝拉 - 2M" 防空导弹系统等。俄方还协助委方生产 AK - 103 自动步枪，从 2012 年开始组装。2008 年 9 月查韦斯访俄期间，俄方宣布向委提供 10 亿美元贷款，用于购买俄制武器及进行军事和技术合作。2012 年 6 月，委内瑞拉利用俄罗斯提供的 40 亿美元贷款，再次向俄罗斯购买 100 辆 T - 72 主战坦克。

2013 年年初委内瑞拉接收了 2009 年从俄罗斯订购的首批 BM30 "旋风"
300 毫米多管火箭炮。

查韦斯执政 14 年间，曾 6 次访问中国。近年来，委内瑞拉从中国购
买了许多先进武器装备，如 8 架运 - 8 中型战术运输机、18 架 K - 8W 教
练机、10 座机动雷达（8 座 JLY - 113D 和 2 座 JY - 1B）、63A 轻型水陆
两栖坦克，并就歼 - 10 歼击机采购事宜进行谈判。2012 年 8 月，委内瑞
拉从中国订购 8 架直升机，用于反潜作战及搜救工作。2013 年 7 月，中
国北方工业公司同委内瑞拉签署 141 辆 VN - 4 轮式装甲车的出口合同，
包括用于人员输送的 111 辆 WTC - 1 装甲输送车、10 辆 ABV - 1 反叛乱指
挥车、10 辆 WTC - 1B 救援车，其中针对反叛乱的特种车辆配备了大功率
水炮及其他相关设备。

西班牙是委内瑞拉武器供应国之一。2005 年 11 月，委内瑞拉与西班
牙签订军备购买协定，委内瑞拉向西班牙购买 12 架军用飞机和 8 艘军舰，
价值约 20 亿美元，计划 7 年交货。2012 年，西班牙 Navantia 公司制造的
3 艘巡逻艇已交付委内瑞拉海军。西班牙 Navantia 公司计划以后向委内瑞
拉出口更多的巡逻艇。2006 年 6 月，伊朗总统内贾德在访问加拉加斯时
宣布，伊朗将帮助委内瑞拉建立一个火药厂。

委内瑞拉同南美洲国家和俄罗斯多次举行军事演习，以提高军队的作
战能力。2005 年 3 月，委国家石油公司的工人与 5000 名军人在委中部地
区举行了一场大规模的军事演习。随后委内瑞拉参加了在巴西中部和东部
地区举行的第三次 "南方十字" 联合军事演习，参与国有阿根廷、巴西、
智利、乌拉圭等。2006 年委内瑞拉参加在阿根廷举行的南方共同市场成
员国联合军演，巴西、玻利维亚、巴拉圭、乌拉圭参加了军演。

2008 年 12 月 1 日至 3 日，委内瑞拉和俄罗斯在加勒比海举行代号为
"委俄 2008" 的联合军事演习，包括 "彼得大帝号" 核动力导弹巡洋舰
和 "恰巴年科海军上将号" 大型反潜舰在内的 4 艘俄罗斯军舰和 1600 名
俄罗斯军人以及 700 名委内瑞拉军人参加了演习，内容包括战术演习、反
毒反恐演习，以及通信和防空演习等。

第六章

社　会

第一节　国民生活

一　查韦斯执政前后国民生活的变化

查韦斯上台执政前，委内瑞拉面临着严峻的政治、经济、社会形势。委内瑞拉曾是拉美贫富悬殊最大的国家之一，收入分配高度集中，两极分化严重，民众生活十分困苦。物价飞涨，通货膨胀严重，少数富豪、社会上层和跨国集团垄断着国家的政治经济命脉，占人口绝大多数的下层人民生活贫困，民不聊生。据世界银行统计，1970 年，委内瑞拉最贫穷的20% 的人口只占有 3% 的国民收入，而最富的 20% 的人口则占有 54% 的国民收入。1984～1988 年贫困家庭数从 94 万家增至 191 万家，占委内瑞拉家庭总数的 58%。同期，极端贫困家庭数增长了 2 倍，从 28.3 万家增至 86.3 万家，占家庭总数的 26%。1986～1988 年，委内瑞拉人均收入下降约 20%。90 年代委内瑞拉人生活质量继续恶化。1996 年，委内瑞拉的消费者价格指数涨幅高达 99.9%，1998 年仍为 35.8%。1998 年，贫困人口仍占全国人口的 50.4%，极端贫困人口占全国人口的 20.3%，基尼系数是 0.48，失业率达 11.3%。根据委一家民意调查公司 Datanalisis 的统计，从 1986 年到 2001 年，生活在极端贫困和相对贫困中的人数从占全国人口的 70% 上升到占 80%；中产阶级人数则从占全国人口的 24% 下降到17%。1970 年委内瑞拉人均收入为 1200 美元，而 2001 年仅为 600 美元。

虽然在 80 年代末委内瑞拉建立了社会保险制度，但享有社会保障的人口仅占总人口的 1.7%。

查韦斯执政后，修改宪法，改革社会制度，推行收入重新分配和社会福利计划，加大社会开支，实施扶贫政策，缩小贫富差距，解决国内大部分人口的贫困及失业等问题。查韦斯执政 14 年间，每年社会开支占国内生产总值的比重都在 10% 以上。2004 年委内瑞拉的社会开支占国内生产总值的比重高达 12.3%，直接拨款达 40 亿美元，用于社会投资、发展教育和健康事业、提供小额贷款和为贫困阶层建造房屋等。2009 年社会开支占政府财政预算的比重达 45.7%。

根据委内瑞拉预算中心办公室、委内瑞拉中央银行、委内瑞拉国家统计局的统计，1986～1998 年全国财政总收入为 2032.51 亿美元，社会支出为 734.94 亿美元，社会支出占财政总收入的 36.2%；1999～2011 年全国财政总收入为 7721.14 亿美元，社会支出为 4686.18 亿美元，社会支出占财政总收入的 60.7%。1999～2010 年的社会福利累计投资额从 12465054 美元增至 393478011 美元。2013 年委内瑞拉社会投资为 1478.07 亿玻利瓦尔，占全国总预算的 37.3%，比 2012 年的 1157.17 亿玻利瓦尔投资提高 27%。其中，教育投资 461.574 亿玻利瓦尔，占总预算的 11.7%，占国内生产总值的 2.5%；社会保险投资 393.079 亿玻利瓦尔，占总预算的 9.9%，领取养老金的人数从 1998 年的 3.87 万人增加到 2012 年的 214 万人；卫生投资 316.445 亿玻利瓦尔，占总预算的 8%；社会发展与参与投资 195.057 亿玻利瓦尔，占总预算的 4.9%；住房和城市发展投资 59.206 亿玻利瓦尔，占总预算的 1.5%；文化和社会通信投资 32.601 亿玻利瓦尔，占总预算的 0.8%；科学和技术投资 20.117 亿玻利瓦尔，占总预算的 0.5%。在社会保障方面，政府用于社会保障方面的资金投入占 GDP 的份额从 1999 年的 2.28% 增加到 2008 年的 4.75%；在社会保障覆盖率方面，覆盖率从 2000 年占 60 岁以上老人的 20.3% 升至 2009 年的 43.3%。

查韦斯执政期间多次提高最低工资标准，使委内瑞拉最低月工资标准居拉美国家最高水平。从 2000 年开始，最低工资标准每年增长 20%～

30%，教师工资也有大幅增长。2010年3月1日和9月1日，委内瑞拉政府分两次上调最低工资标准，即从967.5玻利瓦尔提高至1064.25玻利瓦尔和1224玻利瓦尔，全年累计增幅达26.5%。2011年5月1日和9月1日，委内瑞拉政府再次分两次将最低工资标准分别上调15%和10%，即从1224玻利瓦尔分别上调至1407玻利瓦尔和1548玻利瓦尔（约合360美元），惠及包括职业雇员、工人、公共部门退休人员、领取社保养老金人员在内的250多万人。这次加薪使委成为拉美地区最低工资标准最高的国家之一，仅次于阿根廷（435美元）和哥斯达黎加（429美元）。与此同时，物价的控制也取得较好的效果，据委内瑞拉国家统计局和中央银行统计，2012年物价累计涨幅为20.1%，较2011年减少了7.5%，实现了政府预期目标。

2012年政府实施的新《劳工法》提高了普通劳动者的福利待遇，增强了对劳工权益的保护，如减少工作时间、增加法定休息日、提高社保金比例等。女职工及其配偶的产假增加到六个半月，每周工作时间从45小时减少到40小时。查韦斯向社会底层人民提供低价食品、廉价房、免费医疗和教育等广泛的社会福利，贫困人口生活明显改善。

经过十几年的努力，委内瑞拉国民生活有了很大改观，在减少贫困、缩小贫富差距上取得了一定的效果。1999~2009年，全国有273.3万人摆脱贫困状态。贫困人口从1999年占总人口的50.4%降至2011年的31.9%，同期赤贫率从20.3%下降到8.5%。根据委内瑞拉国家统计局统计，1999年委内瑞拉的基尼系数为0.469，而2011年基尼系数已变为0.390（见表6-1），而巴西、智利、哥伦比亚等南美洲国家的基尼系数则在0.5以上，委内瑞拉成为拉丁美洲收入分配最公平的国家。10多年来，委内瑞拉为长期失业半失业人群提供了大量工作机会，就业率不断上升，失业率下降，正规部门就业人数增多，非正规部门就业人数减少。2008年与1998年相比，就业岗位增加了290万个，增长了1/3。失业率从11.3%下降到6.1%。就业质量也有很大提升，2011年56.1%的劳动力就业于正规部门，而1998年则只有50.2%。

表 6 - 1　1999~2012 年委内瑞拉失业率和基尼系数

年份 类别	1999	2000	2001	2002	2003	2004	2005
失业率(%)	10.6	10.2	11.0	—	14.6	10.9	8.9
基尼系数	0.469	0.477	0.457	0.494	0.481	0.456	0.475
年份 类别	2006	2007	2008	2009	2010	2011	2012
失业率(%)	8.4	6.2	6.1	6.6	6.5	6.5	5.9
基尼系数	0.442	0.424	0.410	0.418	0.390	0.390	—

资料来源：委内瑞拉国家统计局。

近几年，委内瑞拉就业情况进一步改善。根据委内瑞拉国家统计局的统计，2011 年该国就业人口为 12646379 人，就业率为 93.5%；失业人口为 885149 人，失业率为 6.5%。正规部门就业人口占就业总人口的56.1%；非正规部门就业人口占就业总人口的 43.9%（见表 6 - 2）。

表 6 - 2　1998~2011 年委内瑞拉社会基本情况

单位：%

年份 类别	1998	2004	2007	2011
贫困家庭占总家庭百分比	43.9	47.0	28.5	26.75
极端贫困家庭占总家庭百分比	17.1	18.6	7.9	7.0
贫困人口占总人口百分比	50.4	53.9	33.65	31.9
极端贫困人口占总人口百分比	20.3	22.5	9.6	8.6
正规部门就业百分比	50.2	51.1	56.0	56.1
非正规部门就业百分比	49.85	48.9	44.0	43.9
公立部门就业百分比	15.8	15.7	17.1	19.8
私立部门就业百分比	84.2	84.3	82.9	80.2

资料来源：委内瑞拉国家统计局。

2012 年 11 月委内瑞拉失业率为 6.4%，失业人数为 332859 人，正规部门就业人数上升至 7313064 人，占就业总人口的 57.5%。

非正规部门就业人数大量减少，2011 年 12 月至 2012 年 12 月非正规部门就业人数为 231732 人，同期 517395 人加入到正规部门就业。2012 年 12 月正规部门就业人口占就业总人口的 58%。委内瑞拉国家统计局局长报告说，2012 年 12 月，委内瑞拉失业率降至 5.9%，是 15 年来最低的失业率。

查韦斯政府努力改善贫困人民的住房条件，1999～2010 年公共部门平均每年建设 25857 套住房，多数分配给低收入家庭，并为他们提供购房贷款。2011 年 4 月至 2012 年 10 月，查韦斯政府向社会底层人民提供了 25.3 万套住房。委内瑞拉的食品供给与安全大为改善。人均卡路里的摄入量在 1998 年只能达到国际推荐标准的 91%，而 2007 年达到推荐标准的 101.6%。据联合国开发计划署发布的 2010 年人类发展指数排名，委内瑞拉指数值为 0.696，在 169 个被评国家和地区中居第 75 位，位于"高人类发展指数"国家之列。

二　社会保障与福利和社会计划的实施

委内瑞拉的社会保障体系最早出现于 1944 年，但正式建立起社会保险制度则是在 20 世纪 80 年代末，当时享有社会保障的人口占总人口的 1.7%。1998 年，受到政府救助的人口占总人口的 4.4%，不过这也仅占需要救助的贫困人口的极小一部分。

查韦斯 1999 年初执政后，摒弃新自由主义政策，开展"玻利瓦尔革命"。2002 年 12 月，委内瑞拉颁布了《社会保障综合体系机构法》和《社会保障法》。新的社会保障体系将原体系的保障范围扩大到包括自由职业者在内的全体公民，为所有委内瑞拉公民提供非歧视的终身保障。新法关注贫苦人口，提供覆盖所有基本需要的综合保障。社会保障涵盖养老、健康、失业和职业培训、住房、娱乐等方面，所有国有和私有经济体必须依法参与社会保障体系，社会保险由劳、资、政府三方负担。查韦斯政府利用丰厚的石油收入，实施新的社会保障制度，推行改善中下层民众生活的政策，强调社会公正、平等和互助，开展多方面的扶贫工作，为中下层民众提供多种补贴与福利。2006 年以来委内瑞拉领取养老金的人数不断上升，根据委内瑞拉国家统计局公布的数据，2006 年为 944475 人，2007 年为 1168515 人，2008 年为 1282965 人，2009 年为 1339695 人，

2010 年为 1721983 人，2011 年为 1916618 人，2012 年达到 2436306 人。

1999 年 4 月，查韦斯政府建立了统一社会基金（Fondo Unico Social），以合理安排一大批社会项目的开支。2005 年又建立了国家发展基金（Fondo de Desarrollo Nacional），对社会发展项目提供资助。委内瑞拉国家石油公司每年必须拿出至少 10% 的投资预算用于社会发展项目，这笔资金通过国家发展基金（不包括在政府预算中）分配使用。委内瑞拉政府在扶贫、医疗卫生、住房、教育、就业等领域前后出台了 40 多个社会计划，作为"玻利瓦尔革命"的组成部分，旨在消除贫困、改善中下层民众的生活状态。下面是以时间为序出台的主要社会计划。

2001 年委内瑞拉出台"萨莫拉计划"（Misión Zamora）；2003 年查韦斯先后推行"深入贫民区计划"（Misión Barrio Adentro）、"鲁宾孙计划"（Misión Robinson）、"瓜依凯布洛计划"（Misión Guaicaipuro）、"里瓦斯计划"（Misión Ribas）、"苏克雷计划"（Misión Sucre）、"基督计划"（Misión Cristo）、"梅卡尔计划"（Misión Mercal）、"食品计划"（Misión Alimentación）；2004 年实施"转过脸计划"（Mision Vuelvan Caras）、"民族认同计划"（Misión Identidad）、"奇迹计划"（Misión Milagro）；2005 年出台"科学计划"（Misión Ciencia）、"皮阿尔计划"（Misión Piar）和"回到农村计划"（Misión Vuelta al Campo）；2006 年提出"微笑计划"（Misión Sonrisa）、"能源革命计划"（Misión Revolución Energética）、"树木计划"（Misión Arbol）、"文化计划"（Misión Cultura）、"华基纳·何塞法·桑切斯社区母亲计划"（Misión Madres del Barrio ¨Joaquina Josefa Sánchez¨）、"居住条件计划"（Misión Hábitat）；2007 年实行"音乐计划"（Misión Música）、"内格拉·伊波利塔计划"（Misión Negra Hipólita）、"切·格瓦拉计划"（Misión Ché Guevara）、"阿尔马马特尔计划"（Misión Alma Mater）、"比利亚努埃瓦计划"（Misión Villanueva）；2008 年实施"何塞·格雷戈里奥·埃尔南德斯计划"（Misión José Gregorio Hernández）、"社区儿童计划"（Misión Niños y Niñas del Barrio）和"4 月 13 日计划"（Misión 13 de Abril）；2009 年提出"圣婴计划"（Niño de Jesús）；2011 年推行"委内瑞拉住房计划"、"瓜伊凯普罗计划"（Misión Guaicaipuro）、

"知识与劳动计划"（Misión Saber y Trabajo）、"委内瑞拉子女计划"（Misión Hijos de Venezuela）、"委内瑞拉大农业计划"（Gran Misión Agro Venezuela）和"委内瑞拉大爱计划"（Gran Misión en Amor Mayor Venezuela）；2012 年出台"安全计划"（Misió Seguridad）。

在上述社会计划中，主要侧重解决教育、医疗卫生、住房、就业、贫困等问题。其中，涉及教育的计划有"鲁宾孙计划""里瓦斯计划""苏克雷计划"和"阿尔马马特尔计划"等；涉及医疗卫生的计划有"深入贫民区计划""奇迹计划""微笑计划""何塞·格雷戈里奥·埃尔南德斯计划""圣婴计划"等；涉及住房的计划有"居住条件计划""比利亚努埃瓦计划""委内瑞拉住房计划""瓜伊凯普罗计划"等；涉及食品供应的计划有"梅卡尔计划""食品计划""委内瑞拉大农业计划"等；涉及就业的计划有"知识与劳动计划""转过脸计划""回到农村计划""华基纳·何塞法·桑切斯社区母亲计划"和"切·格瓦拉计划"等；涉及改变贫困状况的计划有"基督计划""内格拉·伊波利塔计划""社区儿童计划""委内瑞拉子女计划""委内瑞拉大爱计划"等；涉及土改和消灭大庄园制的计划有"萨莫拉计划"等。

委内瑞拉政府有关教育和医疗卫生计划的话题在后面章节分别叙述，下面略谈一下有关土改、住房、就业、食品分配、消除贫困等计划的情况。

2001 年实施的"萨莫拉计划"旨在把征收的闲置土地分配给无地农民，发展农业生产和保证食品供应。委内瑞拉国家土地局（Instituto Nacional de Tierras）已在全国征收 3696978 公顷土地，向无地农民分配土地 5909527 公顷，受益农户达 15.7 万人。

2011 年出台的"委内瑞拉住房计划"旨在解决贫困人口的住房问题，住房保障成为委内瑞拉最大公共开支项目。2011 年和 2012 年，委政府为"委内瑞拉住房计划"共投资 820 亿玻利瓦尔，在此期间建成住房 316718 套。委内瑞拉政府计划 2011~2017 年建设住房 200 万套。

2003 年委政府推出的"梅卡尔计划"旨在建立自己的食品供应体系和食品商场网络，政府对这些商店的食品提供一定的补贴，使民众特别是低收入的民众能购买到廉价的食品。经过几年的运作，"梅卡尔"已成为

全国最大的连锁店和国家第二大企业。2003 年实施的"食品计划",到 2012 年已向委内瑞拉人提供低价食品 1214000 吨。2013 年 8 月,马杜罗总统批准拨款 23 亿玻利瓦尔用于扩大"食品计划"。

2011 年提出的"知识与劳动计划"旨在与失业和半失业进行斗争,特别是与青年和妇女失业现象做斗争,增加就业机会。1999 年失业率为 10.6%,2012 年为 5.9%。委政府计划 2012～2019 年将创造 280 万个新的就业机会。

2008 年实行的"社区儿童计划"旨在满足儿童和青少年的需要和对他们提供全面保护,重点是那些无家可归的、处于社会危险状态的、参加工作的和残疾的儿童和青少年。这项计划覆盖了委内瑞拉人口的 36%、学前教育总人数的 65.3%、初等教育总人数的 92%。

2003 年出台的"基督计划"旨在根除贫穷和关注社会保障、卫生和营养、医疗和社会保护等。2004 年出台的"转过脸计划"旨在培训受教育程度较低的公民,并向其提供就业机会。2007 年该计划被"切·格瓦拉计划"替代,最终目的是达到"基督计划"关于 2021 年贫困人口为零的最高目标。2011 年实行的"委内瑞拉子女计划"对依靠最低工资生活的家庭提供抚恤金,面向小于 18 岁的青少年、孕妇和残疾儿童。同年出台的"委内瑞拉大爱计划"主要帮助收入低于最低工资(1548 玻利瓦尔或 360 美元)的本国 55 岁以上妇女和 60 岁以上男性以及在委内瑞拉居住 10 年以上的外国人,他们没有享受到社会保险或享受社会保险不足,截至 2012 年 3 月 5 日,已有 1120573 人登记在册。

2013 年 4 月马杜罗当选委内瑞拉总统后,继续实行查韦斯的社会政策。2013 年 8 月 7 日马杜罗表示,委内瑞拉政府将大力促进社会事业的发展,其中一项目标就是在 2019 年彻底消除"饥饿"现象,将全国营养不良的人口"降到零"。

三 移民

委内瑞拉移民数量很多。在拉美国家中,委内瑞拉的西班牙、意大利和葡萄牙移民人数均居第二位,只有阿根廷的西班牙和意大利移民人数超过委内瑞拉，巴西的葡萄牙移民人数超过委内瑞拉。

1936 年委内瑞拉政府颁布移民法，1948 年委内瑞拉政府实行鼓励技术移民的政策。第二次世界大战期间，许多犹太人移居委内瑞拉以逃离德国纳粹的迫害。第二次世界大战后，出现了前往委内瑞拉的移民潮。1948 ～ 1958 年，到达委内瑞拉的移民达 100 万人，其中多数是西班牙、意大利和葡萄牙移民。

委内瑞拉的意大利后裔约有 400 万人。二战后 30 多万意大利人来到委内瑞拉，建立了欧洲"殖民点"。最初很多人前往农业地区，如"图伦殖民点"，但大多数人后来在大城市从事商业、工业和服务业。加拉加斯意大利领事馆 1977 年在一个官方出版物上指出，在到达委内瑞拉的意大利人中，39855 人是西西里人，35802 人是坎帕尼亚人，20808 人是阿布鲁齐人，18520 人是阿普利亚人，8953 人是威尼托人，7650 人是艾米利亚罗马涅人，6184 人是弗留利－威尼斯朱利亚人。意大利人主要集中在委内瑞拉中北部地区，在加拉加斯和巴伦西亚周围。同年，有 98106 人生活在加拉加斯，39508 人生活在米兰达州，14203 人生活在马拉开波，12801 人生活在卡拉沃沃，有 66 人生活在亚马孙地区。

据西班牙官方材料，在委内瑞拉生活的生于西班牙的人共有约 13 万人。委内瑞拉的西班牙移民人数居世界第三位，仅次于阿根廷和法国。委内瑞拉的西班牙后裔超过 100 万人。二战后进入委内瑞拉的西班牙移民有 30 多万人，多为加那利人和加利西亚人。20 世纪 40～80 年代，大批葡萄牙人移居委内瑞拉。大部分人来自马德拉岛、奥波尔托和其他地区。现在有 5 万多葡萄牙人生活在委内瑞拉。委内瑞拉的葡萄牙后裔近 100 万人，人们称他们为"luso-venezolanos"，意为"委内瑞拉葡萄牙人"。

此外，还有来自克罗地亚、匈牙利、波兰、立陶宛、瑞典等国的欧洲移民。来自中东地区的穆斯林移民约有 50 万人，他们主要是黎巴嫩人、叙利亚人和巴勒斯坦人。

委内瑞拉有 400 万名哥伦比亚移民，是委内瑞拉最大的移民团体，主要居住在塔奇拉州。20 世纪六七十年代委内瑞拉出现石油繁荣，哥伦比亚则陷入经济危机。大批哥伦比亚人来到委内瑞拉，不少海地、巴西、阿

根廷、智利、乌拉圭、厄瓜多尔、秘鲁、古巴等国移民也来到委内瑞拉，约有 200 万人。他们有的是来寻求政治避难，有的是来寻找待遇较好的工作。一些人在收获季节来做短工，不久便返回自己的国家。多数人在工厂或农村长期工作，在委内瑞拉定居下来。西北部的塔奇拉州和苏利亚州哥伦比亚人很多，其中许多人进入马拉开波、加拉加斯等大城市，在石油、建筑等行业找到工作。80 年代委内瑞拉出现经济危机，哥伦比亚移民人数下降。中国人 1836 年开始移居委内瑞拉，目前生活在委内瑞拉的中国移民约有 15 万人。

委内瑞拉 1999 年宪法第 33 条、第 34 条规定，外国人如愿加入委内瑞拉籍，须在委连续居住 10 年以上。原籍为西班牙、葡萄牙、意大利、拉丁美洲和加勒比国家者，其居留期减少为 5 年。外国人与委内瑞拉人结婚并愿意加入委籍，须至少婚后 5 年才能办理。委内瑞拉承认双重国籍，委内瑞拉人获得别国国籍后仍可保留委内瑞拉国籍，也可自愿放弃或重新加入委国籍。

20 世纪 80 年代后，由于委内瑞拉经济衰退，来委的外国非法移民的人数大减。查韦斯执政期间，约有 100 万名委内瑞拉人移居国外，主要是高级管理人员和白领雇员，其中大部分人前往美国。

第二节　社会管理

一　社会制度和社会结构

1999 年查韦斯就任委内瑞拉总统后，随即开始一场声势浩大的"玻利瓦尔革命"。查韦斯反对新自由主义，反对多年来在委内瑞拉实行的"代议制民主"，希望通过和平方式在政治、经济和社会结构方面实现革命性变革。他表示："我们有理由为委内瑞拉未来的政治走向感到乐观，那将是一种以人民为主体的、参与式的、合乎法制的民主模式；那将是一个崭新的社会。"查韦斯要废除旧的国家体制，建立能够代表人民意愿的新政权。1999 年 4 月 25 日举行的全民公决，通过了查韦斯关于成立立宪大会的提议。同年 12 月 25 日全民公决通过了第五共和国宪法。新宪法确定了委内瑞拉新的政治体制，委内瑞拉要成为一个自由的、独立的、民主的、参与式的、法制社会的、正义的联邦国家。在行政权、立法权和司法权的基础上，增设选举权和公民权。宪法规定，公民除拥有政治权和经济权外，还拥有社会权、文化权、教育权和环境权。

从 2005 年开始，查韦斯把斗争矛头从新自由主义转向资本主义，认为资本主义不能解决贫困和不平等，不能实现社会公正。他认为"资本主义无法从内部实现自我超越，超越资本主义的道路在于真正的社会主义、平等和正义"，进而倡导在委内瑞拉实现"21 世纪社会主义"，并在2007 年宣布，要把委内瑞拉建成一个社会主义国家。

为在委内瑞拉建设"21 世纪社会主义"，2007 年 8 月，查韦斯提出宪法修正案。这个方案强调有关所有制的改革，缩小私有制的优势，但允许其继续存在，国有制、社会所有制和合作制将占据优势地位。查韦斯还通过建立社区委员会，用参与制代替代议制。通过国有化和土地改革，确立国有制和社会所有制的优势。但查韦斯的这些改革，并未根本改变委内瑞拉的社会结构，在经济上没有根本触动大资本和跨国公司的统治地位。主要生产手段仍被国内外财团控制，私有企业的规模和发展速度大于、快于国有企业。例如，2009 年，委私营企业产值占国内生产总值仍高达70%，而国有企业产值只占 30%。私有资本仍占据主导地位，对金融业、建筑业、交通业、服务业等的垄断未被打破，仍控制着约 1/3 的国民经济产值。

根据拉美经委会的划分标准，委内瑞拉同其他拉美国家一样，经济人口（15 岁以上劳动力）可划分为资本家、高级管理人员、高级雇员、小业主、正规脑力劳动者、正规体力劳动者、非正规劳动者及其他未分类人口 8 个阶层。

正规体力劳动者、非正规劳动者组成社会的下层；小业主、正规脑力劳动者属于社会中层；资本家、高级管理人员、高级雇员则属于社会上层。在农村地区，雇农和其他农业劳动者属于社会下层，小农场主属于社会中层，大庄园主和大农场主属于社会上层。

二　社区建设和社会组织

2000 年，委内瑞拉出现了"玻利瓦尔小组"（Círculos Bolivarianos），它是社区委员会的前身。2001 年查韦斯开始组建社区委员会，旨在兴建新型的参与式民主和加强公民参与公共事务，借以"打碎资产阶级国家机器"，建立一个新的国家机构。2006 年 4 月委内瑞拉颁布《社区委员会法》（Ley de Consejos Comunados）。2007 年 4 月全国代表大会通过《社区委员会法》。2008 年 4 月 13 日，查韦斯总统启动了"4 月 13 日计划"。该计划的目的也是在全国各地建立社区委员会。同年颁布的《公共管理法》把社区管理机构纳入公共管理机构。社区委员会得到法律的认可和社会计划的支持，在委内瑞拉全国各地蓬勃发展起来。社区委员会由基层民众组成，它的规模根据地区情况而定。在城市地区，200～400 户家庭可组成一个社区委员会；在农村地区，20 个家庭可组成一个社区委员会；而人烟稀少的土著人居住地，10 个以上家庭便可组成一个社区委员会。社区委员会由社区大会、行政小组、社会审计小组、财务小组和集体协调小组五个部分组成，其活动经费得到政府的资助，并可申请特别基金，从事基础设施和住宅建设、教育等方面活动，还可通过筹款、捐赠获得资金。到 2009 年，委内瑞拉政府投入社区委员会的资金共达 110 亿玻利瓦尔。查韦斯说，社区政权是人民自治政府的最高体现，社区委员会不仅进行基础设施建设，而且应该从事生产，促进生产、推动社会主义经济和公社所有制。2009 年 12 月 28 日，委内瑞拉公布新的《社区委员会组织法》（Ley Orgánica de los Consejos Comunales）。新法共分 7 章、61 条，规定社区委员会是社会主义社会的基础组织。社区委员会发展迅速，2009 年年底委内瑞拉全国建立的社区委员会已达 3.1 万个，至 2012 年 5 月 4 日更增至 41214 个，分布于 23 个州。苏利亚州社区委员会的数量最多，共有 3938 个。新埃斯帕塔州社区委员会的数量最少，只有 499 个。

从 2007 年起，查韦斯提议在社区委员会的基础上建立公社（comuna）。2010 年 2 月 13 日，委内瑞拉颁布《公社组织法》（Ley Orgánica de las

Comunas），共 8 章、66 条。《公社组织法》规定，公社由若干个社区委员会组成，是具有法律地位的地方实体，是地方性的自治政府和国家的基层权力机构，是构建社会主义社会的基础。公社的机构包括公社议会、执行委员会、规划委员会、经济委员会、公社银行和公社审计委员会。《公社组织法》的颁布使公社的建设正式列入议事日程。该法公布后不久，184 个公社便率先成立，到 2013 年 7 月公社已达 450 个。委内瑞拉政府计划在 2013～2019 年间建立 3000 个公社。

合作社是委内瑞拉另一种社会组织。1890 年梅里达州的奇瓜拉印第安村镇建立了该国第一个储蓄和信贷合作社。1900 年，玛格丽塔岛的波拉马尔城建立了一个手工艺品合作社。1910 年《合作社法》（Ley de Cooperativas）、1919 年《商法》（Código de Comercio）加入了合作社的内容。1944 年新的《合作社法》问世。1960 年，法尔孔州的蓬托菲霍建立了第一家合作社。1967 年拉腊州建立了第一家中心合作社。1998 年委内瑞拉全国已有 762 家合作社。

1999 年查韦斯执政后，大力发展合作社组织。合作社是·种小型企业，同时也是一种社会组织，它是玻利瓦尔社会主义的支柱，受到政府的补贴资助，旨在保护小业主、农民和劳动者。合作社有别于商业企业，不是按每人拥有的资本进行分配，成员之间权利平等，公平分配多余产品。合作社主要涉及服务、生产、社会保护、交通、消费、储蓄和信贷等部门，满足社区居民的一些专门需求。合作社的类型有协作劳动合作社、货物生产和服务合作社、工业生产合作社、奶制品生产合作社、木工合作社、农业生产合作社、渔业生产合作社、服务生产合作社、产品消费和服务合作社、储蓄和信贷合作社等。2001 年 9 月 18 日，委内瑞拉《合作社协会特别法》（Ley Especial de Asociaciones Cooperativas，LEAC）生效。该法规定，至少 5 个人才能组建一个合作社。强调免除合作社的许多税，并降低负责合作社注册登记的办事处的税率，以促进合作社的发展。《合作社协会特别法》颁布后，合作社快速发展起来。2001～2009 年，委内瑞拉成立了 30 万家合作社。

三 近期出现的社会现象与社会热点

委内瑞拉是个单一经济国家，过分依赖石油收入，消费品严重依赖进口。查韦斯执政以来所实行的国有化措施和国家对经济的过度干预，导致国家投资环境急剧恶化，资本大量外逃，中产阶层和社会上层人士大量移居国外。从2003年实行外汇管制到2011年，外逃资金累计高达1115亿美元，相当于国家外汇储备的4倍。通货膨胀严重，通胀率连续6年都在20%以上。委内瑞拉政府虽实施价格管控，但收效不大，商品时常出现短缺情况。不仅黑豆、牛肉、牛奶、食糖等食品经常短缺，连锁药店处方药供应不足，甚至卫生纸供应也断档，发生民众抢购卫生纸的现象，政府不得不从国外紧急进口卫生纸，以解燃眉之急。2013年2月，委内瑞拉将官方汇率从原来的1美元兑换4.3玻利瓦尔调整到1美元兑换6.3玻利瓦尔，加剧了通货膨胀和物价的上涨。2013年上半年委内瑞拉通货膨胀率达25%，而2012年上半年只有7.5%。2013年上半年"食品篮子"价格上涨了31.3%，最低工资仅够购买"食品篮子"中90%的食品。2013年4月，饮料、烟酒等价格上涨超过4%，交通运输业和餐饮业的物价上涨幅度也超过了4%。

从2007年2月开始，委内瑞拉加紧电力系统国有化进程，拥有了加拉加斯电力公司92.98%的股份。由于民众用电需求的增加、对电力投资的减少和兴建电厂的拖延，造成电力供应不足，停电现象时有发生。其中比较严重的一次发生在2013年9月3日下午，全国一半以上地区受到停电事故的影响。受影响最严重的是首都加拉加斯，数条地铁线路停运，街头交通堵塞，一些地区断水、电话不通，严重扰乱了生产和生活秩序。

由于拥查派和反查派尖锐对立，反政府的罢工、罢课和大规模示威游行经常发生，社会局势长期动荡，再加上物资供应不足，失业现象严重（非官方机构公布的半失业率高达30%以上），造成社会治安混乱，偷盗、抢劫、绑架案件多有发生。政府打击犯罪不力，导致犯罪现象愈演愈烈，委内瑞拉成为拉美社会治安较差的国家之一。在委内瑞拉，全国民间估计有1500万件武器。2011年有近2万人因凶杀而死亡，每天平均有超过53

人被杀害。仅 2012 年 8 月一个月，委内瑞拉首都加拉加斯便有至少 451 人遭枪杀。联合国发展计划年报指出，委内瑞拉谋杀率居世界第三位，70% 以上的居民表示缺乏安全感。

此外，政府内部存在着严重的贪污腐败现象。在"透明国际"公布的 2007 年清廉指数中，委内瑞拉得分仅为 2 分，在西半球 32 个国家中列倒数第二位，在全球 180 个评估对象国中仅排在第 162 位。反对派指责查韦斯政府内形成了一个"玻利资产阶级"（Boliburguesia），这些人利用石油收入从事投机倒把活动，侵吞国家资产。

2013 年 7 月 8 日，马杜罗总统宣布，5 名官员因涉嫌"挪用"中国 - 委内瑞拉联合融资基金和委内瑞拉经济与社会发展银行 8400 万美元资金而被捕。委内瑞拉政府还逮捕了多名负责价格监管工作的官员，甚至对一些查韦斯派的领袖也采取了行动。

物资的匮乏和物价的高涨，治安混乱和贪污腐败的盛行，引起民众对社会不满情绪的蔓延。马杜罗政府采取了一些措施，试图解决上述问题。2013 年 4 月，马杜罗出访阿根廷、乌拉圭和巴西三国，争取这三个国家增加对委内瑞拉的食品和生活用品的供应。与此同时，在国内加强对食品的调拨以及对基本食品的物价管制，以解决物资短缺的问题。他还加快电力生产，减少停电现象。2013 年 5 月，他通过实施"安全祖国计划"（Plan Patria Segura），动员军队参与街头巡逻和执勤，与国民警卫队和当地警察形成庞大的联防体系，以加强社会治安，保证所有委内瑞拉人的安全。这些措施取得了一定效果，但要实现问题的根本解决并不是易事。

第三节 医疗卫生

一 医疗保健制度

委内瑞拉政府重视人民群众的身体健康，把保护人民群众的健康作为一件大事。1999 年宪法第 83 条至第 85 条规定：国家保证把健康作为人民生活权利的一部分。国家促进和发展旨在提高生活质量、集体福利和享

受卫生服务的政策。国家成立负责卫生的领导机构，管理国家公共卫生系统。国家公共卫生系统把保障人民的健康和预防疾病放在重要地位。公共卫生系统的资产和服务设施是国家财产，不能私有化。资助国家公共卫生系统是国家的义务，国家保证做出能完成卫生政策目标的预算。国家将与大学和研究机构协调，促进和发展培养卫生专业人员、技术人员和发展生产卫生材料的工业的政策。

为提高农村地区、偏远地区、印第安人居住地区人民的健康水平，2003 年 4 月起委内瑞拉政府推行了"深入贫民区计划"，向各地区派出大量医务人员，给贫困群众送医送药。2003 年 4～6 月，首先在首都加拉加斯的解放者区进行试点；7～8 月，其他州引入该计划；9～12 月，在全国范围内推广该计划。委卫生部把培训参加"深入贫民区计划"的医生当作 2004 年的重要任务，并在全国培养负责卫生工作的社区领导人。古巴政府积极配合委内瑞拉政府，向委内瑞拉派出大批医务人员，协助委内瑞拉医生给群众看病和培训委内瑞拉医生。2004 年年初，仅在拉腊州就有500 名医生参与"深入贫民区计划"。2004 年在偏远地区建立 10 个流动医院。"深入贫民区计划"的服务包括免费看病、免费提供药品、12 小时医疗服务、24 小时急诊服务、上门就诊等内容。根据委内瑞拉副总统办公室提供的数据，"深入贫民区计划"自从 2003 年开始实施以来，到2013 年年初已经为委内瑞拉 5.95 亿人次提供了诊疗服务。

2004 年，委内瑞拉实施眼科"奇迹计划"，免费收治全国所有眼疾患者，并医治拉美和其他国家的白内障和视网膜病变病人。这个计划实行的一年内，委内瑞拉和古巴医生进行了 13.2 万例手术，其中委内瑞拉医生实施了 4.2 万例手术。根据人权理事会第 5/1 号决议附件第 15（a）段提交的委内瑞拉报告，2005～2011 年，"奇迹计划"共实施了 1247125 次手术。

二 医疗保健水平

委内瑞拉是拉美经济比较发达的国家，医疗保健水平也比较高。国内的医疗系统分为国立和私立两种，公共医疗系统由国家管辖，是免费医疗，只收处方费。私立医院医术水平较高，但费用昂贵。1998 年全国共有医院 703 家，病床 5 万张。每 10 万人中有医生 242 名、护士 230 名。2002 年，医疗卫生预算占国内生产总值的 4.1%。委内瑞拉各城镇的药房很多，药价比较便宜。许多委内瑞拉人得了小病很少去医院看病，一般都到药房买药。2002 年委内瑞拉人均预期寿命为 73.56 岁，其中男性为 70.53 岁，女性为 76.81 岁。2002 年，委内瑞拉婴儿死亡率为 24.58‰。2011 年委内瑞拉共有各级医疗中心（私人医院除外）5421 个，比 1999 年的 833 个增加了 5.5 倍。初级医疗中心从 4000 个增加到 11000 个。这些新的医疗中心向民众提供免费治疗，挽救了近 30 万人的生命。

委内瑞拉卫生部实施"政府投资特别计划"。2003 年投资 21 亿玻利瓦尔，在加拉加斯"J. M. 德洛斯里奥斯"医院建立了儿童血液病和心脏病病房，可接待和治疗来自全国各地的 1500 多名患病的儿童。2004 年年初，委内瑞拉政府制定规划，把 217 所卫生中心改造成人民诊察室、人民诊所和人民医院，把拉克鲁斯的西蒙·玻利瓦尔医院建成新卫生系统的样板。

从 2004 年 2 月 1 日起，委内瑞拉全国实施"种痘计划"，使委内瑞拉全体人民对 14 种传染病具有免疫力。2006 年 6 月，委内瑞拉建成了拉丁美洲最大的儿童心脏病医院。

委内瑞拉注意发挥传统医学的作用，研究和开发药用植物。印第安居民能够利用 1500 多种植物治疗疾病，委内瑞拉科学研究所通过研究，更新生物医学、药物学和植物学等学科的知识。

2009 年 4 月，为防范墨西哥和美国的猪流感疫情蔓延至委内瑞拉，委内瑞拉成立了全国流感预防和应对委员会，整合各卫生机构的力量防范流感疫情。

2010 年，委内瑞拉政府对医疗的投资比 1999 年时增加了 3 倍，医疗费用占国内生产总值的比例从 2% 提高到 8% 以上。根据委内瑞拉国家统计局的统计，婴儿死亡率从 1999 年的 19‰降至 2011 年的 14.78‰；委内瑞拉人均预期寿命从 2000 年的 72.4 岁升至 2011 年的 74.3 岁。不论在拉丁美洲还是在全世界，委内瑞拉人的人均寿命都是比较高的。据世界粮农组织的报告，委内瑞拉营养不良人口在全国总人口中的比重已经从 1990 年的 13.5% 下降到了 2012 年的 2.5%。

第七章

文　化

第一节　教育

一　教育简史

16 世纪初，西班牙殖民者侵入委内瑞拉，用火与剑征服了当地印第安人，委内瑞拉从此经受了 300 多年血腥的殖民统治。西班牙殖民者和传教士在摧残、破坏印第安古老文明的同时，极力向印第安人灌输和推销所谓 "西方文明"，委内瑞拉的教育完全被西班牙殖民者和教会垄断。根据委内瑞拉历史学家佩纳尔韦·戈麦斯（Penalver Gomez）的考证，委内瑞拉最早的初等教育是由方济各会传教士进行的，1516 年他们开始在奇奇里维奇修道院教当地人读书和写字。西班牙殖民时期，委内瑞拉的教育非常落后，直至 1591 年加拉加斯才出现第一所小学。1772 年瓜亚纳省督曼努埃尔·森图里翁（Manuel Centurión）在安戈斯图拉自己的宅邸中开办一所教授拉丁语的初等教育学校，成为殖民地时期教育的一件大事。17 世纪中叶以后，委内瑞拉才开始兴办中学。整个 300 多年殖民地时期，委内瑞拉仅建立了两所大学：一所是经过 75 年的申请才被西班牙王室批准，于 1721 年 12 月 22 日成立的加拉加斯皇家和大主教大学（现委内瑞拉中央大学的前身），它成为委内瑞拉最古老的大学；另一所是 1785 年敕命建立的神学院。殖民当局建立高等学校，完全是为了培养殖民统治者、教士和宗主国的代理人，以便维持自己的统治。委内瑞拉殖民地时期的教育是

面向上层人士的，贫家子弟被拒之门外，全国90%以上的居民是文盲。由于教育落后，委内瑞拉许多富家子弟前往欧洲国家求学，其中不少人受到欧洲资产阶级革命思想的熏陶，成为委内瑞拉独立运动的带头人，如弗朗西斯科·德·米兰达和西蒙·玻利瓦尔。

玻利瓦尔对委内瑞拉的教育极为关注。早在1819年2月，他便在安戈斯图拉国民议会上指出："道德和教育是一个共和国的基础。"5年之后他又说，"如果一个民族的教育原则是聪明的、有道德的和勇武的，那么这个民族就会是聪明的、有道德的和勇武的"。他还说，"我们的医生和律师很多，但优秀的机械师和农艺师却不足，而这些人对于国家今后的繁荣和幸福是很需要的"。1827年，玻利瓦尔应一批教育工作者之邀来到加拉加斯，他颁布了新的大学章程，目的是使大学实现现代化并面向未来。玻利瓦尔的教育思想对委内瑞拉教育的发展发挥了重要作用，他的影响一直持续到现在。

1830年委内瑞拉脱离"大哥伦比亚共和国"成为独立国家后，由于长期实行考迪罗独裁统治，以及19世纪40年代前后开始的保守党和自由党之间的激烈争斗，国内政局一直不稳，教育也处于十分落后的境地。尽管1839年颁布了国立学校组织法令，1842年又颁布了委内瑞拉第一部教育法——《公共教育法》（Código de Instrucción Pública），但教育并未有起色。中央政府没有直接担负起资助教育的责任，而是推给私立部门和省议会、市政府以及别的具有官方性质的机构。1842年委内瑞拉全国只有163所学校，学生不足2000人。在特鲁希略、巴基西梅托、埃尔托库约、卡拉博索、科罗、瓜纳雷、马拉开波和玛格丽塔的国立学校中，学生只有248人。

1870年自由党人安东尼奥·古斯曼·布兰科执政后，用武力镇压了亲保守党的地方考迪罗，国内混乱的局面才逐渐稳定下来。布兰科在任18年间，采取了一些经济和社会改革措施，并大力振兴教育。1870年6月27日，他在教育部部长马丁·J.萨纳夫里亚的全力支持下，颁布《公共、免费和义务教育法》，使委内瑞拉教育步入新阶段。布兰科兴建大量学校，并于1881年成立公共教育部。根据官方统计，1882年委内瑞拉共有 1684 所学校，学生近 9 万人。此外，高等学校的学生也达 1300 人。公共教育部的预算达 170 万玻利瓦尔。这一年 10 月，布兰科下令成立委内瑞拉语言研究院（今委内瑞拉语言科学院）。

布兰科下野后的几十年间，委内瑞拉又陷入动荡之中。虽然先后在 1874 年、1904 年、1910 年和 1912 年颁布了几部新的公共教育法，但因社会动乱，教育止步不前。西普里亚诺·卡斯特罗在任期间（1899~1908 年），还关闭了苏利亚州和卡拉沃沃州的几所大学。胡安·维森特·戈麦斯实行军事独裁统治期间，教育部门更加混乱。戈麦斯残酷镇压学生运动，并关闭委内瑞拉中央大学长达 8 年。

1935 年戈麦斯去世后，委内瑞拉仍处于军事统治之下。1940 年军政府颁布了《国民教育法》，兴办了师范学院、农业学校和畜牧业学校等。尽管教育开支有所增加，但委内瑞拉的教育仍处于落后状态。根据 1941 年的调查，在全国 200 万 15 岁以上的人口中，文盲占 75%；在全国 78 万名 7~15 岁的学龄儿童中，入学率仅为 35%。第二次世界大战结束后，民主行动党的罗慕洛·加列戈斯执政期间，在 1948 年颁布了《国民教育组织法》，重新确定实行小学免费教育的制度。

1958 年委内瑞拉人民推翻希门尼斯独裁政权后，确立了资产阶级代议制政体。1961 年公布的新宪法中，提出"教育、科学、文化"是"国家进步的根本"。规定教育实行中央集权制，教育工作直接由中央政府领导，教育部具体负责全国教育的各项工作。60 年代至 80 年代初，国家政局比较稳定，为教育的发展创造了条件。1958~1980 年，包括学前教育在内的中小学校从 6700 所增加到 1.7 万所；接受学前教育的幼儿从 2 万多人增加到 34.4 万人；小学生从 73.5 万人增加到 245.6 万人；中学生从 5.5 万人增加到 82 万人；大学生从近 1 万人增加到 29.8 万人；各级教师从 2.7 万人增加到 16.9 万人；15 岁以上人口识字率从 1950 年的 51% 提高到 1980 年的 82%。另据联合国教科文组织的资料，1975~1988 年，委内瑞拉学前教育学校从 327 所增加到 1407 所（1985 年），学生从 22.5 万人增加到 55.6 万人，教师从 6246 人增加到 2.4 万人；小学从 1.15 万所增加到 1.32 万所（1985 年），小学生从 210.8 万人增加到 296.7 万人，

教师从 6.9 万人增加到 10.8 万人（1985 年）；接受中等教育（包括普通中学、师范学校和职业技术学校）的学生从 66.9 万人增加到 114 万人，教师从 3.7 万人增加到 6 万人（1985 年）；接受高等教育的学生从 21.4 万人增加到 50 万人，教师从 1.6 万人增加到 3.8 万人。

从 20 世纪 80 年代初开始拉美国家爆发的债务危机和经济危机，使委内瑞拉教育事业的发展受到很大影响。1999 年乌戈·查韦斯·弗里亚斯执政后，弘扬玻利瓦尔的教育思想，重视教育特别是基础教育的发展。1999 年通过的新宪法第 6 章"文化和教育"第 102 条规定："教育是人的权利和基本的社会义务"，"教育是民主的、免费的和义务的"；第 103 条规定："每个人均有在平等条件和机会下，接受质量高的、稳定的、无更多限制的、从学前教育到多样化中等教育的各级义务教育的权利"，"国家将建立和维持教育机构并提供充足的服务，以保证人们入学、学习和完成学业"，国家将根据联合国的建议优先投资教育，国家将创办学校并提供齐全的服务，以保证受教育者的入学、稳定学习和完成学业，国家还将关心残疾人和缺乏基本条件的人的入学和学习；第 107 条规定，在各级学校中要义务进行环境教育、委内瑞拉历史与地理以及玻利瓦尔思想原理的教育。经过几年的努力，委内瑞拉的教育有了很大发展。2000 年全国大、中、小学在校生共有 620 万人。全国有 36 所大学，其中 17 所公立大学，19 所私立大学。大学生中，53 万人就读于公立大学，占大学生总数的80.3%，6.5 万人就读于私立大学，占大学生总数的 19.7%。2003 年，不包括高等教育在内的各级教育注册学生人数共达 868.7486 万人，其中学前教育 176.7764 万人，基础教育 481.8201 万人，多样化和职业化中等教育 81.4043 万人，成人教育 103.1545 万人，特殊教育 11.0501 万人。为了促进教育的发展，2004 年 1 月 16 日，教育部长阿里斯托沃洛·伊斯图里斯宣布给教育工作者增加工资。为了提高教育质量，在美洲开发银行的支持下，2003 年委内瑞拉组织 1577 名教师和学校领导进修，国家教师培训中心（CENAFOD）也对首都区和巴尔加斯州的 641 名教师进行了培训。此外，根据委内瑞拉和古巴的合作协定，在古巴的帮助下，委内瑞拉对 100 多名负责教育的官员和社区代表进行了教学法的培训。

查韦斯政府十分重视本国教育的发展,社会投资的几乎一半用在教育上。即使在 2008~2009 年国际金融危机期间,包括教育在内的社会开支也增长 15% 以上。1998 年委内瑞拉在教育上的投资只占国内生产总值的3.9%,而 2011 年提高至 10%,教育预算为 450 亿玻利瓦尔。高等教育预算 1999 年为 12.59 亿玻利瓦尔(约合 3 亿美元),2011 年猛增至 115.09亿玻利瓦尔(约合 26 亿美元)。

从 2003 年开始,查韦斯着手实施一系列社会计划,旨在深化"玻利瓦尔革命",巩固参与式社会民主。教育计划是社会计划的重要组成部分,其中主要有"鲁宾孙计划""里瓦斯计划""苏克雷计划""母校计划""社区儿童计划""卡奈马教育计划""学生食品计划"等。"鲁宾孙计划"是关于扫盲的计划,将在后面"成人教育"中叙述。

2003 年 11 月开始实行的"里瓦斯计划",旨在资助那些初级教育毕业、希望继续学习的成人免费进入中学,参加者不受年龄限制。2005 年第一批学生毕业,50 多万名成人获得了中学毕业证书,约占全国成人人口的 3%。截至 2010 年,已有 63.5 万人获得中学毕业证书。

2003 年 9 月 8 日,委内瑞拉颁布第 2601 号总统令,宣布实施"苏克雷计划"。该计划的目的是使更多青年和成年人到高等院校免费接受教育。到 2010 年,委内瑞拉高等院校注册人数与 10 年前相比增长了 1 倍多。55.6 万名大学生分布在全国 1742 个大学村,教师人数近 4 万人。2012 年有 13 万人大学毕业。现在委内瑞拉大学生人数居世界第五位、拉丁美洲第二位。

"阿尔马马特尔计划"是查韦斯政府于 2009 年 3 月 24 日下令实施的,与"苏克雷计划"类似,旨在推动委内瑞拉的高等教育改革,以使其适应宪法和"玻利瓦尔革命",提高地区高等教育入学率,保证所有委内瑞拉人享有接受高等教育的权利。"阿尔马马特尔计划"和"苏克雷计划"通过在各地建立和发展大学村,使高等教育在地方生根,与社区建立紧密联系。"阿尔马马特尔计划"要把 29 个公立大学学院变为国立实验大学;成立 17 所地方大学、10 所专业大学、2 所专业学院,成立"赫苏斯·里韦

罗"玻利瓦尔劳动者大学。为了加强同拉美国家和其他国家的合作，委内瑞拉建立了南方人民国立实验大学（Universidad Nacional Experimental de los Pueblos del Sur）、"亚历杭德罗·普罗斯佩罗·雷维伦德"拉丁美洲医药大学（Universidad Latinoamericana de Medicina ¨Alejandro Próspero Reverend¨）、"保罗·弗莱雷"拉丁美洲农业生态学院（Instituto Latinoamericano de Agroecología ¨Paulo Freire¨）和伊比利亚美洲体育大学（Universidad Iberoamericana del Deporte）。这些学校招收来自拉美国家和其他国家的学生就读，此外还有 16 个国家的 700 名大学生在委内瑞拉拉丁美洲医学院（Escuela Latinoamericana de Medicina de Venezuela）学习，他们都享有奖学金。

"社区儿童计划"是查韦斯在 2008 年 7 月 20 日"总统，你好"第 314 期提出的，旨在维护儿童和青少年的权利，全面保护处于危险状态下的脆弱儿童和青少年，使他们能够得到正规的教育和医疗。

"科学计划"是查韦斯于 2005 年 12 月 13 日宣布的，旨在塑造一种新的科技文化。2008 年 10 月 30 日，委内瑞拉一号通信卫星（Venesat - Ⅰ）在中国西昌卫星发射中心成功发射升空。委内瑞拉一号通信卫星在委内瑞拉被命名为"西蒙·玻利瓦尔卫星"，是委内瑞拉拥有的第一颗通信卫星，主要用于通信、广播、远程教育、远程医疗等。委内瑞拉通过信息中心基金会已扫盲 100 多万人。

"卡奈马教育计划"使基础教育阶段的每个学生免费得到笔记本电脑，学会使用通信和信息技术。2009 年交付给学生 10.7 万台电脑，2010 年交付给学生 27.1 万台电脑，2011 年交付给学生 93.4 万台电脑。到 2012 年 10 月，委内瑞拉教育部已免费提供给基础教育三至六年级学生 200 万台笔记本电脑。与此同时，国家对基础教育教师进行了电脑知识的培训。截至 2012 年 3 月，全国已建立 2600 个信息技术和远程通信中心，推动了基础教育的发展。

"学生食品计划"使在公立学校就读的约 145 万名儿童在校免费用餐，这个行动有力地促进了适龄儿童和青少年进入学校。

在实行上述教育计划后，委内瑞拉教育状况有了很大改观。根据

2010 年 8 月联合国教科文组织的报告，委内瑞拉接受学前教育的幼儿达到 150 万人，小学生为 400 万人，中学生在 200 万人以上，大学生近 250 万人。据委内瑞拉教育部统计，2010/2011 学年委内瑞拉学前教育学校有 17184 所，小学有 18500 所，中学有 5839 所，其中公立学校有 26591 所。1999～2011 年，委内瑞拉建立了 20 所高等院校，其中有 10 所综合大学，6 所科技大学，4 所技术学院。如今，有 1200 万委内瑞拉人在各种学校学习，占该国人口近 1/3。

二 教育体系

1. 学前教育

第二次世界大战前，委内瑞拉学前教育基本上是空白，根本未把幼儿教育提到议事日程上来。二战后，随着世界科学与技术的进步和委内瑞拉工业的发展，加强幼儿教育已成为委各界人士的共识。人们认识到，学前教育是启蒙教育的重要阶段，是基础教育的基础，也是为儿童进入基础教育阶段做好准备。忽视学前教育，势必影响儿童的发育，给儿童未来的发展造成不可弥补的损失。而且，基础教育质量低下，其重要原因之一就是忽视学前教育。因此，学前教育在委内瑞拉越来越受到重视。二战后特别是 20 世纪 80 年代以来，委内瑞拉的学前教育发展很快。委内瑞拉的学前教育是指 0～6 岁儿童的教育，3～6 岁儿童的学前教育是义务教育。1975 年委内瑞拉接受学前教育的幼儿共有 22.4600 万人，1988 年升至 55.5933 万人，2003 年则猛增至 176.7764 万人。2003 年委内瑞拉投资 258.06 亿玻利瓦尔，在 449 个学前教育机构中兴建了 997 间教室，从而增招 4～6 岁儿童 2.9910 万人。

近些年来，委内瑞拉学前教育有了很大发展，入学率从 1998/1999 学年的 43% 提高到 2010/2011 学年的 71.4%（见表 7－1）。委内瑞拉接受学前教育的人数不断增长，据委内瑞拉教育部统计，1998/1999 学年正规学前教育注册学生为 737967 人；2004/2005 学年为 974958 人；2007/2008 学年为 1074270 人；2011/2012 学年为 1169805 人。

表 7 – 1　2000/2001 学年 ~ 2010/2011 学年委内瑞拉学前教育、
基础教育和中等教育学生注册率

单位：%

类别＼年份	2000/2001	2001/2002	2002/2003	2003/2004	2004/2005	2005/2006
学前教育	46.4	48.5	49.2	59.3	61.8	63.8
基础教育	90.7	93.4	91.9	92.2	91.6	91.9
中等教育	53.6	57.5	58.9	61.7	63.5	66.6

类别＼年份	2006/2007	2007/2008	2008/2009	2009/2010	2010/2011
学前教育	66.4	65.8	69.8	70.8	71.4
基础教育	92.9	90.8	92.3	92.9	93.2
中等教育	68.8	70.0	71.7	72.1	73.3

资料来源：委内瑞拉教育部。

2. 基础教育

基础教育是委内瑞拉义务教育的第二阶段，基础教育学制为 9 年，包括小学 6 年和初中 3 年，学生入学年龄为 7 岁。二战后以来，委内瑞拉把基础教育作为发展教育的头等大事，采取增加经费、实施教育改革、扩大教师队伍、改进教育管理体制、鼓励私人办学等措施，使基础教育的地位和作用不断加强，并得到快速发展。基础教育学校的数量从 1975 年的1.1532 万所增加到 2002 年的 2 万所，学生从 1975 年的 210.8413 万人增加到 2003 年的 481.8201 万人。查韦斯执政后，把"玻利瓦尔学校计划"当作一项国策。玻利瓦尔学校是一种新型学校，实行全日制教育，免费向学生供应饮食，学校设立校办工厂，改革学校的教学活动。2003 年共有3001 所学校改造成玻利瓦尔学校，学生共有 61.6023 万人。这一年，委内瑞拉实行"玻利瓦尔学校食品计划"，投资 1060.69 亿玻利瓦尔，使上述 61.6023 万名学生受益。委政府还通过"学生食品计划"，投资 135.76亿玻利瓦尔，使 12.1081 万名学生受益。"学生食品计划"扩大了青少年的入学率，提高了学习效率，降低了辍学率，并增加了学生的营养，改善了他们的体质。委政府还投资 18.15 亿玻利瓦尔，在玻利瓦尔学校和其他学校建立图书馆。委内瑞拉教育部积极扶持广大农村地区、印第安人地区和边远地区的基础教育的发展，增加对这些地区公立、私立学校的补贴。2003 年，国家向 1121 所学校（共有学生 58.1708 万人）提供补贴，例如，通过 MECD – AVEC 协议（Convenio MECD – AVEC），向 753 所学校补贴 2300 亿玻利瓦尔，向未参加协议的 145 所学校补贴 13.844 亿玻利瓦尔。2003 年委政府在 21 个州的农村学校中设立了七年级，使 7500 名农村学生进入七年级继续学习。委政府还投资 17 亿玻利瓦尔，向 2500 所农村学校提供教学设备和农业器具。

2010/2011 学年，委内瑞拉基础教育入学率为 93.2%；同期重读率降至 6%；逃学率为 1.8%。据委内瑞拉教育部统计，1998/1999 学年基础教育注册学生为 3261343 人；2004/2005 学年为 3449290 人；2007/2008 学年为 3439199 人；2011/2012 学年为 3435421 人。

3. 中等教育

委内瑞拉中等教育包括普通中学（高中）、职业技术学校和师范学校，学制为 3 年。普通中学是为大学培养和输送毕业生；职业技术学校培养学生掌握一定的工农业生产技能，以便顺利进入劳动力市场；师范学校培养师资力量。高中阶段实行文理分科。理科课程有数学、物理、化学、生物、土壤学、制图、文学、历史、地理、英语和生理学。文科课程包括文学、历史、地理、哲学、社会学、英语、法语、拉丁文、希腊文、艺术史、数学和心理学。

二战后以来，委内瑞拉中等教育获得一定程度的发展，学校规模、入学人数和教师队伍都有所扩大。1981 年接受中等教育的学生人数为 22.2 万人，2003 年已上升至 81.4 万人，增长近 3 倍。查韦斯执政后，努力加强多样化和职业化中等教育。2003 年委内瑞拉政府通过技术学校现代化和振兴计划，投资 38.41 亿玻利瓦尔，改善全国 22 所技术学校的设施和条件。委政府还改善全国 45 所技术学校校办工厂和实验室的条件，并提供设备和工具，使技术学校教学水平得到提高。

查韦斯执政后的 10 多年中，委内瑞拉中等教育入学人数不断增多。据委内瑞拉教育部统计，1998/1999 学年中等教育注册学生为 1439122 人；2004/2005 学年为 2030206 人；2007/2008 学年为 2224214 人；2011/2012 学

年为 2287393 人。2011/2012 学年委内瑞拉私立中学有 1500 所，占学校总数的 25%，吸纳学生 150 万人。2006～2012 年委内瑞拉初中和高中注册费进行过 7 次调整。教育部规定 2012/2013 学年私立中学提高注册费不能超过 10%，这项规定于 2012 年 7 月 31 日生效。安索阿特吉州 12 所学校由于违反规定乱收费，被罚款 1.07 万～53.5 万玻利瓦尔。

4. 高等教育

二战后，委内瑞拉学前、基础、中等和高等 4 级教育中，高等教育发展最快。委内瑞拉 1975 年、1980 年和 1988 年注册大学生分别为 21.35 万人、30.71 万人和 50.03 万人，2000 年上升至 59.5 万人。大学生人数的快速增长一方面由于中等教育的扩大和毕业生的增加，造成社会对高等教育需求的增加，高等院校扩大招生人数；另一方面是为了适应社会经济的发展，推行优先发展高等教育的政策。委内瑞拉中等学校毕业生可报考高等院校的 3 个专业。高等院校录取标准主要依据考生在中等教育阶段的平均学分和高考成绩，优先考虑往届毕业生和经济来源少的学生，并尽量使学生就近入学。委内瑞拉的高等院校分为两种：一种是综合大学、理工科大学；另一种是师范学院、大专院校和开放大学。

为使高等教育向贫困家庭子女、农村家庭子女和印第安人子女敞开大门，查韦斯执政后实施了"苏克雷计划"，向经济条件差的大学生定时提供奖学金，使他们能进入大学，并能坚持学习到毕业。2003 年 7 月 1 日，全国大学委员会（Consejo Naciónal de Universidades）根据《大学法》第 10 条和第 187 条，决定成立委内瑞拉玻利瓦尔大学。2003 年 7 月 18 日，查韦斯总统下达第 2517 号总统令，委内瑞拉玻利瓦尔大学在加拉加斯的洛斯查瓜拉莫斯正式成立，校长为玛丽亚·埃希尔达·卡斯特利亚博士。同年 9 月 29 日，委内瑞拉玻利瓦尔大学向全国大学委员会提交关于大学专业设置的方案，2004 年 1 月 30 日获得全国大学委员会的通过。委内瑞拉玻利瓦尔大学成立后，又在马拉开波、玻利瓦尔城和马图林设立了分校。2004 年 1 月玛丽亚·埃希尔达·卡斯特利亚博士透露，随着各州分校的落成，该大学注册人数达到 5 万人。委内瑞拉全国公务员联盟（FENTRASEP）计划建立委内瑞拉劳动者大学（Universidad de los

Trabajadores de Venezuela），培养美术、科学研究领域和农业食品专业的学生。

为改变高等院校集中在北部沿海地区的状况，委内瑞拉教育部推行在各地区建立技术学院和"大学村"的计划。玻利瓦尔城、阿普雷和科赫德斯建立的技术学院是委内瑞拉的第一批技术学院。这些技术学院的建立，为偏远地区的贫困学生进入高等学校深造和将来进入劳动力市场提供了条件，也为当地培养了人才。"大学村"广泛分布于全国 100 个城市。委内瑞拉政府向困难学生发放奖学金，每人 3.2 万玻利瓦尔。与此同时，委内瑞拉政府也适当增加对传统大学的投入。2004 年 3 月 15 日，教育部副部长法维奥·基哈达（Fabio Quijada）宣布增加传统大学的预算。

查韦斯执政后，大力促进高等教育的发展，在各市建立多所高校，恢复高等教育公立学校免费制度，公立学校在校生数量增加。据委内瑞拉教育部统计，1998/1999 学年高等教育注册学生为 785285 人；2004/2005 学年为 1088133 人；2007/2008 学年为 1914659 人；2011/2012 学年为 2006348 人。为了培养更多的大学毕业生，从 2007 年起，委内瑞拉中央大学开设了远程教育课程。此后，国家开放大学（Universidad Nacional Abierta）、拉菲尔·贝略索·查辛大学（Universidad Rafael Belloso Chacín）和"塞西略·阿科斯塔"天主教大学（Universidad Católica ¨Cecilio Acosta¨）等 6 所公立和私立大学也先后开设了远程教育课程。

据统计，委内瑞拉全国共有公立和私立大学以及学院 110 所，其中私立学校有 36 所，比较重要的高校有以下一些。

委内瑞拉中央大学（Universidad Central de Venezuela，UCA），成立于 1721 年，位于加拉加斯；

安第斯大学（Universidad de los Andes，ULA），成立于 1785 年，位于梅里达；

苏利亚大学（Universidad de Zulia，LUZ），成立于 1891 年，位于马拉开波；

中央理工大学（Universidad Tecnológica del Centro，Unitec），成立于

1976 年，位于巴伦西亚；

安德烈斯·贝略天主教大学（Universidad Católica de Andres Bello，UCAB），成立于 1953 年，位于加拉加斯；

东方大学（Universidad de Oriente，UDO），成立于 1958 年，位于库马纳；

解放者实验师范大学（Universidad Pedagógica Experimental Libertador，UPEL），成立于 1983 年，位于加拉加斯；

弗朗西斯科·德·米兰达国立实验大学（Universidad Naciónal Experimental Francisco de Miranda，UNEFM），成立于 1977 年，位于科罗和菲霍角；

安东尼奥·何塞·德·苏克雷国立实验科技大学（Universidad Nacional Experimental Politecnica Antonio José de Sucre，UNEXPO），成立于 1979 年，位于巴基西梅托；

西蒙·玻利瓦尔大学（Universidad Simón Bolivar，USB），成立于 1967 年，位于加拉加斯；

罗慕洛·加列戈斯大学（Universidad Rómulo Gallegos，UNERG），成立于 1977 年，位于圣胡安 – 德洛斯莫罗斯；

阿拉瓜二百周年纪念大学（Universidad Bicentenaria de Aragua，UBA），成立于 1983 年，位于马拉凯；

梅特罗波利塔纳大学（Universidad Metropolitana，UNIMET），成立于 1970 年，位于加拉加斯；

何塞·马里亚·巴尔加斯大学（Universidad José María Vargas，UJMV），位于加拉加斯；

圣玛利亚大学（Universidad Santa María，USM），成立于 1953 年，位于加拉加斯；

国家武装力量国立科技实验大学（Universidad Nacional Experimental Politécnica de la Fuerza Armada Nacional，UNEFA），成立于 1974 年，位于加拉加斯；

国家开放大学（Universidad Nacional Abierta，UNA），成立于 1977

年，位于加拉加斯；

解放者教育实验大学（Universidad Pedagógica Experimental Libertador, UPEL），成立于 1983 年，位于加拉加斯；

塔奇拉国立实验大学（Universidad Nacional Experimrntal del Táchira, UNET），成立于 1974 年，位于圣克里斯托瓦尔；

卡拉沃沃大学（Universidad de Carabobo, UC），成立于 1892 年，位于巴伦西亚；

东方大学（Universidad de Oriente, UDO），成立于 1958 年，位于库马纳；

利桑德罗·阿尔瓦拉多中西部大学（Universidad Centroccidental Lisandro Alvarado, UCLA），成立于 1962 年，位于巴基西梅托；

瓜亚纳国立实验大学（Universidad Nacional Experimental de Guayana, UNEG），成立于 1982 年，位于玻利瓦尔城、乌帕塔、瓜西帕蒂和奥尔达斯港；

圣罗莎天主教大学（Universidad Católica Santa Rosa, UCSAR），成立于 1999 年，位于加拉加斯；

西蒙·罗德里格斯国立实验大学（Universidad Nacional Experimental Simón Rodríguez, UNESR），成立于 1974 年，位于加拉加斯；

委内瑞拉玻利瓦尔大学（Universidad Bolivariana de Venezuela, UBV），成立于 2003 年，位于加拉加斯。

5. 成人教育

成人教育是委内瑞拉教育的组成部分，是指针对成年人口的教育。近些年来，由于委内瑞拉经济严重衰退，政局持续动荡，人民生活水平下降，全国文盲的数量不断增多。根据官方公布的数据，在 2400 多万人口中，文盲多达 150 多万人。为了提高人民的文化素质，查韦斯总统于 2003 年 7 月 1 日在全国范围内开展了"鲁宾孙计划"的扫盲运动，委内瑞拉政府还下达第 37702 号政府令，宣布成立国家扫盲委员会。为了推动扫盲运动的发展，查韦斯总统亲自参加扫盲运动。委内瑞拉国家电视台特别开设了"总统教识字"直播节目，由查韦斯总统在演播室教一些

来自贫民区的成年人识字。在扫盲运动中，国防部与教育部及全国青年协会协调合作，推动了扫盲运动的发展。据统计，截至 2003 年 10 月 31 日，共有 120.2 万人参加了扫盲学习，扫盲志愿教师为 11.3 万人，全国共有 7.8 万多个扫盲课堂。同年 10 月 28 日起，开始进行"鲁宾孙计划"扫盲运动的第二阶段，使参加者的文化程度到 2005 年 7 月达到六年级水平。有近 70 万人报名参加学习，志愿人员有 4.7 万人。2004 年 2 月 18 日，委内瑞拉教育部部长阿里斯托沃洛·伊斯图里斯宣布，新参加"鲁宾孙计划"第二阶段学习的人已达 30 万人，加入基础教育的人数达到 100 万人，委内瑞拉成为一个没有文盲的国家。除"鲁宾孙计划"之外，委内瑞拉还实施了"里瓦斯计划"和"苏克雷计划"。"里瓦斯计划"是指参加完"鲁宾孙计划"两个阶段学习的人继续进行多样化中等教育阶段的学习，"苏克雷计划"则是参加学习者进一步在高等学校深造，参加学习的人数分别为 50 万人和 10 万人。

2010 年 10 月 28 日，联合国教科文组织宣布委内瑞拉已扫除文盲，全国已有 1482533 人在扫盲中毕业。"鲁宾孙计划"扫盲运动第二阶段进展顺利，2010 年有 577483 人已读完六年级，达到小学毕业水平。此外，33228 位土著人也参加了第二阶段"鲁宾孙计划"扫盲运动。委内瑞拉土著人聚集的 7 个州，已将扫盲课本《我可以做》（*Yo sí puedo*）译成土著卡里尼亚语（Kariña）、瓦尤语（Wayúu）、吉维语（Jivi）和瓦拉奥语（Warao），截至 2011 年 6 月，委内瑞拉脱盲人数已达 1706145 人，文盲率直线下降，据委内瑞拉国家统计局统计，1981 年文盲率为 14%；1990 年文盲率为 9.3%；2001 年文盲率为 6.4%；2011 年文盲率为 4.9%。2012 年的统计数据表明，80% 的委内瑞拉人已能以不同方式阅读媒体资讯。从 2013 年 4 月 23 日"世界读书日"起，委内瑞拉国家文化委员会牵头实施全民阅读计划，这是在"鲁宾孙计划""里瓦斯计划"和"苏克雷计划"基础上开展的又一次大规模全民教育普及行动。政府把名著等书籍送往居民家中，并在社区广设书摊，免费开放图书馆，方便人们阅读。

第二节　科学技术

一　科技简史

殖民地时期，西班牙殖民者和传教士在征服印第安人的过程中，为了统治的需要，对委内瑞拉各地区进行了考察，留下了不少编年史以及有关自然地理、风土民情的著作。例如，方济各会传教士马蒂亚斯·鲁伊斯·布兰科（Matias Ruiz Blanco）1690 年撰写的《皮里图的皈依》（*Conversion de Pirutu*），耶稣会传教士何塞·古米利亚（Jose Gumilia）1740 年撰写的 *Orinoco Ilustrado y Defendido*，何塞·奥维多 - 巴尼奥斯（Jose Oviedo y Banos）1723 年撰写的《委内瑞拉征服与开拓史》（*Historia de la conquista y poblamiento de la Provincia de Venezuela*）。18 世纪末，德国科学家亚历山大·冯·洪堡（Alexander von Humboldt）经西班牙王室批准与法国植物学家艾梅·德·邦普朗（Aime de Bonpland）赴中南美洲考察。1799 年，他们在库马纳上岸。一年之间，他们走遍委内瑞拉各地，先后抵达巴塞罗那、加拉加斯、卡拉博索等城市，并沿奥里诺科河航行至安戈斯图拉（今玻利瓦尔城）。在洪堡 1816 年出版的《新大陆二分点地区旅行》（*Viaje a las Regions Equinocciales del Nuevo Mundo*）中，有关对委内瑞拉的科学考察占据了很大一部分。1721 年 12 月 22 日，加拉加斯皇家和大主教大学宣告成立，当时仅设有神学、教规法和法律专业。1763 年，大学开设了医学专业。1788 年，委内瑞拉教师巴尔塔萨·德·洛斯雷耶斯·马雷罗（Baltasar de los Reves Marrero）开始在大学内开设物理和数学课，向学生传授科学知识。不少委内瑞拉贵族青年在西班牙工程师和军官所开设的家庭学堂学习，如安东尼奥·何塞·苏克雷。

1810 年，梅里达的布埃纳文图拉神学院改为皇家大学（今安第斯大学），增设了哲学、解剖学和数学学科。1825 年，从爱丁堡大学毕业的拉瓜伊拉人何塞·马里亚·巴尔加斯（Jose Maria Vargas）返回委内瑞拉，在加拉加斯皇家和大主教大学教授解剖学和医学化学。1828 年，从西班

牙阿尔卡拉·德埃纳雷斯学院毕业的巴塞罗那人胡安·曼努埃尔·卡希加尔（Juan Manuel Cajigal）回国，建立起委内瑞拉第一所工程学校。1827年，根据玻利瓦尔的指令，加拉加斯皇家和大主教大学更名为委内瑞拉中央大学，增加了数学、哲学、实验物理和化学学科，何塞·拉菲尔·阿塞韦多（Jose Rafael Acevedo）和亚历杭德罗·伊瓦拉（Alejandro Ibarra）成为委内瑞拉中央大学上述学科的第一批教授。1830年，委内瑞拉政府建立数学学院（Academia de Matematicas），为军队培养军事工程师。同年，委国会下令成立地形委员会（Comisión Corografica），该委员会由意大利人阿古斯丁·科达奇（Agustin Codazzi）和其助手组成，负责绘制委内瑞拉地图。1841年，他们所绘制的《委内瑞拉共和国地形和政治地图》（*Atlas Fisico y Político de la República de Venezuela*）同委内瑞拉人拉菲尔·马里亚·巴拉利（Rafael Maria Barali）的《委内瑞拉历史概述》（*El Resumen de la Historia de Venezuela*）在曼努埃尔·迪亚斯的帮助下出版，从而为委内瑞拉的地理和历史研究做出了贡献。19世纪50年代，在库马纳大学授课的法国医生路易斯·达尼埃尔·博珀尔蒂伊（Luis Daniel Beauperthuy）是世界上最早提出蚊子为黄热病病源的人，1856年巴黎科学院杂志 *Comptes Rendus* 发表了他有关黄热病的论文。这个时期，委内瑞拉出现了一些科学与文化协会，如加拉加斯医学协会（Sociedad Medica de Caracas）、国家之友经济协会（Sociedad Economica Ameigos del Pais）等。1861年，建立了委内瑞拉工程师学院（Colegio de Ingenieros de Venezuela）。

1870年自由党人安东尼奥·古斯曼·布兰科执政后，采取了一些改革措施，兴建了大批学校，实行义务和免费初等教育，促进了委内瑞拉科技的发展。1878年，委内瑞拉中央大学增设工程学专业。拉菲尔·比利亚维森西奥（Rafael Villavicencio）教授和德国人阿道福·恩斯特（Adolfo Ernst）教授将欧洲当时热门的实证论和进化论引进大学，开阔了委内瑞拉中央大学大学生的眼界。布兰科时期，成立了国家统计局（1871年）、国家图书馆（1874年）、国家科学博物馆（1874年）、国家档案馆（1877年）、国家语言科学院（1883年）和国家历史科学院

（1888 年）。数学学院毕业生赫苏斯·穆尼奥斯·特瓦尔（Jesus Muños Tebar）担任公共工程部长，负责领导国家的工程建设。该学院的许多毕业生参加了公共建筑（圣特雷萨宫、加拉加斯市剧院和卡尔瓦里奥林荫路等）、公路和铁路的建设。

20 世纪开始后，委内瑞拉的科学与技术有了进一步的发展。1904 年，委内瑞拉成立了军事地图办公室和地形与政治地图办公室。参加绘制地图的工程师对西部和南部地区的地质、动植物等进行了科学考察。在公路建设中，推广了苏格兰人 J. 麦克亚当发明的碎石路面技术；公共建筑中使用了钢筋混凝土技术。1904 年，成立了国家医学科学院（Academia Nacional de la Medicina），定期在各地举行专业会议，并出版《加拉加斯医学报》（*La Gaceta Medica de Caracas*）。该刊发表了许多学术水平很高的论文，如何塞·弗朗西斯科·托雷亚尔瓦（José Francisco Torrealba）撰写的有关南美锥虫病的论文。1911 年成立了国家卫生局（Oficina de Sanidad Nacional），设有细菌与寄生物学、水分析、生理学与镭疗、卡介苗等实验室。卫生局对疟疾、钩虫病等疾病进行了研究。委内瑞拉聘请的外国专家对科学的发展起了重要作用。例如，瑞士生物学家亨利·皮耶尔创立了国家植物标本室（目前在委内瑞拉中央大学植物园），出版了《委内瑞拉植物手册》；捷克斯洛伐克兽医弗拉迪米尔·库贝什（Vladimir Kubes）开设了动物卫生课，他所领导的兽医研究委员会（Instituto de Investigaciones Veterinarias）从事牲畜疑难病症的研究，发明了特效疫苗；美国地质学家拉尔夫·A. 利德尔（Ralph A. Lidedle）撰写了《委内瑞拉和特立尼达的地质》等。孔特雷拉斯执政时期，政府一面聘请外国专家，一面派遣大批学生和技术人员远赴国外学习。全国农牧业基金会的科研人员研究出杂交品种和对付病虫害的措施，提高了农业产量。1936 年成立的国家教育学院（Instituto Pedagógico Nacional）为委内瑞拉培养出大批优秀教师和科学家，如生物学家何塞·维森特·斯科尔萨（José Vicente Scorza）和数学家雷蒙多·切拉（Raimundo Chela）等。1937 年成立的矿业和地质局对委国土资源特别是瓜亚纳地区资源进行了勘查，发现了铁矿，查明了卡罗尼河的水力资源和该流域的森林资源。

二 第二次世界大战后科技的发展

第二次世界大战后，委内瑞拉逐步走上工业化道路。为了适应经济的发展，委内瑞拉中央大学等高等院校增设了新的专业。1958 年，委内瑞拉中央大学新建了科学系，在各系建立起研究所。科学系设立了化学、热带动物学研究所，工程系设立了结构模式和材料研究所，建筑学系设立了城市研究所和建设实验研究所，医学系成立了皮肤病研究所（后改为生物医学研究所），法律系开设了政治研究所。1961 年，该校成立了由学术副校长领导的发展研究中心（CENDES），从事经济、社会和政治领域的研究，并培养研究生。其他大学仿效委内瑞拉中央大学，纷纷建立科学系，并在各系设立研究所。如东方大学的海洋研究所，苏利亚大学的医学研究所和石油研究所。一些私立大学也成立了研究所，如安德烈斯·贝略天主教大学设立了历史研究所和经济与社会研究所。

委内瑞拉还有自治性质的研究所，它们向国家提供科研成果和各种信息，促进了国家科技的发展。1959 年成立的委内瑞拉科学研究所（Instituto Venezolano de Investigaciones Científicas，IVIC）从以医学研究为主的研究所，发展成包括生物学、化学、物理、数学和社会科学的多学科的研究所。该所科研人员经常在国际知名刊物上发表文章（每年占委内瑞拉在国外发表文章数量的 28% ~ 30%），提高了该所的知名度，也使该所成为著名的研究中心。该所的研究还同国家的需要密切结合，解决国家存在的实际问题，并培养出许多研究生。该所的马赛尔·罗切图书馆 1999年被联合国教科文组织命名为拉美和加勒比地区科学图书馆，每年开放 363天。委内瑞拉另一个著名自治研究所是 1975 年成立的弗朗西斯科·何塞·杜阿尔特天文学研究中心（Centro de Investigaciones Astronómicas Francisco José Duarte）。委内瑞拉天文学家为天文学做出了重要贡献。2001 年年初，委内瑞拉国家天文台的研究人员与美国耶鲁大学研究人员一起发现了猎户星座区的 168 颗新的行星。这些星体距地球 140 光年，它们的发现使有关星体和围绕星体的行星形成的理论前进了一步。他们初步的研究成果表明，太阳系的行星可能在 1000 万年间形成星体，这比原来想象的要快得多。1972 年成立的委内瑞拉地震学研究基金会（Fundación Venezolana de Investigaciones Sismológicas）从事地壳的研究，为震区的建设提供帮助。其他的自治研究所还有 1974 年在亚拉圭州成立的国家农工生产研究中心（Centro de Investigaciones del Estado para la Producción Agroindustrial, CIEPA）和 1982 年在加拉加斯地区成立的工程学研究基金会（Fundación Instituto de Ingeniería，FII）等。

石油是委内瑞拉国民经济的支柱，因而委内瑞拉十分重视石油工业的科研工作，不断研制开发新产品，并注意提高产品质量。委内瑞拉国家石油公司奥里诺科沥青公司经过多次试验研究，终于在 1984 年推出本国特有的专利产品——乳化油，并向包括中国在内的许多国家出口。委内瑞拉在重油改质上也取得突破。它采用延迟焦化和脱硫技术，把重油改变为比重为 0.9 左右的原油。苏利亚大学和国家科技委员会（Consejo Nacional de Investigaciones Científicas y Tecnológicas）共同建立了煤矿和钢铁研究中心（Centro de Investigaciones Carboniferas y Siderúrgicas），为煤矿和钢铁业的发展出谋划策。从 70 年代起，委内瑞拉还开始进行核能的研究，建立了核研究中心。

近年来，委内瑞拉十分重视本国科学与技术的发展，不断增加科研经费。1996～2000 年，委内瑞拉研究与开发经费逐年增长，最多的一年达到 4.05 亿美元。1999 年颁布的新宪法第 110 条指出，科学与技术是国家经济、社会和政治发展的重要手段，国家将大力资助科学与技术活动，并将建立全国科技体系。私营部门也应提供资金发展科技。为了贯彻新宪法有关发展科学与技术的根本原则，1999 年 8 月 10 日，查韦斯政府下令成立科学与技术部。在委政府的大力支持下，科技部发展很快，2003 年 8 月在加拉加斯购买了新的办公大楼，满足了本部 2000 名工作人员的办公需要。委内瑞拉的主要科研机构有委内瑞拉科学研究所（从事基础科学的研究）、委内瑞拉石油技术研究所、委内瑞拉全国农业研究基金会等。为了促进本国科技的发展，鼓励科研单位和科研人员多出成果，科技部根据委政府第 1306 号法令设立了国家科学与技术年度奖。

在委内瑞拉，开展科学研究和技术创新的资金 90% 来自公共部门，

其余来自私营部门。近年来，委内瑞拉政府不断加大对科学、技术和创新的投入。1990~2008年，委内瑞拉对科技的投入占国内生产总值的不足0.5%。2005年8月3日委内瑞拉颁布《科学、技术和创新法》（*Ley Orgánica de Ciencia*，*Tecnología e Innovación*，*LOCTI*），2006年生效后，委内瑞拉对科技的投入大大增加。2013年5月，委内瑞拉国家化学中心主席豪尔赫·比奥莫尔希（Jorge Biomorgi）指出，现在委内瑞拉每年对科技的投入已超过国内生产总值的2.5%，比其他拉美国家高出2%。2005年的《科学、技术和创新法》规定，公、私企业应该分担发展科学与技术所需的资金。2010年，根据规定，公、私企业上缴科学、技术和创新的资金为2亿玻利瓦尔。鉴于公、私企业提供的资金大部分用于公司内部，很少投入大学和研究中心，因此2010年又对《科学、技术和创新法》做出修改，第38条规定年纯收入超过10万纳税单位的公司每年应上缴0.5%的收入，作为国家发展科学、技术和创新的资金。2011年科技部收到公、私企业的资金高达16亿玻利瓦尔。与此同时，委内瑞拉教育部支持社区委员会利用公司上缴的资金，从事科学、技术和创新的研究。为了继续推动该国科学和技术创新模式的发展，委内瑞拉还制定了《2005~2030年科学、技术和创新计划》（Plan Nacional de Ciencia，Tecnología e Innovación 2005–2030），以加强人才培养，建立科学基础机构和需要的技术平台。2013年4月12日，委内瑞拉开设电视科学频道，向民众播放科学节目，促进了科学知识的普及。

近年来委内瑞拉一直致力于航天工业的发展，并与中国航天部门密切合作。2008年10月30日，中国在西昌卫星发射中心用"长征三号乙"运载火箭将委内瑞拉一号通信卫星成功发射升空。该通信卫星被命名为"西蒙·玻利瓦尔卫星"，以纪念19世纪拉美独立运动领袖，它是委内瑞拉拥有的第一颗通信卫星，用于通信、广播、远程教育、远程医疗等。几年来，委内瑞拉一号通信卫星运行正常，状态良好。"西蒙·玻利瓦尔卫星"同1744所学校和偏远地区的2520条天线相链接，它提升了委内瑞拉的通信能力，提高了民众特别是边远地区人民的生活水平，促进了社会进步和经济繁荣。

2012 年 9 月 29 日，中国在酒泉卫星发射中心用"长征二号丁"运载火箭，成功将"委内瑞拉遥感卫星一号"（VRSS－1）发射升空并送入预定轨道。委内瑞拉总统查韦斯将该卫星命名为"弗朗西斯科·德·米兰达卫星"，以纪念委内瑞拉独立战争的先驱者弗朗西斯科·德·米兰达将军。"弗朗西斯科·德·米兰达卫星"是委内瑞拉的第一颗遥感卫星，主要用于委内瑞拉的国土资源普查、环境保护、灾害监测和管理、农作物估产和城市规划等领域。迄今为止，"弗朗西斯科·德·米兰达卫星"工作正常。截至 2013 年 7 月，"弗朗西斯科·德·米兰达卫星"已经拍摄和传回 4000 多张清晰照片，主要拍摄了委内瑞拉卡拉沃沃州的瓦伦西亚湖以及阿普雷州、巴里纳斯州、瓜里科州、科赫德斯州和波图格萨州平原地区的农田，帮助地方政府制定防洪防灾规划和农业开发规划。委内瑞拉航天局正着手建立卫星开发和研究中心，准备制造国产卫星，用于农业观察、城市规划、天气预报和气象观测，并加强同中国、印度、巴西、俄罗斯、乌拉圭、法国等国在空间领域的合作。

21 世纪开始后，委内瑞拉信息业发展迅速。90 年代互联网用户只增长 3%，而 1999～2011 年增长达 3089.85%。2011 年 143 万人学会使用电脑，全国设立了 852 个信息中心，其中 544 个信息中心同"西蒙·玻利瓦尔卫星"相连。在全国 335 个市中，281 个市拥有信息中心。1998 年委内瑞拉有 6032000 个电视用户，2010 年为 24838470 个，增长 411.78%。手机总数从 1998 年至 2010 年增长 1450.53%，2010 年手机为 29152067 部。委内瑞拉信息中心基金会因工作突出，荣获 2010 年度"哈马德国王奖"。该奖以巴林国王名字命名，主要奖励将信息通信技术应用于教育和教学领域并且贡献突出的个人、机构和非政府组织。

三 社会科学研究

委内瑞拉许多大学都设有社会科学研究机构，其研究人员一边从事教学活动，一边参加专题研究。例如，在拉美地区享有盛名的委内瑞拉中央大学设有政治研究所、国际问题研究所、发展研究中心和伊比利亚美洲研究所等；梅里达的安第斯大学设有政治社会研究中心、亚洲和大洋洲研究

中心。2004 年 5 月，亚洲和大洋洲研究中心主任等人曾到中国社会科学院拉丁美洲研究所进行学术交流。马拉开波的苏利亚大学设有拉丁美洲开发研究中心；安德烈斯·贝略天主教大学设有社会经济研究所；西蒙·玻利瓦尔大学设有拉丁美洲高级研究所。除大学外，委内瑞拉还有一些独立的社会科学研究机构，如委内瑞拉历史科学院，会集了委内瑞拉著名的历史学家，收藏有大量珍贵文献；罗慕洛·加列戈斯拉丁美洲研究中心，研究领域包括加列戈斯作品与拉美文学、政治和经济等。

四 科技名人

20 世纪开始以来，随着石油工业的繁荣和工业化的起步，委内瑞拉的科学与技术也逐渐发展起来，涌现出许多在世界上具有影响的科学家。他们不但为本国做出了突出贡献，也推动了世界科技的发展，较为突出的科学家有以下几位。

巴茹·贝纳塞罗弗（Baruj Benacerrof）与美国科学家乔治·斯内尔（George Snell）及法国科学家让·多塞特（Jean Dausset）共同荣获 1980 年诺贝尔生理学或医学奖，为委内瑞拉争得了荣誉。他从 60 年代起，开始从事人体免疫系统对外来抗原反应的遗传控制基础研究。他通过研究发现，在决定组织相容性抗原系统的基因段里，有许多特殊的基因。这些基因是决定对各种外来抗原的免疫反应能力的遗传基础，同时也决定人类对许多疾病的抵抗能力。

温贝托·费尔南德斯·莫兰（Humberto Fernández Moran）是委内瑞拉科学研究所的创始人，并建立了委内瑞拉中央大学生物物理学科。他 1924 年出生于马拉开波，20 世纪 50 年代末移居瑞典。他一生中有多种发明，其中"钻石刀"和"电子显微镜的切片机"最为突出，为此获得费城"约翰·斯科特奖章"。他是第一个获得这一奖章的委内瑞拉人，也是获得这一奖章的唯一一位拉美人。莫兰曾是美国国家航空和航天局阿波罗计划的主要研究人员，并担任过哈佛大学、芝加哥大学、埃斯哥尔摩大学等大学教授。他曾有被提名为诺贝尔奖候选人的机会，但获得提名必须加入美国国籍，他想保留委内瑞拉国籍，最终放弃获得提名。他获得了许多荣誉：瑞典国王授予他"北极星骑士"勋章和称号；加拿大蒙特利尔大学向他颁发"克劳德·伯纳德奖章"；剑桥大学授予他"年度医学奖"；阿波罗计划 10 周年庆典时，美国表彰了他的贡献。1999 年 3 月 17 日莫兰病逝于斯德哥尔摩。查韦斯政府请他家人把他的遗体运回祖国安葬，但未果。

水文学家罗德里格斯·伊图尔韦（Rodríguez Iturbe）在探索气候、土壤与植物结构、地表水、洪涝与干旱之间的相互作用方面取得了突出成就，因而在 2002 年 8 月 15 日获得 2002 年斯德哥尔摩水奖和 15 万美元奖金。他是第一位荣获斯德哥尔摩水奖的南美洲科学家。斯德哥尔摩水奖是 20 世纪 90 年代初由斯德哥尔摩水基金会设立的一项科学奖，现为国际水问题研究领域的一项著名的大奖。罗德里格斯·伊图尔韦出生于加拉加斯，目前在美国普林斯顿大学工作。他在水文学方面的主要贡献是：研究出一种数学模式，可以更好地解释特大洪水、干旱这些气象与水文现象；改进了有关预测河流流量和发生特大水文现象可能性的数学模式；与同行合作着手修改有关河流流域构成的理论；提出了生态水文学的定义；等等。

路易斯·拉塞蒂（Luis Razetti）是委内瑞拉医学界最有影响的人之一，他以毕生精力促进了委内瑞拉医学的发展。拉塞蒂 1862 年 9 月 10 日出生于加拉加斯，1884 年毕业于委内瑞拉中央大学，获医学博士和外科博士两个学位。1890～1893 年在法国巴黎进修外科和产科。回国后他创建了加拉加斯内科、外科医生协会；1902 年建立了委内瑞拉医学院；1904 年创建了国家医学科学院；1911 年成立了委内瑞拉医学大会和解剖学院。他和巴勃罗·阿科斯塔·奥尔蒂斯是委内瑞拉现代外科的奠基人。他在加拉加斯巴尔加斯医院为病人做过大量手术，并出版、发表许多专著和论文。在从医的同时，他还积极参加反对酗酒、卖淫和与性病及癌症做斗争、降低婴儿死亡率的活动。1928 年他出版了《道德医学法典》，在拉美引起强烈反响。1932 年 5 月 14 日拉塞蒂病逝于加拉加斯。为了纪念这位为委内瑞拉医学做出杰出贡献的医学家，他的遗体被安葬在国家公墓。

哈辛托·孔维特（Jacinto Convit）是麻风病专家。他 1913 年 9 月出

生于加拉加斯，1938 年毕业于委内瑞拉中央大学，获医学博士学位。
1937 年孔维特还在大学学习时，便应医学系皮肤病学教授马丁·维加斯
等人之邀进入白角麻风病院，协助诊治院中的麻风病人。毕业后，他受聘
担任该院的住院医生。1945 年巴西卫生部邀请他去该国，与巴西医生合
作治疗麻风病。在巴西，他接触了 3.5 万名麻风病人。1948 年回国后，
他担任了委内瑞拉治疗麻风病的负责人，建立了全国麻风病治疗网。1961
年 4 月哈辛托·孔维特获得"委内瑞拉解放者勋章"，同年 8 月又获得巴
西卫生部颁发的"加斯帕·维纳文化奖章"。为了寻找根治麻风病的办
法，多年来他不辞劳苦，为各种哺乳动物、爬行动物和鱼接种。他发现靠
近玻利瓦尔州乌里水库地区的犰狳极易感染麻风病，因而引起麻风病的流
行。通过多次研究和试验，他和他的研究小组终于发明了一种治疗麻风病
的疫苗，而且这种疫苗对治疗黑热病也有效。由于他在治疗麻风病和黑热
病方面的突出贡献，1988 年被提名为诺贝尔医学奖的候选人。近年来，
他在委内瑞拉生物医药研究所研制出抗癌自体菌苗。2013 年 9 月 11 日，
马杜罗总统写信祝贺他 100 周岁生日。

　　阿诺尔多·加瓦尔东（Arnoldo Gabaldón）1909 年 3 月出生于特鲁希
略城。1930 年获得委内瑞拉中央大学医学博士学位，1935 年获巴尔的摩
的约翰·霍普金斯大学卫生科学博士学位。1936 年起担任委内瑞拉治疗
疟疾病的负责人。他终生致力于疟疾的治疗，通过使用 DDT，为委内瑞
拉许多地区消灭疟疾做出了重要贡献。他用西班牙语、英语、法语和德语
发表了 200 多篇论文。他在有关飞禽的疟疾方面所进行的研究，使他成为
物理、数学和自然科学院成员，并成为国家医学科学院成员。从 1938 年
起，他出席过多次国际科学会议和世界卫生组织的活动。从 1947 年起，
他积极参加五大洲国家的反疟疾的斗争。1989 年他 80 岁诞辰时，委内瑞
拉政府下令出版他的著作，发行印有他头像的邮票，并以他的名字命名马
拉凯疟疾学与环境保护局大楼。1990 年 9 月 1 日，加瓦尔东病逝于加拉
加斯。

　　委内瑞拉科学研究所医学实验中心生理病理学实验室研究员、女博士
苏莱·佩雷斯·德·莱利塞（Zulay Pérez de Layrisse），在遗传免疫和人类

免疫等方面的研究和应用上成果显著，并在教育和培养接班人上成绩突出。2003 年 12 月 12 日，她荣获委内瑞拉 2003 年科学、技术和创新奖。

2010 年，委内瑞拉科学、技术和创新奖颁给了丽塔·莱马·塔马萨乌卡斯·德·文蒂米利亚（Rita Laima Tamasaukas de Vintimilla），她从事农村社会研究 25 年，对委内瑞拉科学、技术的发展做出了突出贡献。路易斯·萨姆布拉诺国家民间技术发明奖（Premio Nacional a la Inventiva Tecnológica Popular Luis Zambrano）颁给了苏利亚大学的里卡多·何塞·乌鲁蒂亚·马丁内斯（Ricardo José Urrutía Martínez）和曼努埃尔·阿尔韦托·埃斯特韦斯·帕斯特拉纳（Manuel Alberto Estévez Pastrana），他们在假肢连接方面取得了新的成果。自然科学奖获得者是玛丽亚·安杰莉卡·桑塔纳（Maria Angélica Santana）、古斯塔沃·罗迈（Gustavo Romay）、胡安·梅特乌斯（Juan Matehus）、何塞·路易斯·维森特·维利亚尔东（José Luis Vicente Villardón）和霍尼·拉斐尔·德梅（Jhonny Rafael Demey），他们在"木薯快繁"研究中成绩突出。技术研究奖获得者为阿尔弗雷多·比洛里亚（Alfredo Viloria）、路易斯·卡斯蒂略（Luis Castillo）、何塞·加西亚（José García）、何塞·比奥莫尔希（José Biomorgi）、埃柳斯·托林（Elluz Torín）、马加利·恩里克斯（Magaly Henríquez）、玛格丽塔·纳瓦斯（Margarita Navas）等人，他们因"石油工业的绿色阻垢剂的技术周期的发展"的研究而获奖。2013 年国家科学、技术和创新奖颁给哈辛托·孔维特，他在治疗传染病方面做出巨大贡献，研究出治疗麻风病的疫苗。

第三节 文学艺术

一 文学简况和文学名人

16 世纪初，委内瑞拉沦为西班牙的殖民地，遭受了西班牙 300 年的殖民统治。委内瑞拉殖民地时期的文学主要是纪实文学和征服史诗，深受西班牙文学的影响。作者一般都是参加过征服活动后定居于委内瑞拉的殖

民者和教士。在委内瑞拉出现的第一批纪实文学作家有胡安·德卡斯特利亚诺斯、佩德罗·德阿瓜多教士、佩德罗·西蒙教士和何塞·奥维多－巴尼奥斯等。后者是委内瑞拉第一个土生白人作家，他以古典和现实风格记述了西班牙对委内瑞拉的征服活动。

从 18 世纪中期开始，在欧洲人文主义和启蒙运动的影响下，委内瑞拉出现了民族文学的萌芽。弗朗西斯科·德·米兰达、西蒙·罗德里格斯等一批在欧洲接受过启蒙思想教育的知识分子，创作了大量诗歌和散文，在委内瑞拉积极传播资产阶级革命思想。19 世纪初，在委内瑞拉波澜壮阔的独立运动中，"解放者"西蒙·玻利瓦尔在为祖国和拉美的解放驰骋疆场的同时，撰写了大量精彩的战斗檄文。他的文章不仅宣传了独立解放思想，鼓舞了人民的斗志，也是委内瑞拉文学宝库的组成部分之一。

19 世纪初，委内瑞拉涌现出以安德烈斯·贝略（Andrés Bello）为代表的一批优秀的文学家。他们以文学为武器，抨击西班牙殖民统治，推动了拉美的独立事业。安德烈斯·贝略是委内瑞拉著名文学家、诗人、语言学家、翻译家，又是杰出的哲学家、法学家、历史学家、教育学家和外交家。他撰写了许多新古典主义风格的诗歌和散文，为委内瑞拉文学的发展做出了重要的贡献。《美洲的席尔瓦》是贝略新古典主义诗歌的代表作，用古典的形式表达出全新的启蒙运动的思想。

委内瑞拉独立后，民族文学得到发展。独立后初期委内瑞拉的著名作家除了安德烈斯·贝略外，还有费尔明·托罗（Fermín Toro）、拉法埃尔·玛丽亚·巴拉尔特（Rafael María Baralt）和胡安·维森特·冈萨雷斯（Juan Vicente González）。其中，费尔明·托罗于 1842 年撰写出委内瑞拉的第一部小说《殉难者们》。这个时期，委内瑞拉的风俗派作家有丹尼尔·门多萨（Daniel Mendoza）、弗朗西斯科·德·萨雷斯·佩雷斯（Francisco de Sales Pérez）、尼卡诺尔·伯莱特·佩雷萨（Nicanor Bolet Peraza）、弗朗西斯科·托斯塔·加西亚（Francisco Tosta García）、拉法埃尔·玻利瓦尔·阿尔瓦雷斯（Rafael Bolívar Alvarez）、拉法埃尔·玻利瓦尔·科罗纳多（Rafael Bolívar Coronado）和米格尔·马莫尔（Miguel Mármol）等。

19 世纪 30 年代至 90 年代，委内瑞拉与其他拉美国家一样，出现了浪漫主义文学。委内瑞拉主要浪漫主义小说家有：何塞·拉蒙·耶佩斯（José Ramon Yepez，1822~1881），代表作为《阿内达》（1860）和《伊瓜拉亚》（1879）；托纳斯·米切莱纳（Tomás Michelena），代表作为《德博拉》（Débora）；米格尔·维森特·罗梅罗·加西亚（Manuel Vicente Romero García），代表作为《土地》；贡萨洛·皮康·费夫雷斯（Gonzalo Picon Febres），代表作为《菲利佩士官》。

这个时期，委内瑞拉影响较大的浪漫主义诗人是何塞·安东尼奥·迈丁（José Antonio Maitín，1804~1874）、胡安·安东尼奥·佩雷斯·博纳尔德（Juan Antonio Pérez Bonald，1846~1892）和费尔明·托罗等。何塞·安东尼奥·迈丁的诗歌深受西班牙诗人埃斯普隆塞达（Espronceda）的影响，带有凄凉、婉转的情调。他在英国工作期间，又受到英国浪漫主义诗人的很大影响。他的主要作品有《致麦丁夫人的挽歌》《巡夜人》和《面具》。胡安·安东尼奥·佩雷斯·博纳尔德是委内瑞拉 19 世纪 70 年代浪漫主义诗人，他的代表作有《诗章》《诗韵》和《回到祖国去》等。

19 世纪 90 年代以后，现代主义文学开始在委内瑞拉占据统治地位。曼努埃尔·迪亚斯·罗德里格斯（Manuel Díaz Rodríguez）是委内瑞拉最重要的现代主义作家，写了大量语言精美的小说和散文，他的代表作有《旅游观感》《心灵的秘密》等。鲁菲诺·布兰科·丰博纳（Rufino Blanco Fombona）是继曼努埃尔·迪亚斯·罗德里格斯之后委内瑞拉著名的现代主义作家，代表作品有 1907 年创作的《铁人》、1916 年撰写的《金人》和 1931 年出版的《美女和野兽》等。他在《铁人》一书中抨击了西普里亚诺·卡斯特罗的独裁统治，《美女和野兽》则揭露了胡安·维森特·戈麦斯暴政下人民所遭受的苦难。这两部小说都是很有影响的拉美反独裁小说。除小说外，他还撰写诗歌、散文和故事集。此外，曼努埃尔·皮门塔尔·科罗内尔（Manuel Pimental Coronel，1863~1907）和弗朗西斯科·拉索·马蒂（Franciso Raso Martí，1864~1909）等人也是著名的现代主义小说家。

委内瑞拉现代派诗歌出现较晚，著名的现代派诗人是阿尔弗雷多·阿

尔瓦罗·拉里瓦（Alfredo Arvelo Larriva），他的抒情诗和十四行诗精美绝伦。其他重要现代派诗人有安德烈斯·玛塔（Andrés Mata）、塞尔希奥·梅迪纳（Sergio Medina）、伊斯梅尔·乌达内塔（Ismael Urdaneta）等。

20世纪上半叶，拉美后现代主义诗歌曾经活跃一时，它是现代主义诗歌向先锋派诗歌过渡时期的诗歌。委内瑞拉后现代主义诗人的代表是安德雷斯·埃洛伊·布兰科（Andrez Eloy Blanco）。1921年他出版了第一部诗集《倾听我的土地》（*Tierras que me oyeron*），1923年这部诗集在西班牙桑坦德西班牙皇家语言科学院举办的比赛中获一等奖，从而使他名扬世界。后来他又创作了《石船》《阿比盖尔》等诗集。

从20世纪20年代起，委内瑞拉盛行现实主义文学和先锋派文学，代表作家是罗慕洛·加列戈斯。他既当过委内瑞拉总统，又是蜚声于世的现实主义作家。加列戈斯是拉丁美洲大地小说（描写人与大自然斗争的小说）的重要代表之一，写过驰名世界的《唐娜巴尔瓦拉》《坎塔克拉罗》《卡纳伊马》等长篇小说。加列戈斯的《唐娜巴尔瓦拉》与哥伦比亚作家何塞·欧斯塔西奥·里韦拉（José Eustacio Ribera）的《漩涡》、阿根廷作家里卡多·R. 吉拉尔德斯（Ricardo R. Güiraldes）的《唐塞贡多·松布拉》，并称为拉丁美洲长篇小说中的三大经典作品，也是拉丁美洲文学史上反寡头小说的代表作之一。加列戈斯为委内瑞拉及拉丁美洲文学的发展，做出了突出的贡献。

委内瑞拉另一位著名现实主义作家阿图罗·乌斯拉尔·彼特里（Arturo Uslar Pietri）创作了大量长篇、短篇小说。他的长篇小说主要以历史题材为主，他利用丰富的史料，生动地刻画了拉丁美洲历史人物。1931年出版的《红色长矛》是他的处女作，也是他的代表作。书中，他以拉美独立运动为背景，讴歌了拉美"解放者"玻利瓦尔所进行的解放战争。1976年他创作的反独裁长篇小说《死者的职业》，无情地鞭挞了独裁者胡安·维森特·戈麦斯的暴行，揭露了戈麦斯丑恶的嘴脸。这部小说在拉美引起强烈的反响，被誉为20世纪70年代后拉丁美洲反独裁小说四大名作之一。

在委内瑞拉先锋派诗人中，比较突出的是巴勃罗·罗哈斯·瓜尔迪亚（Pablo Rojas Guardia）、路易斯·卡斯特罗（Luis Castro）和卡洛斯·奥古斯托·莱昂（Carlos Augusto León）。1938~1941 年在委内瑞拉出现的"星期五派"（Grupo de Viernes），是由拉斐尔·奥利瓦雷斯·菲格罗亚（Rafael Olivares Fiqueroa）、安赫尔·米格尔·克雷梅尔（Angel Miguel Queremel）、何塞·拉蒙·埃雷迪亚（José Ramón Heredia）、路易斯·菲尔南多·阿尔瓦雷斯（Luis Fernando Alvarez）、巴勃罗·罗哈斯·瓜尔迪亚、帕斯夸尔·贝内加斯·菲拉尔多（Pascual Venegas Filardo）、奥斯卡·洛哈斯·希梅内斯（Oscar Rojas Jimenez）、奥托·德索拉（Otto de Sola）和维森特·赫瓦西（Vicente Gerbasi）等诗人组成。如今，"星期五派"已被认为是委内瑞拉和拉丁美洲最富激情的诗派之一。后来，"星期五派"著名诗人有胡安·贝罗埃斯（Juan Beroes）和胡安·利斯卡诺（Juan Liscano）。

1946~1949 年，以安德烈斯·马里尼奥·努涅斯（Andrés Mariño Nuñez）、拉蒙·冈萨雷斯·帕雷德斯（Ramón González Paredez）和埃克托尔·穆希卡（Hector Mujica）等作家为代表的对诗派（Contrapunto）文学，试图摆脱习俗派、本土主义、农村题材和线条叙述固定模式的束缚，进行了大胆的创新。

20 世纪 40~50 年代，伊达·格拉姆科（Ida Gramcko）、安娜·恩里克塔·特兰（Ana Enriqueta Teran）和卢斯·马查多（Luz Machado）等几位女诗人独领风骚。她们的诗以"西班牙风格诗"著称。"后西班牙风格诗"的代表诗人为何塞·拉莫（José Ramo）、路易斯·帕斯托里（Luis Pastori）和阿基莱斯·纳索阿（Aquiles Nazoa）。

"60 年代派"诗人中的突出代表有拉法埃尔·卡德纳斯（Rafael Cadenas）、弗朗西斯科·佩雷斯·佩尔多莫（Francisco Pérez Perdomo）、胡安·卡萨迪利亚（Juan Calzadilla）、胡安·桑切斯·佩莱斯（Juan Sánchez Peláez）。胡安·桑切斯·佩莱斯的诗被认为是"60 年代派"诗的源泉。他的诗使用了隐喻的手法，充满幻想、感伤。"80 年代派"的著名诗人有恩里克·穆希卡（Enrique Mujica）、威廉·奥苏纳（Wilian Osuna）、阿曼多·罗哈斯·瓜尔迪亚（Armando Rojas Guardia）等。

当代小说作家萨尔瓦多·加门迪亚（Salvador Garmendia）对超现实

主义和魔幻现实主义小说进行了尝试。他创作的小说有 1959 年出版的《小人物》和 1968 年出版的《放荡生活》等。作家阿德里亚诺·冈萨雷斯·莱昂（Adriano González León）的小说擅长幻想，代表作有 1959 年创作的《最高的篝火》等。在他们之后最著名的作家是 1940 年出生的路易斯·布里托·加西亚（Luis Brito García），代表作为 1970 年出版的长篇小说《武器船》。

委内瑞拉独立以来，出现了诸如安德烈斯·贝略和罗慕洛·加列戈斯等闻名世界的伟大作家，产生了诸如《唐娜巴尔瓦拉》《红色长矛》和《死者的职业》等影响深远的作品。这些杰出的作家和不朽的作品使委内瑞拉在拉丁美洲文学史上占有重要的地位，也使委内瑞拉文学成为拉丁美洲乃至世界文学宝库的重要组成部分。

下面简要介绍委内瑞拉一些著名作家。

罗慕洛·加列戈斯 罗慕洛·加列戈斯 1884 年 8 月 2 日出生于加拉加斯的一个城市贫民家庭，在 8 个孩子中排行第二。他从小天资聪颖、勤奋好学，他的第一个启蒙教师是他母亲的一个叔叔。这位知识渊博、为人厚道的老人教他读书写字，打开了他求知进取的心扉。老人给加列戈斯留下终生难忘的印象，以至于在他后来创作长篇小说《雷纳尔多·索拉尔》时，便以老人为原型，塑造了"唐埃米利亚诺"这一鲜活的人物形象。加列戈斯小学毕业后进入苏克雷教会学校，后考入委内瑞拉中央大学攻读法律。在求学期间，他如饥似渴地阅读了大量世界名著，从书中汲取了营养，开阔了眼界，增长了知识，培养了对文学的浓厚兴趣，为以后走上文学创作道路打下了坚实的基础。由于家庭经济拮据，加列戈斯未能上完大学便中途辍学了。

加列戈斯的青年时代，正是委内瑞拉处于寡头统治的时代。据统计，当时大约有 3.8 万名政治犯被囚禁。加列戈斯目睹社会的腐败现象，心中充满对戈麦斯残暴政权的憎恶，播下了创作反寡头政治小说的种子。1909 年 1 月，他与几个大学好友创办《黎明》报。在第一期报纸上，发表了他的题为《人与原则》的第一篇文章。由于这家表达青年人呼声的报纸，锋芒直指戈麦斯的专制政权，所以出版几个月后，便被戈麦斯查封。此后，加列戈斯转而从事短篇小说和剧本的创作。加列戈斯先后在《杂志》《现状》等刊物上发表了许多短篇小说，同时又写了不少剧本。1913 年，他的第一本短篇小说集《冒险家》公开出版，得到了文艺界的好评。

随着时间的推移，加列戈斯的创作思想慢慢起了变化。他觉得写短篇小说具有很大的局限性，不足以淋漓尽致地表达他的思想、他的信念。于是，他决定把全部精力投入到创作长篇小说上。1929 年，西班牙巴塞罗那的阿拉卢塞出版社出版了他精心创作的《唐娜巴尔瓦拉》，这部长篇小说是他的成名之作，为此，西班牙文学界授予他"每月书奖"。尽管在《唐娜巴尔瓦拉》这本书中，加列戈斯对产生寡头政治的社会根源还未触及，但是他从人道主义的角度提出了要文明还是要野蛮的问题，真切地披露了委内瑞拉社会的一个侧面。这本小说的出版受到委内瑞拉人民的热烈欢迎，引起了巨大反响。1931 年《唐娜巴尔瓦拉》被译成英文，后又被译成多种文字，加列戈斯的名字和他的成功之作很快便在全世界传播开来，从而奠定了他在委内瑞拉及拉丁美洲文学史上的重要地位。

加列戈斯的辛勤劳动，培育出胜利之花，他成为世界知名的作家，受到委内瑞拉人民的尊敬与推崇。戈麦斯也不得不对他另眼相看，1931 年任命他为阿普雷州参议员，以笼络人心，捞取政治资本。加列戈斯洞烛其奸，不为名利所诱，毅然流亡纽约。一年后，加列戈斯离开纽约前往西班牙。在西班牙侨居期间，他勤奋写作，佳作一部部问世。1934 年发表《坎塔克拉罗》，1935 年出版《卡纳伊马》。这些长篇小说在描绘委内瑞拉自然风景和人物的同时，反映了委内瑞拉一系列的社会问题。1935 年独裁者戈麦斯病死，埃莱亚萨·洛佩斯·孔特雷拉斯掌握了政权。加列戈斯经过几年颠沛流离的生活，这时才得以回到国内，并就任洛佩斯内阁的教育部部长。

加列戈斯是个不知疲倦的多产作家，回国后的几年中又接二连三地创作出多部长篇小说，以动人的笔触从不同的角度反映了委内瑞拉的现实生活。1936 年发表《可怜的黑人》，1942 年发表《异乡人》，1943 年发表《在同一块土地上》。其中《异乡人》再现了 1928 年委内瑞拉青年学生反抗戈麦斯独裁统治的英勇斗争；《在同一块土地上》则以马拉开波地区发

现石油作为小说的题材。

　　加列戈斯一边从事文学创作，一边参与了委内瑞拉的政治生活。1941年他加入新成立的委内瑞拉民主行动党，并被提名为该党的总统候选人，但败在伊萨亚斯·梅迪纳·安加里塔手下。1947年12月，加列戈斯作为民主行动党的总统候选人再次参加竞选。在参加投票的162万名选民中，他获得了87万多张选票，从而当选为委内瑞拉总统。但执政不到一年，1948年11月就被美国支持的由武装部队参谋长佩雷斯·希门尼斯发动的军事政变推翻。加列戈斯被迫去职，流亡古巴、墨西哥、美国等地。在流亡期间，妻子埃吉1950年因病去世，巨大的精神打击使他痛不欲生。在悲痛之余，他重新拿起笔，写下了反映古巴学生起义的小说《风吹凌风草》。1953年冬天，当他在美国俄克拉何马州的诺曼侨居时，完成了他一生最后一部长篇小说《山洞口的炭火》。1958年1月，人民群众推翻了希门尼斯的独裁政府。加列戈斯从此结束了长期的流亡生活，第二次返回自己的祖国，受到委内瑞拉人民的热烈欢迎，委内瑞拉政府授予他"全国文学奖"。60年代初他曾任泛美人权委员会主席，1964年被任命为终身参议员。同年，为了表彰这位委内瑞拉卓越的小说家，委设立了两年一度的加列戈斯文学奖。美国哥伦比亚大学、危地马拉圣卡洛斯大学、委内瑞拉中央大学先后授予他名誉博士和名誉教授的称号，阿根廷总统和秘鲁政府分别授予他"圣马丁大十字勋章"和"太阳勋章"。1969年，20世纪委内瑞拉杰出的作家加列戈斯因病与世长辞。

　　安德烈斯·贝略　1781年11月29日，安德烈斯·贝略出生于加拉加斯。在8个兄弟姐妹中，贝略排行老大，下面有3个弟弟和4个妹妹。他出身书香门第。祖父胡安·佩德罗·洛佩斯（Juan Pedro López）是18世纪委内瑞拉著名画家，父亲巴托洛梅·贝略（Bartolome Bello）是律师和音乐家，母亲安娜·安东尼亚·洛佩斯（Ana Antonia López）文化素养也很高。

　　1787年贝略6岁时，开始在拉蒙·班洛斯滕的学校接受教育。第二年，他成为施恩会修道院教士克里斯托瓦尔·克萨达的学生。克萨达教士知识渊博、思想活跃，他借助讲解荷马、维吉尔的古典诗歌教会贝略拉丁文，并通过讲授世界著名文学家、剧作家的名著培养了贝略对语言、文学、戏剧等的兴趣，对日后贝略的成长发挥了重要作用。小小年纪的贝略成为施恩会教士图书馆的常客，在那里阅读了大量图书。1796 年年初，他不到 15 岁便同其师一道翻译了拉丁文的史诗 *La Eneida* 第 5 卷，从此踏上了文学创作之路。翌年 1 月，贝略进入大学学习，成为拉丁文教师何塞·安东尼奥·蒙特博士的学生。他结识了诗人何塞·伊格纳西奥·乌斯塔利斯（José Ignacio Ustariz）、路易斯·哈维尔·乌斯塔利斯（Luis Javier Ustariz）兄弟。他除经常参加乌斯塔利斯兄弟家举办的文学沙龙外，还向路易斯·哈维尔·乌斯塔利斯学习了一段时间的法文，后又聘请了一位住在加拉加斯的名叫邦丹（Bandin）的法国人教他发音。上大学后不久，他的一篇作文和一篇译文便获了奖。1797 年 9 月，贝略升入哲学班，师从拉斐尔·埃斯卡洛纳博士。他除了学习逍遥学派和经院哲学的学说外，还学习逻辑学、算术、代数和几何，为后来学习实验物理打下基础。在大学学习期间，贝略曾做过几名青年的家庭教师，其中包括后来成为拉美独立运动领袖的西蒙·玻利瓦尔，教过他地理和文学。多少年过去后，玻利瓦尔还提起贝略做他老师之事。他说，贝略和他同等年纪时是他的老师，他对贝略十分敬爱。

1800 年 1 月，德国地理学家洪堡在委内瑞拉考察时，贝略有幸作为他的翻译和向导，得到很多有益的教海，并从他身上学到刻苦钻研的精神。6 月 14 日，在大学毕业典礼上，校长何塞·维森特·马奇利安达授予他人文学科硕士的学位证书。与此同时，他还获得物理学头等奖。后来，贝略又在大学里进修法律和医学，但不久因经济原因而离开学校。从这一年起，贝略开始写诗。此后的 10 年间，他创作了大量优美动人的诗篇，如 1800 年的《埃尔阿纳乌科颂》和《我的愿望》；1806 年的《加拉加斯大主教弗朗西斯科·伊巴拉去世了》；1806～1808 年的《牧歌》《致一名女演员》；1808 年的《拜伦胜利的颂歌》《船之歌》等。他创作的诗歌既有古典主义色彩，又有浪漫主义的风格。

1802 年贝略开始学英文，把约翰·洛克（John Locke）有关人的理解力的文章从英文翻译成西班牙文。他的英文水平提高很快，后来陪同玻利

瓦尔等人出访英国时，他担任了翻译和秘书。1808 年 10 月 24 日，贝略担任委内瑞拉第一家报纸《加拉加斯报》的编辑，从而成为委内瑞拉第一名记者。贝略编辑的《加拉加斯报》报道有关西班牙人民英勇抵抗拿破仑军队入侵的消息，鼓舞了委内瑞拉人民开展争取独立的斗争。1809年，他同弗朗西斯科·伊斯纳尔迪（Francisco Isnardi）一起创办了委内瑞拉最早的杂志《星》。同年，他撰写了《委内瑞拉历史概要》，并于 1810年出版。

1810 年 4 月 19 日，加拉加斯爱国者成立执政委员会，贝略积极投入到委内瑞拉人民争取独立的火热斗争中。当年 6 月 10 日，受执政委员会派遣，他随同西蒙·玻利瓦尔和路易斯·洛佩斯·门德斯一起出访英国，寻求英国的支持并购买武器。7 月 10 日玻利瓦尔一行抵达英国后，留宿于拉美独立运动先驱者米兰达在伦敦的住所。年底玻利瓦尔和米兰达先后回国后，贝略留在英国继续工作，但从此再也没有机会返回祖国委内瑞拉。1814 年，贝略与玛丽亚·安娜·博伊兰（María Ana Boyland）结为夫妇。

1814 年 7 月，玻利瓦尔领导的委内瑞拉第二共和国覆亡。贝略断绝了经济来源，生活十分艰难，只得搬到西班牙贫困移民聚集的伦敦索默尔区居住。这以后他曾想去新格拉纳达和阿根廷居住，都未能如愿。这时，英国政府向他提供了一些资助，而且经朋友介绍他又当了家庭教师，因而经济情况有所好转，于是便在英国继续生活下去。他在教课之余，经常光顾不列颠博物馆的图书馆。他一边查阅大量书刊资料，一边从事多学科的研究。他对锡德（Cid）的诗进行了深入的研究，但其研究成果多年后才在智利大学出版。他认识了西班牙著名作家、政治家巴托洛梅·何塞·加里亚多（Bartolomé José Gallardo）和何塞·马拉·法戈阿加（José Marla Fagoaga）。1816 年 7 月他受法戈阿加的委托，对《圣经》西班牙文版进行了修正。他还在这一年和第二年，把耶雷米亚斯·本瑟姆（Jeremias Bentham）的英文手稿译为西班牙文。

1823 年，贝略在伦敦创办了他的第一本杂志《美洲图书馆》。杂志发表了他的长诗《诗论》，他还撰文提倡对西班牙文书写规则进行改革，以利于学生的阅读和书写。1825 年 7 月 1 日，他在伦敦创办的第二本杂志《美洲文集》问世。同时，他为出版《哥伦比亚革命史》四处奔忙。1826 他创作出诗歌《致热带地区农艺的颂歌》。1827 年 8 月《美洲文集》最后一期（第四期）出版，此期有他翻译的雅克·德利勒神父的诗作《光线》。由于贝略在英多年，迫切希望返回美洲生活，1828 年 9 月，智利总统弗朗西斯科·安东尼奥·平托（Francisco Antonio Pinto）决定为他及其全家前往智利提供一切费用，并让他担任重要职务。

1829 年 6 月 25 日，贝略一家乘英轮"希腊人号"抵达智利瓦尔帕莱索港，受到智利政府的热情接待。从此，他在智利生活了整整 36 年，一直到他因病去世。1833 年，智利参议院通过贝略成为智利正式公民的动议。1837 年，贝略当选为参议员（1846 年和 1855 年再次当选）。贝略到智利后继续从事诗歌的创作和有关戏剧、语言、教育、哲学等方面的研究，这是他创作和研究成果最丰盛的时期。他在智利担任《阿拉乌干人》杂志主编，在这本杂志上发表了大量诗作、戏剧评论文章，并在杂志上同智利作家何塞·米格尔·因方特（José Miguel Infante）、何塞·华金·德·莫拉（José Joaquín de Mora）、阿根廷作家多明戈·福斯蒂诺·萨米恩托（Domingo Faustino Sarmiento）等人在有关教育、语言、文学等方面展开激烈论战。贝略是个天才诗人，尽管工作繁忙，但在智利期间创作并翻译了大量诗歌。1833 年，贝略发表童话诗《彗星》。1841 年 7 月智利圣地亚哥耶稣会教堂失火后，他写出《教堂的烈火》。1846 年，完成幽默讽刺诗《时尚》。1849 年，出版讽刺诗《烟草》。1861 年，出版寓言《人、马和牛》《绵羊》和《亚萨的诗》。贝略是一位优秀的文学评论家。1841 年 2 月他在《阿拉乌干人》上发表文学评论《浪漫主义和古典主义概述》。1850 年，他出版了《东方古典文学和希腊古典文学》。贝略是一位语言大师，精通英、法、希腊和拉丁文，曾翻译荷马、雨果、拜伦、普劳图斯、柏拉图等大师的许多作品。1842 年出版译著《幻影》和《去奥林匹斯山》。翌年，出版译著《精灵》。贝略是一位哲学家，教授过哲学，出版过不少哲学著作。1844 年发表了 10 篇有关哲学和哲学评论的文章，后汇编在《哲学理解》一书中。贝略是西班牙语语法专家。1835 年，他

出版《西班牙语的正音学和格律学》。1841 年，出版《西班牙语动词时态变位概念分析》。1847 年出版《西班牙语语法》，这本为拉美人撰写的语法书深受欢迎，曾 5 次再版，成为很多拉美国家学校使用的教材。贝略是一位法学家。1840 年 8 月，智利参议院委托他和另外一人起草《智利民法》。它是拉美历史上最全面、最详细的法规，成为其他拉美国家参考的样本。贝略还对天文学颇感兴趣，根据当时的最新科学发现，在天文方面进行了探索，1848 年出版《宇宙志》一书。

贝略致力于智利的教育事业。1831 年他开始在自己家中给学生上课，开设了拉丁文、西班牙语语法、西班牙文学与法学、哲学等课程，1840 年起，他到大学授课，为智利培养了大批优秀人才。1835 年他与何塞·米格尔·索拉尔（José Miguel Solar）和本图拉·马林（Ventura Marín）一起受命制定智利教育大纲。1839 年圣费利佩大学被解散后，贝略为筹建智利大学做了大量工作。1843 年 7 月 18 日，贝略被任命为智利大学哲学、人文、法律和政治系教授，7 月 21 日又被任命为智利大学校长（此后，1848 年、1853 年、1858 年和 1863 年连续当选校长）。

贝略还是一位出色的外交家。1832 年他撰写的《人权原则》一书问世后影响很大（1844 年和 1846 年两次再版）。1834 年他被任命为智利外交部部长。他为智利总统起草过许多演说稿，并为外交部撰写了许多声明和文件。1844 年，他出版了《国际法准则》。在 1864 年美国与厄瓜多尔的争端和 1865 年哥伦比亚与秘鲁的边界冲突中，贝略都被聘请担任仲裁人，但他因健康问题而谢绝。1865 年 10 月 15 日早晨 7 时 45 分，贝略因患支气管炎和斑疹伤寒与世长辞。

安德烈斯·贝略是委内瑞拉和拉丁美洲的文化巨匠，是启蒙文化的一代宗师，对世界文化的发展做出了重要贡献。1851 年 11 月 20 日，西班牙皇家语言科学院一致通过贝略为名誉院士。贝略逝世后，委内瑞拉为了永远铭记这位伟人，出版了他的全集，把加拉加斯一所大学命名为"安德烈斯·贝略天主教大学"。委内瑞拉作家协会设立了"安德烈斯·贝略文学奖金"，奖励委内瑞拉和拉美国家有突出成就的作家。智利人民同样怀念他，出版了他的全集，共 15 卷。智利政府还把外交部所属的外交学院命名为"安德烈斯·贝略外交学院",以纪念这位为智利做出过重大贡献的伟人。

其他知名作家和诗人 委内瑞拉除安德烈斯·贝略和罗慕洛·加列戈斯外,还有许多知名作家和诗人,他们在拉美文坛上占有一定的地位,对拉美文学的发展产生了比较重要的影响。

曼努埃尔·迪亚斯·罗德里格斯为委内瑞拉有名的小说家之一,与鲁菲诺·布兰克·丰博纳同是委内瑞拉现代主义文学的代表。1871 年罗德里格斯出生于米兰达州苏克雷县的一个庄园。中学毕业后,他到委内瑞拉中央大学学习医学,1891 年获医学博士学位。他虽学医,但酷爱文学。1895 年,他的处女作《旅游观感》在巴黎出版,这篇小说后来在委内瑞拉语言研究院获奖。此后,他的作品源源不断地问世。1897 年至 20 世纪初,他先后发表《心灵的秘密》《我的漫游》《色彩故事集》《破碎的偶像》《女朝圣者》和《贵族的血液》等。他的散文在委内瑞拉现代主义文学史上也占有重要地位,如 1896 年撰写的《精神秘密》。1909 年,罗德里格斯被任命为委内瑞拉中央大学副校长,开始从事教育工作。后来,他又走上从政之路,先后担任过教育部高等教育和美术司司长、外交部部长、发展部部长、驻意大利公使、新西班牙州和苏克雷州州长等职。从政期间,他仍进行文学创作,尽管作品数量有所减少。1910 年,他出版了散文集《完美之路》,主要是阐述他的创作理论。1917 年,他撰写了《旅行的感觉》。1919 年,发表杂文集《热情的教诲》。1922 年,出版长篇小说《佩雷格里纳》(又名《迷人的深渊》)。这部小说在艺术风格和景色描写上都有独到之处,因而成为他的代表作。1927 年 8 月 24 日,罗德里格斯因病在纽约去世。

鲁菲诺·布兰科·丰博纳是委内瑞拉现代主义、自然主义文学的代表。1874 年,他出生于加拉加斯,1944 年卒于布宜诺斯艾利斯。他曾当过外交官,去过欧美许多国家,阅历丰富。他在马德里还创办过美洲出版社,出版了大量文学著作。他是个多产作家,代表作品有《铁人》《金人》和《美女和野兽》。除小说外,他还撰写诗歌、散文和故事集。1900 年发表《诗人的故事》,1904 年出版《美洲的故事》。

何塞·拉斐尔·博卡特拉（José Rafael Pocaterra）是委内瑞拉著名作家。1888 年出生于巴伦西亚，1955 年卒于加拿大的蒙特利尔。青年时代参加过反对戈麦斯独裁政权的斗争，因受迫害而流亡国外，1935 年戈麦斯死后，他才返回国内。回国后从政，并作为外交官出使过欧美很多国家。他的代表小说有 1913 年发表的《女性化政治》、1916 年发表的《黑暗的生活》和 1918 年发表的《充满阳光的可爱土地》。1922 年，他出版了短篇小说集《粗俗的故事》。他还是一位纪实文学作家，代表作品是1927 年撰写的《萧条时期一位委内瑞拉人的回忆》。

特雷莎·德拉帕拉（Teresa de La Para）是 20 世纪上半叶委内瑞拉著名作家，原名安娜·特雷莎·帕拉·萨诺哈。1889 年 10 月 5 日出生于巴黎，3 岁时随父母移居委内瑞拉。1906 年赴西班牙求学，1915 年在巴黎期间走上文学创作之路，以笔名"弗鲁－弗鲁"发表许多短篇小说。1924年以笔名特雷莎·德拉帕拉在法国出版长篇小说《伊菲赫尼亚》，同年获得法兰西文化拉美协会作品比赛一等奖。1929 年发表另一长篇小说《布兰卡妈妈回忆录》。特雷莎·德拉帕拉对委内瑞拉文学的贡献有两方面，一是把幽默和讽刺融入了作品中；二是在作品中抨击了戈麦斯独裁政权，反映了现代生活与习惯同旧传统和习惯的斗争，具有重要的历史意义。1929 年因结核病在瑞士疗养，一直未能返回委内瑞拉，1936 年 4 月 23 日病逝于马德里。

胡里奥·加门迪亚（Julio Garmendia，1898～1977）是委内瑞拉短篇小说革新运动中的一位重要作家。他的主要作品为 1927 年和 1951 年分别出版的短篇小说集《玩偶商店》和《金仙人掌果》。

阿图罗·乌斯拉尔·彼特里是 20 世纪委内瑞拉著名小说家、文学评论家。1906 年，他出生于加拉加斯。中学毕业后进入委内瑞拉中央大学深造，1929 年大学毕业时获博士学位。他当过国内大学经济学、文学史教授和美国哥伦比亚大学拉美文学史教授，担任过驻法国文化专员、教育部长、总统府秘书、财政部长和内政部长等要职。他虽长期从政，但对文学一直情有独钟，在繁忙的工作之余，创作出大量长篇、短篇小说。1931年出版的《红色长矛》是他的长篇小说处女作。1947 年他的第二部长篇小说《黄金国之路》问世。在书中，他揭露了西班牙殖民者在委内瑞拉所犯下的罪行，描述了土著人遭受的苦难。1976 年他创作了反独裁长篇小说《死者的职业》。彼特里创作的短篇小说也很多，主要以农村题材为主。比较有名的有：1928 年发表的《坏蛋和其他故事》，1936 年发表的《网》，1949 年发表的《30 个人和他们的影子》，1968 年发表的《雨和其他故事》和 1980 年发表的《赢家》等。彼特里还进行文学理论的研究。1948 年他撰写的《委内瑞拉的文学与人》一文中，首次把"魔幻现实主义"引进西班牙语美洲文学。1955 年，他出版了《西班牙美洲小说简史》。

马里亚诺·皮孔·萨拉斯（Maríano Picón Salas）是委内瑞拉著名杂文作家，委内瑞拉中央大学哲学与文学系和《全国文化杂志》（*Revista Nacional de Cultura*）的创始人。主要代表作是《从征服到独立》（1944）、《了解委内瑞拉》（1949）、《从三个世界中归来》（1959）等。他还是著名传记作家，主要作品有《米兰达》和《奴隶的圣人佩德罗·克拉韦尔》等。

安东尼奥·阿赖斯（Antonio Arraiz）是委内瑞拉著名长篇、短篇小说家和诗人，委内瑞拉《国民报》创刊人之一。1903 年出生于巴基西梅托，1962 年卒于纽约。他著有长篇小说《纯洁的人们》（1938）和《大海像匹小马》（1943），他的短篇小说集有《虎叔和兔叔》（1946）和《丧失灵魂的魔鬼》（1954），诗集有《粗糙的》（1924）和《节制》（1932）等。

米格尔·奥特罗·席尔瓦（Miguel Otero Silva）是委内瑞拉著名作家，在长篇小说、短篇小说、诗歌、戏剧、文学评论上均有建树。他是《国民报》和幽默周刊《蓝色的龟》的创建人。他撰写的长篇小说主要有《发烧》（1939）、《死房子》（1955）、《奥诺里奥之死》（1963）、《我想哭时不哭》（1970）和《曾是基督的石头》（1984）等。

胡利安·帕德龙（Julian Padrón）是委内瑞拉颇有影响的小说家。1910 年出生于马图林，1954 年卒于加拉加斯。1934 年，他出版第一部长篇小说《娘儿们》，这部农村题材的小说使他跨入革新作家的行列。他还著有长篇小说《农民的呼声》（1944）和《春夜》。1937年他出版的短篇小说集《夏天的篝火》，在委内瑞拉产生很大的影响。他还为报刊撰写了许多文章。

奥兰多·阿劳霍（Orlando Araujo）是委内瑞拉当代著名短篇小说家和杂文家。1928年出生于巴里纳斯州卡尔德拉城，1987年卒于加拉加斯。其短篇小说代表作为《旅伴》（1970）和《七个故事》（1978）等。杂文代表作有《委内瑞拉现代纪实文学》（1970）和《贫乏的语言》（1966）等。

萨尔瓦多·加门迪亚是委内瑞拉当代著名小说家、影视剧作家。1928年出生于巴基西梅托。他主编过几种文学刊物。他的长篇小说有《一群小人物》（1959）、《尘日》（1963）和《穷困的生活》等，短篇小说集有《死者、外来人和飞禽》（1970）、《双底》（1966）、《唯一可能的地方》（1981）和《外面天气不好》（1986）等。

戴维·阿里索（David Alizo）是委内瑞拉当代短篇小说家。1941年出生于特鲁希略州巴莱拉。20世纪60年代后期，他因出版《法定人数》（1967）和《喧闹》（1968）而蜚声文坛。此后，他又出版了短篇小说集《这种见鬼的日子》（1973）、《镜子的传闻》（1984）和故事集《门内》等。

安德雷斯·埃洛伊·布兰科是委内瑞拉后现代主义诗人的代表。布兰科1896年8月6日出生于库马纳。他的童年是在玛格丽塔岛度过的，1908年前往加拉加斯就读中学，后进入委内瑞拉中央大学学习法律，1918年毕业。从青年时期起，他就表现出超人的文学才华，多次在诗歌比赛中获奖。1916年在玻利瓦尔城举办的赛诗会上，他的早期诗作之一《谷穗和犁》便获了奖。1921年他出版了第一部诗集《倾听我的土地》。1928年布兰科参加了反对戈麦斯独裁的大学生组织，受迫害入狱多年。在狱中他坚持写作，并同被关入狱的工人和农民建立了密切的联系，为他后来创作《石船》《阿比盖尔》等诗集增添了灵感。1935年独裁者戈麦斯死后，布兰科加入了国家民主党，他是民主行动党的创始人之一。1946~1947年他担任全国立宪大会主席，后来担任加列戈斯政府的外交部部长。加列戈斯被迫下台后，布兰科流亡国外。他先去古巴，后转往墨西哥，1955 年 5 月 21 日在墨西哥城死于车祸。为了纪念这位在委内瑞拉文学史上占有重要地位的诗人，1973 年委国会下令出版他的全集。1981 年 7 月 2 日他的遗体被安葬在国家公墓。

委内瑞拉文学领域 2010～2012 年国家文化奖授予了作家弗朗西斯科·马西亚尼（Francisco Massiani）。弗朗西斯科·马西亚尼 1998 年曾获城市散文奖，并在 2005 年城市文化基金会第五届年度比赛中获胜。弗朗西斯科·马西亚尼 1944 年 4 月 2 日出生于加拉加斯。7 岁时随家人移居智利圣地亚哥，15 岁才返回委内瑞拉。1968 年他创作的长篇小说《大海的石头》（*Piedra de Mar*）讲述了一个加拉加斯中产阶级子弟遭遇的波折，该书出版几十年来至今畅销不衰。1976 年他创作的另一部长篇小说《米斯特多克·福内加尔的三条戒律》　（*Tres Mandamientos de Misterdoc Fonegal*）也很受读者欢迎。1970 年他的短篇小说集《夜晚的第一片叶》（*Las Primeras Hojas de la Noche*）问世，1975 年他的另一部短篇小说集《孤独平原人有个像把牙刷的秃顶》（*El Llanero Solitario Tiene la Cabeza como un Cepillo de Dientes*）出版。弗朗西斯科·马西亚尼还是一位诗人，2006 年他的第一部诗集《诗选》（*Antología*）出版，2011 年另一部诗集《海盗》（*Corsarios*）问世。

近些年来，委内瑞拉还有不少作家创作了大量作品，其中影响较大的作家有下面几位。

何塞·巴尔萨（José Balza）1939 年 12 月 17 日出生于委内瑞拉奥里诺科河三角洲州。他是先锋派作家，曾是委内瑞拉中央大学教授，并曾任教于墨西哥自治大学、布宜诺斯艾利斯大学、萨拉曼卡大学、维也纳大学、巴黎大学和纽约大学等。1965 年，他 26 岁时出版其第一部书，至今已出版 9 部长篇小说和多部短篇小说集。最著名的一部长篇小说是 1982 年出版的《打击乐》（*Percussion*），讲述一位返回家乡的老人对一段梦幻般旅程的回忆。其他长篇小说有 1965 年出版的《过去的三月》（*Marzo Anterior*）、1974 年出版的《在同一地方种植的七百棵棕榈树》（*Setecientas Palmeras Plantadas en el Mismo Lugar*）、1988 年出版的《午夜视频：1/5》

（*Media Noche en Video*：*1/5*）、1995 年出版的《加拉加斯之后》（*Después Caracas*）和 2008 年出版的《一个油人》（*Un hombre de Aceite*）。他的短篇小说有：1970 年出版的《订单》（*Ordenes*）、1968 年出版的《背后的女人》（*La Mujer de Espaldas*）、1996 年出版的《女人多孔》（*La Mujer Porosa*）和 2008 年出版的《死亡的双重艺术》（*El Doble Arte de Morir*）等。此外，他还出版过许多有关文学理论的著作，他的大部分作品在阿维拉山出版社出版。

维多利亚·德·斯特凡诺（Victoria de Stefano）1940 年出生于意大利里米尼，委内瑞拉著名女作家。1946 年起同家人一起生活于加拉加斯。1962 年获得委内瑞拉中央大学哲学硕士学位，后在该大学任教。她撰写的长篇小说有：《未被遗忘的人》（*El Desolvido*）、《夜晚呼叫夜晚》（*La Noche Llama a la Noche*）、《作家的地方》（*El Lugar del Escritor*）、《生活角》（*Cabo de Vida*）、《徒步行军故事》（*Historias de la Marcha a Pie*）、《另一个，同一个》（*El Otro，El Mismo*）、《雨》（*Lluvia*）、《要求的太多》（*Pedir Demasiado*）。1998 年她的《徒步行军故事》入围罗慕洛·加列戈斯文学奖。

安娜·特雷莎·托雷斯（Ana Teresa Torres）1945 年 7 月 6 日出生于加拉加斯。曾获安德烈斯·贝略天主教大学心理学硕士学位，并曾在委内瑞拉中央大学任教。2006 年起任委内瑞拉语言科学院文学委员会协调员。她撰写的长篇小说有：1990 年出版的《流放的岁月》（*El Exilio del Tiempo*）、1992 年出版的《抵抗遗忘的伊内斯夫人》（*Doña Inés contra el Olvido*）、2000 年出版的《五种世界的马莱娜》（*Malena de Cinco Mundos*）、2006 年出版的《诺克图拉马》（*Nocturama*）等。1998 年获委内瑞拉十年最佳长篇小说柏伽索斯奖，2001 年获柏林安娜·西格斯奖等。

费德里科·维加斯（Federico Vegas）1950 年出生于加拉加斯。曾在委内瑞拉中央大学建筑系学习，毕业后撰写过几本有关建筑的书。20 世纪 90 年代开始创作短篇小说。1996 年出版《草稿》（*Borrador*）、1998 年出版《爱情和惩罚》（*Amores y Castigos*）、2002 年出版《科索沃的创伤》（*Los Traumatólogos de Kosovo*）、2009 年出版《鲤鱼》（*La Carpa*）等。他还创作了 5 部长篇小说，1999 年出版《遥远的表妹》（*Prima Lejana*）、2005 年出版《法尔克》（*Falke*）、2006 年出版《一个第二次的故事》（*Historia de una Segunda Vez*）、2008 年出版《害怕、羞怯和愉悦》（*Miedo，Pudor y Deleite*）、2012 年出版《苏马利奥》（*Sumario*）。

弗朗西斯科·苏尼亚加（Francisco Suniaga）出生于新埃斯帕塔州亚松森。毕业于加拉加斯师范学院、圣玛利亚大学，后在委内瑞拉中央大学和哥伦比亚大学深造。毕业后任大学教师多年和《国民报》《宇宙报》的专栏作家。2005 年出版他的第一部长篇小说《另一个岛》（*La Otra Isla*）；2008 年《特鲁曼的旅客》（*El Pasajero de Truman*）问世；2010 年又出版了另一部书《玛格丽塔岛的童年》（*Margarita Infanta*）。

阿尔韦托·巴雷拉·蒂斯卡（Alberto Barrera Tyszka）1960 年出生于加拉加斯。在获得委内瑞拉中央大学语言学硕士学位后，他留校任教。1996 年起成为《国民报》和一些刊物撰稿人，并担任阿根廷、哥伦比亚、墨西哥和委内瑞拉的电视剧编剧。他和记者克里斯蒂娜·马卡诺共同撰写了有关乌戈·查韦斯的传记，他还创作了长篇小说、短篇小说和诗歌。2001 年他的长篇小说《漫不经心》（*También el Corazón Es Un Descuido*）在墨西哥出版，2006 年长篇小说《疾病》（*La Enfermedad*）在巴塞罗那出版，2011 年他的另一部长篇小说《申斥》（*Rating*）在巴塞罗那问世。他担任过多部电视剧的编剧，如 2011 年在委内瑞拉电视台播出的《加夫列尔的树》（*El Arbol de Gabriel*）、2013 年在墨西哥电视台播出的《家庭秘密》（*Secretos de Familia*）等。此外，他还出版了多部诗集，如 2013 年出版的诗集《不安》（*Inquietud*）。2006 年阿尔韦托·巴雷拉·蒂斯卡获得埃拉尔德长篇小说奖，2007 年获得中国的人民出版社最佳外语（西班牙语）长篇小说奖。

爱德华多·桑切斯·鲁赫莱斯（Eduardo Sánchez Rugeles）1977 年 12 月 16 日出生于加拉加斯。2003 年获安德烈斯·贝略天主教大学语言学硕士学位，2005 年获委内瑞拉中央大学哲学硕士学位。2007 年起定居西班牙马德里。在马德里自治大学继续深造。他是一位青年作家，近几年有几部长篇小说问世，其中最有影响的是 2010 年发表的《蓝色标签》（*Etiqueta*

Azul），书中女主角是一位年轻妇女，她的最大愿望是成为一名法国人。这部小说使他获得阿图罗·乌斯拉尔·彼特里伊比利亚美洲长篇小说奖。

二 戏剧与电影

委内瑞拉戏剧出现于殖民地末期，从 18 世纪末逐渐发展起来。如今，委内瑞拉戏剧已成为拉丁美洲较有影响的戏剧之一。委内瑞拉的剧团经常赴国外演出，受到各国人民的欢迎。委内瑞拉剧作家鲁道夫·桑塔纳（Rodolfo Santana）、何塞·伊格纳西奥·卡福鲁哈斯（José Ignacio Cabrujas）、埃迪利奥·佩尼亚（Edilio Pena）、伊萨克·乔克龙（Isaac Chocron）、罗曼·查尔沃德（Roman Chalbaud）和马里埃拉·罗梅罗（Mariela Romero）等人的剧作经常出现在外国戏剧舞台上。国家戏剧团是委内瑞拉著名的剧团，经常在国家剧院演出戏剧，从索里利亚的《唐胡安》到大众化的作品，都受到观众的热烈欢迎。加拉加斯定期举办国际戏剧节，世界许多知名剧团经常来此参加演出。

何塞·伊格纳西奥·卡福鲁哈斯是当代委内瑞拉最著名的剧作家和电视剧作家，又是导演和演员。1937 年 7 月 17 日出生于加拉加斯，1995 年 10 月 21 日逝世于波拉马尔。他创作的主要剧本有：《坏人西蒙奇异的旅行》（1961）、《暴动者》（1962）、《以国王的名义》（1966）、《证据》（1967）、《深处》（1971）、《文化行动》（1976）、《你爱我的那一天》（1979）、《一个东方的夜晚》（1983）、《索尼》（1995）。他的许多戏剧作品被搬上银幕，如《深处》《一个东方的夜晚》《你爱我的那一天》等。1976 年他开始担任电视剧的编剧，70 年代的主要作品有：《卡德纳斯夫人》（1976）、《离婚的女人》（1977）；80 年代的主要作品有：《从 8 到 9 的纳塔莉娅》《再见了，克里斯蒂娜》《戈麦斯和女主人》《在 1978 年》《玫瑰贵妇》等；90 年代的主要作品有《女皇》（1990）、《两个迪亚娜》（1992）。1988 年卡福鲁哈斯获国家戏剧奖。

加拉加斯的主要剧场有国家剧院、委内瑞拉专业剧院、天堂剧院、加拉加斯市立剧院等。

委内瑞拉国产电影不多，影院经常放映外国电影。比较好的委内瑞拉电影有：《盐岛和神秘的脸》（1964）、《可怕的天使》（1966）、《没有结局》（1971）、《我是个罪犯》（1976）、《深处》（1971）、《刑法学者的罪恶》（1976）、《罪犯们》（1982）、《卡迪亚的备用品》（1984）和《你别喝水》（1984）等。

1940 年，委内瑞拉设立国家文化奖，颁给在戏剧、电影、舞蹈、文学、美术、音乐等方面的杰出艺术家。截至 2012 年，委内瑞拉共有 145 名艺术家获得国家文化奖。获奖者除得到证书、奖章和 3 万玻利瓦尔奖金外，还获得终身月金，2012 年终身月金已从 1130 玻利瓦尔上调至 2250 玻利瓦尔。2012 年 9 月，委内瑞拉剧作家、导演内斯托尔·卡瓦列罗（Néstor Caballero）与其他艺术家荣获 2010～2012 年国家文化奖。内斯托尔·卡瓦列罗 1951 年 7 月 7 日出生于巴塞罗那的阿拉瓜。他创作过 19 部戏剧作品，被译成多种文字。他的剧作除在国内演出外，还出现在古巴、哥伦比亚、阿根廷、多米尼加共和国、美国、德国、西班牙、加拿大、巴西、墨西哥、秘鲁、法国和伊朗等国的舞台上。他的主要作品有《萨拉·伯恩哈特的最后表演》（*La Última Actuación de Sarah Bernhardt*）（1981）、《我朋友们给予的小帮助》（*Con Una Pequeña Ayuda de Mis Amigos*）（1983）、《天堂的沙漠》（*Desiertos del Paraíso*）（1993）、《战争剧》（*Piezas de Guerra*）、《东方戏剧选集》（*Antología Dramaturgia Oriental*）等，2007 年他还出版了长篇小说《甜橙》（*Naranjas Dulces*）。他曾获得联合国教科文组织剧作奖（1984）、I. T. I 国际戏剧协会奖、国家文化委员会奖、阿亚库乔大元帅奖、戏剧节国际评论奖、安德烈斯·贝略勋章、迭戈·德·洛萨达勋章，他因执导电影《韦莱佩加》（*Huelepega*）（1996）还获得国家艺术家奖（2000）。他曾任国家剧院总导演、拉丁美洲戏剧创作和研究中心（CELCIT）电影导演、《国民报》和《世界报》专栏作家等，现为委内瑞拉戏剧学院戏剧专业教授。

长期活跃于委内瑞拉国内和国际舞台的著名戏剧女演员奥拉·里瓦斯（Aura Rivas），1933 年 12 月 31 日出生于梅里达州蒂莫特斯。奥拉·里瓦斯多才多艺，既是戏剧演员，又是视影演员和配音演员。她青年时期便已崭露头角，先后在戏剧院和电视台演出。1958 年和一位墨西哥制片人结

婚并移居墨西哥。1967 年进入墨西哥电视台，参加戏剧表演。不久，她返回委内瑞拉。她参加过多部电视剧的拍摄，如《我的爱情》（*Mi Amor*）、《我的三姐妹》（*Mis Tres Hermanas*）等。奥拉·里瓦斯曾长期为委内瑞拉戏剧院首席演员，出演过《暴风雨》（*Tempestad*）、《向后跳》（*Salto Atrás*）等剧目。因她对委内瑞拉戏剧做出了突出贡献，2010 年获委内瑞拉国家戏剧奖（Premio Nacional de Teatro）。她还曾获得胡安娜·苏霍奖、加拉加斯市立剧院奖、阿韦拉电视奖等。

20 世纪下半叶委内瑞拉最著名电影导演是克莱门特·德·拉塞尔达（Clemente de la Cerda）。1935 年 9 月 13 日出生于法尔孔州，1984 年病逝于加拉加斯。他曾在电视台工作过一段时间，1964 年改做电影导演。他执导的电影有《岩岛和神秘的脸》（1964）、《没有结局》（1971）、《我是个罪犯》（1976）、《罪犯们》（1982）、《卡迪亚的备用品》和《你别喝水》（1984）等。电影《我是个罪犯》大获成功，并开创了委内瑞拉新题材电影的新阶段。卡洛斯·阿斯普鲁亚是委内瑞拉当代著名电影导演。从 2004 年 3 月 17 日起，委内瑞拉国家美术馆的国家影片资料馆举行了卡洛斯·阿斯普鲁亚执导的 13 部电影回顾展。放映的主要影片有《我谈加拉加斯》（1978）、《消息的后面》（1986）、《寂静的森林》（1996）、《胡安·巴勃罗·佩雷斯·阿方索：一个被忘却的预言家》（2002）和《石油阴谋》（2003）等。

21 世纪开始以来，委内瑞拉拍摄了多部电影，其中有不少电影在国际上获奖。

2000 年，迭戈·里斯克斯（Diego Rísquez）执导的电影《曼努埃拉·萨恩斯》（*Manuela Sáenz*）受到观众的欢迎，获得票房成功。2003 年，路易斯·阿尔曼多·罗切（Luis Armando Roche）和墨西哥导演鲁道夫·埃斯皮诺（Rodolfo Espino）执导了委内瑞拉第一部数字电影《约塔马要飞了》（*Yotama se va Volando*）。2004 年埃利亚·施奈德（Elia Schneider）和罗克·巴莱罗（Roque Valero）与埃德加·拉米雷斯（Edgar Ramírez）执导的《点和线条》在国际电影节上 4 次获奖。2005 年乔纳森·哈库博威克斯（Jonathan Jakubowicz）执导的《绑架快车》（*Secuestro*

Express）成为委内瑞拉最受观众欢迎的国产电影，并发行国外。

爱德华多·阿里亚斯－纳特（Eduardo Arias-Nath）执导的电影《省略》（*Elipsis*）于 2006 年 9 月 29 日上映，它是第一部由 21 世纪福克斯公司和其拉美分公司生产和发行的委内瑞拉影片。这一年上映的 11 部委内瑞拉电影中，迭戈·利斯克斯（Diego Rísquez）执导的影片《弗朗西斯科·德·米兰达》（*Francisco de Miranda*）的票房收入最高。

玛丽安娜·龙东（Mariana Rondón）执导的电影《来自列宁格勒的明信片》（*Postales de Leningrado*）于 2005 年拍摄、2007 年 9 月 15 日首次上映，由委内瑞拉文化部、委内瑞拉国家石油公司和南方电视台投资拍摄，曾获比亚里茨最高奖、第 31 届圣保罗国际电影节奖两个奖，并获奥斯卡"最佳外语片"提名。

2007 年上映的《米兰达归来》（*Miranda Regresa*），讲述委内瑞拉独立运动先驱者的历史，由委内瑞拉文化部所属电影城基金会（Villa del Cine）出品。2008 年玛丽安娜·富恩特斯（Mariana Fuentes）执导的短片《卢佩的咖啡》（*El Café de Lupe*）首次上映，该片参加了国内外 30 多次电影节，成为最为国际所承认的委内瑞拉短片。参加影片拍摄的有委内瑞拉著名艺术家埃尔瓦·埃斯科瓦尔（Elba Escobar）、米米·拉索（Mimi Lazo）、埃里希·维尔德普雷特（Erich Wildpret）和贡萨洛·库韦罗（Gonzalo Cubero）等。

2009 年上映的委内瑞拉影片有：亚历杭德拉·斯塞普拉基（Alejandra Szeplaki）执导的《橙色天》（*Día Naranja*）、埃弗特尔皮·查拉兰姆维蒂斯（Efterpi Charalambidis）执导的《解放者莫拉莱斯》（*Libertador Morales*）、拉斐尔·马尔夏诺（Rafael Marziano）执导的纪录片《斯温反对儿子》（*Swing con Son*）、何塞·拉蒙·诺沃亚（José Ramón Novoa）执导的《一个遥远的地方》（*Un Lugar Lejano*）、罗曼·查尔沃德（Roman Chalbaud）执导的《萨莫拉》（*Zamora*）、安德烈斯·阿古斯蒂（Andres Agusti）执导的纪录片《回忆手势》（*Memorias del Gesto*）等。同年，哈伊科·加萨里安（Haik Gazarian）执导的影片《委内西亚》（*Venezzia*），据说是委内瑞拉成本最高的电影（其预算超过 100 万美元）。该片讲述一段罕为人知的历

史——第二次世界大战时期委内瑞拉的石油供应，其中穿插着爱情故事。该片获得过各电影节的 15 个奖项，受到国内外观众的热烈欢迎。

爱德华多·巴韦雷纳（Eduardo Barberena）执导的影片《切拉，帕马伊塔之家》（*Cheila，Una Casa Pa' maita*）在 2009 年委内瑞拉电影节上获得奖牌大丰收，夺得最佳电影奖、最佳女主角奖、最佳导演奖（与塞萨尔·玻利瓦尔分享）。2010 年，马塞尔·拉斯金（Marcel Rasquin）执导的《兄弟》（*Hermano*）获莫斯科电影节最佳电影奖，并被提名参加奥斯卡最佳外国电影的角逐。由胡安·卡洛斯·加西亚（Juan Carlos García）和普拉克里蒂·马杜罗（Prakriti Maduro）主演、菲娜·托雷斯（Fina Torres）导演的《哈瓦那埃娃》（*Habana Eva*）在 2010 年美国拉丁电影节上获得最佳国际电影奖。2010 年颇受好评的电影还有迭戈·贝拉斯克（Diego Velasco）执导的《零点》（*La Hora Cero*），主演有萨帕塔 666（Zapata 666）、埃里希·维尔德普雷特、马里萨·罗曼（Marisa Roman）、阿尔维·德阿布雷乌（Albi de Abreu）等。

2011 年，马里特·乌加斯（Marité Ugás）执导的《撒谎的小伙子》（*El Chico que Miente*）成为第一次参加柏林电影节的委内瑞拉影片。同年，迭戈·里斯克斯（Diego Rísquez）执导的《雷韦龙》（*Reverón*）和亚历杭德罗·贝利亚梅·帕拉西奥斯（Alejandro Bellame Palacios）执导的《石头的声响》（*El Rumor de las Piedras*）分别获得梅里达委内瑞拉电影节的 7 个奖项和 6 个奖项。2012 年，阿塔瓦尔帕·利西（Atahualpa Lichy）执导的纪录片《湖泊的奥秘·安第斯片断》（*El Misterio de las Lagunas. Fragmentos Andinos*）被选送参加 23 个国际电影节，其中有加拿大蒙特利尔国际电影节、阿根廷巴菲西电影节、韩国釜山电影节、墨西哥瓜达拉哈拉电影节、阿根廷圣胡安电影节等。

委内瑞拉著名演员何塞·阿利里奥·罗哈斯（José Alirio Rojas）获得 2010～2012 年国家文化奖（Premio Nacional de Cultura 2010 – 2012）。他参演了 100 部以上电影，重要的影片有：《我是州长》（*Yo el Gobernador*）、《犹大的火灾》（*La quema de Judas*）、《罪犯》（*El Delincuente*）、《玻利瓦尔的丰功伟绩》（*La Epopeya de Bolívar*）、《醉猫》（*La Gata Borracha*）、《抽烟的鱼》（*El Pez que Fuma*）等。

三　音乐与舞蹈

由于历史的原因，委内瑞拉的种族构成十分复杂，既有土著印第安人和非洲黑奴的后裔，又有西班牙等欧洲国家的移民，因此，委内瑞拉的音乐也是印第安音乐、非洲音乐和西班牙音乐的混合体。委内瑞拉北部沿海地区的音乐，至今仍带有浓郁的非洲音乐的色彩。苏利亚州的传统音乐被称为"盖塔"（Gaita），这是当地人民用四弦吉他和响葫芦即兴演奏出的乐曲。节庆期间，经常可听到"盖塔"乐曲。近年来，"盖塔"已成为委内瑞拉圣诞节演奏的传统音乐。

委内瑞拉人喜欢出席各种音乐会，把它当作一种美的享受。委内瑞拉有一些国内外闻名的交响乐团，也有一些演奏古典音乐的乐团。委内瑞拉交响乐团、加拉加斯爱乐乐团、加拉加斯市立交响乐团等音乐团体是具有世界水平的乐团，他们的精湛演出受到国内外人民的普遍欢迎。

阿尔弗雷多·桑切斯·卢纳（Alfredo Sánchez Luna）是委内瑞拉当代最著名的通俗与抒情歌唱家，他是委内瑞拉几代人崇拜的偶像，在委内瑞拉音乐史上占有重要地位。他的艺名阿尔弗雷多·萨德尔（Alfredo Sadel）在委内瑞拉和世界很多国家家喻户晓，他被称为"委内瑞拉最受欢迎的男高音歌唱家"。萨德尔 1930 年 2 月 22 日出生于加拉加斯。16 岁在加拉加斯电台第一次演唱。1947 年参加委内瑞拉无线电广播电台节目《卡梅尔车队》的演出。1948 年灌制《黑钻石》唱片大获成功，成为他艺术生涯的重要转折点。此后，他演唱的博莱舞歌曲《就是两个词》和《失望》确定了他作为著名博莱舞歌唱家的地位。1951 年他首次参演电影，在影片《田野的花》中担任主角。1953 年他在纽约创造演唱 13 周的纪录。1955 年他录制歌曲《我的歌》，很快风靡全国。1960 年，他在墨西哥参加影片《你和谎言》和《老鼠》的拍摄。1961 年，萨德尔在加拉加斯市立剧院演出说唱剧《禾捆》，使他在抒情歌的演唱上迈出了一大步。同年他去米兰进修声乐，后在纽约演出古巴歌剧《塞西利亚·巴尔德斯》。1967～1968 年，他前往美国、德国、比利时、匈牙利、瑞士、西班牙和苏联进行巡回演出，演出了《塞维利亚的理发师》《朋友弗里茨》

《卡门》《托斯卡》等。萨德尔一生共录制了2000多首歌曲，他为委内瑞拉音乐的发展做出了重大贡献。

安赫尔·绍塞（Angel Sauce）是委内瑞拉当代著名作曲家、小提琴家、乐队和合唱队指挥。他1911年8月2日出生于加拉加斯，1995年12月26日病逝于加拉加斯。绍塞毕业于加拉加斯音乐和朗诵学院（今何塞·安赫尔·拉马斯高级音乐学校），1945~1946年获纽约市奖学金，在哥伦比亚大学研究生班学习作曲和指挥。1934年成为委内瑞拉交响乐队指挥。40年代他组织了工人合唱队、加拉加斯电力合唱队和安德烈斯·略合唱队，通过演出向公众传播传统音乐知识。后来，他创办了委内瑞拉国家青年交响乐队和武装部队交响乐队等。他还建立胡安·何塞·兰达埃塔国家音乐学校，与其妻一起领导该校长达30多年，并给学生上作曲课。1948年他创作的《塞西莉亚·穆希卡》获国家音乐奖。1982年他的《广阔的音乐之路》获得国家音乐奖。

霍罗波舞（Joropo）是委内瑞拉国舞，主要流行于亚诺斯地区。这种舞蹈同"盖塔"一样，是在四弦吉他和响葫芦伴奏下跳舞。然而，委内瑞拉最流行的舞蹈是多米尼加的梅伦盖舞（Merengue）和波多黎各的萨尔萨舞（Salsa）。

委内瑞拉人喜欢看芭蕾舞演出，因此，委内瑞拉有不少芭蕾舞团，其中最著名的是由杰出舞蹈家桑德拉·罗德里格斯率领的"新世界"芭蕾舞团，该团在世界各地的演出大获成功。其他知名的舞蹈团有特雷莎·卡雷尼奥基金会芭蕾舞团、古典芭蕾舞团、加拉加斯舞蹈团、今日舞蹈团、新舞蹈团和对舞团等，他们也经常出访演出，其高水平的表演吸引了众多观众。

2012年9月，委内瑞拉著名音乐家、作曲家、歌手西蒙·迪亚斯（Simón Díaz）和委内瑞拉舞蹈的推动者卡洛斯·奥古斯托·保利略（Carlos Augusto Paolillo）获得委内瑞拉2010~2012年国家文化奖。

西蒙·迪亚斯1928年8月8日出生于阿拉瓜州巴尔巴科阿。其父是乡镇乐团短号手，也是西蒙·迪亚斯的音乐启蒙教师。西蒙从小喜欢民谣和民歌。12岁其父去世后，他卖食品帮母亲维持生活。20岁时前往加拉加斯，在高等音乐学校学习6年。毕业后在舞台、影视方面发展，致力于推广委内瑞拉音乐。他曾从事少儿广播节目工作10年，被亲切地称为"西蒙叔叔"。后来，他成为歌手、作曲家和乐队指挥，创作的歌曲在200首以上。他谱写的歌曲《老马》（*Caballo Viejo*）蜚声世界，被译成12种文字，并被世界著名歌唱家多次演唱。由于他对委内瑞拉和拉丁美洲音乐的巨大贡献，他获得众多荣誉称号，如大绶带解放者勋章、代表拉丁美洲最高殊荣的拉丁格莱美奖等。2004年委内瑞拉一家电视台专门拍摄了介绍他的生平的纪录片。

卡洛斯·奥古斯托·保利略1955年2月13日出生于加拉加斯。1980年获得安德烈斯·贝略天主教大学法律硕士学位。1984年开始在高级舞蹈学校（Instituto Superior de Danza）任总协调，做培养舞蹈演员的工作。30多年来，他把大量精力用于发展委内瑞拉舞蹈上。在他的倡议下，大学开设了舞蹈选修课。经过他的不懈努力，1997年教育部和全国大学委员会批准建立更高一级的舞蹈学院（Instituto Universitario de Danza），他出任院长。2008年舞蹈学院并入国家艺术实验大学（Universidad Nacional Experimental de Las Artes）。通过他领导的青年舞蹈演员基金会，建立了青年舞蹈演员演出的平台，并建立了青年舞蹈节，截至2012年已举办28届，为委内瑞拉培养出大批优秀舞蹈演员。现在，卡洛斯·奥古斯托·保利略任国家艺术实验大学委内瑞拉舞蹈史、世界舞蹈史和舞蹈理论与评论专业教授。

委内瑞拉基督圣体节的魔鬼舞蹈（Diablos Danzantes）是委内瑞拉传统民间舞蹈，产生于17世纪初，已有200多年的历史。魔鬼舞蹈最早出现于阿拉瓜州北部庄园，但也有人说是其毗邻的巴尔加斯州。每年圣星期五后的第九个星期四，在米兰达州、阿拉瓜州、卡拉沃沃州、巴尔加斯州、瓜里科州和科赫德斯州都要举行魔鬼舞蹈游行。人们头戴面具、身着色彩鲜艳的民族服装，边跳边舞，热闹非凡。2002年，魔鬼舞蹈被宣布为委内瑞拉文化遗产。2012年12月6日，联合国教科文组织在法国巴黎总部宣布委内瑞拉基督圣体节的魔鬼舞蹈为人类非物质文化遗产。该决定宣布后，委内瑞拉11个魔鬼舞蹈团在联合国教科文组织总部大厅进行了精彩表演。

四　建筑、绘画和雕塑

委内瑞拉殖民地时期的建筑无法同哥伦比亚、厄瓜多尔的豪华建筑相比，它的教堂和房屋相对简单，大部分建筑带有西班牙建筑风格。然而，委内瑞拉现代风格的建筑则超越其他南美洲国家。委内瑞拉的现代建筑的发展分两个阶段：19 世纪 70 年代安东尼奥·古斯曼·布兰科执政时期为第一阶段，20 世纪中期是第二阶段，也是最重要的阶段。这个时期滚滚而来的石油财富，使委内瑞拉有钱大量投资于改造加拉加斯建筑面貌上。时至今日，加拉加斯也是世界上最现代化的城市之一。

亚历杭德罗·查塔因（Alejandro Chataing）是 19 世纪末 20 世纪初委内瑞拉著名建筑设计师，他一生设计了大量建筑，使加拉加斯的面貌为之一新。他的建筑把新文艺复兴主义、新浪漫主义、摩尔式和新巴洛克式风格融为一体。他的主要作品有：重建国家公墓和设计西普里亚诺·卡斯特罗总统官邸（1904）、国家剧院（1904～1905）、财政部办公楼（1907）、国家图书馆（1910）、国家档案馆（1912）、新马戏场（1919）、耶稣之心教堂和委内瑞拉银行等。

卡洛斯·劳尔·比利亚努埃瓦（Carlos Raul Villanueva）是现代委内瑞拉建筑设计大师。1900 年 5 月 30 日出生于伦敦，1975 年病逝于加拉加斯。青年时代曾在欧洲求学，1928 年毕业后返国。1939 年他设计的大哥伦比亚学院，是他的第一个现代风格的建筑。1944 年开始，他参与设计大学城建筑群，大学城的建设整整花去 16 年的时间。他设计的建筑中，图书馆和大教室最有代表性。他的其他重要建筑作品还有苏利亚大学石油工程学院和玻利瓦尔城的赫苏斯·索托博物馆。1963 年他荣获国家建筑奖。

西班牙征服委内瑞拉前，土著印第安人生活在这块土地上。当时委内瑞拉的美术主要是岩石雕刻和山洞壁画。殖民地时期，委内瑞拉美术是具有西班牙风格的宗教绘画和雕刻，代表作为恩里克·安东尼奥·埃尔南德斯·普列托（Enrique Antonio Hernández Prieto）的雕刻作品《使徒圣彼得》和安东尼奥·何塞·兰达埃塔（Antonio José Landaeta）的绘画作品《圣灵怀胎》。委内瑞拉独立后的美术作品中，历史题材代替了宗教题材，最突出的是马丁·托瓦尔·托瓦尔（Martín Tovar y Tovar）的作品。托瓦尔的学生安东尼奥·埃雷拉·托罗（Antonio Herrera Toro）是 19 世纪末 20 世纪初委内瑞拉著名画家。1881 年他创作名画《圣母升天》，1883 年他另一名作《解放者的最后时刻》问世，后为秘鲁政府创作了《胡宁战役》和《阿亚库乔战役》。

20 世纪开始后委内瑞拉美术的特点是现代主义，30 年代和 40 年代美术风格发生了很大变化。20 世纪后半期出现了活动艺术，卡洛斯·克鲁斯·迪茨（Carlos Cruz Diez）和赫苏斯·索托（Jesús Soto）是活动艺术的代表人物。

委内瑞拉当代画家的代表有阿尔曼多·雷韦龙（Armando Reveron）和蒂托·萨拉斯（Tito Salas）等人。

雷韦龙是委内瑞拉著名风景画画家。1889 年 5 月 10 日出生于加拉加斯，1954 年 9 月 18 日病逝于加拉加斯。1908 年他在加拉加斯美术学院学习，1911 年获赴欧奖学金前往欧洲，先后在西班牙巴塞罗那和马德里深造。1915 年返国，第二年创作了他的第一批风景画。后来，他长期居住在海边，进入了创作的新阶段。1933 年雷韦龙在加拉加斯举办了画展，随后又在巴黎卡蒂亚·格拉诺弗画廊举办展出。1953 年荣获委内瑞拉国家绘画奖。

蒂托·萨拉斯是委内瑞拉著名历史题材画家，原名布里塔尼科·安东尼奥·萨拉斯·迪亚斯（Britanico Antonio Salas Días），曾在加拉加斯美术学院学习。1906 年他的画作《拉圣赫纳罗》获得金奖。不久赴意大利，深受意大利画家蒂耶波洛、蒂齐亚诺等人历史题材画的影响。1908 年他在西班牙创作的油画获布鲁塞尔国际博览会金奖。1911 年他返回委内瑞拉时，带回他创作的著名三联画《西蒙·玻利瓦尔》，该画后被收藏在联邦宫。1913 年，萨拉斯受历史学家维森特·莱库纳委托为玻利瓦尔故居墙绘画，受命后，他创作了有关玻利瓦尔经历的画：《迁往东方》《玻利瓦尔与玛丽亚·特雷莎夫妇》《1812 年地震》等，后又为国家公墓绘画。1970 年他为总统府创作了《大房子》和《承受人》等油画。

弗朗西斯科·纳瓦埃斯（Francisco Navaez，1905～1982）是 20 世纪

委内瑞拉著名雕塑家。20 年代他在加拉加斯美术学院学习，1928 年赴巴黎深造，1931 年返回委内瑞拉。他在雕刻上大胆创新，勇于向旧传统挑战。1934 年他设计了加拉加斯卡拉沃沃公园的喷水池。1937～1939 年，他为美术博物馆和自然博物馆创作浮雕。1943 年完成他最有代表性的作品之一——加拉加斯奥利里广场的海豚雕塑。1949～1952 年，他为加拉加斯大学城制作了大量精美雕塑。1952 年他制作了加拉加斯坎德拉里亚广场上的拉斐尔·乌达内塔将军骑马雕像。1982 年他在逝世前不久，为加拉加斯地铁制作了他最后的雕塑作品《数量与空间的和谐》。1948 年他荣获国家绘画奖。1979 年，弗朗西斯科·纳瓦埃斯当代美术博物馆落成，他为博物馆捐献了 35 件雕塑作品、11 幅绘画和其他作品。

2012 年 9 月，委内瑞拉将美术领域的 2010～2012 年国家文化奖授予造型艺术家何塞·安东尼奥·达维拉（José Antonio Dávila），以表彰他对委内瑞拉美术的贡献。何塞·达维拉 1935 年 1 月 13 日出生于纽约，1941 年随家人迁往加拉加斯。1948 年起在加拉加斯造型艺术和应用艺术学院学习。1950 年离开学校，作为一名画家进入艺术工作坊。1954～1956 年定居巴基西梅托，他在马丁·托瓦尔－托瓦尔艺术学院学习期间师从何塞·雷克纳（José Requena），那时他已是一位社会现实主义画家。1958 年他参加加拉加斯现实主义艺术工作坊的活动。1966 年，他被任命为梅里达安第斯大学艺术实验中心主任。他的绘画风格更为综合并向风景画方面发展，后来又受到波普艺术的影响。他在国内外多次举办画展，受到广泛欢迎。他曾多次获奖，如 1957 年获罗马奖，同年获阿尔曼多·雷韦龙奖，1959 年获恩里克·奥特罗·比斯卡龙多奖。

五　文化设施

1830 年委内瑞拉联邦共和国成立后，建立国家图书馆被提上议事日程。1833 年 7 月 13 日，何塞·安东尼奥·派斯总统下令修建国家图书馆，馆址设在加拉加斯圣弗朗西斯科修道院，第一任馆长为前内政部长迭戈·包蒂斯塔·乌瓦内哈。1874 年国家图书馆迁入委内瑞拉中央大学。1893 年 1 月 19 日，华金·克雷斯波总统在市中心首都区政府对面批给国家图书馆一块地皮。1910 年 7 月 29 日，新的国家图书馆在圣弗朗西斯科街角正式建成。委内瑞拉国家图书馆自建成以来，藏书不断增多。从1857 年的 9830 册，增加到 1976 年的 80 万册。它收藏了 1810 年以来委内瑞拉出版的报刊、1818 ~ 1822 年安戈斯图拉（现称玻利瓦尔城）出版的《奥里诺科邮报》、19 世纪出版的书籍以及官方文件档案等。

委内瑞拉的博物馆大都集中在首都加拉加斯，主要的博物馆有以下几所。

国家美术馆，又称委内瑞拉美术博物馆，建于 1974 年，1976 年对外开放。国家美术馆地处加拉加斯最重要的文化区，其建筑是委内瑞拉著名建筑设计师卡洛斯·劳尔·比利亚努埃瓦（Carlos Raul Villanueva）1935年设计的，内有委内瑞拉著名现代雕塑家弗朗西斯科·纳瓦埃斯创作的浮雕。国家美术馆只收藏和展出委内瑞拉本国艺术家的作品，各个时期的艺术珍品共有 4000 多件，其中包括西班牙征服前的艺术品、殖民地时期画家的作品、20 世纪初革新派画家的作品、抽象派画家的作品以及大批现代画家的作品，如阿尔曼多·雷韦龙、蒂托·萨拉斯、阿图罗·米切莱纳和埃雷拉·托罗等画家的作品。

美术博物馆 1938 年 2 月 20 日对公众开放。馆内的收藏品包括欧洲中世纪和现代美术作品、欧美当代美术作品、拉丁美洲美术作品（绘画和雕塑）、埃及美术作品以及何塞·R. 乌瓦内哈·阿切尔波尔（José R. Urbaneja Achelpohl）的陶器作品。收藏的拉美国家美术作品中有墨西哥壁画家迭戈·里韦拉（Diego Rivera）、卢菲诺·塔马跃（Rufino Tamayo）和哥伦比亚画家博特罗（Botero）的作品。

当代美术博物馆收藏有委内瑞拉当代优秀美术家和国际知名美术家的作品。国内美术家包括雕塑家马里索尔（Marisol）、画家亚历杭德罗·奥特罗（Alejandro Otero）和活动艺术家赫苏斯·索托（Jesús Soto）等人，外国美术家包括毕加索、莱热、马蒂斯、米罗等画家和亨利·穆尔、费尔南多·博特罗等雕塑家。

阿瑞科庄园博物馆是加拉加斯一所环境优美的博物馆，位于圣贝尔纳迪诺区的国家公墓大街。原为咖啡园，房屋是 1797 年由一个出身望族的

军官所建。独立战争爆发后，这名军官同其他保皇分子一起逃往库拉索岛，他的房子被没收，租给了玻利瓦尔的朋友托罗侯爵。玻利瓦尔很喜欢这所宅第，经常前来造访。在他前往哥伦比亚前的一夜，就是在这里度过的。后来，这所房子被辟为殖民地时期美术与家具博物馆。在博物馆外的热带花园里的兰花和柑橘树中间，矗立着托罗侯爵的一座半身像。

加拉加斯索菲娅·因贝尔当代艺术博物馆1974年2月20日对公众开放，馆内收藏有国内外各种艺术作品，如绘画、雕塑等。该博物馆同国外美术馆有交流协议，经常举办外国美术作品展览。馆内还放映电影和录像。

西蒙·玻利瓦尔博物馆位于加拉加斯市中心，原为玻利瓦尔故居。保留有玻利瓦尔的卧室和家具以及玻利瓦尔所穿军装、鞋帽等物品，还收藏有大批珍贵的文献材料。博物馆后院有一棵玻利瓦尔幼年时家里栽种的石榴树。

视听设备博物馆收藏有关于城市视听设备的最完整的档案，观众在此可了解委内瑞拉通信业的历史和发展。该馆常举办学术报告会、讲座和开办信息课程。

键盘博物馆实际是音乐博物馆。介绍国内和国际古典、现代和当代音乐文化，收藏有各时期的乐器，通过举办展览、音乐表演、座谈和讲座普及音乐知识。

自然科学博物馆展出大量有关人类学、考古学、矿物学和其他科学的展品，还有代表委内瑞拉印第安文化的文物以及南美洲和非洲具有代表性的动物和植物标本。

儿童博物馆是儿童了解世界和宇宙的场所，儿童在这里可学习生物、物理、化学和艺术知识。

第四节　体育

一　体育制度

委内瑞拉重视体育运动，查韦斯总统曾多次强调，体育运动和娱乐活动对于人们的身心健康是必不可少的。1999 年宪法中专门规定了对体育运动的政策。宪法第 111 条规定，每个人都有进行体育运动和娱乐活动的权利，国家承担开展体育运动与娱乐活动的责任，把它作为教育和公共卫生的政策，保证提供资金促进体育运动与娱乐活动的发展。体育对培养青少年健康体魄发挥着重要作用，各级学校要义务进行体育教育。国家保证毫无歧视地全面关心男女运动员，支持高水平的竞技体育，依照法律评估和调节公立和私立体育机构，鼓励那些培养运动员、实施并资助体育计划和体育活动的个人、机构和团体。为了提高委内瑞拉的体育水平，1999 年委内瑞拉和古巴签订了体育交流协定。根据协定，2001 年 4 月 16 日第一批 300 名古巴教练来到委内瑞拉，到委内瑞拉各州任教，训练委内瑞拉运动员、青少年和儿童。

二　体育水平

委内瑞拉是南美洲体育水平比较高的国家，自行车运动员胡利奥·塞萨尔·莱昂（Julio César León）和三级跳远选手阿诺尔多·德沃尼（Arnoldo Devonish）被誉为振兴委内瑞拉体育的先驱。莱昂参加了 1948 年 7 月在伦敦举行的第 14 届奥运会，尽管他未能取得重要名次，但是揭开了委内瑞拉奥运史的第一页。在 1952 年的赫尔辛基奥运会上，阿诺尔多·德沃尼以 15 米 52 的成绩勇夺铜牌，成为第一个获得奥运会奖牌的委内瑞拉人。1968 年在墨西哥城举行的第 19 届奥运会上，弗朗西斯科·安东尼奥·布里托（莫罗奇托）［Francisco Antonio Brito（Morochito）］勇夺拳击 48 公斤级金牌，成为委内瑞拉获得奥运会金牌的第一人。在 1976 年蒙特利尔第 21 届奥运会上，何塞·加马罗（José Gamarro）夺得男子拳击 63.5～67 公斤级银牌。在 1980 年莫斯科第 22 届奥运会上，巴纳多·皮南戈（Bernardo Pinango）获男子拳击 54 公斤以下级银牌。在 1984 年洛杉矶第 23 届奥运会上，委内瑞拉游泳选手拉斐尔·比达尔（Rafael Vidal）获男子 200 米蝶泳铜牌，拳击手何塞·马塞利诺·玻利瓦尔（José Marcelino Bolívar）和奥马尔·卡塔里（Omar Catarí）分别获 48 公斤以下级和 54～57 公斤级铜牌。在阔别奥运会奖牌 20 年后，委内瑞拉运动员积

极备战，在 2004 年雅典奥运会上勇夺 2 枚铜牌：伊斯拉埃尔·何塞·鲁维奥（Israel José Rubio）获得男子举重 62 公斤级铜牌，阿德里亚娜·卡蒙娜（Adriana Carmona）获得女子跆拳道 67 公斤以上级铜牌。在 2008 年北京奥运会上，达莉亚·孔特雷拉斯（Dalia Contreras）获得女子跆拳道 49 公斤级铜牌。在 2012 年伦敦奥运会上，鲁文·利马尔多（Rubén Limardo）以 15 比 10 战胜挪威运动员皮亚塞茨基，获得男子重剑金牌，他为委内瑞拉赢得了历史上第二枚奥运会金牌。利马尔多从 2000 年开始参加国际赛事，在北京奥运会上仅获个人赛第 23 名。赛后，查韦斯总统称利马尔多为"祖国的好儿女"。

2003 年 8 月，在圣多明各举行的第 14 届泛美运动会上，委内瑞拉共获得 64 枚奖牌，其中金牌 16 枚、银牌 20 枚、铜牌 28 枚。奖牌总数超过阿根廷，居第 6 位。在这届运动会上，男排战胜世界冠军巴西队、世界强队美国队和古巴队，勇夺冠军，显示出快速的进步和强劲的实力。2011 年 10 月在墨西哥瓜达拉哈拉举行的第 16 届泛美运动会上，委内瑞拉共获得 72 枚奖牌，其中金牌 12 枚、银牌 27 枚、铜牌 33 枚。

委内瑞拉著名女子马术运动员伊萨瓦·丰塞卡（Flor Isava Fonseca）自 1981 年起担任国际奥委会委员，自 1990 年起担任执委，2002 年起任名誉委员。她是国际奥委会自 1894 年成立以来第一名女执委。她曾 7 次获得委内瑞拉全国超越障碍赛马冠军，5 次获得盛装舞步冠军，还获得 2 次网球冠军和 1 次高尔夫球赛冠军。她还参加过在斯德哥尔摩举行的 1956 年第 16 届奥运会马术比赛，参加过在墨西哥、哥伦比亚、秘鲁、阿根廷和巴西举行的超越障碍赛马比赛。她创建了委内瑞拉马术联合会和女子超越障碍骑手联谊会，并担任加拉加斯体育与文化会馆馆长和委内瑞拉体育联合会主席。

在各项体育运动中，委内瑞拉的棒球、篮球、排球、拳击、举重、游泳、射击、跆拳道、柔道等项目的水平较高。2003 年 6 月在委内瑞拉巴基西梅托举行的第 42 届南美洲田径锦标赛上，委内瑞拉获得 5 金 9 银 10 铜，在参赛国中，金牌和奖牌数均居第 2 位，仅次于巴西。

棒球是委内瑞拉的国球，委内瑞拉人民普遍热爱这项运动。然而，棒球运动在委内瑞拉的历史并不长，它是随着石油经济的繁荣而发展起来的。20 世纪初，美国石油公司的员工来到委内瑞拉勘探和开采石油，与此同时给委内瑞拉带来了棒球运动。此后，棒球便在委内瑞拉慢慢普及开来。40 年代，委内瑞拉开始举办棒球职业联赛，更加促进了棒球在委内瑞拉的推广。委内瑞拉第一个闻名世界的棒球明星是阿方索·"奇科"·卡拉斯科尔（Alfonso "Chico" Carrasquel），1950 年他加盟美国芝加哥的棒球队，成为一名职业游击手。成千上万名委内瑞拉青少年视卡拉斯科尔为偶像，迷上棒球运动，梦想成为像卡拉斯科尔一样的棒球运动员。继卡拉斯科尔之后，委内瑞拉最著名的棒球运动员是路易斯·阿帕里西奥（Luis Aparicio）。1956 年他在芝加哥棒球队取代了卡拉斯科尔的位置，成为美国和委内瑞拉家喻户晓的棒球运动员。他在 18 年的棒球生涯中取得过无数荣誉，但他最引为自豪的是获得 1956 年美国棒球联赛的"年度最佳新星"。委内瑞拉棒球运动发展很快，从每年 10 月中旬至第二年 1 月底的全国棒球联赛水平很高，不少美国棒球运动员加盟委球队，如洛杉矶著名棒球运动员达里尔·斯特劳贝里（Darryl Strawberry）曾在 20 世纪 80 年代加盟拉瓜伊拉棒球队。美国许多棒球俱乐部还同委内瑞拉棒球俱乐部签订协议，每年派有前途的青年运动员来委训练。目前，委内瑞拉全国有 8 支棒球队参加联赛，全国棒球联赛结束后，获得冠军的球队将代表委内瑞拉参加加勒比国家的棒球比赛。

篮球也是在委内瑞拉比较普及的一项运动，全国各城市都有自己的篮球队。委内瑞拉的篮球水平较高，在南美洲名列前茅。委内瑞拉优秀篮球运动员也参加美国 NBA，如奥斯卡·托雷斯曾加盟休斯敦火箭队，司职后卫，2003 年 10 月转会金州勇士队。2005 年美洲杯篮球赛争夺第三名的比赛中，委内瑞拉继小组赛之后再次以 93∶83 战胜美国男篮夺得铜牌。2011 年美洲男子篮球锦标赛中，委内瑞拉男篮进入八强，但在八强循环赛中两胜、两负（110∶74 胜巴拿马、92∶80 胜乌拉圭，82∶94 负于波多黎各、93∶111 负于阿根廷），未能进入前四名。2011 年委内瑞拉承办伦敦奥运会男篮落选赛，曾以 71∶69 险胜尼日利亚男篮，委内瑞拉、立陶宛和尼日利亚在小组赛的战绩均为 1 胜 1 负，结果委内瑞拉因小分被淘汰

出局，另两队晋级淘汰赛并最终晋级伦敦奥运会。

委内瑞拉的排球水平也比较高，早在 1960 年巴西举行的世锦赛上委内瑞拉男排便获得了第 4 名，显示了自己的实力。后来，委内瑞拉男排的水平有所下降，落在巴西和阿根廷的后面。90 年代委内瑞拉聘请古巴教练琼斯·大卫·皮雷兹，委内瑞拉的排球水平开始回升，青年队成为世界上最好的队伍之一。1999 年委内瑞拉青年男子排球队夺得南美洲青年男子排球锦标赛的冠军，并获得当年世界青年男排锦标赛的第 4 名，在 2001 年波兰举行的青年排球世锦赛上夺得第 3 名。2003 年 11 月举行的世界杯男排赛上，委内瑞拉男排胜 4 场，负 7 场，获得第 8 名。目前，委内瑞拉排球协会大力培养青少年选手，强化队员素质和技术的训练。此外，委内瑞拉继续聘请古巴教练执教成年队和青年队，以提高委内瑞拉的排球水平。2008 年委内瑞拉男女排均以南美洲预选赛冠军身份获得北京奥运会入场券，分别获得第 9 名和第 12 名。男排还获得 2010 年世锦赛第 19 名和 2011 年洲际锦标赛第 3 名，2012 年 8 月世界排名第 20 位。2013 年 9 月在秘鲁伊卡进行的南美洲女排锦标赛上，委内瑞拉女排获得第 5 名。

尽管南美洲足球水平名扬全球，但委内瑞拉足球未在大赛上取得过好名次，也从未在世界杯足球赛中露过面。近年来，委内瑞拉足球有了明显进步。2002 年年初，委内瑞拉队提出了进入 2006 年世界杯决赛的口号。国家代表队有政府拨款、企业赞助，球队进行了有计划的训练，并增加球队的国际赛事，积累队员的比赛经验。2004 年 3 月 31 日世界杯南美洲赛区第 5 轮比赛中，委内瑞拉足球队战胜了乌拉圭足球队，取得了历史性的胜利。同年 7 月，委内瑞拉在南美洲赛区的排名为第 6 位，与排第 5 位的厄瓜多尔积分相同。委内瑞拉现有 3 个 3 万以上座席的足球场和 3 个可容纳 1 万多名观众的足球场。委内瑞拉足协主席表示将在圣克里斯托瓦尔、奥达士、梅里达和巴伦西亚分别扩建足球场，每个足球场可容纳 2.5 万名观众。

2011 年阿根廷美洲杯足球赛中，委内瑞拉队逼平巴拉圭和巴西、战胜厄瓜多尔晋级八强。在随后的八强战中击败实力强劲的智利队，成功跻身该届美洲杯四强，这是委内瑞拉队历史上首次晋级美洲杯四强。在美洲杯半决赛中，委内瑞拉队与巴拉圭队在 120 分钟内战成 0∶0，但在点球大战中以 3∶5 告负，无缘决赛。

委内瑞拉拳击运动员在世界比赛中取得过骄人的战绩，为委内瑞拉争得了荣誉。2000 年 7 月 22 日，委轻量级拳击运动员菲利克斯·马查多（Felix Machado）战胜尼加拉瓜拳王胡利奥·甘博亚（Julio Gamboa），首次夺得国际拳击联合会（IBF）世界轻量级拳王称号。此后，他接连挫败巴拿马拳手威廉·德索萨和哥伦比亚拳手毛里齐奥·帕斯特拉纳的挑战。2002 年 3 月 30 日晚，马查多又在美国宾夕法尼亚州举行的争霸战中击溃墨西哥挑战者马丁·卡斯蒂略，再次成功卫冕。委内瑞拉另一位著名拳击手卡洛斯·巴雷托（Carlos Barreto）曾获得国际拳击联合会超轻量级冠军，不幸的是，1999 年 10 月 12 日，这位年轻选手在加拉加斯举行的拉美拳击联合会超轻量级冠军争霸赛中，被对手何塞·巴尔武埃纳（José Valbuena）一记重拳击中头部，送往医院后不治身亡，年仅 23 岁。

2003 年 9 月 9 日，委内瑞拉自行车手埃特塞巴里亚在环西班牙自行车赛第四段（从桑坦德至布尔戈斯）151 公里角逐中夺得赛段冠军，前四段总成绩也跃居第四位。米尔卡·迪努则是委内瑞拉第一位从事赛车的女性，2003 年 5 月她获保时捷公司邀请，参加在西班牙举行的保时捷 & 米其林超级杯赛。2008 年 7 月在中国举行的第七届环青海湖国际公路自行车赛中，委内瑞拉 SDA 队埃米利亚诺·多纳德洛获赛段季军。

2004 年 3 月，在乌拉圭马尔多纳多举行的南美洲游泳锦标赛上，委内瑞拉夺得第 3 名，共获奖牌 16 枚，其中 2 枚金牌、5 枚银牌和 9 枚铜牌。2008 年 3 月在巴西圣保罗举行的南美洲游泳锦标赛上，委内瑞拉队以 7 分 33 秒 30 的成绩创造了 4×200 米自由泳接力的赛会纪录。2011 年 3 月在秘鲁首都利马举行的第 23 届南美洲青年水上运动锦标赛上，委内瑞拉夺得团体亚军，在花样游泳比赛中委内瑞拉队获得 6 枚铜牌，在水球比赛中委内瑞拉获得第二名。

许多委内瑞拉人喜欢登山运动。2003 年 3 月，在几家大公司的资助下，6 名委内瑞拉人组成的攀登珠峰小组前往尼泊尔，然后转到中国西藏建立营地。5 月 22 日夜登山小组的 4 人从珠穆朗玛峰北坡中国西藏一侧

突击顶峰，途中两人因故放弃登顶。马库斯·托比亚斯和何塞·安东尼奥·德尔加多胜利到达世界最高峰，将委内瑞拉国旗插在峰顶上。

2006年11月，在阿根廷举行的第八届南美洲运动会上，委内瑞拉共获得奖牌284枚，居第三位，其中金牌98枚（居参赛国第二位），银牌85枚，铜牌101枚。2010年在哥伦比亚麦德林举行的第九届南美洲运动会上，委内瑞拉获得89枚金牌，居参赛国第三位。

第五节　新闻出版

一　通讯社和报刊

查韦斯执政后设立了总统府中央信息局，取代了原来的新闻部。它享有部级待遇，负责政府的宣传活动，并主管国家电台、电视台和通讯社。委内瑞拉的媒体组织由委内瑞拉记者协会（Asociación Venezolana de Periodistas）、媒体集团（Bloque de Prensa）和全国记者公会（Colegio Naciónal de Periodistas）组成。委内瑞拉共有3家通讯社：委内瑞拉通讯社、玻利瓦尔通讯社、伊纳科通讯社。其中，委内瑞拉通讯社是该国主要的通讯社，成立于1978年。加拉加斯驻有一些外国通讯社，如美国的美联社和合众国际社、意大利的安莎社、英国的路透社、德国的德新社、中国的新华社等。

委内瑞拉是拉美新闻业比较发达的国家之一。委内瑞拉的第一家报纸《加拉加斯报》（*Gaceta de Caracas*）创立于1808年，是由当时反对西班牙殖民统治、争取委内瑞拉独立的爱国知识分子创办的。委内瑞拉人民推翻殖民统治后，1821年在苏利亚出版了《国家邮报》（*Correo Nacional*），它也是委内瑞拉较早的报纸之一。此后，委内瑞拉又先后创办过一些报纸。加拉加斯是委内瑞拉重要报社的所在地，马拉开波也是报纸发行的中心。但由于委内瑞拉教育水平不高，读者有限，19世纪创办的很多报纸都停办了，只有1890年出版的《宗教报》（*Religión*）一直坚持到20世纪末。目前，委内瑞拉全国有100余种报纸，其中发行量较大的全国性的报纸有

《国民报》（*El Nacional*）、《宇宙报》（*El Universal*）、《最新消息报》（*Ultimas Noticias*）和《2001 报》（*2001*），这 4 家报社都设在加拉加斯。《国民报》是国内发行量最大的报纸之一，它在知识界影响较大。该报创办于 1943 年，发行量为 17.5 万份。《宇宙报》也是国内大报之一，为无党派报纸，在金融企业界较有影响，发行量为 13 万份。它由努涅斯家族创办于 1909 年。《最新消息报》创办于 1941 年，以社会新闻为主，发行量为 10 万份。《2001 报》是午后报，创办于 1973 年，发行量为 10 万份。加拉加斯还有其他几家报纸，它们是：《午报》（*Meridiano*），是体育报，发行量为 10 万份；《利德尔报》（*Líder*）也是体育类报纸；《世界报》（*El Mundo*），是经济类晚报，发行量为 4 万份；《日报》（*Daily Journal*），是英文报纸，现已停办；《这就是新闻报》（*Así Es la Noticia*），1996 年才创办，2004 年停刊。此外，加拉加斯还有《新国家报》（*El Nuevo País*）、《塔尔夸尔报》（*Tal Cual*）等。委内瑞拉的地方报纸有：安索阿特吉州巴塞罗那的《北方报》（*El Norte*）、《大都市报》（*Metropolitano*）、《东方新报》（*Nueva Prensa de Oriente*）；阿纳科的《冲击日报》（*Diario Impacto*）、埃尔蒂格雷的《火炬报》（*Antorcha*）、《东方世界》（*Mundo Oriental*）；拉克鲁斯港的《时代报》（*El Tiempo*）、《拉普伦萨报》（*La Prensa*）；阿普雷州的《阿普雷视界》（*Visión Apureña*）；拉腊州巴基西梅托的《促进报》（*El Impulso*）、《消息报》（*El Informador*）、《拉腊日报》（*El diario de Lara*）、《今日报》（*Diario Hoy*）和《拉普伦萨报》（*La Prensa*）；卡罗拉的《卡罗拉人报》（*El Caroreño*）；玻利瓦尔州玻利瓦尔城的《玻利瓦尔人报》（*El Bolivarense*）、《进步报》（*El Progreso*）和《快报》（*El Expreso*）；瓜亚纳城的《瓜亚纳日报》（*El Diario de Guayana*）、《卡罗尼邮报》（*Correo del Caroní*）和《新报》（*Nueva Prensa*）；奥尔达斯港的《瓜亚纳人报》（*El Guayanés*）和《埃斯特拉报》（*Extra*）；苏利亚州马拉开波的《真理报》（*La Verdad*）、《专栏报》（*La Columna*）、《全景报》（*Panorama*）和《最后视界报》（*Versión Final*）；奥赫达城的《苏利亚地区报》（*El Regional del Zulia*）；阿拉瓜州马拉凯的《阿拉瓜人报》（*El Aragueno*）、《小报》（*El Periodiquito*）和《世纪报》（*El Siglo*）；拉维多利亚的《号角报》（*El Clarín*）；卡瓜的《埃尔因普雷索报》（*El Impreso*）；梅里达州梅里达的《边疆日报》（*Diario Frontera*）、《世纪变化报》（*Cambio de Siglo*）、《安第斯日报》（*Diario de los Andes*）和《玻利瓦尔峰报》（*Pico Bolívar*），埃尔比希亚的《瞭望报》（*El Vigía*）；莫纳加斯州马图林的《东方报》（*Oriental*）、《莫纳加斯报》（*El Periódico de Monagas*）、《马图林太阳报》（*El Sol de Maturín*）、《莫纳加斯埃斯特拉报》（*Extra de Monagas*）和《莫纳加斯拉普伦萨报》（*La Prensa de Monagas*）；塔奇拉州圣克里斯托瓦尔的《民族报》（*La Nación*）、《安第斯日报》（*Diario de los Andes*）和《天主教日报》（*Diario Católico*）；新埃斯帕塔州波尔拉马尔的《玛格丽塔太阳报》（*Sol de Margarita*）、《时报》（*La Hora*）、《加勒比日报》（*Diario del Caribe*）和《加里巴索日报》（*Diario Caribazo*）；特鲁希略州巴莱拉的《时代日报》（*Diario El Tiempo*）和《安第斯日报》（*Diario de los Andes*）；卡拉沃沃州巴伦西亚的《卡拉沃沃人报》（*El Carabobño*）、《街道报》（*La Calle*）和《下午消息报》（*Noti-Tarde*）；卡韦略港的《海岸日报》（*Diario La Costa*）；巴里纳斯州的《平原人报》（*El Diario de los Llanos*）、《拉普伦萨报》（*La Prensa*）和《德弗伦特报》（*De Frente*）；科赫德斯州圣卡洛斯的《科赫德斯消息报》（*Las Noticias de Cojedes*）和《科赫德斯意见报》（*La Opinión de Cojedes*）；阿马库罗三角洲州图库皮塔的《消息日报》（*Notiario*）；法尔孔州科罗的《新的一天报》（*Nuevo Día*）、《法尔孔人报》（*El Falconiano*）和《晨报》（*La Mañana*），蓬托菲霍的《沙洲报》（*Médano*）；瓜里科州圣胡安－德洛斯莫罗斯的《民族主义者报》（*El Nacionalista*）、《安特纳报》（*La Antena*）和《平原报》（*La Prensa del Llano*）；帕斯夸谷镇的《平原人日报》（*Diario Los Llanos*）；米兰达州洛斯特克斯的《前进报》（*Avance*）和《地区报》（*La Región*）；瓜雷纳斯的《声音报》（*La Voz*）；波图格萨州阿卡利瓜的《最后一点钟报》（*Ultima Hora*）和《地区报》（*El Regional*）；瓜纳雷的《西方报》（*El Periódico de Occidente*）；苏克雷州库马纳的《地区报》（*Regíon*）、《省报》（*Provincia*）和《21世纪报》（*Siglo 21*）；卡鲁帕诺的《苏克雷报》（*El Periódico de Sucre*），巴尔加斯州迈克蒂亚的《港

口日报》（*Diario Puerto*）和《真理报》（*La Verdad*）；亚拉圭州圣费利佩的《亚拉圭日报》（*El Diario de Yaracui*）、《亚拉圭人报》（*El Yaracuyano*）和《亚拉圭阿尔迪亚报》（*Yaracuy al Día*）。除了这些报纸外，委内瑞拉各大政党都有自己的党报，大部分是周报。

委内瑞拉最早的杂志是 1888 年发行的《苏利亚画报》（*El Zulia Ilustrado*），但只发行了 3 年，便于 1891 年停刊。委内瑞拉的杂志内容多种多样，全国重要期刊有 30 种左右。综合性或新闻、政治与时事类的杂志有：《委内瑞拉流浪者》（*Bohemia Venesolana*），创刊于 1966 年，属综合类周刊，发行量为近 9 万册；《埃利特》（*Elite*），综合类周刊，发行量为近 9 万册；《现代》（*Momento*），综合类周刊，发行量为近 8 万册；《警报》（*Alarma*），成立于 1977 年，政治半月刊，发行量近 7 万册；《星期日周刊》（*Dominical*），创建于 1970 年，综合性刊物，发行量高达 35 万多册；《委内瑞拉写真》（*Venezuela Gráfica*），创刊于 1951 年，新闻类周刊，发行量近 10 万册；《塞塔》（*Zeta*），政治和时事类周刊。此外，委内瑞拉还有许多有关妇女、体育、娱乐、医学和其他专业刊物，如妇女杂志《她们》（*Ellas*）、《凯娜》（*Kena*），体育半月刊《体育》（*Deportes*），医学杂志《医学论坛》（*Tribuna Medica*）、《加拉加斯医学公报》（*Gaceta Médica de Caracas*），专业杂志《委内瑞拉农业》（*Agricultura Venezolana*）、《农业植物年刊》（*Anales de Botánica Agrícola*）、《委内瑞拉科学志》（*Acta Científica Venezolana*）、《委内瑞拉自然科学社会简报》（*Boletín de la Sociedad Venezolana de Ciencias Naturales*）和英文杂志《委内瑞拉商业》（*Business Venezuela*）等。

二 出版社

近年来，委内瑞拉出版业发展很快，出版的图书不断增多。

2011 年委内瑞拉共出版图书 3517 种，居拉美国家第七位，所出版图书占拉美出版图书总量的 2.1%。这一年委内瑞拉出口图书额达 30 万美元，进口图书额为 3900 万美元。

委内瑞拉现有 20 多家出版社。

阿尔法迪尔出版社（Alfadil Ediciónes），成立于 1980 年，综合性出版社。

阿尔米塔诺出版社（Armitano Ediciones, CA），成立于 1961 年，出版美术、建筑和生态学等方面的图书。

别内斯拉科尼卡出版社（Bienes Laconica, CA），成立于 1977 年，综合性出版社。

玻利瓦尔大学生出版社（Colegial Bolivariana, CA），成立于 1961 年。

阿亚库乔图书馆基金出版社（Fundación Biblioteca Ayacucho），成立于 1974 年，文学类出版社。

弗恩达尔特出版社（Fundarte），成立于 1975 年，文学、历史类出版社。

高级管理研究所出版社（EL Institute de Estuolios Superiores de Administration, IESA），成立于 1984 年，出版经济、商业类图书。

委内瑞拉辛塞尔·卡佩鲁斯出版社（Editorial Cincel Kapelusz Venezolana, SA），成立于 1963 年，出版教科书。

新社会出版社（Nueva Sociedad），成立于 1972 年，出版社会科学类图书。

奥斯卡·托特曼出版社（Oscar Todtmann Editores），出版科学、文学、摄影类图书。

瓦德尔兄弟出版社（Vadell Hermanos Editores, CA），成立于 1973 年，出版科学、社会科学类图书。

维加 S. R. L. 出版社（Ediciónes Vega S. R. L.），成立于 1965 年，出版教育类图书。

三　广播、电视

委内瑞拉全国有广播电台 500 多家。委内瑞拉国家广播电台（Radio Nacional de Venezuela, RNV）成立于 1936 年，属国家所有，下设 15 个广播电台。其他重要的国营广播电台有城市黎明 96.3 FM 广播电台（Alba Ciudad 96.3 FM）、南方广播电台（La Radio del Sur）、马库奈马·卡里尼亚广播电台（Makunaima Kariña）、卡奈马社区广播电台（Radio Comunitaria Canaima）、YVKE 世界广播电台（Radio YVKE Mundial）和蒂乌纳 FM 广播电台（Tiuna FM）等。比较重要的私营广播电台有希马 107.9 FM 广播电台（Cima 107.9 FM）、委内瑞拉广播电台（Circuito Radio Venezuela）、瓜伊 91.7 FM 广播电台（Guay 91.7 FM）、拉梅加广播电台（La Mega）、利德尔 103.5 FM 广播电台（Lider 103.5 FM）、信仰和愉悦广播电台（Radio Fe y Alegría）、团结广播电台（Uión Radio）等。此外，全国还有 20 多家文化广播电台和约 500 家商业广播电台，大部分为私营电台。

委内瑞拉电视业始于 1952 年 11 月，现有电视台近 30 家。委内瑞拉政府掌握的电视台有国家电视台（Televisora Nacional）、委内瑞拉电视台（Venazolana de Televisión）、全国代表大会电视台（ANTV）、阿维拉电视台（Avila TV）、委内瑞拉社会电视台（Televisora Venezolana Social, TVes）、巴莱电视台（Vale TV）和比韦电视台（Vive TV）。国家电视台开办于 1952 年 11 月 22 日，后来政府又收购了一家私营商业电视台，改称委内瑞拉电视台。委内瑞拉国家电视台有第 5 频道（Canal 5）和第 8 频道（Canal 8）。这两家电视台在全国各有 10 个左右转播台。查韦斯执政后每星期日都要在第 8 频道"总统，你好"节目中对全国人民发表有关国家政策、国内外形势等内容的演说。查韦斯政府为了打破反对派对媒体的垄断，于 2003 年 11 月开设了一家新的国家电视台（Vive TV），先在首都加拉加斯地区播出节目，从 2004 年 4 月起覆盖全国 80% 的地区。

委内瑞拉的电视台绝大部分属私人所有，规模较大的私营电视台有：1994 年开播的环球电视台（Globovisión），24 小时播出新闻，主要侧重国内政治。Televen 电视台第 10 频道（Canal 10），成立于 1988 年。Venevisión 电视台第 4 频道（Channel 4）是商业电视台，成立于 1961 年，有 19 个转播台。NCTV 电视台（NCTV）是商业电视台，控制第 11 频道，是委内瑞拉第一个生态频道。第一频道电视台（Canal I）是一家音乐电视台，最早称布拉沃电视台（Bravo TV），建于 1995 年，后改为美洲狮电视台（Puma TV），现称第一频道电视台。正午电视台（Meridiano Televisión）是一家体育电视台，成立于 1997 年。Omnivisión 电视台第 12

频道（Canal 12，Omnivisión）2003 年股权售予 IMAGEN-VEPACO 集团
（Grupo Imagen Vepaco），改称为 LA TELE 第 12 频道。梅里达安第斯电视
台（Televisora Andina de Merida，TAM）成立于 1982 年，控制第 6 频道。
加拉加斯广播电视台（Radio Caracas Televisión，RCTV）是商业电视台，
国内原有 13 家转播台，2007 年 5 月 27 日被关闭。CMT 电视台成立于
1993 年，2006 年 12 月 11 日被委内瑞拉政府收购，改称南方电视台
（TeleSUR）。

第八章

外　交

第一节　外交政策

20世纪60年代资产阶级代议制民主政体在委内瑞拉确立后，委内瑞拉在对外关系上积极推行"贝坦科尔特主义"，先后同萨尔瓦多、阿根廷、秘鲁、多米尼加共和国、洪都拉斯和厄瓜多尔军政府断绝外交关系。与此同时，同社会主义古巴的关系恶化，1961年11月11日同古巴断交，并与美国一起对古巴实行军事封锁。此外，加强同石油生产国的关系，以对抗外国石油垄断集团，并与中东四国发起成立了石油输出国组织。

70年代后，世界格局发生重大变化，委内瑞拉以政治多元化理论代替"贝坦科尔特主义"，加强了同第三世界国家的联系，发展同西欧、苏联、东欧国家的关系，支持拉美国家民主化进程。1974年6月28日同中国建立外交关系。取消对古巴的石油禁运，并恢复了同古巴的关系。提倡进行南北对话和南南合作，建立国际新秩序。1975年委内瑞拉作为"南方"主席与印度一起主持在巴黎召开的国际经济合作会议，即著名的"南北会议"。委内瑞拉支持尼加拉瓜人民反对索摩查独裁统治的斗争；索摩查倒台后委内瑞拉又向桑地诺政府提供了多方面的援助。委内瑞拉主张和平解决中美洲问题，1983年1月，委内瑞拉同墨西哥、哥伦比亚和巴拿马成立"孔塔多拉集团"，为缓和中美洲的紧张局势做出了重要贡献。

90年代，委内瑞拉政府重视发展同周边国家的关系，积极推动拉美

地区一体化进程，注重经济外交，拓展同美、欧、日的关系，吸收它们的资金和技术，扩大海外贸易市场。改善同世界银行、国际货币基金组织及外国金融机构的关系，争取获得更多的贷款。

1999 年查韦斯执政后，委内瑞拉进一步强调独立自主的外交政策，强调维护主权和领土完整，反对外来干涉，主张各国之间和平共处，积极发展同拉美、加勒比地区各国的关系，主张加快拉美全面一体化进程。加强同欧盟的政治和经贸关系，增强与发展中国家的联系，推进外交多元化。把维护与美国的关系作为外交支柱之一，但反对美国强权政治和干涉别国内政的做法。查韦斯主张建立多极世界，反对强权政治。努力加强同古巴、中国以及其他第三世界国家的关系。

截至 2012 年，委同 160 多个国家保持外交关系。委内瑞拉是不结盟运动、15 国集团（G15）、24 国集团（G24）、77 国集团（G77）、石油输出国组织（OPEC）、世界贸易组织（WTO）、国际货币基金组织（IMF）、世界银行集团、美洲开发银行（IDB）、美洲国家组织（OAS）、世界劳工联合会（WCL）、世界工会联合会（WFTU）、世界卫生组织（WHO）、世界知识产权组织（WIPO）、世界气象组织（WMO）、里约集团、南美国家联盟、南方共同市场、拉美和加勒比国家共同体、美洲玻利瓦尔联盟、拉丁美洲一体化协会（ALADI）、拉丁美洲经济体系（SELA）、拉丁美洲议会（PARLATINO）、加勒比国家联盟（ACS）、加勒比共同体（CARICOM，观察员）、加勒比开发银行、拉丁美洲和加勒比禁止核武器组织（OPANAL）、亚马孙合作条约组织（Tratado de Cooperación Amazonica）、美洲国家教育协会（IAEA）、国际复兴开发银行（IBRD）、国际民用航空组织（ICAO）、国际谷物化学协会（ICC）、国际刑事警察组织（INTERPOL）等国际和地区组织的成员国。拉美经济体系总部设在加拉加斯。

第二节　同美国的关系

美国是委内瑞拉最大的投资来源国和贸易伙伴。委在美石油部门有大量投资，为美第七大投资来源国。委是美第四大石油供应国。委石油日均产量 310 万桶，日均出口 270 万桶，其中大部分供应美国。委内瑞拉石油对美国经济的发展起着不可或缺的作用。维护同美关系是委外交支柱之一。

1974 年美国颁布歧视石油输出国组织成员国的贸易法，遭到委内瑞拉的强烈批评，两国关系一度紧张。1977 年卡特就任美国总统后，双方关系有所改善。卡特总统、万斯国务卿分别访问了委内瑞拉。1979 年委内瑞拉总统埃雷拉在就职演说中说，委内瑞拉"主张在相互尊重和有利于广泛合作的坦率而又诚挚的对话基础上，（同美国）建立最友好的合作关系"。1980 年 3 月，美国取消贸易法中对委内瑞拉等国的歧视性条款。里根总统就职后，两国关系进一步发展。1995 年委内瑞拉成为美国最大的石油供应国，向美出口价值 85 亿美元的原油及制成品，占委能源出口的 70%。委加强同美在禁毒、反贪及反恐等方面的合作，并多次举行联合军事演习。美赞赏卡尔德拉总统的经济改革措施，支持《委内瑞拉议程》的实施。1995 年委内瑞拉向世界贸易组织仲裁机构提起诉讼，指控美国新制定的"汽油规则"采用双重标准。委方认为，美国政府新的汽油清洁度标准和销售政策违背了世界贸易组织关于国民待遇的原则，没有对外国供应商采取一视同仁的态度。1997 年 9 月美国能源理事会接受委为继加拿大之后的第二个国际成员。但委反对美在拉美推行强权政治和贸易保护主义政策，反对《赫尔姆斯—伯顿法》，并同巴西等国向世界贸易组织控告美对其精炼油的歧视性限制。

1999 年 1 月查韦斯执政后奉行维护国家主权、独立自主的外交方针，反对美国的霸权主义。1999 年 12 月委内瑞拉遭受泥石流灾害时，查韦斯政府为维护国家独立和主权，拒绝美国派遣大批军人到委救灾。委内瑞拉禁止美国缉毒飞机穿越该国领空，委内瑞拉空军和海军也不再参加美国举行的军事演习。2000 年 10 月，进入委内瑞拉湾海域巡逻的美国缉毒艇遭到委炮舰和战斗机的武力驱逐。2001 年 8 月，委国防部长兰赫尔约见美国驻委内瑞拉军事代表团团长米切尔·雷亚上校，要求美国军事代表团离开国防部所在地，撤走美军设在委内瑞拉军队里的联络处。

查韦斯采取向外国石油公司征收赋税的政策，使国家增加了收入，但触犯了以美国为首的西方石油公司的利益。90 年代末，在油价下跌的情况下，查韦斯支持欧佩克的限产保价措施，几次削减石油产量，引起美国的不满。查韦斯积极发展同美国宿敌古巴的关系。2000 年 10 月同古巴达成能源合作协议，每天向古巴供应 5.3 万桶优惠价格的原油和石油制品，并同古巴签订加强双边关系的多项协议。

2001 年 "9·11" 事件后，查韦斯一方面谴责恐怖主义；另一方面呼吁打击恐怖主义不能违反国际法，不能用战争的方法解决恐怖主义问题。2001 年 10 月 10 日委内瑞拉外交部副部长阿雷瓦洛·门德斯谴责美国对阿富汗实施的军事打击，并声明委内瑞拉在冲突中保持中立的立场。10 月 30 日查韦斯呼吁在阿富汗实行停火，不再屠杀无辜平民，并强调对阿富汗领土的轰炸没有任何理由。2003 年 3 月 20 日伊拉克战争爆发后，查韦斯强烈谴责美国对伊发动战争，要求联合国秘书长安南宣布美国对伊战争是对伊人民的侵略，要求安南予以反对。他还要求美国尊重《联合国宪章》，尊重人权，尊重各国人民的主权。

2004 年 3 月海地阿里斯蒂德政府被推翻后，查韦斯多次发表讲话，谴责美国在海地的行径，表示不承认海地新政府，并欢迎阿里斯蒂德到委内瑞拉避难。

查韦斯在各种场合批评新自由主义模式，说它是拉丁美洲混乱的政治根源并造成了拉美地区的贫困。2004 年 1 月在墨西哥蒙特雷举行的美洲国家首脑会议期间，他公开表示要寻求新的发展模式，因为 "新自由主义模式已经死了"。他说是美国制造了新自由主义模式，并在前几年把它强加于委内瑞拉。他还强调要把新自由主义扫地出门。查韦斯称，委内瑞拉同阿根廷和巴西两国形成反美轴心，共同领导拉丁美洲反对美国在该地区的自由贸易计划。

查韦斯政府揭露美国的反委活动。2003 年 9 月，委内瑞拉总统卫队总部和陆军、空军司令部接连遭到炸弹袭击。查韦斯指责美国暗中支持反对派颠覆现政府，并训练密谋刺杀他的 "恐怖分子"。副总统兰赫尔在 10 月 10 日也指责美国中央情报局参与制造了上述两起爆炸案，并称其目的是推翻查韦斯总统。委内瑞拉国会议员尼古拉斯·马杜罗指责美国中央情报局应对 10 月初在国家电信委员会、弗朗西斯科·德·米兰达大元帅空军基地和第乌纳军营的爆炸案负责。查韦斯 2003 年 9 月 24 日说，密谋刺杀他的恐怖分子是在美国接受训练的，他要求美国政府停止干涉委内瑞拉内政。2004 年 2 月 15 日，查韦斯在全国广播电视讲话中指责美国干涉委内瑞拉内政，暗中向委内瑞拉政府的反对派组织提供活动资金。查韦斯说，政府有证据表明委国内的反对派曾向美国请求财政援助，而美国的一些机构批准了这一请求，并向这些从事反政府活动的组织提供了资金。2004 年 2 月 17 日，查韦斯发表讲话，要求小布什政府对 2002 年 4 月 11 日至 13 日委内瑞拉发生的流血事件做出回答。2004 年 3 月 5 日，查韦斯在加拉加斯再次谴责美国支持委内瑞拉政变。他呼吁国际社会主持公正，对此做出明确表态。查韦斯当天在向驻委外交使团及国际机构代表介绍情况时说，美国政府不仅支持了 2002 年委内瑞拉反对派发动的政变，现在还在向企图推翻现政府的反对派组织提供财政援助。查韦斯说，他有充分的证据证明这一点，并将陆续将这些证据公之于世。委内瑞拉国家电视台揭露，美国国务院所属国家民主基金会向委内瑞拉工人联合会、委内瑞拉企业家商会联合会以及参加委反对派联盟"民主协调"的其他组织提供资助。它还向反政府的委国内农民协会提供援助，以破坏在委内瑞拉 10 个州实行的《土地分配法》。2004 年 3 月 7 日查韦斯在电视讲话中指出，一旦委内瑞拉遭到美国的入侵，他将联合周边国家共同向美国宣战，并将切断对美国的石油供应。2004 年 9 月 17 日，查韦斯在马瑙斯召开的巴西和委内瑞拉两国企业家会议的闭幕式上，揭露美国想要占领亚马孙，主张建立南美洲国家军事联盟来保卫主权。

美国对查韦斯政府抗拒美国的政策十分不满，对其采取敌视态度。2002 年年初美国冻结了曾答应给予委内瑞拉的发展贷款。3 月美国总统小布什出访拉美三国。在秘鲁逗留期间，小布什会晤了安第斯条约组织的玻利维亚、厄瓜多尔、哥伦比亚三国领导人，唯独把委内瑞拉总统查韦斯排斥在外。小布什政府的高级官员曾多次会见参与 2002 年 4 月 12 日政变的委内瑞拉反政府联盟领导人，并表示赞同他们推翻查韦斯总统。政变失败后，美国的处境十分尴尬。为了扭转国际社会对它干涉委内瑞拉的看法，美国在策略上有了一些变化。然而，实际上美国倒查之心不死，不断攻击委内瑞拉的政策。2003 年 8 月 12 日美国参谋长联席会议主席迈尔斯称，委内瑞拉政府在哥伦比亚反政府武装利用委内瑞拉的领土对哥伦比亚政府发动进攻问题上"睁一只眼，闭一只眼"。美国一些媒体称哥伦比亚反政府武装"哥伦比亚革命武装力量"最高指挥官马鲁兰达于 2002 年 2 月逃往委内瑞拉，并一直躲藏在该国与哥伦比亚交界的热带雨林中。《美国新闻与世界报道》还称委内瑞拉正成为南北美洲潜伏的恐怖活动中心，委内瑞拉对来自中东的伊斯兰激进分子提供了援助，并将数以千计的委内瑞拉身份证分发给来自中东的外国人，包括来自叙利亚、埃及和黎巴嫩的外国国民。2004 年 1 月，小布什政府指责查韦斯在美国的拉美盟国中制造事端。美国支持委反对派的倒查活动，美国政要多次发表谈话，赞同委内瑞拉举行公民投票，以便推翻查韦斯。美国国家安全顾问赖斯还在公开场合敦促查韦斯满足反对派的要求，以证明他"致力于民主进程"。2004 年 9 月，小布什政府以委政府未做出足够的努力阻止贩卖人口为借口，宣布在从 10 月 1 日开始的 2005 年财政年度，限制对委内瑞拉等三国的援助。

尽管美国仇视查韦斯政权，但委内瑞拉还不是美国打击的主要目标。"9·11"事件后，美国把打击恐怖主义当作头等大事。美国希望委内瑞拉这个石油大国恢复稳定，以保证向它出口石油。在美国总统小布什开列的准备打击的所谓"邪恶轴心国家"中，委内瑞拉不在其内。为了扭转国际社会对它干涉委内瑞拉的印象，美国表面上不再赤裸裸地干预委内瑞拉，希望利用所谓合法手段把查韦斯赶下台。美国甚至还参加了由巴西、墨西哥、智利、西班牙和葡萄牙组成的"委内瑞拉之友"小组，帮助推动委内瑞拉政府和反对派之间的对话。

委内瑞拉政府一方面揭露美国的反委活动；另一方面注意维持同美国的关系，特别是经贸关系，到伊拉克战争前，委内瑞拉对美国的石油出口已趋于正常，在很大程度上保证了美国所需石油的供应。委内瑞拉副总统兰赫尔在 2003 年 10 月 10 日指出，委内瑞拉和美国的关系虽存在困难，但正朝着正常化方向前进。委内瑞拉外交部部长赫苏斯·佩雷斯（Jesús Pérez）2004 年 2 月 22 日说，委内瑞拉不是美国的盟友，但在很多事情上是伙伴。他还说，尽管委内瑞拉与美国存在分歧，但委不会以停止向美国输出石油作为对美施压的手段。2004 年 8 月 15 日公投结束后，查韦斯表示愿同美国总统小布什会晤，改进双边关系。

2005 年开始后，美国小布什政府继续采取与查韦斯政权为敌的政策，委内瑞拉政府则与之进行针锋相对的斗争，两国摩擦不断。

美国小布什政府不遗余力地攻击查韦斯政府。2005 年 2 月 28 日，美国国务院发表的人权年度报告，把委内瑞拉列为"问题国家"，随后小布什宣布，美国将"拨出更多的资金支持和加强委内瑞拉的反对党和组织，以保卫委内瑞拉的民主"。小布什多次称查韦斯是"麻烦制造者"。美国助理国务卿奥托·赖克甚至把查韦斯和卡斯特罗列为"拉美两大恐怖人物"和"邪恶轴心的西半球版本"。3 月 4 日，美国国务卿赖斯在国会称："查韦斯政府是本地区的消极力量，它给邻国制造困难，和古巴的卡斯特罗结成了联盟，美国对此表示特别关注。"2006 年 3 月中旬，美国国家安全战略报告称查韦斯是"煽动政治家"，利用石油财富破坏地区的民主制度。

小布什政府多次寻找借口对委内瑞拉实行报复，在各种场合同委内瑞拉作对。2006 年 5 月 15 日，美国借口委内瑞拉政府未对国际反恐战争提供全面合作，宣布对委内瑞拉实施武器禁运。9 月 23 日美国警方在纽约肯尼迪国际机场，非法拘留委外长尼古拉斯·马杜罗一个半小时。2006 年 10 月，联合国安理会改选非常任理事国，美国支持危地马拉竞选安理会理事国，阻挠委内瑞拉当选安理会理事国。因两国均未能获得当选所需的票数，最后双双退出竞选。

小布什政府长期实行支持委内瑞拉反对派推翻查韦斯政权的"静悄悄干涉"计划，每年至少花费 700 万 ~ 1000 万美元。该计划由美国国务院、国际开发署、中央情报局、国家民主基金会负责，通过美国驻委内瑞拉大使馆内的美国国际开发署办公室和美国大使馆控制的 3 个"私人"办事处具体实施。资助的对象包括长期非法从事推翻查韦斯政府活动的"请加入"组织。2005 年 5 月 31 日，美国总统小布什在白宫亲自接见访问美国的委"请加入"组织的副主席玛丽娅·科里娜·马查多，支持该

组织的反查活动。

委外长 2005 年 2 月 23 日在美洲国家组织常设理事会上称，"存在一个肉体上消灭委内瑞拉总统的阴谋"。委内瑞拉副总统兰赫尔还公开展示设在美国佛罗里达州霍姆斯特德市一些专门训练营的照片，这些训练营训练准备潜入委内瑞拉并推翻查韦斯的准军事力量。

小布什政府的挑衅和干涉活动，成为查韦斯政府激烈反美的催化剂。查韦斯多次猛烈抨击小布什和美国霸权主义政策。2005 年查韦斯称美国总统小布什是"杀手"，并指控美国干涉委内瑞拉事务。查韦斯说："我们不是什么'邪恶轴心'，而是'善良轴心'，是一个为了民众，为了国家未来的轴心。"2005 年 8 月 21 日，查韦斯访问古巴时说："美国的霸权主义是全球最大的破坏者，也是世界面临的最严峻威胁。"

2005 年，查韦斯指控美国缉毒局特工从事间谍活动，停止了与美国缉毒局的合作，将美国缉毒特工赶出了委内瑞拉。为了防备敌人入侵委内瑞拉，2006 年 4 月 26 日，委内瑞拉举行军事演习，参加此次演习的有 1 万名军人、3500 名民兵和预备役力量。查韦斯宣布要把 100 万人武装成"后备军"，国民警卫队还招募了 500 名印第安人，他们将使用毒箭来保卫国家。查韦斯多次表示，美国胆敢直接干涉和侵略委内瑞拉，委内瑞拉就"完全切断对美国的石油供应"。

为了摆脱本国石油对美国的严重依赖，委内瑞拉加强同拉美国家的石油合作，同南方共同市场国家、加勒比国家和安第斯国家签订石油合作协议，推动成立了南方石油公司、加勒比石油公司和安第斯石油公司等地区合作机构。2005 年，委内瑞拉与 13 个加勒比国家签署实施"加勒比石油计划"，以优惠价格向这些国家出口石油。2006 年 10 月，在联合国安理会改选非常任理事国期间，委内瑞拉获得所有加勒比共同体成员的支持。与此同时，委内瑞拉加强同中国、印度、白俄罗斯等国的石油合作，扩大石油出口，在石油勘探、开采和加工上寻求合作。

查韦斯团结南美洲左翼政权国家，通过"美洲玻利瓦尔替代计划"组成反美联盟。2004 年 12 月 14 日，查韦斯与古巴领袖卡斯特罗签署

《美洲玻利瓦尔替代计划》协议。2005 年 4 月 28 日，两国签署了一体化计划。查韦斯与卡斯特罗表示，要共同抵制美国推动的"美洲自由贸易区"，代之以"美洲玻利瓦尔替代计划"。2006 年 4 月 29 日，委内瑞拉、玻利维亚和古巴三国首脑在哈瓦那签订《执行美洲玻利瓦尔替代计划和人民间贸易条约的协议》。后来，尼加拉瓜、安提瓜和巴布达、多米尼克、厄瓜多尔、洪都拉斯、圣文森特和格林纳丁斯也先后加入该联盟。这个联盟大力反对美国推行的新自由主义经济政策和"美洲自由贸易区计划"，提倡在非自由贸易基础上进行公平交易。2006 年 5 月 21 日，查韦斯总统宣布退出与墨西哥、哥伦比亚组成的三国集团。此举的矛头是对准美国。因为他认为美国与墨西哥、哥伦比亚的自由贸易协定损害了委内瑞拉的利益。

在中东地区，委内瑞拉密切同伊朗、叙利亚等国的关系，寻求成立跨区域的反美联盟。2006 年 8 月，查韦斯访问叙利亚，实现了两国历史上的第一次首脑访问。查韦斯多次访问被美国列为支持恐怖主义的国家伊朗，两国建立起了密切的关系。截至 2007 年 7 月，两国签署了 100 多项合作协议。

小布什政府敌视查韦斯政权措施的不断升级和委内瑞拉采取的对抗措施，使两国的关系进一步恶化。2006 年 2 月 2 日，查韦斯下令驱逐美国大使馆海军武官科雷亚中校，理由是他"卷入了间谍活动"。美国国务院次日宣布驱逐委驻美公使衔参赞杰妮·菲格罗达以进行报复。2008 年 9 月 11 日，委内瑞拉总统查韦斯在得知美国驱逐了玻利维亚驻美大使后，宣布驱逐美国驻委大使帕特里克·杜迪，限其在 72 小时内离境，以此作为美国驱逐玻利维亚驻美大使古斯塔沃·古斯曼的回应，并表示对玻利维亚总统莫拉莱斯和玻利维亚人民的支持。次日，美国国务院发言人麦科马克宣布驱逐委内瑞拉驻美大使，同时，美国财政部宣布对委内瑞拉政府两名高级官员和一名前政府官员实行制裁。

委内瑞拉在同美国政府对抗的同时，采取措施加强和美国人民间的关系，2008 年委内瑞拉在美国运营的西果石油公司向美国 23 个州的 20 万个家庭、65 个部落提供取暖用油，西果基金会还向美国 14 个州的 210 个

避难所免费供暖。2009 年，西果石油公司继续向美国困难家庭提供取暖用油。从 2009 年 1 月 19 日起，美国一些州的低收入家庭至少可以免费获得 100 加仑的取暖用油。

2009 年 1 月 20 日奥巴马就任美国总统。奥巴马执政初期，委内瑞拉和美国的关系有所改善。对委内瑞拉来说，在国际经济危机蔓延、油价低迷的情况下需要保住美国这一传统市场，有缓和同美关系的必要。而且，奥巴马上台后提出与拉美国家建立平等关系，其有别于小布什政府的一些对外政策，迎合了查韦斯的一部分政治理念。在这种情况下，4 月 17 日在特立尼达和多巴哥首都西班牙港召开的美洲国家首脑会议开幕时，查韦斯和奥巴马首次握手互致问候。18 日双方举行会谈，会谈前两人再次握手。奥巴马用西班牙语向查韦斯问候，查韦斯则赠送给奥巴马一本乌拉圭作家爱德华多·加莱亚诺的名著《拉丁美洲：被切开的血管》。会议期间，查韦斯表示将研究向美国派遣新大使问题。查韦斯和奥巴马之间的互动，表达了改善两国关系的愿望。4 月 22 日，查韦斯政府宣布将位于美国德拉瓦河中面积为 214 公顷的佩蒂岛赠送给美国，作为委美两国恢复合作关系的象征。这个小岛是委内瑞拉国家石油公司 1990 年买下的，用以储存和提炼石油。6 月 25 日，委内瑞拉和美国分别宣布恢复大使级外交关系，结束了 2008 年 9 月互相驱逐大使以来两国关系的僵持状态。6 月 26 日，委内瑞拉大使贝尔纳多·阿尔瓦雷斯·埃雷拉重返华盛顿，7 月初美国驻委内瑞拉大使杜迪正式到任。

然而，委美关系改善的好景不长，2009 年 6 月 28 日发生的洪都拉斯政变，使两国关系再生变数。委内瑞拉指责美国暗中支持洪都拉斯军事政变，推翻和委内瑞拉保持良好关系的塞拉亚左翼政权。7 月 20 日，哥伦比亚宣布同美国签订协议，允许美国将驻在厄瓜多尔曼塔基地的军事人员和装备转移到哥伦比亚的军事基地，并同意在未来 10 年内美国军队使用哥伦比亚的 7 个空军和海军基地。此外，哥还同意美向在哥的军事基地派遣最多 800 名军人和 600 名文职人员。作为回报，美国向哥伦比亚提供 50 亿美元的经济援助。这项军事协议的签订，使委内瑞拉和美国的关系再添新伤。9 月 24 日，查韦斯在联合国大会上批评美国政府计划将哥伦比亚 7 个军事基地用作军事用途，认为会威胁哥伦比亚和南美洲的和平。不过他又称赞奥巴马是个有智慧的人，并希望他会改变美国对拉美国家的政策，解除对古巴的长期禁运。2009 年 10 月 30 日，哥伦比亚与美国在波哥大正式签署了《防务和安全合作与技术援助补充协议》。美国扩大在哥伦比亚的军事力量，令委内瑞拉感到不安。查韦斯评论说，美国试图在南美地区"挑起战争"，将哥伦比亚变成美国在南美洲的军事前沿阵地。出于自身安全考虑，委内瑞拉政府决定从俄罗斯增加购买主战坦克。此前委内瑞拉已向俄罗斯购买了战斗机、直升机和突击步枪等大批军事装备。查韦斯称，计划到 2010 年 3 月在拉丁美洲建立 70 个和平基地，以抵消美国军事基地产生的影响。2009 年 11 月 18 日，委内瑞拉外交部发表一份公报，表示对哥伦比亚与美国签署一项军事协议加强美国的军事存在的关注，拒绝美国调解委内瑞拉与哥伦比亚间的危机。

2010 年 1 月 8 日，一架美国军用飞机侵犯委内瑞拉领空，委出动两架 F－16 战斗机拦截。查韦斯说，美国此举是对委内瑞拉的挑衅，以寻找借口对委发动军事攻击。1 月 12 日海地发生强烈地震，美国派大批军队到海地。查韦斯说，美国是打着救援的旗号，实施暗中占领海地之实。2010 年 2 月 2 日，美国国家情报总监丹尼斯·布莱尔说，美国情报部门认为，查韦斯继续将民众主义和威权主义的政治模式强加给委内瑞拉，威胁民主机制。美国批评委内瑞拉大量采购武器，引起地区军备竞赛。4 月 1 日，委内瑞拉外交部部长马杜罗要求美国政府深刻修改其外交政策，与拉丁美洲和加勒比建立平等的关系，不搞任何类型的干涉主义。4 月 8 日，查韦斯指责美国批评委内瑞拉军购的做法"愚蠢"，委内瑞拉将继续购买武器，增强防卫能力，抵御美国和哥伦比亚可能发起的攻击。

奥巴马 2010 年 10 月 9 日获得 2009 年诺贝尔和平奖后，引起查韦斯的强烈不满。10 月 11 日查韦斯说，奥巴马非但没宣传和平，反而继续奉行其前任小布什推行的军事政策。他在自己的专栏中写道："奥巴马做出了什么贡献获此殊荣？诺贝尔委员会重视奥巴马提出的无核世界，却无视他向阿富汗增兵、深陷伊拉克战争，以及决定在哥伦比亚设立新的军事基地。""这是我们第一次眼睁睁看着诺贝尔和平奖被颁给一个毫无成绩可

言的候选人，而这个人只不过提出了一个根本难以实现的愿望（无核世界）而已！"查韦斯称，将诺贝尔和平奖颁给奥巴马就好比是一位棒球投手说自己想赢 50 场比赛、投出 500 次三振出局，然后他就获奖了。

2010 年 6 月底，美国驻委大使帕特里克·杜迪结束任期回国，奥巴马提名拉里·帕尔默出任驻委内瑞拉大使。7 月，帕尔默出席参议院外交关系委员会听证会时说，委内瑞拉军队士气"相当低落"，指责委内瑞拉政府庇护哥伦比亚反政府武装。委内瑞拉政府对他的反委言论大为气愤，数次要求美国政府撤销对帕尔默的提名，但遭美方拒绝。12 月 28 日，委内瑞拉再次拒绝美国大使人选。12 月 29 日美国国务院宣布，取消委内瑞拉驻美大使贝尔纳多·阿尔瓦雷斯·埃雷拉的签证，以此报复委内瑞拉。

2011 年 11 月，查韦斯在委内瑞拉军事学院说拉美多名左翼领导人身患癌症，很可能是美国利用先进生化技术向这些领导人下毒手。2011 年 12 月 19 日，美国总统奥巴马在接受委内瑞拉媒体采访时则批评该国的人权记录，并指责其与伊朗和古巴的关系。

查韦斯不断加强同美国宿敌伊朗的关系，两国签署多项合作协议，进一步提升了双边关系。2012 年 1 月 8 日，伊朗总统内贾德抵达委内瑞拉进行访问。此访引起美国的不满，作为报复，美国国务院当天宣布，委内瑞拉驻迈阿密总领事拉维亚·阿科斯塔·诺格拉是一个"不受欢迎的人"，勒令其在 1 月 10 日前离开美国。

2012 年 12 月，奥巴马指责查韦斯的"独裁政策及对持异见人士的镇压"。作为回应，委内瑞拉政府将奥巴马的言论称为"在这样一个敏感时刻发出的卑劣言论"，称奥巴马应为两国关系的严重恶化负责。

尽管美委两国间的政治摩擦不断，但随着查韦斯病情的加重，双方都想打破僵局，谋求改善双边关系。2012 年下半年，委内瑞拉和美国开始建立对话渠道。2012 年 11 月大选结束后，美国负责西半球事务的助理国务卿乔科布森与马杜罗副总统通话探讨改善外交关系的可能。后来，美国助理国务卿帮办惠特克同委内瑞拉常驻华盛顿的美洲国家组织大使罗伊·查德顿又举行秘密谈判。

随着查韦斯的病情日益恶化，美国与委内瑞拉秘密外交接触越来越多。美国希望通过秘密谈判消除两国之间的不信任，恢复两国之间的合作。委内瑞拉则希望与美国实现和解，并互派大使。马杜罗向全国发表电视讲话，表示委内瑞拉与美国在意识形态和政治上存有很大分歧，但只要美国尊重委内瑞拉的革命与民主进程，恢复两国关系正常化是有可能的。委内瑞拉驻美洲国家组织大使罗伊·查德顿也对外宣称，委内瑞拉政府打算改善与美国的紧张关系。此外，委内瑞拉政府考虑恢复同美国在禁毒上的合作，让美国缉毒特工重返委内瑞拉。

2013 年 3 月 6 日，委内瑞拉总统查韦斯在和癌症抗争了两年之后去世。当天白宫就查韦斯去世发表声明，称委内瑞拉翻开了"新的历史篇章"，美国希望与委内瑞拉建立"建设性"关系。奥巴马说："美国重申，将支持委内瑞拉民众，有意与委内瑞拉政府发展建设性关系……随着委内瑞拉翻开新的历史篇章，美国依旧秉持推广民主原则和法律规范并尊重人权的政策。"然而，委内瑞拉对美国抛出的橄榄枝并不领情。马杜罗政府指责说查韦斯的癌症是受到了外国敌人谋害所致，要成立科学小组进行调查，马杜罗还驱逐了两名美国驻委使馆的武官。与此同时，美国对谋害查韦斯的指控予以否认，认为完全是谬论。3 月 9 日，美国将两名委内瑞拉外交官驱逐出境，作为两名美国武官遭委方驱逐的报复。委美两国的行动，意味着美国欲与后查韦斯时代的委内瑞拉修复关系的努力受挫。

对于 4 月 14 日委内瑞拉的总统选举，美国助理国务卿罗伯塔·雅各布森希望委内瑞拉能遵循"西半球事务中的最高民主原则"，在大选中做到"公开、公正、透明"。3 月 20 日委内瑞拉外交部部长埃利亚斯·豪亚做出回应，宣布委内瑞拉政府决定暂时取消去年与美国建立的改善两国关系的对话渠道，但维持同美国的外交和领事关系。美国国务院 21 日回应称，美国仍然寻求与委内瑞拉建设一个富有成效的关系，并指委方的指控是"没有事实根据的、古怪的指控"。

4 月 15 日，马杜罗当选委内瑞拉总统。但美国迟迟不承认委大选结果，并要求重新统计选票。美国总统奥巴马声称："整个半球一直关注着委内瑞拉暴力、抗议和镇压反对派。"4 月 22 日委外交部部长豪亚对美国发出警告，称如果美国就委内瑞拉总统大选恢复对该国制裁，委内瑞拉将采取相应措施进行报复。5月3日，奥巴马说，整个地区都在"关注那里（指委内瑞拉）的暴力事件、抗议以及对反对派的镇压"，并表示将介入美国电影制片人蒂莫西·哈雷特事件。蒂莫西·哈雷特涉嫌在委内瑞拉煽动叛乱、使用虚假证件，并与一些犯罪计划有关联而在4月被委内瑞拉逮捕。次日，马杜罗猛烈抨击奥巴马。委外交部也在这一天发表声明，谴责美国在委国内挑起动乱，以证明"帝国主义干预"有理。

然而，委内瑞拉和美国为了各自需要，都不想两国关系长久陷入僵局。5月19日，委内瑞拉外长豪亚表示，委内瑞拉愿意与美国在相互尊重和互不干涉内政的前提下实现两国关系正常化，并任命卡利斯托·奥尔特加为驻美大使馆临时代办，并说："这是向美国政界发出的信号，通过任命最高外交官，让他们了解委内瑞拉实现两国关系正常化的愿望。"与此相呼应，美国国务卿也称准备开启与委内瑞拉的对话，以实现互派大使。6月5日，在危地马拉南部城市安提瓜召开的第43届美洲国家组织大会上，美国国务卿克里与委内瑞拉外长豪亚会晤，两国同意在美国国务院和委内瑞拉外交部之间持续进行高层对话，设立日程表，尽快实现两国互派大使。这次会晤是2009年以来两国首次举行的部长级会谈，释放了两国政府希望改善紧张关系的信号。在两国外长会见前数小时，委政府"驱逐"了涉嫌从事间谍活动的美国电影制片人蒂莫西·哈雷特。

委内瑞拉决定向美国"棱镜"监控项目揭秘者爱德华·斯诺登提供庇护，使美委关系的改善再次受挫。6月25日，委内瑞拉总统马杜罗表示，委政府支持爱德华·斯诺登的做法。他说，斯诺登应该得到全世界人道主义的关注，因为他的"罪行"促进了人类进步，让所有人可以看清真相。美国国务卿克里多次致电委内瑞拉外长豪亚，称斯诺登犯下严重违法行为，应回到美国接受审判。如果委内瑞拉向斯诺登提供庇护，将面临美国的制裁。委内瑞拉不畏美国的威胁，7月5日马杜罗宣布决定向斯诺登提供"人道主义避难"。7月19日，委内瑞拉副总统豪尔赫·阿雷阿萨（Jorge Arreaza）继续重申愿意给予斯诺登庇护的意愿。西班牙《阿贝赛报》报道，美国作为报复，取消委内瑞拉高官和部分企业家进入美国的签证，甚至威胁停止向委内瑞拉出口汽油等石油产品。

7月17日，美国常驻联合国大使萨曼莎·鲍尔（Samantha Power）在参议院公开谴责委内瑞拉压制民权，称这是犯罪行为。7月19日，委内瑞拉外交部向美国驻加拉加斯使馆发出抗议照会。当晚委内瑞拉总统马杜罗公开表示对美国的挑衅采取零容忍的态度，并宣布委内瑞拉将中断自6月开始的委美两国关系对话。8月25日，马杜罗指责美国妄图挑起世界大战，表示反对美国干涉叙利亚局势。马杜罗还多次指控美国试图破坏该国政府，其中包括试图暗杀马杜罗。9月7日，马杜罗称美国企图破坏该国的食品、电力与燃料供应，使其政府"崩溃"。

9月21~24日，委内瑞拉总统马杜罗出访中国。据外媒报道，委内瑞拉外交部部长埃利亚斯·豪亚称，马杜罗所搭乘的航班原计划穿越波多黎各上空，但被美国官方拒绝，而美国官员称美方并未拒绝马杜罗专机过境美领空，已准许其入境。

9月30日，马杜罗宣布驱逐美国驻委内瑞拉使馆临时代办凯利·凯德林与政治处官员大卫·穆尔和伊丽莎白·霍夫曼，指责他们与"极右"势力密谋，试图破坏委内瑞拉经济和电网。美国驻委内端拉使馆拒绝委内瑞拉政府的指控，表示美国外交官员进行的是"正常的外交接触"。10月1日，马杜罗在国家电视台公布了被驱逐美国外交官联系国内反对派的证据，并要求美国尊重委内瑞拉主权。美国驻委内瑞拉使馆随后则发表声明，称委方的指控毫无根据。

10月10日，美国石油公司运营的一艘船只在圭亚那与委内瑞拉争议海域被委内瑞拉海军扣押，后驶往委内瑞拉玛格丽塔岛。11日，委内瑞拉外交部发表声明称该船在委内瑞拉宣称拥有主权的海域"进行非法活动"。10月15日，委内瑞拉释放了这艘美国船。

第三节　同欧洲国家的关系

欧盟是委第二大贸易伙伴和投资方，委十分重视发展同欧盟国家的关系，以求引进资金、技术和增加出口。1994年以来委同欧盟关系有较大发展，双方签有金融、技术、工业合作等协定，以及工人培训计划和促进委内瑞拉非传统产品出口计划等。1995 年，委内瑞拉同德国签署了《避免双重征收所得税和财产税协议》，与英国签署了《相互促进和保护投资协定》。同年，意大利总统和立陶宛总理访问了委内瑞拉。1996 年 6 月委外长布雷利出席在罗马举行的安约－欧盟外长会议，同月，委同欧盟签订《能源合作协议》。

查韦斯执政后重视发展同欧盟的关系，上任后马上出访法国、比利时、奥地利和意大利等国。同年 6 月，查韦斯出席首届欧盟－拉美国家首脑会议。同年 7 月，西班牙首相阿斯纳尔访委。2000 年 1 月，西班牙王储费利佩访委。同年 7 月查韦斯赴德国出席 2000 年世界博览会委内瑞拉馆开馆仪式。

意大利是委内瑞拉第四大贸易伙伴，2000 年两国贸易额达 10 亿美元。2001 年 2 月，委内瑞拉外长兰赫尔同意大利驻委大使贝内德蒂签署经济合作协议及促进和保护投资协议。兰赫尔指出，意大利和委内瑞拉存在着久远的历史和经济、文化联系，通过上述协议委希望加强两国业已存在的友好关系，委愿意为来委做生意的意大利企业家和投资者提供安全保证。同年 10 月，查韦斯访问瑞士、法国、意大利、比利时、奥地利、葡萄牙、英国和梵蒂冈。2002 年 6 月，委政府和英国政府签署引渡协定。同年 10 月，查韦斯对法国和挪威进行正式访问，对意大利和英国进行工作访问。在委发生 "4·12 政变" 和反对派举行大罢工期间，欧洲各国均谴责暴力和政变，并希望委各方人士通过和平、符合宪法的途径解决危机。2004 年 8 月 15 日，查韦斯取得公民投票胜利后，8 月 17 日，西班牙首相萨帕特罗打电话给查韦斯总统，祝贺他在全民公决中赢得胜利，并邀请他访问西班牙。

20 世纪 90 年代初，委内瑞拉同俄罗斯联系不多。1995 年后双边关系有所发展。1996 年 5 月，俄罗斯外长访委，与委签订《两国友好合作条约》和《文化科技合作协定》。同年 7 月，俄杜马主席率团访委。委俄恢复执行向古巴供应原油的 "三角协议"。2001 年 5 月，查韦斯访问俄罗斯。2001 年 12 月 13 日，俄罗斯总理卡西亚诺夫抵委进行正式访问。查韦斯在机场迎接卡西亚诺夫时说，这是俄罗斯总理首次访问委内瑞拉，这是一次"历史性的访问"。卡西亚诺夫表示，委内瑞拉是俄罗斯在拉丁美洲的"关键的伙伴"。12 月 14 日，查韦斯总统和卡西亚诺夫总理签署了4 项关于能源、政治、旅游的合作协议。两位领导人签署了委俄关于建立政府间高级混委会的谅解备忘录，该混委会将由两国的副总统主持。签署的其他协议有关于委内瑞拉发展银行和俄罗斯地区发展银行间的谅解备忘录以及委内瑞拉玻利瓦尔州与俄罗斯沃尔戈拉多地区经济贸易、科技、文化合作协议。2002 年 12 月，查韦斯同俄罗斯总统普京通电话，普京希望委达成持久的全国性协议，以稳定国家局势，谴责一切政变企图。俄罗斯外长伊万诺夫还发表公报，希望委危机能以符合宪法和民主的方式解决，并建议在联合国内组建一个旨在协助解决危机的"委内瑞拉友好国家小组"。2004 年 2 月初，委内瑞拉与俄罗斯签订协议，俄罗斯对委内瑞拉投资 10 亿美元，在委内瑞拉建设一家炼油厂、一家炼铝厂和建立一条航线。双方还对在委内瑞拉合作建设石油发电厂、热电厂，特别是在玻利瓦尔州托科马的石油发电联合企业感兴趣。

委内瑞拉发生"4·12 政变"和反对派举行大罢工期间，欧洲各国以及欧盟均谴责暴力和政变。2006 年 5 月，查韦斯总统访问意大利和梵蒂冈，并出席在维也纳举行的第四届欧盟－拉美国家首脑会议，随后对英国进行私人访问。同年 10 月，委副总统兰赫尔访问西班牙，分别会见西首相萨帕特罗和外交大臣莫拉蒂诺斯。2007 年 10 月在第三次意大利－拉丁美洲会议上，委内瑞拉副外长瓦莱罗呼吁欧洲国家加强和扩大与拉美和加勒比国家的关系。从 2008 年起，欧盟和委内瑞拉开始进行经济对话，2008 年 11 月进行了第一次会晤。此后又进行了 3 次会晤：2009 年在旅游部门、2010 年在创新能源部门、2012 年在食品部门。2009 年 1 月 15 日，欧盟委员会与委内瑞拉政府签署谅解备忘录，规定此后 5 年欧盟将向委内瑞拉提供 4000 万欧元援助，用于该国进行现代化建设。公报说，双方愿意进一步加强对话，为欧盟加强在委内瑞拉的投资、改善双边经贸关系提供新的机会。尽管如此，查韦斯执政时期，委内瑞拉同欧盟的关系并不密切，并且不时出现问题。2006 年 2 月，国际原子能机构特别理事会会议上，委内瑞拉对欧盟提出的伊朗核问题决议案投了唯一一张反对票。2008

年 6 月 19 日和 6 月 30 日，查韦斯两次公开声称，如果欧盟继续沿用其新移民条例（允许非法移民在被驱逐出境前可在拘留所中监禁最长达 18 个月），委内瑞拉将驱逐在该国境内进行商业活动的欧盟企业。2012 年 4 月 3 日，欧盟航空安全委员会宣布，禁止委内瑞拉国营航空公司 CONVIASA 所有飞机在欧盟领空飞行。委内瑞拉政府对欧盟的禁令立即做出反应，谴责欧盟的决定。委发表公报说，欧盟的决定是"不相称的"，"委政府保留相应的权利，捍卫委内瑞拉国营航空公司在国际上的声誉"。2013 年 7 月 4 日，委内瑞拉与玻利维亚、阿根廷、厄瓜多尔、乌拉圭和苏里南在玻利维亚科恰班巴举行紧急会议，强烈谴责西班牙、法国、意大利和葡萄牙对玻利维亚总统专机关闭领空的行为。随后，委内瑞拉又与南方共同市场其他成员国一起发表声明，再次谴责上述欧盟四国。

在欧盟国家中，西班牙与委内瑞拉联系最多。2004 年 11 月，查韦斯对西班牙进行就任 6 年来第一次国事访问。委内瑞拉注重发展同西班牙的贸易关系，2005 年至 2012 年 4 月，西班牙的造船厂共为委内瑞拉制造了 8 艘军用船只，其中包括海洋巡逻艇和海岸巡逻艇。西班牙石油公司也与委内瑞拉国家石油公司有合作项目。不过，2007 年 11 月在智利圣地亚哥举行的伊比利亚美洲首脑会议期间查韦斯与西班牙国王卡洛斯的口角，一度使两国的关系降温。查韦斯在会议发言中称西班牙前任首相何塞·阿斯纳尔是"一名法西斯分子"，并几次打断西班牙首相萨帕特罗的发言，结果招致西班牙国王卡洛斯的怒斥："你就不能闭嘴吗？"2008 年 2 月，查韦斯宣布他已"冻结"委内瑞拉同西班牙的关系，并说除非西班牙国王做出正式道歉，否则两国关系仍将处于"冷冻期"。2008 年 5 月，查韦斯与西班牙首相萨帕特罗在欧盟和拉美加勒比首脑会议上交谈后，两国关系逐步缓和。同年 6 月，西班牙外长莫拉蒂诺斯出访委内瑞拉，代表西班牙政府首脑邀请查韦斯访问西班牙。他说此次访问有助于翻过两国之间在智利圣地亚哥伊比利亚美洲首脑会议上发生的不愉快的一页，并宣布西班牙政府与委内瑞拉政府之间的外交关系开始了一个新阶段。同年 7 月，查韦斯出访西班牙，与西班牙国王卡洛斯会晤，两人握手言和。随后，查韦斯与西班牙首相萨帕特罗签订了"石油换技术"协议。委内瑞拉将以单价

100 美元每天向西班牙供应 1 万桶石油,用以换取来自西班牙的可再生能源技术及食品援助。2008 年 10 月,委内瑞拉外长马杜罗和西班牙外长莫拉蒂诺斯签署能源、经济和铁路领域的三项协定,以加强两国的双边关系。2009 年 9 月,查韦斯再次造访西班牙,与卡洛斯国王在埃尔帕尔多宫会面,两人冰释前嫌。2010 年 3 月,西班牙与委内瑞拉再次出现摩擦。西班牙法官指责委内瑞拉与西班牙境内巴斯克分裂组织"埃塔"和哥伦比亚游击队相互勾结。查韦斯予以否认,同西外长莫拉蒂诺斯会谈时表示将配合西班牙进行调查。委内瑞拉和西班牙两国政府发表了联合公报,结束双方的摩擦,表达了两国深化在所有领域包括反恐斗争中的友好和富有成果的关系的意愿。

委内瑞拉加强同法国的军事合作和经济关系。2008 年 5 月,委内瑞拉和法国的军队联合参谋部在加拉加斯举行会议,签署了 2009 年的行动计划。2009 年的行动计划包括在加勒比共同训练和进行军事演习,在法国培训委内瑞拉的军官等。2012 年 7 月,法国石油化工集团道达尔公司宣布将为委内瑞拉瓜里科州的 Yucal Placer 气田新的开发阶段进行投资。该公司参与了委内瑞拉奥里诺科重油带的重油开发业务,还持有委内瑞拉合资石油公司的股份。

为了庆祝委内瑞拉和德国建交 50 周年,2005 年 4 月,委外长罗德里格斯访问了德国,以加强两国的政治、经济和贸易关系。罗德里格斯与德国外长菲切尔进行了工作会晤,并会见德国政界、国会、经济贸易界、文化界和支持委内瑞拉进程的社会人士。2007 年 6 月,委内瑞拉内政和司法部、国防部与德国内政部签署了反对毒品的合作协议。该协议规定建立一个分析和研究的机构,由德国反毒机构的顾问和委内瑞拉国民警卫队的两名官员参加。两国将加强合作,共同打击有组织犯罪和毒品走私。2013 年 6 月,德国 13 家从事发电、供电、电源设备制造的大型企业组成的代表团访问了委内瑞拉,与委内瑞拉国家电力公司举行了第一届委德企业家会晤。随后,委内瑞拉国家电力公司也派团前往德国,与德国企业就开展两国电力合作举行了技术性工作会谈。委内瑞拉希望在德国企业的支持下,对本国电力系统进行技术升级和改造,增加可再生能源的发电比重,

完善现行的国家能源结构。

在欧洲国家中，委内瑞拉同俄罗斯和白俄罗斯的关系最为密切。查韦斯总统多次访问俄罗斯，俄罗斯领导人普京和梅德韦杰夫也对委内瑞拉进行过访问。2006 年美国开始对委内瑞拉实施武器禁运之后，委内瑞拉和俄罗斯的军事关系不断加强。从 2005 年起签署了多项军购合同，委内瑞拉从俄罗斯采购了战斗机、武装直升机、军用运输机、防空导弹、坦克车、装甲车、自动步枪等武器，并在委内瑞拉建成 3 座军工厂，生产 AK自动步枪和子弹，维修俄产直升机。2004～2011 年，委内瑞拉军火进口中有近 2/3 来自俄罗斯，委内瑞拉已经成为俄罗斯武器第二大出口国，仅次于印度。2008 年 12 月，由 4 艘军舰组成的俄罗斯北方舰队舰艇编队与委内瑞拉海军进行了为期 3 天的联合军事演习。2010 年 4 月，俄罗斯总理普京对委内瑞拉进行首次访问，与委内瑞拉总统查韦斯共同签署了 31项双边合作协议，旨在推动两国间能源、核能、航天、军事、贸易等多个领域的合作。该协议包括成立合资公司，在奥里诺科重油带胡宁 6 号区块开发石油。协议还包括俄帮助委发展航天工业、俄在委建立汽车工厂、委购买俄的汽车和飞机、合作建设火电厂以缓解委内瑞拉的电力危机、俄继续向委出售武器等内容。普京的访问，开启了双方以能源为主的第二轮经贸合作高峰。2010 年 10 月查韦斯访俄期间，与俄罗斯总统梅德韦杰夫签署了 2010～2014 年俄委伙伴关系发展计划行动文件，确定双方在政治、经济、金融、能源、交通、农业及人文教育等各领域的主要合作方向。双方还签署了在境内建设和运营首座核电站的政府合作协议，以及共同开发委境内油气田的能源合作谅解备忘录。2012 年 9 月，俄罗斯国家石油联盟参与开发的委内瑞拉胡宁 6 号区块正式开采，俄罗斯将在 40 年内投资200 亿美元。俄罗斯石油公司还将为委内瑞拉卡拉沃沃 2 号区块的开发投资 160 亿美元。2012 年两国贸易额突破 20 亿美元，增幅超过 12%。2013年 3 月查韦斯去世后，俄罗斯高层领导人立即表示哀悼。俄罗斯总统普京在唁电中说，查韦斯是杰出的领袖和领导人，是俄罗斯的亲密朋友。普京还派俄第三号人物、上院议长马特维延和外长拉夫罗夫出席查韦斯的葬礼。马杜罗就任总统后，2013 年 7 月访问了俄罗斯。马杜罗与普京举行了会谈，双方重申将坚持发展战略合作关系，双方签署了油气、电力等领域的合作文件。马杜罗在同年 8 月 28 日登临来访的俄罗斯导弹巡洋舰发表讲话时说，委内瑞拉愿与俄罗斯在文化、教育、经济、能源和军事领域结成全面的战略联盟关系，继续推进由委内瑞拉前总统查韦斯和俄罗斯总统普京建立起来的兄弟般关系。

委内瑞拉与白俄罗斯关系密切。2006 年 7 月和 2007 年 6 月查韦斯访问白俄罗斯，同卢卡申科总统举行会谈，交换了反美意见，结成了战略伙伴。2007 年 12 月，白俄罗斯总统卢卡申科对委内瑞拉进行第一次国事访问。两国在能源、矿业、技术、农产品加工、石油化工和天然气等领域签署了 24 项协定，其中包括认证委内瑞拉奥里诺科石油带的石油储备、在南部建立农产品加工城、卡车装配以及 21 项科技计划，白俄罗斯国家石油公司与委内瑞拉国家石油公司建立合资企业。2008 年 7 月，查韦斯再访白俄罗斯，与总统卢卡申科发表的联合公报表示双方继续建设战略联盟和深化能源合作的意愿。两国的石油公司签署了一项两国合资石油公司获得新油田的谅解备忘录。双方的交流还包括白俄罗斯向委内瑞拉提供汽车、卡车、拖拉机及其零件。2009 年 9 月，委内瑞拉总统查韦斯又一次出访白俄罗斯，双方签署了 14 项科技、教育、工业领域的合作合同。2010 年 3 月，卢卡申科访问委内瑞拉，两国签订的协议规定，从 2011 年 5 月开始，委内瑞拉向白俄罗斯原油出口量将从每天 2 万桶增加到每天 8 万桶；白俄罗斯将协助委内瑞拉建立国家防空系统。2010 年 10 月，委内瑞拉总统查韦斯访问白俄罗斯，签署了包括住宅建设、工业、石油化工和贸易等领域的战略合作协议。根据协议，白俄罗斯将向委内瑞拉提供 1.6 万公斤奶粉、570 辆拖拉机及数百辆卡车。另外，白俄罗斯将协助委内瑞拉建立 3 家农工联合企业。白俄罗斯将为委低收入家庭建设约 7000 套住宅，2012 年 6 月 26 日卢卡申科访问委内瑞拉，他称委内瑞拉是白俄罗斯通向拉美的大门。截至 2013 年，两国签订了 85 个合作项目，涉及能源、工业、农业、体育和文化等领域。2013 年 3 月查韦斯去世后，白俄罗斯总统新闻局宣布为委内瑞拉总统查韦斯去世哀悼三天。总统官邸和全国其他国家机构大楼上的国旗降半旗，并

建议电视台和广播电台停止播放娱乐节目，卢卡申科还于 3 月 8 日参加了查韦斯的葬礼。

第四节　同拉美国家的关系

委内瑞拉历来重视同拉美和加勒比国家的关系，在该地区发挥着重要作用。1999 年查韦斯执政后，委内瑞拉把发展同拉美国家的关系放在重要地位。2002 年委内瑞拉发生"4·12 政变"后，拉美国家纷纷谴责军事政变，不承认临时政府。4 月 12 日，在哥斯达黎加参加里约集团首脑会议的 19 个国家领导人发表联合声明，谴责委内瑞拉发生的违反宪法秩序的行为，不承认委内瑞拉的新政府。古巴政府严厉谴责委内瑞拉发生的反革命政变，呼吁联合国派出调查团进行调查。阿根廷总统杜阿尔德和巴拉圭总统认为委新政府是非法的。巴西政府认为查韦斯是被政变推翻的，表示不支持委临时政府。查韦斯在 14 日复职后发表电视讲话也表示，感谢美洲国家组织、里约集团、77 国集团等国际组织维护民主、谴责政变的行动。拉美国家支持委合法政府，对粉碎政变起了重要作用。2002 年12 月 4 日至 2003 年 2 月初委反对派发动全国大罢工期间，安第斯国家共同体表示支持美洲国家组织为解决委内瑞拉的政治危机进行调解而做出的努力，并主张尽快解决危机。巴西与特立尼达和多巴哥两国及时向委内瑞拉输出汽油，以缓解因罢工引起的燃油危机。

2004 年 7 月 7 日至 8 日在伊瓜苏港举行的第 26 届南方共同市场首脑会议上，委内瑞拉和墨西哥两国被批准成为南方共同市场联系成员国。这是委内瑞拉加强与南方共同市场国家经贸合作取得的一个重要成果。

一　积极推动南美和拉美地区一体化进程

2004 年 12 月，包括委内瑞拉元首在内的南美 12 国元首，在秘鲁古城库斯科召开的第三届南美洲国家首脑会议上，宣布成立南美洲国家共同体。2007 年 4 月，在委内瑞拉玛格丽塔岛召开的第一届南美洲国家能源峰会上，查韦斯总统将南美洲国家共同体改名为南美洲国家联盟的提议，得到与会的南美洲国家共同体成员国的一致同意。2008年 5 月，在巴西利亚举行的南美洲国家首脑会议上，南美洲国家联盟正式成立。

2006 年委内瑞拉和阿根廷提出将南美洲各国的部分外汇储备集合起来建立南方银行，以方便南美洲国家的融资，减少国际货币基金组织和世界银行对南美洲国家经济政策的干预，该建议得到南美洲国家的赞同。2007 年 12 月 9 日，南方银行在阿根廷首都布宜诺斯艾利斯正式宣告成立，由委内瑞拉、巴西、阿根廷、乌拉圭、厄瓜多尔、玻利维亚和巴拉圭7 个南美洲国家组建。2009 年 9 月 26 日，7 国总统在委内瑞拉玛格丽塔岛签署正式成立南方银行的文件，南方银行总部设在委内瑞拉首都加拉加斯，银行启动资金为 200 亿美元。

2006 年 5 月，委内瑞拉总统查韦斯出访欧洲、北非回国后，宣布退出与墨西哥、哥伦比亚组成的三国集团，原因是美国与墨西哥、哥伦比亚的自由贸易协定损害了委内瑞拉的利益。

2006 年 4 月，委内瑞拉宣布 5 年后正式退出安第斯条约组织。2011年 4 月 21 日，委内瑞拉宣布正式退出安共体，理由是 5 年过渡期已到，但实际是表达对秘鲁和哥伦比亚先后与美国达成自由贸易协定的不满。

2001 年，在玛格丽塔岛举行的加勒比国家联盟首脑会议上，查韦斯总统提出成立"美洲玻利瓦尔替代计划"，2004 年"美洲玻利瓦尔替代计划"在哈瓦那正式成立，旨在加强拉美和加勒比地区国家间的经贸合作和一体化进程，抵制美国倡导建立的美洲自由贸易区。2009 年 6 月，根据委内瑞拉的倡议，该组织更名为美洲玻利瓦尔联盟。截至 2011 年 7 月，其成员有安提瓜和巴布达、玻利维亚、古巴、多米尼克、厄瓜多尔、尼加拉瓜、圣文森特和格林纳丁斯、委内瑞拉、海地、圣基茨和尼维斯联邦、乌拉圭和格林纳达为观察国。2013 年 7 月，在厄瓜多尔港口城市瓜亚基尔召开了第十二届美洲玻利瓦尔联盟峰会。

从 2008 年 12 月召开首届拉美及加勒比国家首脑会议时起，拉美和加勒比国家积极筹备成立共同体。2010 年 2 月，该地区国家首脑在墨西哥坎昆召开第二届全体会议，决定成立共同体，委内瑞拉被指派为筹办国。

2011 年 12 月 2 日，在委内瑞拉举行的第三次拉美及加勒比国家首脑会议上，"拉美及加勒比国家共同体"宣告成立。"拉美及加勒比国家共同体"是西半球最大的区域性政治组织和世界第三大经济体，成员国有包括委内瑞拉在内的拉美及加勒比地区的 33 个国家。该组织代表所有拉美国家在地区一体化方面做出决策，并代表地区与其他经济区域进行对话，推动地区内部国家间交流发展经验。

2006 年，委内瑞拉政府申请加入南方共同市场。2009 年，委内瑞拉政府签署了加入南共市的议定书。但根据该组织宪章《亚松森条约》，该协议需经各成员国议会批准方能生效。巴拉圭国会一直不予合作，拒绝委内瑞拉加入。2012 年 6 月，因巴拉圭民选总统卢戈被弹劾下台，南共市和南美洲国家联盟临时中止了巴拉圭成员国的地位。2012 年 7 月 31 日，在巴西利亚举行的南共市首脑特别会议上，在巴拉圭缺席会议、阿根廷总统克里斯蒂娜、巴西总统罗塞夫和乌拉圭总统穆希卡的支持下，委内瑞拉被接纳为南方共同市场第五个成员国，南共市也随之成为世界第五大经济体。南共市拥有 33000 亿美元的国内生产总值，占整个南美地区的 83.2%，拥有人口 2.7 亿人，占该地区全部人口的 70%。2013 年 7 月，委内瑞拉担任南共市轮值主席，马杜罗总统表示愿意恢复巴拉圭的南共市成员国地位。8 月，在苏里南举行的第七次南美洲国家联盟首脑会议上，恢复了巴拉圭成员国地位。会议期间马杜罗总统同巴拉圭新总统卡特斯进行了会晤，有助于恢复两国的友好关系。

2013 年查韦斯总统病逝，3 月 8 日委内瑞拉政府隆重举行了查韦斯总统葬礼，55 个国家首脑及政府代表出席。美洲玻利瓦尔联盟国家首脑、拉美及加勒比国家共同体首脑以及委青年代表分别为查韦斯荣誉守灵。巴西总统罗塞夫、厄瓜多尔总统科雷亚、玻利维亚总统莫拉莱斯、尼加拉瓜总统奥尔特加、阿根廷总统克里斯蒂娜、乌拉圭总统穆希卡、古巴国务委员会主席劳尔·卡斯特罗、墨西哥总统恩里克·培尼亚·涅托、智利总统塞瓦斯蒂安·皮涅拉、哥伦比亚总统胡安·曼努埃尔·桑托斯、秘鲁总统乌马拉等拉美国家领导人参加了葬礼。

二　同古巴的关系

1960 年以后，委内瑞拉同古巴关系一度冷淡。90 年代后，两国关系逐步得到改善。但在 1994～1995 年，委古关系因古巴难民问题和委官员访问关塔那摩而出现问题。不过，不久便重修于好。1995 年 11 月联大开会期间，委内瑞拉投票赞成要求美国取消对古巴禁运的决议。同月，古巴外长罗瓦伊纳访委，双方签署了贸易合作和旅游协定。委内瑞拉反对美国敌视古巴的《赫尔姆斯—伯顿法》，并在 1996 年 6 月美洲国家组织大会上投票反对这个法案。

1999 年查韦斯执政后，积极发展同古巴的关系，两国关系进一步发展。查韦斯同卡斯特罗关系密切，两人多次互访。1999 年 2 月，古巴国务委员会主席菲德尔·卡斯特罗亲自出席查韦斯总统的就职典礼。2000 年 10 月，卡斯特罗访委期间与查韦斯总统签署了为期 5 年的《全面合作协议》。根据这项协议，委内瑞拉以优惠价格每天向古巴提供 5.3 万桶原油，古巴则通过向委内瑞拉提供医疗服务、体育教练并出口药品、蔗糖等作为偿还。两国组成混委会来落实签署的协议。在 2001 年 3 月联合国人权大会上，委内瑞拉不怕得罪美国，放弃以往弃权的做法改为支持古巴。2001 年 8 月，卡斯特罗三访委内瑞拉。他与查韦斯总统和联合国粮农组织总干事雅克·迪乌夫共同签署了关于联合国粮农组织资助在委实施粮食安全计划的协议。作为协议的合作国，古巴向委派遣 70 名农业专家，负责在委 30 个地区进行农业主要是甘蔗种植方面的技术指导。两人还签署了委古能源合作协议的附件，增进两国在旅游领域的合作。根据此附件，古向委方介绍发展旅游的经验，提供相应的咨询。在这次访问中，查韦斯总统在玻利瓦尔城授予卡斯特罗大项链级安戈斯图拉立宪议会勋章，以表彰他对委内瑞拉玻利瓦尔共和国的贡献。2002 年委内瑞拉成为古巴第一大贸易伙伴。古巴国务委员会主席卡斯特罗亲自下令，派遣了一支由 1.1 万名优秀医务工作者组成的医疗队前往委内瑞拉，协助委内瑞拉政府开展医疗救助行动"深入贫民区计划"。2003 年 12 月 22 日，卡斯特罗再次秘密访问委内瑞拉，在奥奇拉岛委总统官邸与查韦斯长谈数小时，公开表示

对备受反对派困扰的查韦斯的支持。2004 年 1 月 14 日，在墨西哥蒙特雷参加美洲国家特别首脑会议后，查韦斯前往古巴访问，双方就有关问题和两国合作进行了会谈。委内瑞拉同古巴保持密切的经贸关系，并和古巴签订加强双边合作关系的多项协议。2003 年 8 月，查韦斯总统任命其弟阿丹·查韦斯（Adan Chaves）为驻古巴大使。

2005 年 4 月，委内瑞拉总统查韦斯访问古巴，双方签署了《实施美洲玻利瓦尔选择战略计划协议》以及 49 项涉及能源、金融、矿产、交通、农业、卫生、文化、教育、体育等领域的合作文件。2007 年查韦斯在访问古巴期间与古方签署了能源、矿产、农业、工业和融资等领域的 14 个合作协议。在能源领域方面，提高古巴圣地亚哥炼油厂的生产能力，发展该市的石化工业等。2008 年 1 月，委内瑞拉和古巴正式签署了"大加勒比"公司成立章程，以加强两国在电信领域的合作。2008 年 2 月，劳尔·卡斯特罗接替兄长菲德尔·卡斯特罗成为古巴领导人。同年 12 月，他选择委内瑞拉作为自己上任后首次出访目的地。两国在能源、通信等 173 项合作项目上达成协议，总额超过 20 亿美元。委方承诺，每天以优惠价格向古巴提供 9 万桶原油，2013 年升至 15 万桶。双方决定成立"古委石油"控股合资公司，计划建立一个生产煤气管道和其他基础设施的工厂，以使古巴更好地利用委内瑞拉的天然气资源。两国计划成立合资的"美洲玻利瓦尔替代计划看管人公司"，负责协调在自动化、信息和电信等领域的合作。委方还将协助古巴西恩富戈斯炼油厂把日产量从 6.5 万桶提高至 15 万桶。2010 年 7 月，在古巴比亚克拉拉市举行古巴 - 委内瑞拉第一届首脑峰会。在峰会上，两国签署了多项合作协议与谅解备忘录，内容涉及能源、食品工业、农业、交通、矿产、信息、电信和卫生领域。同年 11 月，古巴国务委员会主席劳尔·卡斯特罗和委内瑞拉总统查韦斯参加了在哈瓦那举行的纪念 2000 年 10 月 30 日协定签署以来两国战略关系发展 10 周年活动。劳尔·卡斯特罗说，该协定奠定了委内瑞拉和古巴兄弟情谊的重要基础，反映了两国政府的政治意愿。查韦斯总统赞扬加强委内瑞拉与古巴的关系有助于建设本地区的社会主义。两位领导人决定将 2000 年签署的两国双边合作协定延长至 2020 年。委内瑞拉是古巴最大的贸易伙伴，2010 年两国的双边贸易额达到了 60 亿美元，远超古巴同其第二大到第六大贸易伙伴的双边贸易额总和。2011 年 2 月 10 日，委内瑞拉和古巴的海底光缆接通并投入运营。2013 年 3 月 5 日查韦斯逝世后，古巴政府宣布为查韦斯举行为期 3 天的全国哀悼，古巴革命领导人卡斯特罗发表文章，称赞查韦斯是古巴历史上"最好的朋友"。8 日，古巴在委内瑞拉为查韦斯举行国葬的同时鸣放 21 响礼炮，以最高军礼送别查韦斯。马杜罗当选委内瑞拉总统后，于 2013 年 4 月 27 日抵达哈瓦那，古巴成为马杜罗就任总统后正式访问的第一个国家。双方签署了 51 项合作协议，继续在教育、卫生、文化、体育、食品工业、建筑、交通、信息通信和能源领域开展相关项目合作。马杜罗在政府间委员会会议的闭幕式上说："我们来哈瓦那是为了向古巴和委内瑞拉的人民，向拉丁美洲所有的人民说明：我们将继续共同工作。我们来确定一种历史的战略联盟，不只是联盟，也是兄弟情谊。"

三　同其他拉美国家的关系

1. 同加勒比国家的关系

委内瑞拉同所有拉美和加勒比国家均有外交关系。

1992 年委内瑞拉同加勒比共同体 13 个成员国签署了贸易与投资协议，应允对这些国家的进口商品提供单方面免税优惠。1994 年委支持成立加勒比国家联盟，并被选为该联盟首任秘书长。

1995 年 8 月，委墨签署联合声明，宣布第 15 次延长以优惠条件向中美洲和加勒比国家供应石油的《圣何塞协定》。

2005 年，委内瑞拉总统查韦斯倡议成立"加勒比石油计划"，将委内瑞拉原油以优惠的价格和灵活的付款条件出口到加勒比地区国家，旨在促进本地区能源一体化。享受委内瑞拉石油和天然气优惠价格的国家，只需用现金支付 60% 的进口费用，其余 40% 的进口费用可以用委内瑞拉政府优惠贷款偿付。贷款年利率仅为 1%，贷款期长达 25 年。"加勒比石油计划"现有 18 个成员国，分别是安巴、巴哈马、伯利兹、古巴、多米尼克、格林纳达、危地马拉、圭亚那、海地、洪都拉斯、牙买加、尼加拉

瓜、多米尼加共和国、圣基茨和尼维斯联邦、圣文森特和格林纳丁斯、圣卢西亚、苏里南和委内瑞拉。2013年5月，在委内瑞拉首都召开了"加勒比石油计划"第七次首脑会议，18个"加勒比石油计划"成员国领导人以及巴西、玻利维亚和厄瓜多尔三国的政府代表出席了本次峰会。参加会议的18个成员国一致决定建立"加勒比石油计划"经济区。

2. 同巴西的关系

委内瑞拉重视发展同巴西的关系。1995年7月，巴西总统卡多佐访委，双方签署了《相互促进和保护投资协定》和《两国石油公司合作议定书》等11项合作文件。随后，委内瑞拉总统也访问了巴西。委内瑞拉支持巴西成为联合国安理会常任理事国，巴西则支持委早日加入南方共同市场。2004年1月15日，查韦斯总统表示，他的国家正在同阿根廷和巴西两国形成同盟，共同领导拉丁美洲反对美国在该地区的自由贸易计划。2004年8月15日查韦斯取得公民投票胜利后，巴西外长阿莫里姆发表讲话说，巴西政府对全民公决的结果非常满意，并希望委反对派和美国尊重全民公决的结果。同年9月，查韦斯总统出访巴西，会晤了巴西总统卢拉。

2005年2月14日，巴西总统卢拉访问委内瑞拉，与委内瑞拉总统查韦斯举行会谈，两国签署建立"战略联盟"关系的联合公报。2006年11月，巴西总统卢拉再次访问委内瑞拉，和查韦斯总统主持了奥里诺科河上的第二座大桥的开工仪式，巴西的企业参加了这座大桥的建设，它被认为是支持两国经济上互相补充行动的一部分。这座大桥也是美洲大陆最大的工程之一，名为奥里诺基亚大桥。卢拉一直支持委内瑞拉加入南方共同市场，但遭到巴西国会的阻挠。2007年1月，查韦斯总统赴巴西里约热内卢，参加南方共同市场首脑会议。他与巴西总统卢拉发表联合声明，称两国将加快南方天然气管道工程第一阶段委内瑞拉北部城市圭里亚至巴西东北部城市累西腓段的评估和建设，并计划于2008年内基本完成该工程第一阶段工程。2009年5月，查韦斯访问巴西。在巴伊亚州首府萨尔瓦多签署多项协议、意向书和谅解备忘录。两国总统重申对地区一体化的承诺，强调委内瑞拉加入南方共同市场的重要性。同年，巴西国会力排众议，批准委内瑞拉加入南方共同市场，为扩大新成员开辟了道路。2010年4月，巴西总统卢拉在巴西利亚伊塔马拉蒂宫向来访的委内瑞拉总统查韦斯赠送由巴西球星签名的球衣。2011年6月，查韦斯总统访问巴西，会晤了巴西总统迪尔玛·罗塞夫，双方签署了有关农业、石油、生物技术和城市建设等方面的10项合作协议，巴西向委内瑞拉提供6.37亿美元贷款，帮助委内瑞拉建设一个造船厂，并向委内瑞拉提供建造廉价民用住房的经验。委内瑞拉购买巴西30架支线飞机，以加强委与加勒比地区邻国之间的民航往来。查韦斯的这次访问，进一步提升了两国的战略合作伙伴关系。两国贸易关系迅速发展，2012年双边贸易额达60亿美元，委内瑞拉成为巴西第三大贸易顺差来源国。2013年3月8日，巴西总统罗塞夫和前总统卢拉参加了查韦斯总统的葬礼。2013年5月，马杜罗访问巴西。双方决定扩大粮食、电力、石油和社会发展等领域的合作，进一步巩固战略合作伙伴关系。两国计划将双边能源贸易额增加到150亿美元。巴西企业和委内瑞拉企业将联合投资，在委内瑞拉的安索阿特吉州建设一座年产150万吨尿素的大型化肥厂，为两国农业生产提供所需要的化肥。巴西还向委内瑞拉的农业生产提供技术支持，分享农业生产的经验。此外，巴西和委内瑞拉政府还决定加强在国防与安全领域的合作。

3. 同阿根廷的关系

2003年基什内尔担任阿根廷总统后，委内瑞拉和阿根廷关系急剧升温，两国高层频繁互访，积极加强双边政治、经济和贸易关系。2003年8月查韦斯出访阿根廷，同阿总统基什内尔签署了包括能源、农业、食品、航空、医疗以及和平利用核能等方面的一系列双边合作协议。根据这些协议，委内瑞拉国家石油公司将在阿根廷开设50家加油站，委内瑞拉将向阿根廷开放其农产品市场。2007年，克里斯蒂娜当选阿根廷总统。12月，她强烈指责美国试图离间阿根廷和委内瑞拉的关系，猛烈抨击美国情报部门公布所谓委内瑞拉政府向她提供非法竞选资金的报告是"国际政治垃圾"，表示将积极发展和委内瑞拉的关系。2008年3月，克里斯蒂娜访问委内瑞拉，两国政府签署14项能源和食品领域的双边合作文件。这些文件包括建立两国石油公司合资企业、委内瑞拉每年向阿根廷提供100亿桶

燃料油、委内瑞拉购买阿根廷的公共汽车、阿根廷向委内瑞拉农业和土地部提供农业机械等内容。2009 年 12 月，委内瑞拉总统查韦斯访问阿根廷，与阿根廷总统克里斯蒂娜签署了 14 项双边合作协议，以加强两国在旅游、工程、能源、水利和卫生等领域的合作。根据协议，两国首都之间将增加直航航班；阿根廷获准来年向委内瑞拉出口 1 万辆汽车；此外两国还将加强在铁路和港口建设维修等领域的合作。2010 年 10 月，查韦斯出访阿根廷，出席阿前总统基什内尔的葬礼。2011 年 12 月，克里斯蒂娜出访委内瑞拉，参加拉美及加勒比国家共同体首次峰会。2012 年 2 月，查韦斯总统宣布，如阿根廷未来与英国就争议领土马尔维纳斯群岛（英称"福克兰群岛"）发生冲突，委将协助阿方，共同对抗英军。2013 年 1 月，阿根廷总统克里斯蒂娜前往古巴，探望在哈瓦那接受治疗的查韦斯总统，并转交阿根廷联邦福音派教会让她带给查韦斯的一个十字架和一本《圣经》。查韦斯因身体原因未能出席 2013 年 1 月在智利首都圣地亚哥召开的首届拉共体峰会。他在致拉共体峰会的信中，对英国非法占领马尔维纳斯群岛（英称"福克兰群岛"）进行严厉谴责，他指出，"美英两国都侵犯了联合国赋予各国人民的权利，正义站在古巴和阿根廷一方……" 2013 年 3 月 5 日查韦斯总统病逝，阿根廷总统克里斯蒂娜签署总统令，要求阿根廷所有公共场所的国旗降半旗志哀，并举国哀悼三天。3 月 8 日，克里斯蒂娜获邀出席查韦斯总统葬礼。4 月，她出席马杜罗总统就职典礼，并凭吊了查韦斯墓地。2013 年 5 月，马杜罗出访阿根廷，双方签署了能源、工业、商业、信息、通信、金融、农牧业、渔业以及食品等 12 项合作协议和备忘录。其中包括阿根廷国营 YPF 石油公司和委内瑞拉国家石油公司的合作，以及委内瑞拉授权阿根廷每年向委出口 1 万辆汽车等协议。阿根廷将向委内瑞拉提供食品援助，并且帮助委内瑞拉建立全国数字化电视系统。

4. 同智利的关系

2001 年 8 月，查韦斯总统访问智利，与智利总统拉戈斯发表联合声明。声明说，智委两国在继续发展互惠贸易的同时将加速关于避免双重征税协议的谈判，争取在短期内达成协议，以鼓励相互投资。声明强调，拉美一体化协会对推动拉美地区一体化做出了积极的贡献。智委两国将致力于加强这个一体化组织，并促使其进一步发挥作用。由于智利总统拉戈斯对2002年4月委内瑞拉发生的未遂政变态度暧昧，而查韦斯在2003年11月和12月两次公开支持玻利维亚关于出海口的要求，致使委内瑞拉同智利的关系紧张，甚至双方都撤回了各自的大使。玻利维亚则感谢委内瑞拉对其出海口要求的支持。2004年2月7日，智利驻委大使法维奥·比奥（Fabio Vio）返回委内瑞拉，使两国关系得到缓和。同年8月，查韦斯表示愿意同智利加强政治、社会和经济各领域的关系。

2005年4月，智利总统拉戈斯出访委内瑞拉，标志着两国关系已恢复正常。两国签署了旨在促进拉美地区一体化进程和加强两国经贸合作的联合声明。声明强调促进拉美地区一体化进程的重要性，并指出一体化将造福于拉美各国人民，保护各国文化的多样性，使该地区成为多民族和多元化的社会。声明主张建立一个多极化世界，认为尊重国际法准则是建立国际和谐制度、加强地区和国际和平与安全不可缺少的条件，并认为应当加强与社会贫困的斗争，巩固民主制度。两国还签署了加强能源合作的谅解备忘录以及加强两国经贸、科技和农业发展等方面的合作协定等文件。2006年3月，巴切莱特执政后，委内瑞拉同智利关系有很大改善。查韦斯前往智利参加巴切莱特的就职典礼，并公开声称巴切莱特是他的朋友。2006年5月，巴切莱特要求国际社会不要将委内瑞拉妖魔化，称将委内瑞拉妖魔化是"冷战"的继续。2010年皮涅拉右翼政府上台后，由于皮涅拉同哥伦比亚总统乌利韦关系密切，而且皮涅拉常在公开场合指责查韦斯的诸多行为"过分"，并称其推行的改革"根本是在标榜民主"，因而委内瑞拉与智利关系冷淡。2011年4月，智利遭受8.8级强烈地震后，委内瑞拉捐款25.6万美元，帮助重建灾区学校。

2013年1月智利首都圣地亚哥举行首届拉共体峰会期间，智利总统皮涅拉会见了委内瑞拉副总统马杜罗，双方表示要深化两国的贸易关系。2005年两国贸易额为5亿美元，2012年虽提高至9亿美元，但与其他国家相比较，贸易额并不大。查韦斯病逝后，皮涅拉参加了他的葬礼，并说："虽然我们之间存在一些分歧，但对查韦斯为了自身观念而奋斗的努

力和作为，我一直十分欣赏。"2013 年 7 月，委内瑞拉前总统候选人、米兰达州州长卡普里莱斯应邀访问智利，并会见智利总统皮涅拉，对委内瑞拉同智利关系产生消极影响。

5. 同哥伦比亚的关系

委内瑞拉同哥伦比亚长期存在着边界和领海争端。1987 年委内瑞拉与哥伦比亚发生领海争端。尽管调解委员会的成立使紧张局势缓和下来，但边界问题并未彻底解决。此外，哥伦比亚反政府武装游击队渗入委内瑞拉领土、绑架、过境贩毒以及查韦斯政府不满美国政府积极推行"哥伦比亚计划"等问题也困扰着委、哥关系。近年来，哥伦比亚当局不断指责委政府支持哥伦比亚游击队组织。2003 年 10 月，哥伦比亚国防部长拉米雷斯说，有情报表明与游击队有关的人士"在委内瑞拉的土地上受到训练和得到支持"。然而，查韦斯和政府高级官员则多次否认与哥游击队有联系。有关游击队问题的争论，造成两国关系的不睦。此外，委内瑞拉与哥伦比亚的陆地边界长达 2219 公里，边境地区经常发生劫持、勒索、贩卖私油、贩毒及买卖赃车。2003 年 12 月中旬，委内瑞拉军队在委哥边界遭到来自哥伦比亚的武装分子两次伏击，造成 7 名委军人丧生。同年 12 月 27 日，哥伦比亚当局说，委内瑞拉国民警卫队入侵该国瓜希拉省蒙特拉腊村，放火烧毁数个油槽并对民房开火。次日，委驻哥大使在记者招待会上表示，哥的报道并非事实，事件是发生在委内瑞拉境内。当时一群私油贩子不理会巡逻队的命令并对巡逻队开火，巡逻队随即还击。突然，一群哥伦比亚民兵介入战斗并向巡逻队开火。尽管委哥关系并不融洽，但双方都不愿使冲突升级，采取了一些缓和关系的措施。哥伦比亚是委重要的贸易伙伴，2001 年和 2002 年，两国的贸易额均超过 20 亿美元。2001 年哥伦比亚对委的出口额为 17.5 亿美元，2002 年减至 12 亿美元。为了扭转双边贸易额下降的趋势，2003 年 4 月，查韦斯总统与哥伦比亚总统阿尔瓦罗·乌里韦（Alvaro Uribe）在委东南部城市普埃尔托·奥尔达斯会晤。他们讨论了两国间的贸易往来，并签署了修建连接两国天然气管道的协议和委为哥伦比亚边境城镇提供电力的协议。2004 年 7 月 14 日，查韦斯与乌里韦在委西部苏利亚州的埃尔塔布拉索石油化学联合企业总部签署一项能源合作协定，决定共建一条跨国天然气管道。这条输气管道全长 177 公里，投资达 1.7 亿美元。2006 年天然气管道竣工后，哥伦比亚此后 7 年内每天向委内瑞拉供应 566 万立方米天然气，以缓解委西部地区能源供应短缺的状况。双方还决定在两国边境地区实现电力及天然气联网，以及在打击燃料及卷烟走私等方面加强合作。

乌里韦执政时期，围绕哥伦比亚反政府武装问题，哥伦比亚和委内瑞拉长期激烈争执。乌里韦政府指责委内瑞拉允许反政府武装"哥伦比亚革命武装力量"在其境内活动，并向其提供武器和资金。查韦斯予以否认，但反对把"哥伦比亚革命武装力量"视为恐怖组织。2004 年 12 月，哥伦比亚警方在加拉加斯逮捕"哥伦比亚革命武装力量"成员罗德里戈·格兰达。委内瑞拉为此召回驻哥大使，认为哥伦比亚警方的行为"侵犯了委内瑞拉主权"。2005 年 1 月 14 日，查韦斯总统下令冻结与哥伦比亚的双边经贸项目，要求哥公开道歉。2007 年 8 月以来，经哥伦比亚政府授权，查韦斯一直为哥政府与反政府武装之间达成人质交换协议而进行斡旋。同年 11 月 21 日，哥政府宣布中止查韦斯为哥政府与"哥伦比亚革命武装力量"达成人质交换协议而进行的调解工作。11 月 25 日，查韦斯宣布冻结与哥伦比亚的关系，并召回驻哥大使。2008 年 3 月，哥伦比亚政府军在厄瓜多尔境内击毙了"哥伦比亚革命武装力量"二号人物劳尔·雷耶斯和其他 16 名武装人员后，委内瑞拉与厄瓜多尔、尼加拉瓜等国一道宣布与哥伦比亚断交，并撤回使馆人员。除此之外，查韦斯还调遣数千名士兵前往委内瑞拉与哥伦比亚的边境地区。3 月 7 日在多米尼加共和国举行的里约集团第 20 届首脑会议上，面对来自各方面的压力，经多方斡旋，哥伦比亚总统公开道歉，并同厄瓜多尔总统科雷亚与委内瑞拉总统查韦斯握手，三国争端告一段落。3 月 8 日，查韦斯宣布将撤回向哥伦比亚边境派驻的军队。3 月 9 日，委内瑞拉政府宣布与哥伦比亚恢复双边关系。7 月，查韦斯和乌里韦在委内瑞拉西北部的帕拉瓜纳炼油中心举行会晤，双方表示愿摒弃前嫌，开启两国关系的新阶段。然而，好景不长，2009 年 7 月，由于哥伦比亚指责委内瑞拉为其境内的反政府武装提供武器，查韦斯下令冻结与哥伦比亚的外交关系，召回所有驻哥伦比亚的高级

外交官，同时废除与哥伦比亚签署的所有贸易协议。同年 10 月 30 日，哥伦比亚与美国在哥首都波哥大签订军事基地协议。根据协议，哥伦比亚允许美国军队在其境内的 7 个军事基地从事打击贩毒和打击恐怖活动。该协议遭到委内瑞拉等拉美国家的强烈反对，查韦斯指责该协议对委内瑞拉构成了威胁，这些基地有可能成为美军入侵委内瑞拉的跳板。2010 年 2 月，在墨西哥坎昆举行的里约集团首脑会议暨拉美和加勒比联盟峰会上，乌里韦和查韦斯发生激烈争吵。乌里韦指责委内瑞拉自 2009 年 8 月起对哥伦比亚实施贸易禁运，而查韦斯则声称哥伦比亚人企图暗杀他。2010 年 7 月 22 日，查韦斯宣布与哥伦比亚断绝外交关系，向委哥边境地区增兵，以抗议哥伦比亚日前关于多名哥反政府武装头目藏身委内瑞拉的指责。2010 年 8 月 7 日，胡安·曼努埃尔·桑托斯就任哥伦比亚总统。委内瑞拉外交部部长尼古拉斯·马杜罗出席了桑托斯的就职典礼。桑托斯提议与查韦斯会谈，修补两国关系。查韦斯随即做出回应，表示愿意与哥伦比亚新总统合作，为两国关系"翻开新的一页"。8 月 10 日，桑托斯与查韦斯在哥伦比亚名城圣玛尔塔举行会晤。桑托斯向查韦斯承诺，美国在哥的 7 个军事基地不会成为进攻委的前沿阵地。查韦斯表示委内瑞拉不允许哥伦比亚游击队出现在委内瑞拉境内。会谈后两国发表联合声明，宣布两国恢复外交关系，并将建立 5 个专门委员会，就经济、贸易、安全等进行对话。同年 11 月，桑托斯就职以来首次访问委内瑞拉，两国首脑承诺致力于改善双边关系。2011 年 4 月，两国在哥伦比亚西北部加勒比海滨城市卡塔赫纳举行首脑会议，签署了 16 项双边合作协议，涉及公路及输油管道等基础设施建设、石油出口、旅游、医药卫生、禁毒、边境安全合作以及委内瑞拉偿还哥伦比亚出口商约 8 亿美元债务等问题；两国将在贸易、禁毒和边境安全等方面进一步加强合作。2011 年 5 月，委内瑞拉军队在哥委边境地区抓获哥伦比亚最大的反政府武装"哥伦比亚革命武装力量"头目吉列尔莫·托雷斯，并将托雷斯引渡至哥伦比亚。11 月，委内瑞拉将抓获的哥伦比亚毒贩、前反政府武装"哥伦比亚革命武装力量"成员希尔达多·加西亚移交给哥伦比亚。2012 年 9 月，查韦斯表示愿意帮助哥伦比亚政府与反政府武装"哥伦比亚革命武装力量"达成和平协议。2013 年 4 月马杜罗就任委内瑞拉总统后，7月 22 日与哥伦比亚总统桑托斯在委内瑞拉边境城市阿亚库乔港举行会晤，双方在许多问题上达成共识，决定恢复两国友好关系，重新启动两国高层委员会；两国外长将主持高层委员会的工作，处理涉及两国安全、缉毒、能源合作和双边贸易等问题。

6. 同多米尼加的关系

由于一些拉美国家追随美国反对委内瑞拉，使委内瑞拉同它们的关系出现裂痕。近年来，查韦斯一直怀疑并指责居住在多米尼加的委前总统佩雷斯图谋不轨，指控他为"4·12 政变"和大罢工的幕后黑手。委政府希望将佩雷斯引渡回国，并对其进行调查和审判。但多米尼加政府说没有发现任何针对委内瑞拉政府的颠覆活动，不同意引渡佩雷斯。2003 年 4 月，多米尼加还允许卷入"4·12 政变"的两名委军官在多米尼加政治避难。委方指责多米尼加的石油公司资助了委反对派制造的所有"恐怖活动"。为此，委内瑞拉政府在 2003 年 9 月召回驻多大使，并停止向多出售石油（根据 1980 年《圣何塞协议》和 2000 年《加拉加斯能源合作协议》，委每天向多供应优惠石油 8 万桶）。尽管两国关系不睦，但双方都比较克制。多米尼加主动提出要与委内瑞拉进行沟通，以解决两国间存在的问题。2004 年查韦斯总统对多米尼加进行了短暂访问，同多米尼加总统费尔南德斯签署了恢复供应原油和密切两国关系的协议。根据该协议，委内瑞拉每天向多米尼加供应 5 万桶原油，其中的 25% 可以使用贷款偿还，贷款年利率为 2%，偿还期为 15 年，宽限期 2 年。这一举措缓解了多米尼加能源紧张的形势，两国关系明显好转。访问过程中，查韦斯总统还参加了位于多首都圣多明各马克西姆·戈麦斯大道与玻利瓦尔大道之间的玻利瓦尔广场的落成典礼。2010 年 5 月 5 日，查韦斯总统和多米尼加总统费尔南德斯签署了 4 项双边合作和一体化协议。根据协议，委内瑞拉购买多米尼加炼油厂 49% 的股份，加强两国在多领域的一体化步伐，加强两国在反毒品斗争中的合作。

7. 同圭亚那的关系

长期以来，委内瑞拉同圭亚那一直存在着领土争端，委内瑞拉对埃塞奎博河以西地区提出领土要求而使它同圭亚那的关系紧张。联合国出面调解双方的领土争端，使紧张局势有所缓和。1998 年圭亚那总理访问了委内瑞拉。然而，边界问题未列在政府间谈判的议事日程中。2004 年2 月，委内瑞拉总统查韦斯对圭亚那进行国事访问，这是 1990 年以来委内瑞拉总统首次访问圭亚那。访问中，查韦斯与圭亚那总统巴拉特·贾格德奥（Bharrat Jagdeo）举行了会谈。双方就领土纠纷、委免除圭债务、石油供应等问题进行了磋商。查韦斯有意淡化两国的领土纠纷，表示最重要的事情是推进拉美和加勒比一体化。他们表示两国在平等、社会正义和与贫困做斗争上有相同的观点，表示要加强两国的团结。查韦斯接受了圭亚那首都乔治敦的城市钥匙。通过这次访问，两国的关系得到加强。

2005 年 6 月，圭亚那和委内瑞拉签署能源合作协议，圭通过"加勒比石油计划"以合理的价格从委进口石油。"加勒比石油计划"作为地区性能源合作组织，2005 年在委内瑞拉的倡议下成立。根据"加勒比石油计划"，委内瑞拉承诺以优惠条件向缔约国提供原油和石油制品。2006 年10 月，委内瑞拉高级代表团访圭，并会见了贾格德奥总统，双方就边界、"加勒比石油计划"的具体实施方案等问题进行了磋商，委同意免除圭所欠债务。2007 年 1 月，委内瑞拉与圭亚那签署了一项委内瑞拉每天向圭亚那供应 5200 桶原油和石油产品的协议。委内瑞拉向圭亚那提供的产品有汽油、柴油、燃油、沥青等。委内瑞拉向圭亚那提供的石油产品占圭亚那每天消费原油和石油产品的 50% 以上。11 月，圭委边境再起摩擦。2008 年 1 月，圭委成立联合工作组，商讨保证两国边境安全与稳定的措施与机制。2009 年 10 月，两国任命边界争议问题协调员。11 月，圭派团赴委参加两国反毒合作会议。2010 年 7 月，圭总统贾格德奥首次访委，双方签署了涉及化肥贸易、航空燃油贸易、处理越境捕鱼、大米贸易等问题的谅解备忘录和贸易承诺书。2011 年 5 月，圭亚那与委内瑞拉签署大米销售协议。根据协议，圭向委出售 3 万吨大米（每吨 800 美元）和 5 万吨谷物（每吨 480 美元），总金额达 4800 万美元，这是到那时为止圭与委签署的最大订单。2013 年 5 月，圭亚那和委内瑞拉签署了价值 1.3 亿美元的粮食出口协议。2013年8月，委内瑞拉总统马杜罗在苏里南出席南美洲国家联盟第七次首脑会议后，对圭亚那进行首次正式访问。马杜罗总统与圭亚那总统拉莫塔尔举行了会谈，两国政府决定建立"兄弟般的友好关系"，就加强两国经济一体化交换了意见。马杜罗表示，委内瑞拉愿与圭亚那加强贸易往来，建立联合生产机制和改善食品流通体系。同年10月，委内瑞拉海军在圭亚那与委内瑞拉争议海域扣留一艘美国石油公司船只，圭亚那外交部表示，"委内瑞拉海军的做法在圭亚那和委内瑞拉两国关系史上是前所未见的"。委内瑞拉石油和矿业部部长拉斐尔·拉米雷斯表示，当有船只未经允许在其领海范围内航行之时，委内瑞拉海军有义务采取行动。这场摩擦的出现并不偶然，因为该海域的主权争议已经长达几十年。10月17日，委内瑞拉和圭亚那外长在特立尼达和多巴哥会晤，讨论美油气勘探船在圭委争议海域被扣事件，同意尽快启动海域边界谈判。两国在会后发表的声明表示，满意两国良好的双边关系，重申将通过对话与合作解决双边分歧。声明确认，海域边界争议是双边关系中的一个突出问题，双方同意在国际法框架下通过谈判解决。

8. 同哥斯达黎加的关系

委内瑞拉同哥斯达黎加在前委内瑞拉工人联合会主席卡洛斯·奥尔特加在哥政治避难问题上存在争执。奥尔特加曾领导2002年4月政变前的大罢工，2002年12月又与工商联合会主席卡洛斯·费尔南德斯一起发动了长达63天的全国大罢工。罢工结束后，委司法当局向数名反对派领袖发出拘捕令。2003年3月奥尔特加向哥斯达黎加驻委使馆提出政治避难，得到哥斯达黎加的批准。奥尔特加在哥斯达黎加多次接受媒体采访，攻击委内瑞拉现政府，并参加各种反查活动。查韦斯政府要求哥政府驱逐奥尔特加。2003年11月2日，查韦斯总统指责部分哥斯达黎加政府官员支持委内瑞拉反对派发动政变并向反对派提供安全保护和物资支持。他警告说，如果哥政府"持有相同态度"，允许其官员同委反对派"共谋"推翻委现政府，他不会"坐视不管"。哥斯达黎加是《圣何塞协议》的受惠国。根据这一协议，委内瑞拉以优惠的条件向包括哥斯达黎加在内的十余个中美洲和加勒比国家提供石油。哥斯达黎加政府因此不愿得罪委内瑞拉，也不愿两国关系进一步恶化。2004年2月中旬，流亡在哥的委反对派领导人、委内瑞拉工人联合会主席卡洛斯·奥尔特加对电台宣布"委内瑞拉政府计划在2月12日或13日发动自我政变"后，哥政府立即采取干预措施，在2月17日对奥尔特加发出最后通牒，要求他考虑离开哥斯达黎加。但奥尔特加并未收敛，又在美国迈阿密举行的一次反对查韦斯政权的委侨集会上发表反对委政府的言论。在委内瑞拉政府的抗议下，哥斯达黎加政府终于做出决定，取消奥尔特加的避难权，并正式通知奥尔特加离境。奥尔特加向哥政府上诉，要求撤回让其离境的决定。然而，哥斯达黎加政府不为所动，坚持要求奥尔特加离境。委内瑞拉政府赞扬了哥政府的立场。

2006年2月，民族解放党候选人奥斯卡·阿里亚斯再次当选哥斯达黎加总统。查韦斯总统原计划参加阿里亚斯5月8日的就职典礼，但在最后时刻放弃。2007年2月1日，哥斯达黎加总统阿里亚斯就委内瑞拉国会授予查韦斯总统特别权力之事公开说查韦斯是"独裁者"。作为报复，查韦斯宣布关闭委内瑞拉国家铝公司设在哥首都圣何塞以西100公里处的一家铝制品加工厂，后来还指责阿里亚斯干涉别国事务。4月12日，委内瑞拉驻哥大使诺拉·乌里韦撤离哥斯达黎加，随后哥驻委大使也离开了委内瑞拉。此后，两国关系处于低点。2007年5月，哥斯达黎加安全部长费尔南多·贝罗卡尔宣布不接受委内瑞拉对参加过反查韦斯政变的将军冈萨雷斯2006年年底抵哥并申请避难一事施加压力。国际石油价格的上涨，对哥斯达黎加造成很大压力。哥斯达黎加全国消费石油的95%来自委内瑞拉，每天从委内瑞拉进口1.8万~2万桶原油，年进口额从2007年的14.35亿美元上升至2008年的22亿美元。

2008年7月12日，哥斯达黎加以观察员的身份参加了在委内瑞拉西部城市马拉开波举行的"加勒比石油计划"缔约国第五次特别首脑会议。7月17日，哥外长布鲁诺·斯塔格诺通过委驻哥商务参赞转交委外长马杜罗申请参加该计划的照会，从而表明两国的关系已有所缓和。8月，哥环境和能源部部长罗伯托·多夫莱斯和哥炼油公司总裁何塞·莱昂同委内瑞拉国家石油公司总裁路易斯·里瓦斯就石油供应等问题举行了友好会谈。10 月，委内瑞拉新任驻哥大使内尔松·皮内达·普拉达抵达哥斯达黎加，哥新任驻委大使弗拉基米尔·德拉克鲁斯·莱莫斯也前往委内瑞拉，标志着两国关系实现正常化。11 月 18 日，哥政府向委政府正式提出加入"加勒比石油计划"的申请。2009 年 6 月，哥斯达黎加以观察员身份参加了"加勒比石油计划"缔约国第六次特别首脑会议。然而，2010 年 5 月劳拉·钦奇利亚总统执政后，改变了前任总统的政策，宣布冻结参加"加勒比石油计划"。

第五节　同中国的关系

一　外交关系的建立

中国与委内瑞拉政府间的往来始于委内瑞拉基督教社会党领导人拉斐尔·卡尔德拉总统执政期间。1972 年两国政府开始接触，委内瑞拉对外贸易协会主席迪亚斯·布鲁苏亚尔率领贸易代表团于同年 11 月访问中国，双方签署了会谈纪要，并签订了具体的商品协议和合同。1973 年 7 月应委内瑞拉外贸协会的邀请，中国外贸部副部长率领代表团前往委内瑞拉进行友好访问，双方签署了会谈纪要。1973 年 12 月委内瑞拉民主行动党领导人佩雷斯当选总统后，表示愿意发展两国关系。1974 年 6 月 28 日，中国外贸部副部长柴树藩和委内瑞拉外交部部长沙赫特在加拉加斯签署两国建交公报，决定建立大使级外交关系。沙赫特在两国建交公报的签字仪式上发表讲话说："两国开展外交和贸易关系对彼此都是有利的"，"我们必须在精神、文化、经济和一切可能的方面进行接触"。同年 9 月中国在委设使馆，11 月委在中国设使馆。1981 年两国达成互设武官处的协议，1982 年双方互派武官。1975 年 2 月，新华社在加拉加斯设分社；1988 年 8 月，人民日报社在委设记者站。

中委建交以来，两国关系不断发展，高层互访频繁，经贸关系不断扩大。在台湾问题上，委恪守建交公报原则，坚持一个中国的立场，强调只与台湾发展民间经贸关系。在国际事务中，双方相互理解，密

切合作。委支持中国加入世界贸易组织，在联合国人权会议上，委不支持西方反华提案。

二 高层互访

中委建交后，两国的友好合作关系取得了较大的进展。20 世纪七八十年代，两国领导人、各界知名人士和各种代表团的友好互访接连不断。1974 年 10 月，委内瑞拉国会主席巴里奥斯访问中国，这是两国建交后访华的第一个委重要代表团。1981 年 2 月和 4 月，委内瑞拉外交部部长桑布拉诺和基社党领袖卡尔德拉相继访华。11 月委内瑞拉总统埃雷拉访问中国，成为访问中国的第一位委内瑞拉国家元首。中共中央副主席邓小平会见了埃雷拉总统，同他进行了亲切友好的谈话。中国总理同埃雷拉举行了两次会谈。访问期间，两国签署了文化合作协议和科技合作协定。

1985 年 11 月中国总理访问委内瑞拉，这是中国政府首脑首次访委。中国总理同委总统举行了两次会谈，访问期间，两国签订了中委贸易协定、中委 1984～1988 年文化交流计划和石油勘探开发科技合作议定书。

90 年代末查韦斯执政以来，委中关系迅速发展。委内瑞拉政府坚定地支持中国政府在台湾和人权问题上的立场，支持中国以 "和平统一、一国两制" 的方针实现祖国统一大业。1999 年 4 月查韦斯政府顶住美国的强大压力，在联合国人权会议上第一次投票支持中国。1999 年 10 月查韦斯总统应江泽民主席之邀对中国进行国事访问。查韦斯出访前夕发表讲话说，中国是友好和兄弟国家，中国经济近几年获得直线增长，并实行 "一国两制"，是委内瑞拉要观察和了解的一个好榜样。访问期间，双方签署了关于成立能源混合委员会的谅解备忘录、中委关于商签投资保护协定的谅解备忘录、中国银行向委方提供 3000 万美元出口信贷谅解备忘录、中委两国关于委驻香港总领事馆领区扩大至澳门的换文、中国外交学院与委外交高等研究院合作协议、南京大学与安第斯大学学术合作框架协议和中国石油天然气集团公司与委内瑞拉国家石油公司关于乳化油长期供货意向书等文件。查韦斯总统一行还访问了香港特别行政区。2001 年 5 月查韦斯总统再次对中国进行国事访问，同江泽民主席举行了会谈，进一步就两国在经贸、农业、能源、科技等领域的合作深入交换了意见。访问期间，中委双方签署了下列合作文件：《中华人民共和国政府和委内瑞拉玻利瓦尔共和国政府高级混合委员会章程》《中华人民共和国国家发展计划委员会与委内瑞拉玻利瓦尔共和国计划和发展部能源十年（2001～2011年）合作谅解备忘录》《中华人民共和国农业部和委内瑞拉玻利瓦尔共和国生产和贸易部农业长期合作谅解备忘录》《中华人民共和国科学技术部和委内瑞拉玻利瓦尔共和国科学技术部科学、技术及创新合作意向书》《"索萨·门德斯"金矿恢复生产、经营和转让合同书》《中国普天信息产业集团公司首信集团与委内瑞拉中央大学共同推进委内瑞拉中央大学校园网项目前期工作的意向书》。同月，中国对外经贸大学授予查韦斯总统名誉博士学位。

90 年代以来，中国一些高层领导人访问委内瑞拉。1996 年 11 月，李鹏总理应卡尔德拉总统之邀对委进行正式访问，两国领导人就加强双边关系和共同感兴趣的国际问题举行了会谈。

2001 年 4 月，江泽民主席对委内瑞拉进行国事访问，这是中国国家元首首次访委。江泽民主席和查韦斯总统在诚挚友好的气氛中，就两国关系及共同关心的重大国际问题交换了意见，签署了一系列合作协议：两国成立高级委员会备忘录；中委避免双重征税协定；中国向委内瑞拉提供1.5 亿元人民币优惠贷款的框架协议；中委工程和技术科学合作谅解备忘录；中委乳化油协议；中委地质及矿产合作协定。访问期间，两国元首确立了中委在新世纪"共同发展的战略伙伴关系"。委内瑞拉政府授予江泽民主席委内瑞拉最高勋章——"大项链"级"解放者勋章"，查韦斯总统亲自为江主席佩戴绶带和勋章。

2004 年 12 月 23 日委内瑞拉总统查韦斯抵达北京，开始对中国进行国事访问。这是查韦斯自 1999 年以来第三次访问中国。中国国家主席胡锦涛与他进行了会谈，双方一致同意加强两国在各领域的交流，深化互利合作，全面推进中委共同发展的战略伙伴关系。

胡锦涛对中委建交 30 年来取得的成果给予高度评价。他说，30 年来双边关系顺利发展，特别是查韦斯总统执政以来，两国关系进一步提升，

双方高层互访频繁，相互理解加深，政治互信增强，经贸合作日益扩大，在国际事务中相互支持，密切配合。中方感谢委内瑞拉政府长期坚持一个中国的政策，对委方宣布承认中国完全市场经济地位表示赞赏和欢迎。

应胡锦涛主席邀请，2006 年 8 月 22 日委内瑞拉总统查韦斯抵达北京，对中国进行第四次国事访问。24 日下午胡锦涛主席和查韦斯总统在人民大会堂举行了会谈。双方一致同意，进一步深化两国各领域互利合作，推动中委共同发展的战略伙伴关系再上新台阶。会谈后，两国元首出席了中委高级混合委员会第五次会议纪要等合作文件的签字仪式。双方签署了涉及能矿、电信、基础设施、农业、旅游、新闻、教育等领域的多项合作文件。

2008 年 9 月 24 日委内瑞拉总统查韦斯到达北京，对中国进行第五次国事访问。中国国家主席胡锦涛与查韦斯总统在人民大会堂举行会谈。双方高度评价近年来两国关系发展取得的积极成果，一致同意进一步深化各领域的交流与合作，把中委共同发展的战略伙伴关系推上更高水平。会谈后，两国元首出席了两国经济、石油、教育、司法协助等领域合作文件的签字仪式。

2009 年 4 月 8 日，查韦斯总统开始对中国进行为期 3 天的工作访问，这是他第六次访问中国，也是他对中国的最后一次访问。当天下午，胡锦涛主席亲切会见了查韦斯总统，双方就双边关系等共同关心的问题深入交换了意见，达成重要共识。

胡锦涛指出，当前，中委关系发展势头良好。两国领导人交往频繁，有力推动了两国关系全面深入发展。两国经贸和经济技术合作取得了新成果，一些重点合作项目进展顺利。双方在国际和地区事务中保持密切沟通和协调，我们对此感到满意。

9 日，时任中国国家副主席习近平会见了查韦斯总统。习近平说，实现两国互利双赢、共同发展，不仅有利于中委关系的长远发展，为两国人民带来实实在在的好处，也有利于双方共同应对国际金融危机，为推动世界经济恢复增长做出积极贡献。

应委内瑞拉政府邀请，2009 年 2 月 17 日，时任中国国家副主席习近平抵达加拉加斯，开始对委内瑞拉进行正式访问。当天，习近平副主席同委内瑞拉副总统卡里萨莱斯举行了会谈，双方就加强两国关系、深化务实合作深入交换了意见。会谈快结束时，查韦斯打破原定计划，赶来同习近平会面。当晚，习近平副主席和查韦斯总统出席了中国和委内瑞拉企业家研讨会开幕式，在会上，习近平做了《加强全面合作 实现共同发展》的主旨演讲。他指出，中国愿同拉美国家一道，从以下四个方面进一步推动中拉关系的发展：第一，增进政治互信，把握中拉长期友好的方向；第二，深化互利合作，把握中拉共同发展的目标；第三，促进人文交流，夯实中拉友好的社会基础；第四，密切磋商配合，加强在国际事务中的合作。

18日，习近平在加拉加斯正式会见查韦斯。习近平表示，双方应以建交35周年为契机，切实落实两国元首达成的重要共识，全面推进双边各领域的交流与合作：（1）立足当前，着眼长远，建立长期稳定的能源合作伙伴关系，不断提升两国能源合作水平。（2）扩大中委联合融资基金规模，充分发挥其作用，为推动两国互利合作和各自发展做出新的贡献。（3）推动两国农业合作取得实效。中方愿同委方分享农业发展经验，提升两国农业合作水平。（4）加强两国在基础设施建设领域的合作。中方在这方面有成熟技术、先进设备和丰富经验，双方开展合作潜力巨大，前景广阔。（5）不断挖掘潜力，扩大双方在高科技领域的交流与合作，造福广大民众。

习近平说，当前国际金融危机给世界各国经济发展和人民生活带来严重影响。国际社会应该加强协调，密切合作，共同应对这一全球性挑战，坚决遏制危机造成的冲击和影响。中委同为发展中国家，在当前形势下，双方应加强合作，携手并肩，积极化危为机，维护发展中国家利益，促进共同发展。

查韦斯说，他对中国人民和中国领导人始终怀有敬佩之情，真诚感谢中方长期以来的无私帮助。他说，中国的发展成就、创造的成功模式以及在治国理政方面的战略眼光和长远考虑，都值得委内瑞拉深入思考和借鉴。委在经济发展、减贫、改善民众生活等方面任重道远，愿进一步加强

与中国的关系，深化双方在能源、经贸、农业、扶贫以及治国理政方面的交流合作。他相信习副主席此访将有利于加强两国合作，进一步巩固双方共同发展的战略伙伴关系。

会见后，习近平和查韦斯共同出席了经贸、金融、能源、农业等领域双边合作文件的签字仪式。

中国国家主席胡锦涛原计划 2010 年 4 月 17 日至 18 日对委内瑞拉进行国事访问，但他在出席"金砖四国"领导人第二次正式会晤并对巴西进行访问时，我国青海省玉树藏族自治州玉树县发生严重地震灾害，造成重大人员伤亡。胡锦涛主席推迟了对委内瑞拉和智利的访问，4 月 15 日离开巴西首都巴西利亚提前回国。胡锦涛同委内瑞拉总统查韦斯通电话，向他通报了中国青海玉树地震灾情。查韦斯表示完全理解胡锦涛做出推迟访问的决定，并对中国青海遭受严重地震灾害表示最沉痛的哀悼和最衷心的慰问，向中国人民表示深切同情。委方愿意为中国抗震救灾提供一切支持和配合。委方高度重视发展同中国关系，愿意进一步加深委中两国人民兄弟般的情谊，推进两国各领域务实合作。

2013 年 3 月 5 日，查韦斯总统因癌症逝世。3 月 6 日，胡锦涛主席在致委内瑞拉代总统马杜罗的唁电中说，查韦斯总统是委内瑞拉的卓越领导人，是拉美杰出政治家，毕生致力于国家振兴发展和社会公正进步，赢得了委内瑞拉人民的拥护和爱戴。查韦斯总统是中委共同发展的战略伙伴关系的开拓者和推动者，生前为加强两国各领域交流合作，增进两国人民友谊做出了重要贡献。查韦斯总统的不幸逝世不仅是委内瑞拉人民的巨大损失，也使中国人民失去了一位伟大朋友，我们为此深感痛惜。中国政府和人民十分珍视中委传统友谊，愿同委方一道努力，不断深化中委共同发展的战略伙伴关系，更好地造福两国和两国人民。

同日，习近平总书记在致委内瑞拉代总统马杜罗的唁电中说，查韦斯总统是委内瑞拉伟大的政治家和杰出的领导人，带领委内瑞拉政府和人民在建设国家的伟大事业中取得了巨大成就，赢得了委内瑞拉人民的拥护和爱戴。查韦斯总统是中国人民的伟大朋友，为推动两国友好互利合作、增进两国人民之间友谊做出了卓越贡献。中国共产党、政府和人民高度重视同委内瑞拉发展关系，将与委方一道继续努力，不断加强和深化两国友好互利合作，推动中委共同发展的战略伙伴关系进一步向前发展。

3月7日晚，中国国家主席胡锦涛特使、国家发展和改革委员会主任张平抵达委内瑞拉首都加拉加斯。8日，张平特使出席了委内瑞拉总统查韦斯的葬礼。

3月8日晚，马杜罗宣誓成为委内瑞拉代总统。3月9日上午，马杜罗会见了中国特使张平，双方就继续发展和深化双边关系达成一致意见。

4月14日，委内瑞拉统一社会主义党候选人尼古拉斯·马杜罗赢得大选，成为委内瑞拉总统。4月15日，中国国家主席习近平在致马杜罗总统的贺电中表示，2001年两国建立共同发展的战略伙伴关系以来，在两国领导人的直接关心下，双边关系取得长足发展。中委已成为相互信赖的好朋友和密切合作的好伙伴。中国高度重视发展中委关系，中方愿同委方一道，继往开来，不断开创中委关系发展新局面。

应委内瑞拉副总统豪尔赫·阿雷阿萨·蒙特塞拉特之邀，5月12日国家副主席李源潮抵达委内端拉进行正式访问。13日，李源潮会见了委内瑞拉总统马杜罗。马杜罗欢迎中国企业来委投资兴业。委内瑞拉愿积极推动中国同拉美国家关系发展，支持尽早建立中拉合作论坛。双方共同出席了能源、基础设施建设、通信等领域合作协议的签字仪式。同日李源潮还在加拉加斯会见了委内瑞拉全国代表大会主席卡韦略和委内瑞拉副总统豪尔赫·阿雷阿萨·蒙特塞拉特。

应全国人大常委会委员长张德江的邀请，委内瑞拉统一社会主义党第一副主席、全国代表大会主席迪奥斯达多·卡韦略于2013年7月对中国进行访问。8日张德江在人民大会堂会见了卡韦略。卡韦略访华期间，还与中国国家副主席李源潮举行了会晤。

应中国国家副主席李源潮之邀，2013年7月17日委内瑞拉副总统豪尔赫·阿雷阿萨·蒙特塞拉特抵京，对中国进行正式访问。7月19日，国家主席习近平在人民大会堂会见委内瑞拉副总统阿雷阿萨。

2013年9月21日，应国家主席习近平邀请，委内瑞拉总统马杜罗就职后首次访问中国。22日，国家主席习近平同委内瑞拉总统马杜罗在人

民大会堂举行会谈。两国元首就加强中委共同发展的战略伙伴关系及有关国际和地区问题深入交换意见，达成广泛共识。

习近平表示，委内瑞拉是拉美地区重要的国家。在双方共同努力下，两国关系发展很好。委内瑞拉前总统查韦斯是中国人民的伟大朋友，为推动中委关系发展做出了杰出贡献，我们十分怀念他。中方赞赏马杜罗总统和委内瑞拉新一届政府继承查韦斯总统对华友好政策，将发展委中关系作为外交优先目标。

习近平强调，中委双方要保持高层交往，密切政府、立法机构、政党交往，交流互鉴党的建设、经济发展等方面的经验。双方要发挥两国政府高级混合委员会和融资合作机制作用，统筹推进能源、农业、基础设施建设、金融等领域的务实合作，为相互投资创造良好条件。2014 年是两国建交 40 周年，双方要举办一系列文化交流活动，加深相互了解和友好感情。两国要密切多边领域合作，共同推动建立中拉合作论坛，提升中拉合作整体水平。

马杜罗表示，委中两国真诚友好、平等相待、互利合作。委方感谢中方宝贵支持，特别是对查韦斯总统的深厚友谊。委方希望规划好两国未来10 年合作，特别是加强党际和治国理政交流，拓展工业、农业、油气、交通基础设施建设、民生、科技、投融资等领域合作，欢迎中国企业参与委内瑞拉经济特区建设。会谈后，两国元首共同出席融资、文化、教育、培训、便利人员往来等领域合作文件签字仪式。双方表示，将努力深化互利友好合作，推动中委战略伙伴关系迈上新台阶。

9 月 22 日下午，中国 – 委内瑞拉高级混合委员会第十二次会议在北京举行，两国有关单位签署了石油、电力、农业、工业、科技、通信和旅游等多项合作文件。

23 日，国务院总理李克强、全国政协主席俞正声在人民大会堂分别会见了委内瑞拉总统马杜罗。

三 经贸关系的发展

1972 年和 1973 年中国开始增加对委内瑞拉的出口，每年出口额大约为 20 万 ~ 30 万美元。建交后，两国的贸易往来开始发展。1985 年中委签订政府间贸易协定后，两国贸易代表团及工商界人士互访频繁，中国还多次在委内瑞拉举办经济贸易展览会，促进了两国贸易额的迅速增长。1974年两国建交时中委贸易额仅为140万美元。到1980年，中国对委内瑞拉的出口额达到1129万美元，比1979年增加了10%。1987年7月，中委经贸混委会在加拉加斯举行了第一次会议。但此后，由于双方适销对路产品少，双边贸易并未有很大进展。在查韦斯执政后，双边贸易迅速发展。中国对委出口的主要产品有纺织品、轻工产品、五金交电、玩具、节能灯、自行车及其零部件、手工工具、汽车零部件、医疗器械、塑料制品、办公设备、食品和机电产品等；从委主要进口乳化油、钢材、铝、乙烯和铁矿砂等。1996年，中国首次进口委乳化油。1999年中国进口乳化油36.8万吨，2000年两国又签订40万吨的购买合同，2001年中国再次进口120万吨乳化油。

在中委贸易迅速发展的同时，中国在委投资也不断扩大。1997年6月，中国石油天然气集团公司在委内瑞拉第三轮油田作业协议招标中以3.58亿美元获得委英特甘博和卡拉高莱斯两块边际油田的开采权，成为中国在拉美地区最大的投资项目。当年7月，中委双方正式签署合同，规定开采期为20年。1997年7月18日，中国石油天然气集团公司下属的中油国际委内瑞拉公司（CNPC）在加拉加斯正式挂牌成立。1998年2月和5月分别接管上述两个油田的作业权。2001年江泽民主席对中国和拉美地区，特别是中委两国经贸关系的发展做出了重要指示，同年两国政府针对双方经济的互补性，决定把能源和农业作为两国经济技术合作的重点。根据中国石油天然气集团公司统计，截至2001年中国在委石油领域投资累计6.9亿美元（其中2001年投资1.05亿美元），投资回收共3.1亿美元（2001年投资回收1.2亿美元）。中油国际委内瑞拉公司在马拉开波湖区的油田日产量从接管时的4905桶增加到2001年12月底的3.14万桶。

农业是中委经济合作的重点之一。2001年4月江泽民主席访委期间，与查韦斯总统签署了中委农业长期合作谅解备忘录，中委政府将致力于推动双方在农业、畜牧业、林业和水产养殖业方面的合作。2001年5月，查韦斯访华期间访问了四川省，高度赞扬该省的农业发展水平。应委政府

邀请，2001 年 7 月以农业部副部长刘坚为团长、四川省副省长杨崇汇为副团长的中国农业代表团对委进行考察访问。双方签署了 11 项合作协议，包括农作物品种的改良、养猪与肉类加工、草场的维护和利用、农机组装、水产养殖、农产品加工、灌溉系统改造和农业技术培训等。2002 年 4 月广西壮族自治区政府与委内瑞拉计划部签署了《关于建立振兴剑麻及水果种植加工战略合作关系谅解备忘录》。2003 年 8 月，中委正式签订了关于剑麻加工种植示范合作意向书。根据合作意向书，广西农垦部门将输出剑麻种植、加工、管理等技术，与委内瑞拉合作建立 500 公顷的剑麻种植示范园以及 150 公顷的剑麻种植、加工示范、技术培训及科研培训基地。双方还将共同出资成立剑麻国际合作公司，负责剑麻产业的规划、组织、协调工作，以推动两国农业合作发展战略。2004 年 2 月，委内瑞拉农牧业、渔业、林业和相关行业发展基金会主席阿贝拉多·费尔南德斯等一行 10 人到洛阳考察，商定购买 530 台东方红大功率轮式拖拉机，价值 6000 多万元人民币，东方红产品的质量、功能和售后服务，在委内瑞拉声名鹊起。

此外，中国在委的主要经济合作项目还包括航道疏浚、住房建设、铁路改建、输水管道建设等。2001 年 12 月底，在委注册的中资公司共有 15 家，其中工程承包公司 6 家（包括资源性开发、石油技术服务、航道疏浚、住房建设）、贸易公司 4 家、合资公司 1 家、蔬菜种植公司 1 家、办事处 3 家。2003 年 6 月，中国机械装备（集团）公司承建并由中国银行提供 1 亿美元买方信贷的委内瑞拉法尔孔州输水工程项目正式启动。查韦斯总统 6 月 8 日指出，法尔孔州输水工程是委中两国友好合作关系的体现。2003 年 12 月 15 日，中国进出口银行副行长郭玉华与委内瑞拉财政部长托庇亚斯·诺布列加在加拉加斯签署了中国向委铁路改造项目提供贷款的协议。合同金额为 1.885 亿美元，其中中方贷款金额为 1.5 亿美元。该项目由山东兖矿集团有限公司承建，中国进出口银行提供买方信贷。这一项目的实施，带动价值 6000 多万美元中国机车车辆等设备的出口，同时帮助中国企业积累在委内瑞拉开展工程承包的经验，并将进一步促进与密切中、委两国在经贸领域的合作。

委内瑞拉也在中国进行投资。据委央行统计，2001 年委在中国投资 227 万美元。2001 年 9 月委 GLASSVEN 公司在江苏扬州市投资 200 万美元建立白炭黑生产厂。

2001 年 4 月，中国和委内瑞拉确立了中委在新世纪的"共同发展的战略伙伴关系"。同年 4 月 17 日，中委两国在北京签署《中委关于成立高级混合委员会的谅解备忘录》。高级混合委员会下设双边关系、能源和矿产、经贸、农业、科技工业和航天、文化、社会事务等分委会。中委高委会是推动中国与委内瑞拉两国政府间沟通、协商和协调的高层机制，协调规划两国在政治、经贸、人文等多领域合作事宜，旨在促进两国在各领域的互利合作，深化两国"共同发展的战略伙伴关系"。在 2004 年 12 月 23 日签署的两国政府高级混合委员会第三次会议纪要中，委方宣布承认中国的完全市场经济地位。截至 2013 年，高级混合委员会已举行 12 次会议，为推动两国友好合作发挥了重要作用。

21 世纪以来，中委两国贸易飞速发展。2000 年双边贸易额仅为 3.5 亿美元，2001 年也只有 5.89 亿美元。2006 年，双边贸易额达 43.38 亿美元，较上年增长 102.53%，其中中方出口 16.98 亿美元，增长 87.04%；进口 26.4 亿美元，增长 113.93%。据委内瑞拉统计局统计，2008 年委中贸易额为 88.27 亿美元，同比增长 115.56%。其中，自中国进口 43.16 亿美元，同比增长 7.42%；向中国出口 45.11 亿美元，同比增长近 60 倍。2009 年受国际金融危机影响，中委两国贸易额有所下降。但到 2011 年，中委双边贸易额达 181.7 亿美元，同比增长 77.1%，其中中方出口 65.2 亿美元、进口 116.5 亿美元，同比分别增长 78.6%、76.2%。2012 年，中委双边贸易额更达 237.4 亿美元，同比增长 30.6%，其中中方进口 144.4 亿美元、出口 93 亿美元，同比分别增长 23.1% 和 42.7%。中方主要出口电器及电子产品、计算机和通信技术、机械设备等，主要进口原油、成品油、铁矿砂及其精矿等。中国已经成为委内瑞拉第二大贸易伙伴。委内瑞拉则是中国在拉美的第四大贸易伙伴，是中国第四大原油来源国。委方对华保有顺差。

在中委两国贸易中，石油占据非常重要的地位。2005 年，中国从委

内瑞拉进口的原油还不到 100 万吨，2012 年已达 1529 万吨，7 年间增长 14 倍多。目前，中国约占委内瑞拉原油对外出口的 10%，成为除美国之外最大的原油出口对象国。2013 年 9 月委内瑞拉石油和矿业部部长拉米雷斯在北京召开的高级混合委员会上说，2005 年委对华石油出口数量仅有 4.9 万桶/日，2011 年增加到 45 万桶/日（其中出口到中国市场的数量为 31.9 万桶/日），2012 年又增长了 15%，达到 51.8 万桶/日，预计到 2015 年委对华石油出口数量将在目前的基础上增长 1 倍，达到 100 万桶/日。

近年来，委内瑞拉从中国获得的贷款不断增多。2007 年 11 月，中方以贷款形式与委方成立"中委联合融资基金"，初始规模为 60 亿美元。2009 年 2 月，中国与委内瑞拉签署金额为 40 亿美元的"贷款换石油"协议。2009 年 9 月，由中方向委方提供贷款 200 亿美元，设立"长期大额融资基金"。2012 年 2 月，两国签署了第二个中委联合融资基金框架协议，基金规模扩容至 120 亿美元。委内瑞拉总统 2013 年 9 月访华期间，中国同意向委提供 5 亿美元的贷款，用于委内瑞拉住宅、交通、工业、道路、电力、矿山、医疗、科学和技术的发展。根据委内瑞拉财政部的统计数据，截至 2013 年，委已经累计从中国贷款 360 亿美元，这些贷款通过石油来偿付。中国已成为委内瑞拉最大的外国债主。

两国之间的相互投资逐年增多。截至 2012 年年底，中国在委内瑞拉实际投资超过 19 亿美元，主要集中在石油开发领域；委在华投资项目累计 98 个，实际投资 3300 万美元，主要涉及房地产开发经营等领域。据中国驻委使馆商务处参赞王勇介绍，目前在委内瑞拉独立开展合作项目的中资企业就有 40 多家，管理人员和技术人员 3000 多人。两国还建立了多家合资公司。2010 年 5 月 14 日，海尔集团与委内瑞拉有关公司签署了关于在委成立合资家电组装厂、家电研发中心以及有关技术转让和产品采购四项合作文件。根据协议，该合资家电组装厂建成后，将在委生产冰箱、洗衣机、空调、燃气灶具、电视机等多种家电产品，年生产能力将超过 100 万台。同年 6 月，查韦斯表示将批准设立 4 家汽车组装厂生产中国品牌汽车，包括东风、江淮、奇瑞和长城。2013 年 8 月 29 日，位于委内瑞拉阿瓜拉州的奇瑞汽车生产工厂正式投产，首批投产的车型为奇瑞 A1 和 A3。查韦斯还分别为奇瑞 A1 和 A3 取了西班牙语的名称——阿劳卡（Arauca）和奥里诺科（Orinoco），它们分别为委内瑞拉两大河流的名称。

委内瑞拉是中国在拉美地区最大的工程承包市场。2012 年，中国企业在委新签工程承包合同 160 份，新签合同额为 73 亿美元，完成营业额 51 亿美元。目前，中在委承揽 EPC 总承包项目的企业有 40 余家，正在实施的项目约 60 个，涉及的领域主要有能源、电力、农业、矿业、冶金、基础设施、住房、电信等，主要项目包括中信建设有限公司承建的委住房部 2 万套社会住房项目和蒂乌娜社会住房项目、中国铁路工程总公司承建委国家铁路局北部平原铁路建设项目、中国电力建设集团有限公司承建委国家石油公司紧急燃油燃气电站项目、中工国际承建委国家电力公司比西亚火电站项目、中国机械设备工程股份有限公司承建委国家电力公司中央电厂 6 号机组扩建项目、中交集团承建委交通部下属港口公司集装箱码头项目、中冶集团承建委工业部下属铁矿公司球团生产线项目、中铝集团承建委工业部下属铝厂改扩建项目等。

自 2009 年起，每年 6 月中国商务部在委内瑞拉首都加拉加斯举办"中国工业产品展览会"。截至 2013 年，已举办 5 届展览会。来自中国各地的多家企业参展，展品涉及机械设备、农业机械、汽车及零部件、电子家电、建材、卫浴、轻工业品等。该展会已逐步成为中国企业开拓委内瑞拉市场、加强与委政府高层沟通与交流、展示中委经贸合作成果的一个重要平台，得到了参展企业和到会客商的一致好评。

四 文化交流

1974 年委内瑞拉同中国建交以来，特别是 1999 年查韦斯执政以后，两国在教育、文化、体育、艺术、新闻等领域交流不断增多。1981 年 11 月，中国和委内瑞拉在京签署中国和委内瑞拉文化合作协定，内容包括互派留学生、互派艺术家和艺术团体进行友好访问和演出、相互举办对方的艺术展览和图书展览、相互放映对方的影片。该协定 1982 年 3 月 4 日生效。此后，两国签订多个年度文化交流执行计划。2013 年 9 月委内瑞拉总统马杜罗访华期间，双方签署了 27 项合作文件，其中包括《中委两国政府教育交流项目协定》和《中委两国政府文化交流协议》。

2000 年 2 月，根据中国外交学院与委内瑞拉外交部"佩德罗·瓜尔"外交高等研究院合作协议，委外交部亚非大司两名官员来华参加汉语短训班，开始了两国外交学院之间的人员交流。中国政府早在 1961 年就开始接收委留学生，2008 年 9 月正式签署两国教育交流协议，互派留学生规模不断扩大。截至 2011 年，委方共派出 111 名奖学金留学生来华学习，中方派出留学生 5 名。2011/2012 学年中方向委提供 42 个奖学金名额。2013 年 9 月，获得"2013~2014 年度中国政府奖学金"的 22 名委赴华留学生分赴北京科技大学、北京工业大学、中央戏剧学院、同济大学、上海财经大学等 20 所中国高校深造。其中，博士生 3 名、硕士生 8 名、本科生 10 名、汉语进修生 1 名，分别攻读心理学、中国当代史、金融、国际经济关系、企业管理、建筑、汉语教学等专业。2013 年 5 月，中国国家副主席李源潮访委时宣布，2014 年起中国将向委每年提供 100 名政府奖学金名额。2013 年 9 月委内瑞拉总统马杜罗访华期间，双方就在加拉加斯建立孔子学院的问题签署协议。

近年来，中国在委内瑞拉多次举办文化周和文化节，宣传了中国文化，扩大了中国在委内瑞拉的影响。从 1997 年开始，委内瑞拉西部城市梅里达每年都要举行"中国文化周"。截至 2013 年年底，中国驻委内瑞拉大使馆和委内瑞拉西部城市梅里达安第斯大学共同主办了 16 届"中国文化周"。"中国文化周"活动丰富多彩，2006 年 6 月的第 9 届"中国文化周"包括《舞动的北京》图片展、中国文化讲座等活动；2007 年第 10 届"中国文化周"包括《新北京　新奥运》图片展、青铜器复制品展览和中国电影展映；2008 年第 11 届"中国文化周"主打节目是《北京欢迎你》奥运专题摄影展；2009 年第 12 届"中国文化周"内容主要包括《香港：魅力之都》大型图片展和数场中国文化专题讲座，并放映十余部中国电影和专题纪录片；2012 年第 15 届"中国文化周"由"中国当代水彩画展"、中国经济和文化系列讲座、中国电影展、中国驻委大使馆向安第斯大学亚非研究中心赠书等内容组成；2013 年第 16 届"中国文化周"包括

《美丽中国》摄影展和放映《观音山》《乌鲁木齐的天空》《我的夏天》《盲人电影院》《大兵小将》《日照好人》《吐鲁番情歌》《如果·爱》《静静的嘛呢石》和《无蝉的夏天》10 部中国电影。

除梅里达外，委内瑞拉其他地方也举办了"中国文化节"。如 2012 年 8 月，在委中两国政府的支持下，在委内瑞拉首都加拉加斯国家美术馆举办了"中国文化节"。主要活动有中国当代水彩画展、中国电影周等。文化节期间，中方还向委公立图书馆赠送了图书。同年 11 月，中国驻委内瑞拉大使馆与巴里纳斯州政府在巴里纳斯平原文化博物馆举办"中国文化节"。这次活动有"脉动中国"图片展、中国当代电影展、使馆向州公共图书馆及埃塞基耶尔·萨莫拉国立西部平原大学捐书等。2013 年 7 月，委内瑞拉圣·玛丽亚大学国际关系学院举办"科技与外交和贸易"文化展，该院师生分成各学习小组，分别组织了中国、美国、英国、德国、巴西、韩国等十多个国家和地区的主题文化展，中国驻委内瑞拉大使馆等三十多个驻委使团参与了展览活动。与此同时，中国驻委内瑞拉大使馆和委内瑞拉国家石油公司庄园文化中心共同举办了中国电影节，放映了《孔子》《梅兰芳》《人在囧途》《一个陌生女人的来信》等中国电影。

委内瑞拉在中国也开展了多项文化交流活动。2003 年 8 月，委内瑞拉驻华大使馆和北京东方艺邦文化艺术中心举办"委内瑞拉人眼中的中国，中国人眼中的委内瑞拉"摄影、绘画和书法展；12 月，委驻华大使馆与中国人民对外友好协会共同主办委内瑞拉邮票展。2004 年 2 月，委驻华大使馆和北京星索文化传播有限公司在北京联合举办《心彩交融》油画展。2012 年 11 月，中国文化部、委内瑞拉驻华大使馆在北京中国美术馆举办"委内瑞拉当代绘画展"，展出委内瑞拉 10 位不同年代、不同流派的艺术家的代表作 20 幅，向中国观众呈现了委内瑞拉绘画艺术的创作主线及绚烂多姿的艺术形式。2013 年 12 月，委内瑞拉驻华大使馆和厄瓜多尔驻华大使馆在北京朝阳公园金台艺术馆共同主办了纪念伟大解放者西蒙·玻利瓦尔逝世 183 周年肖像展。

根据两国文化协议，中国和委内瑞拉文艺团体经常组织互访演出。2007 年 7 月，中国民乐杂技团在梅里达市进行了两场演出，表演了器乐

独奏、合奏，口技、现代魔术、女声独唱、舞蹈、杂技、古彩戏法等 14 个节目。精彩的演出深深吸引了委内瑞拉观众，演出结束后，他们报以热烈的掌声，久久不愿离去。2008 年 2 月，河南省"梨园春"文化代表团赴委内瑞拉卡拉沃沃州首府瓦伦西亚演出，河南少林寺小龙武校的"十八罗汉"舞动十八般兵器虎虎生威，引来满堂喝彩。秦腔《挂画》、豫剧刀马旦、龙江剧创始人边唱边双手书写反字、川剧变脸，一个个节目让委内瑞拉观众看得如痴如醉。2009 年 10 月，陕西省民间艺术剧院皮影艺术团在加拉加斯市的市立剧院表演了《仙鹤与乌龟》《竹林少女》《三英战吕布》《猪八戒背媳妇》等节目，每个节目都配有详细的西班牙文讲解。2010 年 11 月，南京市杂技团在委内瑞拉首都加拉斯加的特雷萨·卡雷尼奥国家大剧院举办了三场访问演出，表演了《转毯柔术》《转碟》《抖空竹》《口技》等多个拿手节目，精彩的表演受到观众热烈欢迎。2011 年 2 月，浙江婺剧团先后在马拉开波、巴伦西亚和加拉加斯演出，为委内瑞拉观众送上长绸舞《天女散花》、折子戏《断桥》、舞台特技表演《变脸》和"江南丝竹"演奏等精彩节目。2013 年，浙江婺剧团又在加拉加斯和十字港进行了三场巡演。2011 年 10 月，甘肃省京剧团在委内瑞拉国家剧院何塞·费里克斯·利娃丝剧场上演了中国京剧版童话剧《野天鹅》，大获好评。2013 年 10 月，为庆祝中华人民共和国成立 64 周年，中国驻委大使馆与委文化部共同举办"华艺新颜"浙江"彩蝶女乐"委内瑞拉巡演。表演的节目包含歌唱、舞蹈等，受到当地观众热烈欢迎。

委内瑞拉多家文艺团体也赴中国演出。2008 年 12 月，委内瑞拉西蒙·玻利瓦尔青年交响乐团在北京国家大剧院举办访华演出音乐会，演奏了马勒的《第一"巨人"交响曲》、拉威尔的《达芙尼与克罗埃》第二组曲、卡斯特尔拉诺斯的《帕卡依里瓜的圣克鲁兹》和柴可夫斯基的《第五交响曲》等曲目。其精湛的演奏技艺、充满青春活力的音乐风格，受到中国观众的赞扬。2010 年 10 月，委内瑞拉西蒙·玻利瓦尔青年交响乐团阿塔拉亚打击乐重奏组为中国观众带来了充满拉美风情的打击乐。他们使用 30 多种打击乐器，演奏出一首首动人心弦的乐曲。2011 年 7 月，委内瑞拉国家舞蹈团应邀赴华参加"第二届中国新疆国际民族舞蹈节"的四个专场演出，随后在北京举办委内瑞拉独立 200 周年庆典演出。委内瑞拉国家舞蹈团带来了风格多样、门类不同的民族音乐舞蹈精品，展现了委内瑞拉现代、当代新古典主义和传统文化。色彩斑斓的服饰、热情欢快的节奏、敏捷奔放的舞步，给观众留下深刻印象。2011 年 10 月，委内瑞拉加拉加斯青年交响乐团在北京国家大剧院音乐厅举办音乐会，演奏了室内乐和传统的古典交响乐曲目以及拉丁美洲的音乐作品，给中国观众带来了美的享受。

五　在委华侨、华人

华侨、华人移居委内瑞拉始于 1836 年，他们从巴拿马和特立尼达岛等地抵达委内瑞拉。在委的华侨华人中，80% 的祖籍是广东恩平，多数人居住在加拉加斯，其余在马拉开波、巴伦西亚等地。首位旅委的恩平人，是来自南洋的一位恩平沙湖镇松巷村华侨。100 多年来，在委华侨、华人从做苦工起步，逐渐发展，涉足餐馆、商店、进口贸易等领域。很多华人华侨成为中产阶级，但 50% 以上的人仍靠打工谋生。

20 世纪 80 年代以来，到委内瑞拉的华人逐步增多。1971 年在委内瑞拉的华侨只有 7000 人，1984 年增加到 2 万人，2003 年上升到 15 万人，如今已达 20 多万人。拉腊州首府巴基西梅托有华侨 38000 多人，经营的日用百货、五金建材等店铺不下 2000 家。2013 年 9 月 13 日，华人店铺集中的 21～24 街和 30～36 街经审批被命名为"唐人街"，巴基西梅托中华会馆主席和巴基西梅托规划部部长揭开了街边用西文书写有"唐人街"街碑上的幕布，宣告委内瑞拉首条"唐人街"的名字正式使用。

随着华侨人数的不断增多，各种华侨社团也纷纷建立起来，主要有中华会馆、中华商会、同乡会、校友会、宗亲会等组织。中华会馆是由各方面侨胞代表参加组成的社团，其会所的建设资金部分或主要来源于商会成员的捐助。位于加拉加斯的中华总会馆前身为成立于 1933 年的委内瑞拉民惠总局，1944 年改组为中华总会馆。后来在马拉开波、巴伦西亚和巴基西梅托等地建立了分馆。各地中华会馆积极开展中文教育，开办周末中文学校。此外，还举办华人选美会、华人体育运动会等文体活动。2001

年 4 月成立的委内瑞拉华侨华人联合总会由各地中华会馆等社团负责人组成，是委最大侨团之一。该会成立以来，积极团结侨胞，联络侨情、凝聚旅委侨社力量，维护侨胞利益，支持家乡经济和社会建设。现主席为老侨领李瑞华，2012 年 1 月当选。第一副主席为何德活。委内瑞拉华侨华人联合总会十分关心国内大事和家乡的发展，四川汶川大地震发生后，委内瑞拉侨胞为四川灾区募捐人民币 1400 万元。2012 年 11 月，应广东省人民政府侨务办邀请，李瑞华率领委内瑞拉华侨华人联合总会访问团抵达广东，对恩平市进行访问考察。他表示此次访问让他们大开眼界，获益很大，感到非常自豪。他们回到委内瑞拉后将加大对恩平的宣传力度，建议更多的侨胞回来投资建设，为家乡发展做贡献。

中华商会是华侨商人的组织。1982 年成立的卡拉沃沃州华人超市同业商会是委内瑞拉第一个华人商会。随后，委内瑞拉各地陆续建立起 18 个中华商会。2012 年 2 月 11 日委内瑞拉中华总商会宣告成立，冯永贤以全票当选中华总商会首届会长，冯瑞伦以高票当选常务副会长。同年 6 月，冯永贤率团拜访广东省侨办，接受了广东省侨心慈善基金会名誉主席的聘书。2013 年 10 月 12 日，委内瑞拉工商联合总会宣告成立，标志着委内瑞拉华人华侨在工商业发展方面走进新阶段。首届总会主席为冯永贤。成立于 2007 年 7 月 8 日的委中贸易商会以华商为主，也吸收当地外国商人，和中国商界关系密切，合作广泛。2009 年 4 月，委内瑞拉委中贸易商会考察团在其主席陈坚辉和巴伦西亚市市长帕拉的带领下到访广东江门市，受到当地政府的热情接待。

从 20 世纪 90 年代开始，委内瑞拉侨胞积极创办报刊和网站，截至 2009 年委内瑞拉侨界已拥有三报、两刊和一网站。三报是《委华报》《委国侨报》和《南美新侨报》；两刊是《委华博览》和《南美新知》；网站是委国华人网。前恩平人大常委会副主任吴景退休移民委内瑞拉后，致力于筹办华人报纸。2000 年春，第一份华人报纸《委华报》终于问世。随后，《委国侨报》诞生，创办者为知名华侨郑瓒浓。2008 年 1 月 22 日，委内瑞拉第三份华侨报纸《南美新侨报》创刊。中国驻委内瑞拉大使张拓对《南美新侨报》的诞生表示祝贺，他希望这份侨报能赢得更多读者，搭建中委两国沟通的桥梁。中文月刊《委华博览》于 2006 年 5 月 1 日创刊，每逢月初出版。《南美新知》则是中西文双语月刊，由余欣女士及其家人于 2007 年 3 月创办，传播中国文化，成为中委两国文化交流的重要平台。委内瑞拉第一家华人中文网委国华人网成立于 2006 年 8 月 8 日，是南美洲最大的华人网站。2010 年 6 月，《委国侨报》和委国华人网合作推出《委国侨报》电子版，成为委内瑞拉第一份电子报。

查韦斯执政时期，由于委内瑞拉政局动荡，几次出现经济衰退，造成治安情况恶化。"保查派"和"反查派"的权力之争，导致当地军队、警察各保一方，给当地一些不法分子提供了可乘之机，华人成为歹徒袭击的目标。华人的店铺遭到哄抢，华人不断遭到枪击。仅 2003 年 4～12 月，就有 5 名侨胞死于非命。中国驻委大使馆全力维护华侨的利益，多次出面与委司法部和外交部交涉，敦促其尽快破案，并要求委政府加强警力，保护华人华侨的生命财产安全。他们为保护侨胞的生命和财产安全四处奔走，处理了多起针对华人的暴力事件。2003 年 11 月，广东省人民政府侨务办公室主任吕伟雄一行访问委内瑞拉，拜会了委内瑞拉内政、司法与和平部部长，表达了中国政府及广大侨胞的愿望。要求当局对华侨的安全保障、事业利益以及被不良军警恫吓、敲诈等问题给予必要的协助和解决。他们还同中国驻委大使馆一道，帮助解决了当地部分华侨身份合法化问题。苏利亚州中华会馆成立了专门的护侨小组，并筹备了护侨基金。2006 年 8 月 2 日，中国驻委大使馆政务参赞张伯伦参加巴伦西亚中华会馆举行的治安座谈会，卡拉沃沃州州长委托该州安检、军警高官与会听取意见。然而，委内瑞拉治安形势并未有明显好转。2006 年甚至发生中国驻委大使馆商务处遭持枪歹徒抢劫的案件。2010 年 6 月 17 日，经中国驻委大使馆协调，委内瑞拉外交部以及内政、司法与和平部联合举行中资机构和旅委华侨华人安全专题座谈会。委外长助理阿马罗和内政、司法与和平部刑事犯罪科学调查局（CICPC）局长弗洛雷斯、外交部综合安全局局长贝坦库、中国大使馆政务参赞陈平、领事部主任李墅及部分中资机构、华侨华人和当地中文媒体代表近 50 人出席。与会中资机构、华侨华人代表及陈平参赞在发言中呼吁委政府主管部门采取切实有效措施，加强各方面的安全。CICPC局长弗洛雷斯和外长助理阿马罗表示，委方会继续努力，采取切实措施，尽最大可能保障包括中国人在内的公民安全。由于国际金融危机的影响，委内瑞拉的治安每况愈下，歹徒猖獗，盗贼横行，对旅委华人的生命财产造成严重的威胁。仅2011年前9个月，见诸报端被歹徒杀害的旅委华侨华人就达8人。与此同时，一些华人绑架团伙频繁作案，导致当地华人华侨人心惶惶。2010年下半年以来，委内瑞拉多地陆续发生数十起华人参与绑架当地华人勒索赎金的事件。中国公安机关对此高度重视。江门警方不远万里，先后两次前往委内瑞拉。2013年3月，江门警方在多方侦查取证后联合委内瑞拉军警，抓获在委内瑞拉实施绑架的团伙主犯奚某，奚某被遣返押解回国接受法律制裁。当地的华人华侨纷纷奔走相告，感谢中国政府的关怀。

大事纪年

1498 年	7 月 31 日哥伦布第三次远航美洲发现委内瑞拉。
1499 年	西班牙探险家奥赫达和意大利航海家韦斯普奇率领西班牙船队抵达马拉开波湖地区。
1567 年	西班牙殖民者洛萨达征服委内瑞拉并建立加拉加斯城。
1718 年	委内瑞拉成为新格拉纳达总督辖区的一部分。
1720 年	大地产制代替委托监护制。
1721 年	12 月 22 日加拉加斯皇家和大主教大学（现委内瑞拉中央大学的前身）成立。
1728 年	西班牙在委内瑞拉成立加拉加斯公司。
1806 年	3 月米兰达率领的远征舰队奔赴委内瑞拉，打响独立运动的第一枪。
	7 月 25 日米兰达率志愿军第二次远征委内瑞拉。
1810 年	4 月 19 日加拉加斯市政会宣布成立"洪达"（执政委员会），驱逐西班牙督军，委内瑞拉新的革命政权宣告诞生。
	7 月玻利瓦尔在伦敦会晤米兰达。
	12 月 10 日米兰达从英国返抵委内瑞拉拉瓜伊拉。
1811 年	7 月 14 日《委内瑞拉独立宣言》公布，标志着委内瑞拉第一共和国的正式诞生。
	12 月 21 日国会通过宪法。
1812 年	3 月 26 日加拉加斯等地发生强烈地震，加拉加斯死亡

1 万多人，拉瓜伊拉死亡 4000 多人。

7 月 25 日米兰达派代表与殖民军统帅蒙特韦德签订停火协定，宣告委内瑞拉第一共和国灭亡。

1813 年	8 月 6 日玻利瓦尔率军解放加拉加斯，委内瑞拉第二共和国宣告成立。
1814 年	7 月 10 日西班牙殖民军进入加拉加斯，委内瑞拉第二共和国惨遭扼杀。
1815 年	玻利瓦尔前往牙买加。
1816 年	3 月 31 日玻利瓦尔率远征军在卡鲁帕诺港登陆。
1817 年	7 月 27 日爱国军进入安戈斯图拉。
	10 月 28 日玻利瓦尔在安戈斯图拉被授予"最高元首"的称号，委内瑞拉第三共和国正式诞生。
1819 年	12 月 27 日国民议会在安戈斯图拉召开，宣布解散委内瑞拉第三共和国，成立由孔蒂纳马卡（即哥伦比亚）、基多（即厄瓜多尔）和委内瑞拉组成的大哥伦比亚共和国。
1820 年	9 月底玻利瓦尔率领爱国军从库库塔附近的圣克里斯托瓦尔镇出发向东挺进。
1821 年	7 月 27 日玻利瓦尔重返加拉加斯，委内瑞拉摆脱西班牙殖民统治获得独立。
1830 年	5 月 6 日委内瑞拉脱离大哥伦比亚共和国，成立委内瑞拉联邦共和国，派斯就任委内瑞拉首任总统。
	12 月 10 日玻利瓦尔病逝。
1864 年	委内瑞拉建立了联邦制国家，改名为委内瑞拉合众国。
1870 年	自由党人安东尼奥·古斯曼·布兰科执政，采取了一些经济和社会改革措施。
1908 年	胡安·维森特·戈麦斯发动政变夺取政权，实行 27 年独裁统治。
1936 年	委内瑞拉孔特雷拉斯政府颁布移民法，以繁荣石油

经济。

1937 年　　　　委内瑞拉共产党正式成立。

1941 年　　　　民主行动党正式成立。

1945 年　　　　民主行动党和青年军人发动政变，成立革命执政委员
　　　　　　　　会，民主行动党第一次开始在委内瑞拉执政。民主行
　　　　　　　　动党的部分成员脱离该党，另组民主共和联盟。

1946 年　　　　独立竞选政治组织委员会正式成立。

1947 年　　　　民主行动党总统候选人罗慕洛·加列戈斯当选总统。

1948 年　　　　独立竞选政治组织委员会改名为基督教社会党。佩雷
　　　　　　　　斯·希门尼斯为首的军人集团发动军事政变，推翻加
　　　　　　　　列戈斯政权，开始 10 年独裁统治。

1953 年　　　　公布宪法，将"委内瑞拉合众国"改名为"委内瑞拉
　　　　　　　　共和国"。

1958 年 1 月　　委内瑞拉全国掀起反对希门尼斯军事独裁统治的斗争，
　　　　　　　　希门尼斯逃离委内瑞拉。10 月 31 日民主行动党、基督
　　　　　　　　教社会党和民主共和联盟签订《菲霍角协议》，确立资
　　　　　　　　产阶级代议制民主。

1959 年　　　　民主行动党人罗慕洛·贝坦科尔特就任总统。

1961 年　　　　公布新宪法，规定"委内瑞拉共和国政府永远是民主
　　　　　　　　的、代议制的、责任制的和轮换制的政府"。委内瑞拉
　　　　　　　　同古巴断交，并与美国一起对古巴进行军事封锁。

1964 年　　　　民主行动党人莱昂尼就任总统，委内瑞拉历史上第一
　　　　　　　　次由宪法总统向下届当选总统和平地移交政权。

1969 年　　　　基督教社会党首次执政，拉斐尔·卡尔德拉任总统。

1971 年　　　　争取社会主义运动宣告成立。卡尔德拉颁布 1983 年把
　　　　　　　　外国石油公司的全部财产无偿地收归国有的法令。他
　　　　　　　　在任职期间，对天然气实行了国有化，废除了美委不
　　　　　　　　平等的贸易互惠条约。

1974 年　　　　委内瑞拉总统佩雷斯宣布将对所有在委内瑞拉的外国

公司实行国有化。

6月28日，中国和委内瑞拉正式建立外交关系。

1974年　10月11~18日，委内瑞拉国会主席巴里奥斯率议会代表团访华。

1976年　1月1日，石油国有化法生效。

1979年　基督教社会党候选人埃雷拉·坎平斯就任总统后，提出"冷却经济"的方针和"紧缩"的原则。

1981年　委内瑞拉总统路易斯·埃雷拉·坎平斯对中国进行正式访问。这是委内瑞拉国家元首对中国进行的首次正式访问。

1982年　查韦斯创建"玻利瓦尔革命运动—200"。

1983年　委内瑞拉同墨西哥、哥伦比亚和巴拿马成立"孔塔多拉集团"。

1985年　11月9日中国总理对委内瑞拉进行正式友好访问。这是我国政府首脑对委进行的首次访问。

1992年　2月4日查韦斯发动反对安德烈斯·佩雷斯总统的兵变。政变失败后入狱。公民协会成立，它是正义第一党的前身。

11月27日空军和海军高级将领发动反对佩雷斯政府的军事政变，但被镇压。

1993年　5月20日委内瑞拉议会罢免佩雷斯的总统职务。

8月31日，国会召开特别会议，决定永远解除佩雷斯的总统职务。

1994年　2月拉斐尔·卡尔德拉再次出任总统。卡尔德拉总统赦免和释放查韦斯及其他卷入1992年2月和11月未遂政变的军人和文人。

1995年　委内瑞拉国会通过开放石油部门的议案。

1997年　"玻利瓦尔革命运动—200"召开全国代表会议，将名称改为"第五共和国运动"，查韦斯任主席。

1998 年	5 月第五共和国运动与其他左翼政党联合组成竞选联盟"爱国中心",推举查韦斯为总统候选人。
	12 月举行的大选中,爱国中心总统候选人查韦斯获胜,结束了传统政党轮流执政的历史。
1999 年	1 月 17 日当选总统查韦斯访问古巴。
	2 月 2 日查韦斯就任总统。全民公决表决赞成成立立宪大会。委内瑞拉广播电台开始播放查韦斯主持的"总统,你好!"查韦斯首次访问中国。全民公决通过第五共和国宪法。国名改为委内瑞拉玻利瓦尔共和国。
2000 年	7 月 30 日查韦斯在根据新宪法重新举行的大选中获胜,再次当选总统。全国代表大会成立,是全国最高立法机构。查韦斯主持的"总统,你好!"在电台和电视台同时播放。古巴国务委员会主席卡斯特罗开始对委内瑞拉进行正式访问,两国签署《全面合作协议》。
2001 年	4 月 15 日中国国家主席江泽民开始对委内瑞拉进行国事访问,确立了两国在新世纪"共同发展的战略伙伴关系"。中国和委内瑞拉政府成立高级混合委员会。查韦斯第二次访问中国。委内瑞拉要求美国军事代表团离开国防部所在地,撤走美军设在委内瑞拉军队里的联络处。委内瑞拉《合作社协会特别法》生效。委内瑞拉颁布土地法。反对派发动全国大罢工。查韦斯在玛格丽塔岛举行的加勒比国家联盟首脑会议上提出成立"美洲玻利瓦尔替代计划"。
2002 年	4 月 12 日部分军人发动政变,罢黜查韦斯总统职务。佩德罗·卡莫纳出任临时总统并组成新政府。4 月 14 日查韦斯在阿列塔少将等军人支持下粉碎政变、重新掌握政权。委内瑞拉反对党结成反查韦斯的政治联盟"民主协调"。反对派发动长达两个多月的大罢工,石油工业几乎陷于停顿状态。

2003 年　　3 月 20 日伊拉克战争爆发后，查韦斯强烈谴责美国对伊发动战争。查韦斯政府开始实施"深入贫民区计划""鲁宾孙计划""苏克雷计划""里瓦斯计划"。正义第一党成为全国性政党。

2004 年　　第 26 届南方共同市场首脑会议批准委内瑞拉为南方共同市场联系成员国。查韦斯赢得全民公投胜利，反对派推翻查韦斯政权的企图未能实现。反对党的"民主协调"解散。查韦斯对西班牙进行第一次国事访问。查韦斯访问古巴，"美洲玻利瓦尔替代计划"组织成立。查韦斯第三次访华，中委双方签署了《中委高委会第三届会议纪要》等协议。

2005 年　　查韦斯访问古巴，双方签署了《实施美洲玻利瓦尔选择战略计划协议》以及 49 项合作协议。

　　　　　　"加勒比石油计划"第一届首脑会议在委内瑞拉拉克鲁斯港举行，宣布正式成立"加勒比石油计划"组织。

2006 年　　委内瑞拉颁布《社区委员会法》。

　　　　　　委内瑞拉增设石油开采税。

　　　　　　查韦斯第四次访问中国，双方签署多项合作文件。

　　　　　　委内瑞拉举行总统选举，"爱国中心"候选人查韦斯大获全胜。

　　　　　　查韦斯提出组建委内瑞拉统一社会主义党。第五共和国运动解散，合并到委内瑞拉统一社会主义党。

2007 年　　1 月 10 日查韦斯就任总统，提出建设"21 世纪社会主义"。在玛格丽塔岛召开的第一届南美洲国家能源峰会上，查韦斯提议将"南美洲国家共同体"改名为"南美洲国家联盟"，得到成员国的一致同意。

　　　　　　委内瑞拉接管奥里诺科重油带开发项目的控制权，从而完成石油业的国有化。

　　　　　　查韦斯修宪提案遭全民公决否决。

2008 年　　1 月 12 日委内瑞拉统一社会主义党正式成立。反查韦斯的主要政党签署《全国团结协议》，建立"团结联盟"。支持委内瑞拉政府的政党组成"爱国联盟"。

南美洲国家联盟在巴西利亚举行的南美洲国家首脑会议上正式成立。查韦斯驱逐美国驻委大使帕特里克·杜迪。

查韦斯对中国进行第五次国事访问。中国在西昌卫星发射中心用"长征三号乙"运载火箭将委内瑞拉一号通信卫星成功发射升空。

委内瑞拉举行地方选举。"爱国联盟"在 17 个州获胜。反对派领导人卡普里莱斯当选米兰达州州长。

俄罗斯北方舰队舰艇编队与委内瑞拉海军在加勒比海进行联合军事演习。

2009 年　　2 月 15 日全民公投通过查韦斯提出的宪法修正案，取消对包括总统在内的民选公职人员连选连任次数的限制。

时任中国国家副主席习近平访问委内瑞拉。

4 月 7 日查韦斯第六次访华。

委内瑞拉和美国恢复大使级外交关系。美洲玻利瓦尔替代计划更名为美洲玻利瓦尔联盟。

委内瑞拉为抗议哥伦比亚允许美国租用其军事基地，冻结同哥伦比亚的外交关系。

统一社会主义党第一次特别代表大会通过了《原则声明》《党章》和《基本纲领》三个纲领性文件。

2010 年　　俄罗斯总理普京对委内瑞拉进行首次访问。

7 月 22 日查韦斯宣布与哥伦比亚断绝外交关系，8 月 10 日两国恢复外交关系。

美国国务院宣布，委内瑞拉驻迈阿密总领事拉维亚·阿科斯塔·诺格拉是一个"不受欢迎的人"，勒令其在

10 日内离开美国。

2010 年　联合国教科文组织宣布委内瑞拉已扫除文盲。

中委签订关于胡宁 4 号区块油田的合资经营协议。

查韦斯拒绝美国驻委新大使帕尔默入境。

美国国务院宣布吊销委内瑞拉驻美大使贝尔纳多·阿尔瓦雷斯·埃雷拉的签证。

2011 年　4 月 21 日，委内瑞拉宣布正式退出安共体。

查韦斯在古巴访问时被查出患癌症。《欧佩克年度公报》披露，委内瑞拉石油储量达 2965 亿桶（约为 406.2 亿吨），超过沙特阿拉伯石油储备（2645 亿桶）约 320 亿桶，成为世界上最大的石油储备国。

在委内瑞拉举行的第三次拉美及加勒比国家首脑会议上，"拉美及加勒比国家共同体"宣告成立。

2012 年　正义第一党领导人恩里克·卡普里莱斯成为反对党联盟总统候选人。

2012 年　2 月查韦斯总统宣布，如阿根廷未来与英国就争议领土马尔维纳斯群岛（英称"福克兰群岛"）发生冲突，委将协助阿方，共同对抗英军。

7 月 31 日委内瑞拉正式加入南方共同市场。

9 月 29 日，中国在酒泉卫星发射中心用"长征二号丁"运载火箭，成功将"委内瑞拉遥感卫星一号"（VRSS－1）发射升空并送入预定轨道。

10 月 7 日总统选举中查韦斯战胜反对派联盟"民主团结"总统候选人卡普里莱斯连任总统。

10 月 10 日马杜罗被任命为委内瑞拉副总统。

12 月 11 日查韦斯再度前往古巴首都哈瓦那接受手术。

2013 年　1 月委内瑞拉全国代表大会和最高法院批准查韦斯推迟宣誓就职。

2 月 18 日查韦斯返回委内瑞拉。

3月5日查韦斯去世，副总统马杜罗代理总统。

3月8日举行查韦斯葬礼，中国国家主席胡锦涛特使、国家发展和改革委员会主任张平出席葬礼。

3月9日美国将两名委内瑞拉外交官驱逐出境，作为两名美国武官遭委方驱逐的报复。

4月14日马杜罗以微弱优势战胜反对派候选人卡普里莱斯当选总统。

5月中国国家副主席李源潮抵达委内瑞拉，对委进行正式访问。

7月5日马杜罗宣布决定向斯诺登提供"人道主义避难"。

9月21日，委内瑞拉总统马杜罗就职后首次访问中国，与国家主席习近平共同出席融资、文化、教育、培训、便利人员往来等领域合作文件的签字仪式。

参考文献

一　中文书目

〔委〕D. 博埃斯内尔：《拉丁美洲国际关系简史》，商务印书馆，1990。

〔委〕J. L. 萨尔塞多－巴斯塔多：《博利瓦尔：一个大陆和一种前途》，商务印书馆，1983。

〔委〕奥古斯托·米哈雷斯：《解放者》，委内瑞拉驻中国大使馆主持出版，1983。

〔委〕马科－奥雷略·比拉：《委内瑞拉经济地理》，湖北人民出版社，1975。

《拉丁美洲诗集》，外语教学与研究出版社，1994。

《委内瑞拉短篇小说选》，委内瑞拉驻华使馆。

李春晖等主编《拉丁美洲史稿》下卷，商务印书馆，2001。

李明德主编《拉丁美洲和中拉关系——现在与未来》，时事出版社，2001。

刘明翰、张志宏：《美洲印第安人史略》，生活·读书·新知三联书店，1982。

沙丁等：《中国和拉丁美洲关系简史》，河南人民出版社，1986。

石瑞元等：《委内瑞拉经济》，中国社会科学出版社，1986。

舒凤、文峰：《玻利瓦尔》，中国少年儿童出版社，1997。

徐世澄：《查韦斯传》，人民出版社，2011。

曾昭耀等：《战后拉丁美洲教育研究》，江西教育出版社，1994。

曾昭耀主编《现代化战略选择与国际关系》，社会科学文献出版社，2000。

赵德明等：《拉丁美洲文学史》，北京大学出版社，1989。

二　外文书目

Andres Serbin, *Geopolitica de las Relaciones de Venezuela con el Caribe*, AsoVAC, 1983.

Angelina Pollak-Eltz, *Aportes Indigenas a la Cultura del Pueblo Venezolano*, Universidad Catolica Andres Bello, Caracas, 1978.

Anitza Freitez, *El Reto Demográfico en Venezuela*, *Caracas*, UCAB, 2010.

Antonio Bonet Isard, *La Leyenda del Oro y Su Realidad Actual*, Monte Avila Editores, Caracas, 1973.

Anuario Iberoamericano 2003, Espana.

Carlos Aponte Blank, *La Situación Social de Venezuela*：*Balance y Desafíos*, Caracas, 2012.

Carlos Beltran Mendoza, *Simon Alberto Consalvi*：*Asi es Venezuela 2000*, Soledad Mendoza Editora, Caracas.

Country Profile 2009 Venezuela, Economist Intelliquence Unit, 2009.

Diego Cordoba, *Miranda Soldado del Infortunio*, Editorial Arte, Caracas, 1967.

Edmundo González Urrutia, *La Política Exterior de Venezuela y la Nueva Geopolítica Internacional*, Caracas, ILDIS, 2008.

Francine Jácome, *Fuerza Armada*, *Estado y Siciedad Civil en Venezuela*, Caracas, ILDIS, 2011.

Francisco Alejandro Vargas, *Los Símbolos Sagrados de la Nación Venezolana*, Ediciones Centauro, Caracas, 1981.

Francisco Alejandro Vargas, *Los Simbolos Sagrados de la Nacion Venezolana*, Ediciones Centauro, Caracas, 1981.

F. J. Osuna Lucena, *Apuntes Para la Historia Militar de Venezuela*, Impresora de Mary Perez, Caracas, 1972.

Gabriel Bidegain Greising, *Estado Actual de los Estados de la Poblacion en Venezuela*, Ildis, Caracas, 1987.

Hugo Chaves Frias, *El Golpe Fascista contra Venezuela*, Ediciones Plaza, La Habana, 2003.

Humberto Njaim, *El Sistema Politico Venezolano*, Universidad Central de Venezuela, Caracas, 1975.

INE de Venezuela, *Usos y Productos del Censo Nacional de Poblacion Y Vivienda*, Caracas, 2012.

Instituto Nacional de Estadística de venezuela (INE), *Dinámica Demográfica y Pobreza Censo 2011*, Caracas, 2013.

Iván Darío Parra, *Francisco de Miranda y los Símbolos Venezolanos*, Paedica, 2000.

Juan Pablo Perez Alfonzo, *Ivan Loscher: Alternativas*, Carbizu & Todtmann Editores, 1976.

Luis Pedro España, *Política Sociales para Grupos Vulnerables*, Caracas, ILDIS, 2011.

Manuel Vicente Magallanes, *Historia Politica de Venezuela*, Monte Avila Editores, Caracas, 1975.

Manuel Vicente Magallanes, *Los Partidos Politicos en la Evolucion Historica Venezolana*, Ediciones Centauro, Caracas, 1983.

Marco Aurelio Vila, *Conceptos de Geografia Historica de Venezuela*, Monte Avila Editores, Caracas, 1970.

Marco - Aurelio Vila, *Bolivar y La Geografia*, Corporacion Venezolana de Fomento, Caracas, 1976.

Pedro Cunill Grau, *Venezuela*, *Ediciones Anaya*, Madrid, 1988.

Realidad Indigena Venezolana, *Centro Gumilla*, Caracas, 1981.

Robert D. Bond, *Contemporary Venezuela and Its Role in International*

Affairs, New York Universitry Press, 1977.

Sergio Aranda, *La Economia Venezolana*, Siglo Veintiuno Editores, Bogota, 1977.

Tomas Polanco A. , *La Politica Diplomatica de Simon Bolivar*, Ediciones de la Presidencia de la Republica, Caracas, 1983.

Universidad del Zulia, *La Constitucion de 1961 Balance y Perspectivas*, Centro De Politicos y Administrativos, Maracaibo, 1986.

三　主要相关网站

http：//www. fotw. net/

http：//www. arqhys. com/

http：//www. buscabiografias. com/

http：//www. venezuelatuya. com/

http：//venciclopedia. com/

http：//www. venezuelaenguatemala. net/

http：//www. rena. edu. ve/

http：//www. viajejet. com/

http：//www. kalipedia. com/

http：//www. a – venezuela. com/

http：//www. webdelprofesor. ula. ve/

http：//www. une. edu. ve/

http：//www. gobiernoenlinea. ve/

http：//html. rincondelvago. com/

http：//www. venezuela. org. ec/

http：//www. elsalvador. com/

http：//www. monografias. com/

http：//www. simon – bolivar. org/

http：//www. larepublica. com. uy/

http：//www. mpd. gob. ve/

http：//www. venezuela – online. net/

http：//www. venezuelaenguatemala. net/

http：//www. numismatica. com. ve/

http：//sei. gov. cn/

http：//www. une. edu. ve/

http：//www. larepublica. com. uy/

http：//www. mpd. gob. ve/

http：//www. logoscorp. com/

http：//www. gobiernoenlinea. ve/

http：//www. sanrau. com/

http：//www. infancia – misionera. com/

http：//www. efemeridesvenezolanas. com/

http：//www. nationsencyclopedia. com/

http：//www. canalsocial. net/

索　引

新版《列国志》总书目

非洲

阿尔及利亚

埃及

埃塞俄比亚

安哥拉

贝宁

博茨瓦纳

布基纳法索

布隆迪

赤道几内亚

多哥

厄立特里亚

佛得角

冈比亚

刚果

刚果民主共和国

吉布提

几内亚

几内亚比绍

加纳

加蓬

津巴布韦

喀麦隆

科摩罗

科特迪瓦

肯尼亚

莱索托

利比里亚

利比亚

卢旺达

马达加斯加

马拉维

马里

毛里求斯

毛里塔尼亚

摩洛哥

莫桑比克

纳米比亚

南非

南苏丹

尼日尔

尼日利亚

塞拉利昂

塞内加尔

塞舌尔

圣多美和普林西比

斯威士兰

苏丹

索马里

坦桑尼亚

突尼斯

乌干达

赞比亚

乍得

中非

欧洲

阿尔巴尼亚

爱尔兰

爱沙尼亚

安道尔

奥地利

白俄罗斯

保加利亚

北马其顿

比利时

冰岛

波兰

波斯尼亚和黑塞哥维那

丹麦

德国

俄罗斯

法国

梵蒂冈

芬兰

荷兰

黑山

捷克

克罗地亚

拉脱维亚

立陶宛

列支敦士登

卢森堡

罗马尼亚

马耳他

摩尔多瓦

摩纳哥

挪威

葡萄牙

瑞典

瑞士

塞尔维亚

塞浦路斯

圣马力诺

斯洛伐克

斯洛文尼亚

乌克兰

西班牙

希腊

匈牙利

意大利

英国

美 洲

阿根廷

安提瓜和巴布达

巴巴多斯

巴哈马

巴拉圭

巴拿马

巴西

秘鲁

玻利维亚

伯利兹

多米尼加

多米尼克

厄瓜多尔

哥伦比亚

哥斯达黎加

格林纳达

古巴

圭亚那

海地

洪都拉斯

加拿大

美国

墨西哥

尼加拉瓜

萨尔瓦多

圣基茨和尼维斯

圣卢西亚

圣文森特和格林纳丁斯

苏里南

特立尼达和多巴哥

危地马拉

委内瑞拉

乌拉圭

牙买加

智利

大洋洲

澳大利亚

巴布亚新几内亚

斐济

基里巴斯

库克群岛

马绍尔群岛

密克罗尼西亚

瑙鲁

纽埃

帕劳

萨摩亚

所罗门群岛

汤加

图瓦卢

瓦努阿图

新西兰

国别区域与全球治理数据平台

www.crggcn.com

"国别区域与全球治理数据平台"（Countries，Regions and Global Governance，CRGG）是社会科学文献出版社重点打造的学术型数字产品，对接国别区域这一重点新兴学科，围绕国别研究、区域研究、国际组织、全球智库等领域，全方位整合基础信息、一手资料、科研成果，文献量达30余万篇。该产品已建设成为国别区域与全球治理数据资源与研究成果整合发布平台，可提供包括资源获取、科研技术服务、成果发布与传播等在内的多层次、全方位的学术服务。

从国别区域和全球治理研究角度出发，"国别区域与全球治理数据平台"下设国别研究数据库、区域研究数据库、国际组织数据库、全球智库数据库、学术专题数据库和学术资讯数据库6大数据库。在资源类型方面，除专题图书、智库报告和学术论文外，平台还包括数据图表、档案文件和学术资讯。在文献检索方面，平台支持全文检索、高级检索，并可按照相关度和出版时间进行排序。

"国别区域与全球治理数据平台"应用广泛。针对高校及国别区域科研机构，平台可提供专业的知识服务，通过丰富的研究参考资料和学术服务推动国别区域研究的学科建设与发展，提升智库学术科研及政策建言能力；针对政府及外事机构，平台可提供资政参考，为相关国际事务决策提供理论依据与资讯支持，切实服务国家对外战略。

数据库体验卡服务指南

※100元数据库体验卡，可在"国别区域与全球治理数据平台"充值和使用

充值卡使用说明：
第1步 刮开附赠充值卡的涂层；
第2步 登录国别区域与全球治理数据平台（www.crggcn.com），注册账号；
第3步 登录并进入"会员中心"→"在线充值"→"充值卡充值"，充值成功后即可使用。

声明

最终解释权归社会科学文献出版社所有

客服QQ：671079496
客服邮箱：crgg@ssap.cn

欢迎登录社会科学文献出版社官网（www.ssap.com.cn）和国别区域与全球治理数据平台（www.crggcn.com）了解更多信息

图书在版编目（CIP）数据

委内瑞拉/焦震衡编著.—2版.—北京：社会科学文献出版社，
2015.1（2022.3重印）

（列国志：新版）

ISBN 978 - 7 - 5097 - 6139 - 7

Ⅰ.①委…　Ⅱ.①焦…　Ⅲ.①委内瑞拉－概况　Ⅳ.①K977.4

中国版本图书馆CIP数据核字（2014）第126492号

· 列国志（新版）·

委内瑞拉（Venezuela）

编　　著 / 焦震衡

出 版 人 / 王利民
项目统筹 / 张晓莉
责任编辑 / 孙以年　叶　娟
责任印制 / 王京美

出　　版 / 社会科学文献出版社 · 国别区域分社（010）59367078
　　　　　　地址：北京市北三环中路甲29号院华龙大厦　邮编：100029
　　　　　　网址：www.ssap.com.cn
发　　行 / 社会科学文献出版社（010）59367028
印　　装 / 唐山玺诚印务有限公司

规　　格 / 开本：787mm×1092mm　1/16
　　　　　　印张：27.5　插页：1　字数：413千字
版　　次 / 2015年1月第2版　2022年3月第2次印刷
书　　号 / ISBN 978 - 7 - 5097 - 6139 - 7
定　　价 / 79.00元

读者服务电话：4008918866